Florian Kinast

Die Könige der Welt

Wenn es um Sport und ganz im Speziellen um Fußball geht, ist man bei *Florian Kinast*, Jahrgang 1969, an der richtigen Stelle. Seit mehr als zwei Jahrzehnten begleitet er als Journalist und Autor den liebsten Sport der Deutschen und schreibt unter anderem als Korrespondent für den ›SPIEGEL‹ über den FC Bayern. Er lebt und arbeitet in München, als Redakteur reiste er für sechs Olympische Spiele und andere sportliche Großveranstaltungen aber auch gerne um die halbe Welt.

Florian Kinast

Die Könige der Welt

Taktik, Tragik und Triumphe –
Die Geschichte der
Fußballweltmeisterschaften
von 1930 bis heute

dtv

MIX
Papier | Fördert gute Waldnutzung
FSC® C083411

Originalausgabe 2022

Umschlaggestaltung: Rothfos & Gabler, Hamburg
Umschlagmotive: akg-images / Mondadori Portfolio (Pelé);
akg-images / IMAGO / Votava (Walter);
IMAGO / Colorsport (Maradona);
IMAGO / Bernd Müller (Müller); IMAGO / Allstar (Zidane)
Satz: Fotosatz Amann, Memmingen
Gesetzt aus der Minion Variable Concept
und der ITC Avant Garde Gothic Pro
Druck und Bindung: CPI books GmbH, Leck
Printed in Germany · ISBN 978-3-423-35186-7

INHALT

1930
IN URUGUAY

Das Debüt in Südamerika. Nach 25 Jahren Vorbereitung kommt es in Montevideo endlich zur ersten Weltmeisterschaft. Über einen fußballverrückten König, eine lustige Schifffahrt über den Atlantik und einen Premierentorschützen im Winterpullover – und warum die Deutschen das Turnier mit dezentem Desinteresse verfolgen.

Die Sportseiten der Tageszeitungen waren voll mit Berichten, in den Tagen nach dem Endspiel. Die *Münchner Neuesten Nachrichten* etwa schrieben interessante Neuigkeiten über den anstehenden Faustkampfabend der Amateurboxer im Mathäser-Festsaal, über die Deutschen Rasenkraftsport-Meisterschaften in Regensburg und das traditionelle Turnfest auf dem Blomberg bei Bad Tölz. Sehr klein und sehr versteckt fand sich eine kleine Notiz über drohende diplomatische Verwicklungen in Südamerika. »Die 2:4-Niederlage Argentiniens gegen Uruguay (…) hat die Fußballanhänger in Buenos Aires derart erregt, dass sie sämtliche Fenster in der uruguayischen Gesandtschaft eingeworfen haben«, stand zu lesen. Und weiter: »Die Polizei musste von der Schusswaffe Gebrauch machen.« Dass der Vorfall wohl »Gegenstand eines Notenwechsels« zwischen den beiden Ländern würde, hieß es noch. Dann waren die elf Zeilen zu Ende.

Und dann ging es noch um eine Tagung des Bayerischen Skiverbands. Dass am anderen Ende der Welt gerade die erste Fußball-Weltmeisterschaft der Geschichte zu Ende gegangen war, die Premiere eines Turniers, das sich in den folgenden Jahrzehnten neben den Olympischen Spielen zum größten globalen Sportspektakel entwickeln sollte, das kümmerte die Öffentlichkeit hier also sichtlich wenig. Deutschland spielte schließlich gar nicht mit. Und man hatte ja letztlich in dieser unruhigen und unguten Zeit nach der Weltwirtschaftskrise und im bevorstehenden Endstadium der wankenden Weimarer Republik auch ganz andere Sorgen.

Aber wie kam's eigentlich überhaupt zum WM-Debüt?

Entstanden war der Gedanke eines globalen Weltturniers schon Anfang des Jahrhunderts, kurz nachdem der Holländer Carl Anton Wilhelm Hirschmann und der Franzose Robert Guérin am 21. Mai 1904 in der Zentrale des französischen Sportverbandes in der Pariser *Rue Saint-Honoré 229* die *Fédération Internationale de Football Association*, kurz FIFA, gründeten. Mitglieder der ersten Stunde waren die Niederlande, Frankreich, Belgien, Schweden, die Schweiz, Dänemark und Spanien. Und auch der Deutsche Fußballbund (DFB) machte mit, die Anmeldung erfolgte noch am ersten Tag per Telegramm.

Schon im Jahr darauf präsentierte der umtriebige Hirschmann seine Vision einer Weltmeisterschaft und hatte dazu auch gleich einen Spielplan ausgetüftelt. Gruppe 1 mit den britischen Mannschaften England, Schottland, Wales, Nordirland. Gruppe 2 mit Belgien, Frankreich, den Niederlanden, Spanien. In Gruppe 3 Italien, Österreich, Schweiz und Ungarn. Und in Gruppe 4: Dänemark, Deutschland, Schweden plus ein Vertreter Südamerikas. Brauchte man zur Legitimation eines Weltturniers ja auch. Sonst hätte man ja gleich eine Europameisterschaft spielen können.

Als Austragungsort dachte Hirschmann an die Schweiz. Die Resonanz war zunächst auch überwältigend, von den Mitgliedsverbänden gab es unisono große Zustimmung. Großartig, Spitzenplan. Riesig. Allein, als es um die Umsetzung und ums Mitmachen ging, folgte ein Rückzieher nach dem anderen. Lieber doch nicht, lass mal – am Ende fuhr keine der eingeladenen Nationen in die Schweiz. Die erste Vision einer WM endete in einem Desaster.

Kurz darauf war Fußball dann zumindest im olympischen Programm aufgenommen, und als die Auswahl Großbritanniens bei den Sommerspielen 1908 und 1912 Gold gewonnen hatte, sprang die FIFA flugs als Trittbrettfahrer mit auf, um das Fußballturnier bei den anstehenden, nach Berlin vergebenen Spielen 1916 wenigstens als *Amateur-Weltmeisterschaft* zu deklarieren. Dazu kam es aber nicht, 1914 begann der Erste Weltkrieg. Berlin bekam Olympia erst 1936 wieder, bei Hitlers Propagandaspielen.

Nach Kriegsende, als sich die olympischen Fußballturniere von 1924 und 1928 zu einem überraschend großen Publikumsmagneten mauserten, der Fußball sich gleichzeitig aber immer mehr professionalisierte und Berufsspieler als Nichtamateure von Olympischen Spielen ausgeschlossen wurden, manifestierte sich erneut der Gedanke einer eigenen Weltmeisterschaft. Folgerichtig der FIFA-Beschluss von 1928, jetzt endlich unabhängig von Olympia ein Weltturnier auszurichten. Fragte sich aber erst einmal: wo?

Viele Mitgliedsverbände favorisierten Deutschland als Gastgeber, doch der DFB zeigte sich wenig begeistert und lehnte sowohl die Ausrichtung als auch die Teilnahme von vornherein ab. Da der deutsche Fußball zu jener Zeit noch aus reinen Amateurkickern bestand, wollte man es vermeiden, gegen mit Berufsfußballern gespickte Verbände wie Österreich, Ungarn oder Italien (überall dort wurde der Fußball in den 1920er-Jahren professionalisiert) anzutreten und sich am Ende fürchterlich zu blamieren. Auch weitere zunächst an der Ausrichtung interessierte Nationen wie Ungarn, Spanien, Italien, Schweden oder die Niederlande zogen sukzessive zurück. Am Ende vergab die inzwischen auf 23 Mitgliedsverbände angewachsene FIFA beim 18. Kongress am 28. Mai 1929 in Barcelona die erste WM der Geschichte nach Südamerika. And the winner is: Uruguay!

Uruguay?

Es gab in der Tat einige gute Argumente, das Turnier dort abzuhalten. Allein schon aus sportlicher Hinsicht, schließlich hatte die wegen der himmelblauen Trikots *La Celeste* gerufene Mannschaft damals die weltbeste Auswahl. Bis 1924 hatte man wenig bis nichts gehört und gewusst vom Fußball Südamerikas. Dann kamen 1924 Spieler aus Uruguay als erster südamerikanischer Nation überhaupt zum olympischen Turnier nach Paris über den Atlantik geschippert. Man belächelte sie mit der damals sehr geläufigen europäischen Hybris als harmlose Exoten aus einer fernen Welt. Es gibt dazu die schöne Geschichte, wie die Spieler Uruguays am Rande des Trainings einen Beobachter ihres Erstrundengegners Jugoslawien entdeckten. Also stellten sie sich ganz bewusst besonders dämlich an, stolperten über die eigenen Füße, rannten sich gegenseitig über den Haufen, jagten den Ball meterweit über das Tor in die Bäume. Zurück im eigenen Quartier, berichtete der Balkan-Späher schenkelklopfend von sagenhaften Slapstickdilettanten und dass man sich wahrlich keine Sorgen machen müsse. Uruguay, zum Totlachen, fußballerische Vollpfosten, leichtes Spiel.

Uruguay gewann gegen Jugoslawien mit 7:0.

Und Uruguay holte mit einem 3:0 im Finale gegen die Schweiz dann auch souverän die Goldmedaille und verteidigte den Titel vier Jahre später in Amsterdam, im Endspiel gegen den Nachbarn Argentinien.

Aber warum waren die Urus so gut? Die Ursache für das hohe spielerische Niveau von Uruguay wie auch von Argentinien in jenen Jahren war der Einfluss der britischen Einwanderer, die bereits im 19. Jahrhundert dort erste Fußballklubs gegründet hatten. Spielten die Briten erst noch eher elitär unter sich, wurde Fußball mit den Jahren immer mehr zum beliebten Volkssport der Einheimischen. 1916 stieg die erste Südamerika-Meisterschaft. Länderspiele zwischen Uruguay und Argentinien wurden zum Dauerbrenner, bis 1930 trat man 117 (!) Mal gegeneinander an. Die Rede war damals schon vom *kreolischen* Fußball, einer kreativen, filigranen und technisch versierten Spielweise, mit der man sich in Südamerika emanzipieren und abgrenzen wollte vom rustikalen und kampfbetonten Spielstil der britischen Kick-and-Rush-Immigranten.

Sosehr Uruguay also in der internationalen Fußballwelt sportlich für Furore gesorgt hatte und allein deswegen als würdiger Gastgeber plausibel erschien, so hatte das Land auch wirtschaftlich die besten Reputationen. Uruguay prosperierte damals, der Staat galt als die *Schweiz Südamerikas*. Montevideo war mit seinem Hafen an der Mündung des Río de la Plata, des Verbindungshafens von Südamerika zum Rest der Welt, eine blühende Handelsmetropole. Exporte von Fleisch und Wolle kurbelten Wirtschaft und Wohlstand kräftig an. Aber auch im sozialen Bereich präsentierte sich Uruguay als modernes und fortschrittliches Land. Schon kurz nach der Jahrhundertwende führte man hier den Achtstundentag ein, die Rente mit 60 sowie die kostenlose Schul- und Hochschulbildung und den Mindestlohn und legalisierte obendrein auch noch die zivilrechtliche Ehescheidung. Ein kleines, verheißungsvolles Paradies, das nach Kriegsende 1918 immer mehr Einwanderer gerade aus Spanien und Italien anlockte.

Dazu kam als überlagerndes politisches Symbol die 100-Jahr-Feier von Uruguays erster Staatsverfassung von 1830. Uruguay stand gut da und konnte es sich leisten, den teilnehmenden Verbänden

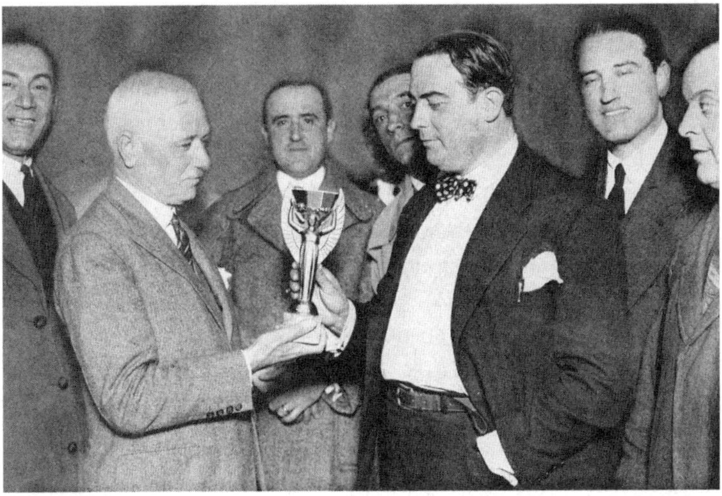

Pokalübergabe anno 1930: FIFA-Präsident Jules Rimet (2. von links) überreicht nach dem Finale Uruguays Verbandspräsidenten Paul Jude die WM-Trophäe.

den Trip auch noch zu bezahlen. Für Kost, Logis und Spesen kam, so wurde es vereinbart, der Gastgeber auf. Ordentlich.

Und obendrein, auch nicht unbedeutend: Der einflussreiche Strippenzieher hinter Uruguays WM-Bewerbung war ein gewisser Enrique Buero, seines Zeichens Diplomat, Großgrundbesitzer und Rinderzüchter – und ein enger Vertrauter des seit 1921 amtierenden FIFA-Präsidenten Jules Rimet.

Das Spezlwirtschaften bei der FIFA ging schon früh los.

Uruguay 1930, das war die bis heute einzige WM, bei der man sich nicht erst sportlich qualifizieren musste, sondern bei der alle der damals 41 FIFA-Mitgliedsländer sehr herzlich zum Mitspielen eingeladen waren. Allein, das WM-Debüt reizte die übrige Welt wenig. Die beiden asiatischen Verbände Japan und Siam, das heutige Thailand, sagten sofort ab, und auch die Europäer bockten. Zu lange die Überfahrt, zu weit weg von zu Hause. Die heimischen Vereine wollten zudem im Ligabetrieb keine zwei Monate auf ihre Spieler verzichten.

Die Engländer, die 1928 aus der FIFA wieder ausgetreten waren, verweigerten sich dem Turnier aus insularer Überheblichkeit. Sie fühlten sich wie auch bei den beiden folgenden Weltmeisterschaften 1934 und 1938 in ihrem Selbstverständnis als alleinige Fußball-Großmacht zu dominant und waren sich zu gut dafür, sich mit inferioren Nationen um einen unbedeutenden Titel herumzuschlagen. Dass sie dadurch in ihrer *splendid isolation* jahrelang den Anschluss an die Entwicklung des internationalen Fußballs verpassen sollten und sich selbst ins Abseits schossen, das erfuhren sie dann schmerzhaft in den ersten Turnieren nach 1945.

Als Anfang des Jahres 1930 noch überhaupt keine einzige europäische Nation zur Teilnahme bereit war, spitzte sich die Lage zu, die südamerikanischen Verbände drohten mit einem Kollektivaustritt aus der FIFA, die WM drohte zu platzen. Auf Bitten und Betteln von Jules Rimet ließen sich letztlich drei europäische Länder breitschlagen: Frankreich, Belgien und Jugoslawien. Als vierter Starter kam dann noch Rumänien dazu, was vor allem an dessen fußballverrücktem König lag: Karl II., der nur fünf Wochen vor dem Auftaktspiel

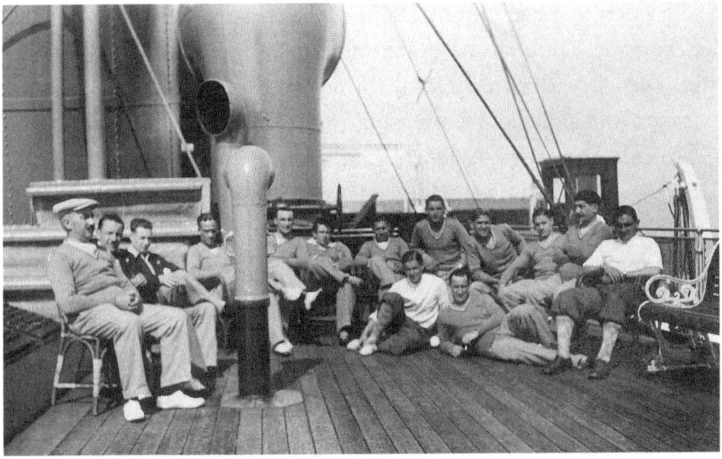

Die große Überfahrt: Auf der »Conte Verde« fuhren die Nationalmannschaften von Frankreich, Belgien und Rumänien über den Atlantik nach Uruguay.

in Montevideo den Thron bestiegen hatte und es als seine wichtigste erste Amtshandlung ansah, bei der FIFA die Nationalmannschaft für die WM anzumelden. Mehr noch, der König stellte gleich auch den 19-köpfigen Kader für das Turnier zusammen, und manch ein Spieler, der wegen Betrugs und Schieberei zuvor in Ungnade gefallen und gesperrt war, bekam kurzfristig eine Amnestie. Fußballer waren eben schon damals privilegiert.

So wurde Karl, der König, der erste Monarch, der im 20. Jahrhundert wesentlichen Einfluss auf den Fußball nahm. Der zweite war dann Franz, der Kaiser. Aber dazu später mehr.

Es war am 19. Juni 1930, als die Rumänen für die 10 000 Kilometer lange Reise in Genua die *Conte Verde* bestiegen, einen mächtigen Atlantik-Luxusliner für 2400 Passagiere. Bald schon bekamen sie Gesellschaft. Am nächsten Halt in Nizza stiegen die Franzosen zu, mit ihnen Jules Rimet, der in seinem Koffer auch die Trophäe für den ersten Weltmeister verstaut hatte. Und in Barcelona gingen noch die Belgier an Bord. Drei WM-Teilnehmer, die nun gemeinsam die zweiwöchige Überfahrt über den Atlantik in Angriff nahmen.

Von den 15 Tagen auf hoher See gibt es viele wunderbare Überlieferungen. Wie sich die Franzosen frühmorgens schon die Liegestühle am Oberdeck sicherten, wie sie ihr kleines Revier *Montmartre* nannten und auf einem Grammofon Schellackplatten mit heimischen Chansons abspielten. Wie die Rumänen beim Fußballspiel untereinander trotz des ungeraden 19-Mann-Kaders zwei numerisch gleich starke Mannschaften aufboten. König Karl kickte ja auch mit, dann ging es auf. Zehn gegen zehn.

Viel Platz zum Trainieren blieb sonst nicht. Turnübungen wie Seilhüpfen und Bockspringen zwischen sechs und acht Uhr morgens, mehr war nicht drin, man wollte ja die übrigen Passagiere nicht stören.

Fürs Unterhaltungsprogramm sorgten zwei von der Reederei engagierte Opernsänger, Fjodor Schaljapin und Marthe Nespoulous. Bestes Entertainment lieferten auch zwei belgische Schiedsrichter, der hünenhafte John Langenus und der kleine, vollschlanke Henri Christophe. Sie begeisterten das Publikum täglich mit einer launig heiteren Late-Night-Show, irgendwo zwischen Letterman und Harald Schmidt. Man nannte sie auch *Pat und Patachon.*

Bei einem kurzen Zwischenstopp in Rio de Janeiro sammelte man noch die Auswahl Brasiliens ein und ging am 4. Juli schließlich in Montevideo vor Anker.

Die Jugoslawen indes reisten separat an, sie bestiegen in Marseille die *SS Florida.* Ursprünglich hätte auf diesem Schiff als einziger afrikanischer WM-Starter auch die Mannschaft Ägyptens mitfahren sollen, die bei Olympia 1928 immerhin das Halbfinale erreicht hatte. Doch auf der Überfahrt von Kairo über das Mittelmeer sorgte schwerer Sturm für massive Verspätung. Als das Schiff in Südfrankreich anlegte, war die *Florida* schon weg.

Unser nächster fahrplanmäßiger Halt: Marseille. Das Anschlussschiff nach Montevideo, planmäßige Abfahrt 18. Juni von Pier 5, wird leider nicht erreicht. Per Telegramm nach Uruguay sagten die traurigen Ägypter schließlich ihre Teilnahme ab – und zuckelten wieder zurück nach Kairo.

Erst nachdem endlich alle Überseenationen angekommen waren und auch die gemeinsam auf der *Munargo* angereisten US-Amerikaner und Mexikaner an Land gegangen waren und man sich sicher sein konnte, wer alles dabei ist, wurde der Spielplan ausgelost. Ganz bewusst verzichtete man dabei auf einen reinen K.-o.-Modus, man wollte es den extra angereisten Europäern nicht zumuten, dass sie bei einer Niederlage in der ersten Runde gleich wieder über den Atlantik zurückgeschickt würden. Also steckte man die 13 Mannschaften in eine Vierer- und drei Dreiergruppen, die Gruppensieger jeweils qualifizierten sich fürs Halbfinale.

Als exklusiver Spielort war das in Anlehnung an das 100-Jahr-Jubiläum der Verfassung genannte *Estadio Centenario* geplant, das nach der WM-Vergabe in wenigen Monaten errichtet worden war. Ein gewaltiger Koloss aus Stahlbeton mit vier Tribünenringen für 80 000 Zuschauer, ein »riesiges Amphitheater«, wie Jules Rimet es nannte. Allein das ungemütlich spätherbstliche und frühwinterliche Schmuddelwetter auf der Südhalbkugel sorgte in den letzten Wochen vor Fertigstellung für massive Verzögerungen. Die Folge: Die Schüssel wurde nicht rechtzeitig fertig, weshalb acht Vorrundenspiele in unmittelbarer Nachbarschaft ins *Estadio Gran Parque Central* und ins *Estadio Pocitos* ausgelagert werden mussten.

Erst am 18. Juli, fünf Tage nach Turnierbeginn, fand die Einweihung des *Centenario* samt offizieller WM-Eröffnungsfeier statt. Beim feierlichen Einmarsch der Nationen dabei waren auch die Teams von Mexiko, Brasilien, Bolivien, Belgien und Paraguay, die da schon keine Chance mehr aufs Halbfinale mehr hatten.

Im wirklichen Eröffnungsspiel am 13. Juli, dem allerersten WM-Spiel überhaupt, trafen Frankreich und Mexiko aufeinander. Im garstigen Graupelschauer erzielte der in einen Winterpullover eingehüllte 22-jährige Kfz-Mechaniker Lucien Laurent vom FC Sochaux mit einem herrlichen Volleyschuss das erste Tor der WM-Historie. Das souveräne 4:1 beglückte die *Équipe Tricolore* so sehr, dass sie zum Feiern gleich einmal ein Bordell in Montevideo aufsuchte. »Es gab ein gigantisches Sauerkraut mit Speck und Würsten«, erinnerte sich

Laurent später einmal, »dazu Champagner.« Und aufgrund der Örtlichkeit gab es sicher noch einiges mehr.

Im nächsten Spiel war dann Schluss mit lustig. Gegen Argentinien lag man mit 0:1 hinten, mit aller Macht drängte Frankreich in der Schlussphase auf den Ausgleich. In der 84. Minute stürmte Angreifer Marcel Langiller schließlich allein auf das gegnerische Tor zu, es war die Riesenchance auf das 1:1 – als der brasilianische Schiedsrichter Almeida Rêgo mitten während des Angriffs abpfiff. Einfach so. Sechs Minuten zu früh? Pfeif drauf.

Erst nach wütenden Protesten der Franzosen nahm Rêgo die Partie mit einem Schiedsrichterball wieder auf und ließ die verbleibenden Minuten zu Ende spielen. Es blieb beim 0:1.

Bei einem anderen Vorrundenspiel Argentiniens, dem 6:3 gegen Mexiko, leitete übrigens Boliviens Nationaltrainer Ulises Saucedo das Spiel. Sein Linienrichter: der rumänische Nationaltrainer Costel Rădulescu.

Es ging also alles recht bizarr zu bei der Premiere am Rio de la Plata.

Im ersten Halbfinale trafen die Argentinier schließlich auf die USA. Die Nordamerikaner waren damals mehr als nur ein Außenseiter. Verkümmerte Soccer in späteren Jahrzehnten stiefkindartig hinter den vier großen Profiligen in American Football, Baseball, Basketball und Eishockey, war die Sportart in den *Roaring Twenties* mit der American Soccer League noch really big in the States. Geprägt von vielen ehemaligen englischen und schottischen Ligaspielern, Auswanderern, die sich nach dem Ersten Weltkrieg ein besseres Leben jenseits des Atlantiks erhofft hatten. Die Stadien waren gut gefüllt, den 3:0-Sieg einer ASL-Auswahl gegen den österreichischen Meister Hakoah Wien 1926 sahen im New Yorker Polo-Grounds-Stadium 46 000 Menschen. Für Furore sorgte auch ein 1:0-Sieg der mittelmäßigen Newark Skeeters 1927 gegen Olympiasieger Uruguay.

Im WM-Halbfinale gegen Argentinien waren die US-Boys freilich chancenlos, die Südamerikaner gewannen 6:1. Einziger wirklicher Aufreger war der Zwischenfall um Jack Coll. Der Co-Trainer der

USA war zur Betreuung des verletzten Spielers Andy Auld auf den Platz geeilt, als er stolperte und ihm in seiner Arzneitasche ein Fläschchen Chloroform zerbrach. So trug man nicht nur Spieler Auld vom Feld, sondern auch den völlig benebelten Coach Coll.

Zweifacher Torschütze im Halbfinale beim souveränen Sieg war einmal mehr Guillermo Stábile. Ein filigraner, antrittsschneller Angreifer, der schon als 15-Jähriger die 100 Meter in elf Sekunden lief und seinen Klub CA Huracán 1925 und 1928 zur argentinischen Meisterschaft schoss. In Uruguay wurde Stábile mit acht Toren in vier Spielen der erste WM-Torschützenkönig der Geschichte. Nach der WM beendete er seine Länderspielkarriere schon wieder, wechselte nach Genua und Paris und übernahm 1939 als Nationaltrainer die Mannschaft seines Heimatlands. Ein Amt, das er mehr als zwei Jahrzehnte bis 1960 innehatte. Länger als jeder andere argentinische Nationaltrainer vor und nach ihm; sieben Mal führte er die *Albiceleste* dabei zur Südamerika-Meisterschaft. Große Erfolge feierte er als Geschäftsmann in der Zuckerbranche, als Multimillionär stieg er in die High Society von Buenos Aires auf. Mit nur 60 Jahren starb Stábile 1966 an einem Herzinfarkt. Die Beerdigung des Mannes, den sie *El Filtrador* nannten, weil er sich bei seinen Sololäufen den Weg durch die gegnerische Abwehr wie ein Tropfen durch einen Kaffeefilter bahnte, glich einem Staatsbegräbnis.

Weil Uruguay gegen Jugoslawien – anders als 1924 wenig überraschend – erneut deutlich gewann (auch dieses Halbfinale endete 6:1), kam es am 30. Juli im *Centenario* zum Traumfinale der beiden Nachbarn und Erzrivalen. Ein Endspiel, zu dem sich Zehntausende argentinische Fans auf Schiffen von Buenos Aires über den Río de la Plata aufmachten in der Hoffnung, vor Ort noch ein Ticket zu ergattern. Viele kamen allerdings gar nicht erst in Montevideo an. Das Spiel war längst vorbei, als noch immer etliche Schiffe irgendwo in der Flussmündung im dichten Nebel orientierungslos herumtuckerten.

Unter denen, die vor Ort im Stadion waren, war die Stimmung aufgeheizt. Schiedsrichter John Langenus etwa, der noch auf der

Überfahrt für gute Laune gesorgt hatte, war nun gar nicht mehr zum Lachen zumute. Der Belgier, der sich während der WM mit Kolumnen für den *Kicker* noch etwas dazuverdiente, fürchtete um Leib und Leben, er stellte am Tag vor dem Finale einige Bedingungen. Sonst könne das Spiel ein anderer pfeifen. So forderte er, unmittelbar nach Abpfiff von Bodyguards zum Hafen gebracht zu werden, um das nächste Schiff nach Europa zu besteigen. Zudem ordnete er an, sämtliche Zuschauer beim Einlass kontrollieren zu lassen. Die Maßnahme hatte Erfolg, das Sicherheitspersonal konfiszierte 1600 Revolver, die die Fans schon allein der guten Tradition wegen mit sich führten. Tore wurden in Uruguay auf den Rängen damals gerne mit Böllerschüssen bejubelt.

Recht harmlos mutete dagegen der Disput zwischen beiden Mannschaften an, die sich vor Anpfiff nicht auf den Spielball einigen konnten. Salomonisch ordnete Langenus an, in der ersten Hälfte mit dem Ball der Argentinier zu spielen, in der zweiten mit dem der Urus. Zu Beginn dominierten die Gäste, mit seinem achten und letzten WM-Tor brachte Stábile Argentinien vor der Halbzeit noch mit 2:1 in Führung. Dann kippte die Stimmung. Und das Spiel.

Bis heute erzählt man sich in Argentinien, dass man das Finale letztlich vor allem wegen der Einschüchterungen und Drohungen seitens der Gastgeber verloren habe. In der Pause etwa hätten die argentinischen Spieler in der Kabine Briefe vorgefunden, in denen ihnen und ihren Familien Schlimmes geschworen wurde für den Fall, sie würden den Titel holen. Verteidiger Fernando Paternóster zitierte man in der Überlieferung mit den Worten: »Wir verlieren lieber, sonst sterben wir alle.« Und Francisco Varallo, der letzte Überlebende des Finales, erzählte in einem Interview später: »Es war die Hölle. Die Uruguayer wollten uns umbringen. Sie können sich das nicht vorstellen. Wie im Krieg.« Auch sein Vater sei damals im Stadion gewesen. Doch aus Todesangst habe er die Fahne Uruguays geschwenkt und gegen die Mannschaft seines Sohnes gebrüllt.

4:2 gewann Uruguay das Finale am Ende, für die Entscheidung mit dem Tor in der 89. Minute sorgte Héctor Castro, der als 13-Jähri-

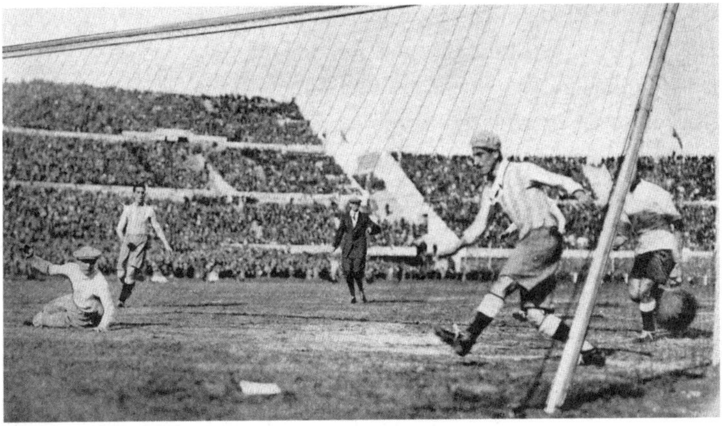

Männer, die mit Mützen spielten: Argentiniens Torwart Juan Botasso (links) ist beim Tor zum 1:0 Uruguays chancenlos: Im Hintergrund Schiri John Langenus – ebenfalls mit Mütze.

ger bei einem Unfall mit einer Säge die rechte Hand verloren hatte. Man nannte ihn auch *El Divino Manco*, den göttlichen Einhändigen.

Zur endgültigen Krönung wurde das Spiel auch für José Leandro Andrade, den einzigen schwarzen Finalspieler, der bei den beiden Olympiasiegen Uruguays in den Zwanzigerjahren als kongenialer Spielgestalter brillierte und den der Weltverband der Fußballhistoriker und Statistiker (IFFHS) einmal zum weltbesten Fußballer in der ersten Hälfte des 20. Jahrhunderts kürte. Geboren als Nachfahre von Sklaven im armen Nordosten des Landes war er in der Jugend bei einer Tante in Montevideo untergekommen, wo er sich als Tänzer und Trommler durchschlug, als Schuhputzer und Zeitungsverkäufer. Dann kam der Aufstieg im Fußball, durch seine Spielübersicht, seine Leichtfüßigkeit, seine Akrobatik. Andrade gilt als einer der ersten Spieler, die den Fallrückzieher und den Scherenschlag in Perfektion beherrschten.

Zu einem einschneidenden Punkt in seinem Leben gerieten die Sommerspiele 1924 in Paris, wo Andrade nicht nur auf dem Platz zur Attraktion wurde, sondern auch in den ausschweifend schillernden

Nachtklubs rund um den Montmartre, die er allabendlich aufsuchte. Die weiße Oberschicht der Pariser Boheme war beeindruckt von dem dunkelhäutigen Gast, als exotisches Faszinosum reichte man Andrade von einer exzentrischen Jetset-Party zur anderen herum. Nach den Spielen blieb er gleich in Paris. Das leichte Leben, die Unbeschwertheit, die vielen Frauen – Andrade genoss den Ruhm, der ihm dann auch etwas zu Kopf stieg. Als er wieder nach Uruguay zurückkehrte, sah man ihn meist mit Lackschuhen, Herrenrock und Zylinder herumlaufen. Ab Ende der Zwanzigerjahre ging es dann bergab, Andrade fing sich die Syphilis ein, und als er im olympischen Halbfinale gegen Italien 1928 gegen den Pfosten lief, zog er sich eine schwere Augenverletzung zu, von der er sich nicht mehr erholen sollte. Das WM-Finale in Montevideo wurde für *La Maravilla Negra*, das schwarze Wunder, so sein Spitzname, das letztes Länderspiel. In den Jahren danach stürzte er immer tiefer ab, und auch der Traum, in seinem geliebten Paris noch einmal durchstarten zu können, erfüllte sich nicht. In den politisch und wirtschaftlich angespannten Jahren vor dem Zweiten Weltkrieg interessierte sich in Frankreich keiner mehr für ihn. Wer wollte schon etwas von einem wissen, der ein gutes Jahrzehnt zuvor nur kurz mal als halbes Weltwunder in der besseren Gesellschaft für Staunen und Raunen sorgte, dessen Zeit längst vorbei war. Vom Glück verlassen schlitterte Andrade zurück in Uruguay in den Ruin, gelegentliche Jobs bei der Stadtverwaltung hielten ihn nur kurzfristig über Wasser.

1956 spürte der deutsche Journalist Fritz Hack nach langer Recherche den einstigen Weltstar in Montevideo auf. Hack fand ihn in einer »spartanisch eingerichteten Behausung«, Andrade sei »total dem Alkohol verfallen und durch seine Augenverletzung inzwischen halbseitig erblindet« gewesen. »Meinen Fragen konnte er nicht folgen«, so Hack weiter. Ein Jahr später starb Andrade in Montevideo völlig verarmt und einsam mit nur 56 Jahren.

Für Gastgeber Uruguay jedenfalls endete die Heim-WM mit einem standesgemäßen Triumph, der Tag nach dem Finale wurde kurzerhand zum Feiertag erklärt. Der Finalsieg von 1930 war für

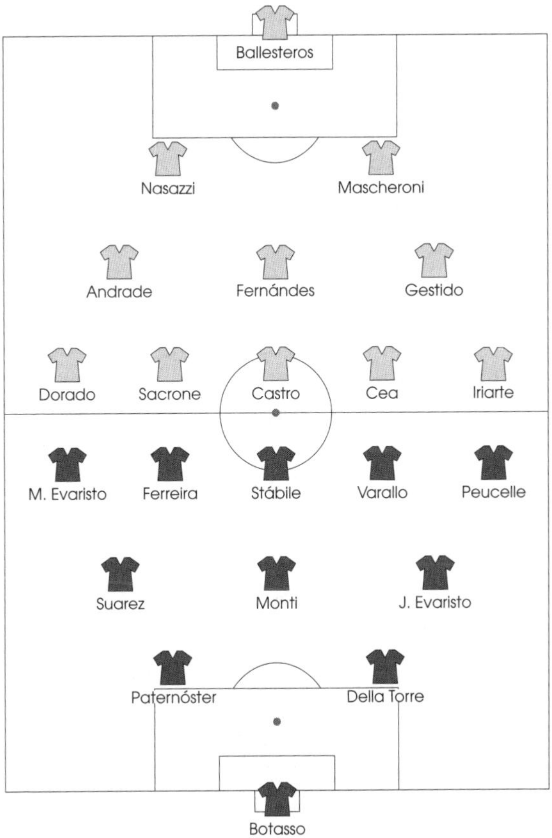

Startaufstellung Uruguay (oben) gegen Argentinien (unten), WM-Finale 1930

lange Zeit das letzte bedeutsame Ereignis, an dem sich die Menschen erfreuen konnten. Als sich drei Jahre später Präsident Gabriel Terra nach einem Staatsstreich zum Diktator erklärte und fortschrittliche Sozialreformen wieder sukzessive einkassierte, war die Blütezeit einer jungen und modernen Nation erst einmal vorbei.

Während in Buenos Aires aufgebrachte argentinische Fans kurz nach dem Finale – wie die Chronisten der *Münchner Neuesten Nachrichten* notierten – Steine auf die Botschaft Uruguays warfen, machte sich in Montevideo John Langenus mit seinen Leibwächtern schleunigst von dannen und bestieg den italienischen Passagierdampfer *SS Duilio* nach Genua. Längst auf dem Heimweg waren da schon wieder die frühzeitig ausgeschiedenen europäischen Mannschaften.

Eine herrliche Anekdote wurde vom deutschstämmigen Mittelfeldspieler der rumänischen Mannschaft mit dem grandiosen Namen Alfred Eisenbeisser überliefert. Auf der Überfahrt zurück über den Atlantik zog sich Eisenbeisser eine schwere Lungenentzündung zu. Kaum im Hafen von Genua angekommen, brachte man ihn in ein Sanatorium und verabreichte ihm die Letzte Ölung. Tief bestürzt reisten seine Mitspieler mit dem Zug heim nach Bukarest und übermittelten dort die Nachricht vom Tode ihres lieben Freundes und Kollegen. Noch in Abwesenheit des Leichnams wurde wenig später die Trauerfeier angesetzt. Doch als Mama Eisenbeisser an jenem Tag gerade das Haus in Richtung Kirche verlassen wollte, stand wer vor der Tür? Sohn Alfred, putzmunter und leibhaftig. Die Mutter fiel erst einmal in Ohnmacht.

Bis 1944 spielte Eisenbeisser aktiv Fußball, parallel dazu glänzte er noch sehr erfolgreich in einer ganz anderen Sportart: im Eiskunstlauf. Bei der EM 1934 wurde er mit seiner Partnerin Irina Timcic Siebter im Paarlauf, bei Olympia 1936 in Garmisch-Partenkirchen kamen die beiden auf Platz 13.

Bei der zweiten Fußball-Weltmeisterschaft gehörte Eisenbeisser dem rumänischen Kader nicht mehr an – 1934 in Mussolinis faschistischem Italien. Als der Fußball erstmals zum Politikum wurde.

AUCH DAS NOCH WAS SIE SONST ÜBER DIE WM 1930 UNBEDINGT WISSEN MÜSSEN

0 Tore erzielte Bolivien in den Spielen gegen Jugoslawien und Brasilien (je 0:4). Immerhin wurden die Anden-Kicker wegen ihrer mit Buchstaben bedruckten Trikots zu Publikumslieblingen. Die Aufstellung der elf Spieler ergab vor Anpfiff den Schriftzug: URUGUAY VIVA.

14 Jahre nach der WM wurde Alexandre Villaplane hingerichtet. Der französische Mannschaftskapitän von 1930 hatte im Zweiten Weltkrieg als Milizenführer mit den deutschen Besatzern kollaboriert. Nach der Befreiung Frankreichs verurteilte ihn ein Gericht zum Tod durch Erschießen. Das Urteil wurde am zweiten Weihnachtsfeiertag 1944 vollstreckt.

16 Kilo nahm der jugoslawische Torwart Milovan Jakšić auf der zweiwöchigen Atlantik-Überfahrt dank der guten Schiffsküche zu. Trotzdem erreichte die Mannschaft das Halbfinale.

21 Jahre fuhr die 1923 vom Stapel gelassene *Conte Verde*, die 1930 drei europäische Teams nach Uruguay geschippert hatte, über die Weltmeere. Zwischen 1938 und 1940 brachte der Dampfer Tausende jüdische Flüchtlinge aus Deutschland und Österreich nach Schanghai. Im Zweiten Weltkrieg geriet das Schiff in Besitz der japanischen Marine. 1944 wurde die *Conte Verde* bei einem amerikanischen Luftangriff vor der Küste Kyotos versenkt.

31 Jahre alt war Uruguays Trainer Alberto Suppici beim Finalsieg. Er ist bis heute der jüngste Trainer, der eine Mannschaft zum WM-Titel führte.

35 Zentimeter hoch und 3,8 Kilo schwer war der WM-Pokal, die vom französischen Bildhauer Abel Lafleur geschaffene *Coupe Jules Rimet*. 1970 ging die Trophäe dauerhaft an den damals dreimaligen Weltmeister Brasilien über. 1983 wurde der Pokal aus einer Vitrine des Verbands in Rio de Janeiro gestohlen – und nie mehr gefunden. Vermutlich hatten ihn die Diebe danach eingeschmolzen.

68 Jahre nach der WM-Premiere erlebte Debüt-Torschütze Lucien Laurent als einzig verbliebener Spieler des damaligen Frankreich-Kaders 1998 den ersten WM-Titel seines Heimatlandes.

76 Jahre lang gab es in den Statistiken unterschiedliche Einträge zum Torschützen des 2:0 im Spiel der USA gegen Paraguay. 2006 sprach die FIFA den Treffer offiziell Bertrand Patenaude zu. Da der US-Stürmer beim 3:0-Sieg auch die beiden weiteren Tore schoss, wurde er der erste Spieler, dem bei einer WM ein Hattrick glückte.

100 Jahre alt wurde Francisco Varallo. Als letzter Teilnehmer des allerersten WM-Endspiels starb der Argentinier am 30. August 2010.

300 Zuschauer verfolgten das Vorrundenspiel zwischen Peru und Rumänien im *Estadio Pocitos*. Bis heute die WM-Partie mit der geringsten Besucherzahl aller Zeiten.

1934 IN ITALIEN

Die Welt zu Gast beim Duce: Benito Mussolini hat zwar keine Ahnung von Fußball, weiß aber das Turnier perfekt für sich zu inszenieren. Korrupte Funktionäre und groteske Schiedsrichterentscheidungen ebnen dem Gastgeber den Weg zum Titel. Deutschland feiert sein WM-Debüt und hebt die Hand zum Führergruß.

Die Welt war eine andere, vier Jahre später im Sommer 1934. Und die Weltmeisterschaft war es auch.

Die Premiere in Uruguay 1930, das war noch eine größtenteils unbeschwerte Veranstaltung. Vieles lief holprig, allen voran bei der mühsamen Akquirierung europäischer Nationen. Auch in Montevideo selbst gab es Kuriositäten und Ungereimtheiten und schräge Schiedsrichterentscheidungen. Aber irgendwie schwang dort bei allen Pleiten, Pech und Premierenpannen dank der Vision von FIFA-Boss Jules Rimet, dieses »Humanisten und Idealisten«, wie ihn sein Enkel Yves einmal nannte, noch ein Hauch von kindlicher Freude mit, schwebte über allem das Ideal vom völkerverbindenden, weltumspannenden Großereignis. Uruguay 1930 war fast so etwas wie ein aufregend anarchisch infantiles Abenteuer. Der Fußball spielte noch im Sandkasten.

Ganz anders dann die zweite Auflage des Turniers 1934. Als der Fußball erstmals großdimensional politisch instrumentalisiert wurde, als ein totalitäres Regime ein sportliches Megaevent zur pompösen Selbstinszenierung nutzte. 1934 kam die WM nämlich ins faschistische Italien, zu Benito Mussolini. Die Welt zu Gast beim Duce.

In den zwölf Jahren seit dem berüchtigten *Marsch auf Rom*, mit dem Mussolini und seine *Partito Nazionale Fascista* (PNF) 1922 die Alleinherrschaft in Italien übernommen hatten, erkannte der Duce schon recht bald das Potenzial des Sports als vortreffliches Mittel zur gleichschaltenden Massenbegeisterung. *Panem et circenses*, Brot und Spiele, das war schon für die Kaiser im alten wie auch nun für den Diktator im neuen Rom ein probates Instrument, um der Bevölkerung nicht nur ein angenehmes Unterhaltungsprogramm zu liefern, sondern die Menschen immer mehr auch von der Stärke der eigenen Weltanschauung zu überzeugen. Eine gute Deckfarbe, um nationale Wirtschaftskrisen und individuelle Existenzängste zu übertünchen, um mit schönen Menschen und gestählten Körpern die Stärke der eigenen Rasse, die Überlegenheit der Herrenmenschen und die Identität der Nation zu bewerben. Das war bei Hitler später ja auch nicht anders.

Dabei hatte Mussolini für Fußball wenig übrig. Tennis, Fechten, Reitsport, das gefiel ihm schon besser. Zu einem seiner Prestigeprojekte wurde ab 1928 der Bau des *Foro Mussolini* (heute *Foro Italico*) im Norden Roms, am Westufer des Tiber. Ein gewaltiger, mit 60 monumentalen Athletenstatuen aus reinem Carrara-Marmor gesäumter Sportstättenkomplex. Es gab dort Veranstaltungen mit Turnen, Gymnastik und Militärparaden. Doch Mussolini erkannte nicht nur aufgrund seiner fußballbegeisterten Söhne Bruno und Vittorio, zweier glühender Tifosi des Hauptstadtklubs Lazio: Die größte Faszination auf die Massen würde doch der Fußball ausüben.

Fußball war in Italien damals schon sehr populär. Um 1880 kickten Genueser Kaufleute erstmals in Mannschaften organisiert gegeneinander, 1893 gründete sich mit dem Genoa CFC der älteste noch heute existierende Fußballklub. 1897 folgte Juventus Turin, 1899 der AC Mailand, 1908 Stadtrivale Inter. Meisterschaftsrunden wurden – ähnlich wie in Deutschland bis zur Einführung der Bundesliga 1963 – erst dezentral in Regionalwettbewerben ausgespielt, deren Sieger sich daraufhin für ein Endrundenturnier qualifizierten. Ab 1929 spielten die 18 besten Mannschaften gemeinsam in einer landesweiten Liga, der Serie A, jeder gegen jeden, von Triest bis Turin, von Brescia bis Neapel. Das fiel in jene Zeit, in der Mussolini den Neubau imposanter Großstadien im ganzen Land vorantrieb und die modernen Arenen gleich einmal mit den passenden Namen ausschmückte. Das *Stadio Municipale Benito Mussolini* in Turin. Das *Stadio Nazionale del PNF* in Rom. Oder das *Stadio Littorio in Triest*; benannt nach dem aus hölzernen Ruten und einer Axt bestehenden, auch Fasces genannten Liktorenbündel, aus dem sich wiederum das Wort Faschismus herleitete.

Mit seiner jahrzehntelangen Fußballgeschichte, aber gerade auch mit den modernen Arenen konnte Italien also mit den besten Voraussetzungen aufwarten, als es im Oktober 1932 beim FIFA-Kongress in Zürich um die Frage des Ausrichters der zweiten Weltmeisterschaft ging. Neben Italien hatte auch Schweden großes Interesse bekundet, doch als der Weltverband mit der klaren Ansage ums Eck kam, anders als in Uruguay 1930 nicht nur an einem Standort, sondern in mehreren Städten spielen zu wollen, zogen die Skandinavier zurück.

Italien konnte dagegen ordentlich wuchern: Mit Turin, Mailand, Triest, Genua, Bologna, Florenz, Rom und Neapel hatte man gleich acht Städte im Angebot, genau das, was die FIFA hören wollte. Zudem hatte Mussolini signalisiert, dass sein Land für sämtliche Kosten in Höhe von 3,5 Millionen Lire (berücksichtigt man damalige Löhne und Lebenshaltungskosten, entspricht das heute umgerechnet etwa 4,3 Millionen Euro) aufkommen würde. Auch das kam gut an. Folgerichtig erhielt Italien widerstandslos den Zuschlag. Und Giorgio Vaccaro, der Chef des Organisationskomitees, frohlockte, die WM möge demonstrieren, »dass die faschistische Ideologie für die Reife des Menschen unumgänglich ist und letztlich alles auf die Inspiration des Duce zurückzuführen ist«. So hörte sich das damals an.

Ein weiterer Unterschied zur Premiere 1930: Anders als damals, als man mit Mühe 13 Nationen zusammenkratzen konnte, war das Interesse an einer Teilnahme natürlich gerade unter den europäischen Ländern merklich gestiegen. Da mit 32 der mittlerweile 47 FIFA-Mitgliedsländer mehr Nationen mitspielen wollten, als es Teilnehmerplätze gab, fand somit erstmals ein Qualifikationsturnier statt. Festgelegt war dabei mit einem sehr europalastigen Kontinentalschlüssel schon vorab die Verteilung der 16 Startplätze.

Mitspielen in Italien durften letztlich satte zwölf Nationen aus dem Erdteil des Gastgebers, zwei Vertreter aus Südamerika, ein Team aus Nord- und Mittelamerika sowie eine Mannschaft aus Afrika und Asien. Sehr schnell wurde klar, dass die WM dabei ohne den amtierenden Weltmeister auskommen musste, denn Uruguay erklärte seinen Verzicht. Eine beleidigte Retourkutsche für das Fernbleiben so vieler europäischer Nationen bei der eigenen Heim-WM 1930. Eine WM ohne Titelverteidiger, das gab es seitdem nie mehr.

Mit dabei in der europäischen Qualifikation war nun in einer Dreiergruppe mit Luxemburg und Frankreich auch die deutsche Nationalmannschaft, die 1930 auf die Reise über den Atlantik noch verzichtet hatte und sich jetzt, am 11. März 1934, auswärts in Luxemburg erstmals in ihrer Geschichte auf den Weg zu einer Weltmeisterschaft machte. Weil sich sowohl der Gruppenerste als auch der Gruppenzweite für Italien qualifizierte und nur je ein Spiel zwischen den drei Ländern anstand und weil Frankreich in Luxemburg schon 6:1 gewonnen hatte, reichte der DFB-Auswahl ein 9:1 gegen Luxemburg. Deutschland stand vor seinem WM-Debüt.

International war die Auswahl des 1900 gegründeten Deutschen Fußballbundes bis dahin nicht wirklich aufgefallen. Bis Mitte der 1920er-Jahre hatte man in 58 Länderspielen 30-mal verloren, das Niveau war eher zweit- bis drittklassig. Große Erfolge bei den Fußballturnieren der Olympischen Spiele waren auch ausgeblieben, außerdem war Deutschland 1920 und 1924 noch aufgrund von Sanktionen infolge des Ersten Weltkriegs ausgeschlossen. Es waren jene Jahre, in denen der deutsche Fußball standhaft den Amateurgedanken zu proklamieren suchte und sich den Professionalisierungstendenzen anderer europäischer Nationen widersetzte. Der Berufsfußballer war in Deutschland eine unwillkommene Spezies.

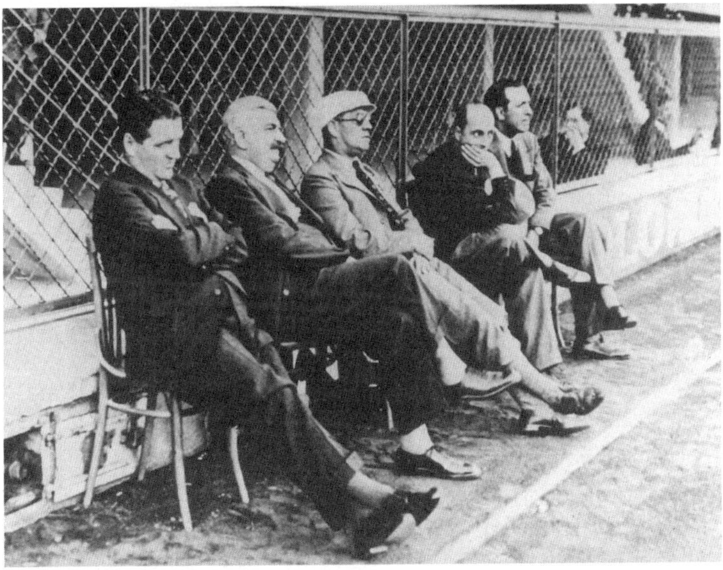

Da wackelte sein Trainerstuhl noch nicht: Nationaltrainer Otto Nerz (Mitte) führte die DFB-Auswahl bei der ersten WM-Teilnahme in Italien gleich auf Platz 3.

Amateurhaft bis dilettantisch organisiert war auch die Führung des DFB. Zuständig für die Aufstellung der Nationalmannschaft war ein Spielausschuss, der sich aus Proporzgründen mehr um die paritätische Berücksichtigung von Spielern der jeweiligen Regionalverbände kümmerte als wirklich um die Nominierung der besten Kicker des Landes. Zu einer Zäsur kam es 1926, als sich die Wiederzulassung deutscher Sportler und damit auch der Fußballer zu den Olympischen Spielen 1928 abzeichnete. Auf der Suche nach einem hauptamtlichen Nationaltrainer landete DFB-Präsident Felix Linnemann bei Otto Nerz, einem einfachen Bauernsohn aus der badischen Provinz, der nach 1918 in der Hauptstadt als Volksschullehrer arbeitete, Sport studierte, dazu bei Tennis Borussia Berlin erst fünf Jahre spielte und die Mannschaft ab 1924 auch trainierte.

Doch auch unter Nerz, der mit der deutschen Elf bei Olympia

1928 im Viertelfinale mit 1:4 am späteren Turniersieger Uruguay scheiterte, blieb eine Neuausrichtung hin zu einer Professionalisierung kein Thema. Und auch die Nazis wollten nach ihrer Machtergreifung 1933 davon nichts wissen. Dass Sportler für ihr Tun auch noch Geld bekämen, das widersprach der Leitlinie ihrer Ideologie. Der neue Reichssportkommissar Hans von Tschammer und Osten etwa betonte: »Turnen und Sport sind nicht dazu da, um das persönliche Wohlergehen zu fördern; die Leibeserziehungen bilden vielmehr einen wichtigen Teil des Volkslebens und sind ein grundlegender Bestandteil des nationalen Erziehungssystems.« So schwebte über dem Ligabetrieb der Klubmannschaften selbst weiter der hehre Amateurgeist, die Idee der Einführung einer Profiliga durch einen neu gegründeten Berufsspielerverband wurde mit allem Nachdruck abgeschmettert.

Gleichzeitig legte das Regime aber großen Wert auf eine international konkurrenzfähige Nationalmannschaft. Umso mehr nach dem Austritt des Deutschen Reichs aus dem Völkerbund im Oktober 1933, denn nun fiel den Fußballern eine repräsentative Rolle für positive Imagepflege im Ausland zu. Gerade in Italien, wo Deutschland zu jener Zeit nicht gut gelitten war. Denn Hitlers damals schon weit gediehene Ambitionen einer raschen Annexion Österreichs hatten Mussolini und seine Parteigranden auf den Plan gerufen. So übernahm Italien noch im Frühjahr 1934, kurz vor der WM, zusammen mit Großbritannien und Frankreich erst eine Sicherheitsgarantie für Österreich und stärkte mit den *Römischen Protokollen* vom März 1934 ganz bewusst die Unabhängigkeit des Nachbarn nördlich des Brenners. Ein zu starkes Deutschland, das war Mussolini suspekt.

Um sich als gute wie auch erfolgreiche Botschafter des Reichs zu präsentieren, erhielten die deutschen Nationalspieler weitreichende Privilegien. So mussten sie sich etwa nicht mehr wie bisher Urlaubstage freischaufeln, wenn sie auf Lehrgänge und zu Spielen reisten. Ab sofort konnten sie sich bei unverminderter Lohnfortzahlung ganz auf den Fußball konzentrieren. Im Gegenzug erhielt der jeweilige Arbeitgeber für den Ausfall seiner Arbeitskraft eine direkte Entschädigung von der Regierung in Berlin. Dazu gab es geldwerte Geschenke, Steuervorteile oder schöne Anzüge. Dem Reich war der Erfolg seiner Fußballer schon etwas wert.

Großer Nutznießer der Einführung des subventionierten Staatsamateurs war der Trainer, der seine besten Spieler zu Trainingslagern und Testspielen einberufen konnte, wann immer er wollte. Otto Nerz hatte nun alle Freiheiten.

Mit seinem taktischen Verständnis, seiner theoretischen Expertise, seiner strategischen Weiterentwicklung des Fußballs gilt Nerz als Wegbereiter, als derjenige, der die Basis für seinen Nachfolger Sepp Herberger und, wie manche meinen, sogar für den ersten WM-Titel 1954 in der Schweiz legte. Sehr zu hinterfragen ist bei aller Fachkenntnis im Fußball natürlich seine politische Einstellung. Galt Nerz in der Weimarer Republik noch als SPD-Sympathisant, änderte er seine Ausrichtung ab 1933 radikal und trat kein halbes Jahr nach Hitlers Erfolg bei der Reichstagswahl der SA bei. 1938, nach seiner Ablösung durch Sepp Herberger, wurde er dort Sturmführer, später verfasste er antisemitische Pamphlete über einen »judenfreien Sport in einem judenfreien Europa« und warnte vor der »Gefahr der Verjudung« auch im Fußball. Es ist nicht zu weit hergeholt, in Nerz mehr als einen Mitläufer zu sehen, der sich lediglich mit dem System arrangierte, sondern vielmehr einen doch recht stramm überzeugten Nazi. Noch bis 1945 dozierte Nerz als Professor an der Deutschen Hochschule für Leibeskultur, dann geriet er in sowjetische Kriegsgefangenschaft, 1949 starb er im Lager Sachsenhausen an Meningitis.

Wie immer erwies sich Nerz auch 1934 in der Vorbereitung auf die Weltmeisterschaft als extremer Disziplinfanatiker, Marke gnadenloser Grasfresser, für den als oberste Maxime Zucht und Ordnung galten – und sonst nicht viel. Seine Spieler weckte er jeden Morgen mit der Trillerpfeife. In einem schrecklichen Vergleich nannte das DFB-Zentralorgan *Deutscher Fußballsport* angesichts des eisernen Drills die Atmosphäre im WM-Trainingslager 1934 am Comer See das *Konzentrationslager Cernobbio*.

Etwas weniger drastisch, aber ähnlich im Inhalt, äußerte sich später einmal Sigi Haringer: »Ich habe mich bei Nerz immer gefühlt wie in einer Kaserne.« Eine Kaserne, aus der Haringer übrigens während der WM rausfliegen sollte. Der Münchner Abwehrspieler, der zwei Jahre zuvor mit dem FC Bayern die allererste Meisterschaft in der Klubgeschichte gefeiert hatte, war bei Nerz in Ungnade gefallen und wurde wegen Disziplinlosigkeit aus Italien heimgeschickt. Bemerkenswert, dass bis heute die unterschiedlichsten Versionen zum Grund der Demission herumgeistern. Einmal heißt es, Haringer habe verbotenerweise eine Apfelsine gegessen, was für Nerz ein No-Go war. Apfelsinen, so Nerz, würden die Leistungsfähigkeit vermindern. In einer anderen Überlieferung war Haringer zu spät zum Training erschienen. Am plausibelsten erscheint die Variante, dass sich Haringer eine Halbe Bier genehmigt hatte und auf die Schimpftirade seines Trainers erwiderte: »Bei uns in Bayern is des a Grundnahrungsmittel.« Es sollen seine letzten Worte vor der Heimfahrt gewesen sein.

Überhaupt war Sigi Haringer einer der Aufmüpfigen im bis 1933 vom jüdischen Präsidenten Kurt Landauer geführten FC Bayern. 1937 wurde Haringer in der Münchner Maximilianstraße festgenommen, weil er eine braune Parade zum Gedenken an den Hitler-Putsch von 1923 laut hörbar als *Kasperlzug* bezeichnete. Beim Führergruß vor den Spielen hob freilich auch er die Hand. Sich zu verweigern, hätte drastische Konsequenzen nach sich gezogen.

Galt Haringer im deutschen Team schon als Routinier, hatte Nerz eine sehr junge, unerfahrene Mannschaft mit nach Italien genommen. Nachdem er Sportlehrer als Beobachter durchs ganze Land geschickt hatte, kamen die 80 talentiertesten Spieler zu einem Sichtungslehrgang in der Sporthochschule Duisburg-Wedau zusammen. Daraus rekrutierte Nerz dann seinen Kader, teils aus Vereinen, die gar nicht zu den 16 Mannschaften der deutschen Meisterschaftsendrunde gehört hatten. Etwa Tormann Hans Jakob von Jahn Regensburg. Paul Zielinski von Union Hamborn. Oder Ernst Lehner von Schwaben Augsburg. Im Schnitt kam der 18-Mann-Kader pro Spieler auf gerade mal 5,8 Länderspiele.

Fünf Spieler hatten dabei noch kein einziges bestritten, drei Akteure erst eines. Einer von ihnen war der erst 19-jährige Edmund Conen vom FV Saarbrücken, der zum ersten deutschen Spieler der WM-Geschichte wurde, dem beim 5:2 zum Auftakt im Achtelfinale gegen Belgien das gelang, was man heute gerne als »lupenreinen« Hattrick bezeichnet. Drei aufeinanderfolgende Tore in einer Halbzeit.

Mit diesem Erfolg war der deutschen Elf ein überzeugender Start ins Turnier geglückt, angeführt von ihrem Kapitän Fritz Szepan von Schalke 04. Szepan war Spielgestalter, Stratege, damals in der Position des Halbstürmers im offensiven Mittelfeld. Der gelernte Klempner, Sohn eines Bergmanns und Kind des Ruhrpotts, war aber noch mehr: Er verkörperte sinnbildlich den Wandel des Fußballs in jener Zeit. War der Fußball in Deutschland vor dem Ersten Weltkrieg noch eher ein Sport von Schülern, Studenten und des Bürgertums gewesen, wurde er ab der Weimarer Republik immer mehr zum breiten Massenphänomen. Ein Sport für den einfachen Mann. Ein Sport fürs Volk. Hatten das Finale um die Deutsche Meisterschaft 1909 zwischen Phönix Karlsruhe und dem Berliner FC Viktoria in Breslau gerade einmal 1500 Besucher verfolgt, so strömten 1923 beim Endspiel zwischen dem Hamburger SV und Union Oberschönweide schon 64 000 Menschen ins *Deutsche Stadion* nach Berlin.

Mit den Jahren wurden malochende Charaktere wie Szepan oder sein Freund, Mitspieler und Schwager Ernst Kuzorra, der in Gelsenkirchen in jungen Jahren selbst noch in die Zeche einfuhr, zu Idolen, Helden, Identifikationsfiguren. Arbeiter, Malocher, Kohlekumpel. So der Typ: einer von uns. Ein Szepan wie du und ich.

Charaktere wie Szepan, der sich immer gerne für die NS-Propaganda einspannen ließ, waren in braunen Regierungskreisen gern gesehen. Und so war es nur folgerichtig, dass sich die Spieler selbst bei der WM 1934 überwiegend widerstandslos in die Rolle einfügten, die sie zu erfüllen hatten. Vor Anpfiff hoben sie die Hand zum Hitlergruß, auf ihren Trikots trugen sie den Reichsadler und das Hakenkreuz. Aber auch deutsche Fans bekundeten ihre politische

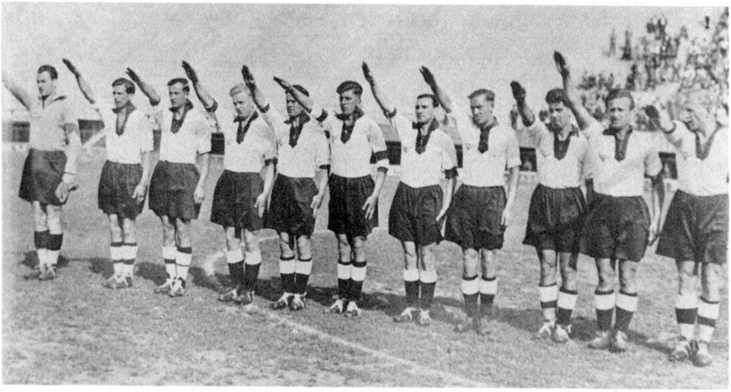

Vor dem allerersten DFB-Spiel bei einer WM hoben die Hand zum Hitlergruß (v.l.n.r): Kreß, Hohmann, Conen, Schwartz, Zielinski, Lehner, Kobierski, Siffling, Janes, Haringer, Szepan.

Überzeugung. Beim Viertelfinale gegen Schweden im Mailänder *San Siro* setzten sich laut Zeitzeugenberichten Männer mit weißen und roten Mützen choreografisch so auf die Tribüne, dass die Anordnung die Form eines Hakenkreuzes ergab.

Sportlich lief es für die Nerz-Truppe weiter gut, mit dem 2:1 über Schweden stand man im Halbfinale gegen die Tschechoslowakei, die in jenen Jahren zusammen mit Ungarn und Österreich nicht nur zu den stärksten Fußballnationen Europas zählte, sondern im Gegensatz etwa zum robusten *Kick and Rush* britischer Mannschaften auch den schönsten Fußball zeigte. Vereinsmannschaften aus Wien, Budapest und Prag dominierten daher auch den 1927 eingeführten Mitropa-Cup, einen mitteleuropäischen Urahnen der Champions League mit feinem Kurzpassspiel, Kreativität, Spielwitz, technischen Schmankerln: Der *Calcio Danubio*, wie man ihn in Italien nannte, war der legitime Vorläufer des späteren, ab 1958 geläufigen brasilianischen *jogo bonito*.

So blieb die deutsche Auswahl als Außenseiter letztlich chancenlos gegen den hohen Favoriten. 3:1 gewannen die Tschechoslowaken, alle drei Tore erzielte dabei der spätere Torschützenkönig

Oldřich Nejedlý, der nur 1,74 Meter große Stürmer, der in seiner Wendigkeit kaum zu halten war. Der Postbote aus Prag, der auch an diesem Tag lieferte. Dass er seine Gegenspieler immer elegant umspielte und jeglichen Zweikampf ängstlich scheute, soll dabei übrigens seiner physischen Konstitution geschuldet gewesen sein. Nejedlý litt an der Glasknochenkrankheit.

Für Deutschland blieb nach der Niederlage gegen die Tschechoslowaken noch das Spiel um Platz 3 in Neapel. Wieder gegen Donaufußballer. Diesmal gegen Österreich, ein ganz besonderes Duell.

Drei Jahre zuvor hatte Österreich die deutsche Auswahl zweimal entsetzlich gedemütigt: Einem 6:0-Auswärtssieg im Mai 1931 in Berlin folgte vier Monate später ein 5:0-Heimsieg in Wien (damals war noch nicht zu ahnen, dass es für 47 Jahre der letzte Erfolg über den Nachbarn sein sollte: bis Córdoba 1978). 1931 war das Jahr, in dem das so viel zitierte *Wunderteam* entstanden war, das man wegen folgender Anekdote gerne auch das *Schmieranskiteam* nannte: Einen Tag vor einem Länderspiel gegen Schottland nämlich war der legendäre wie streitbare Teamchef Hugo Meisl im Wiener Ring-Café mit heimischen Sportjournalisten aneinandergeraten. Wutentbrannt zog Meisl einen zerknitterten Zettel aus der Jackentasche, auf den er die Mannschaftsaufstellung für den kommenden Tag gekritzelt hatte, und warf ihn im Hinausgehen den Reportern auf den Tisch mit den Worten: »Da habt's euer Schmieranskiteam.« Am nächsten Tag gewann Österreich sensationell gegen die als übermächtig geltenden Schotten 5:0. Es folgten eine Woche später der Triumph in Berlin und mit nur zwei verlorenen Spielen in 28 Partien die drei goldensten Jahre der österreichischen Fußballgeschichte. Kurios, dass ausgerechnet eine dieser beiden Niederlagen bis heute als das beste Spiel aller Zeiten einer österreichischen Mannschaft gilt: das 3:4 gegen das übermächtige England im Dezember 1932 im Stadion an der *Stamford Bridge*. Ein Spektakel, für das sich Zehntausende Menschen für je 20 Groschen Eintritt vor der Wiener Hofburg versammelt hatten, um der Radioreportage aus London zu lauschen, die live aus riesigen Lautsprechern übertragen wurde. Public Hearing am Heldenplatz.

Wiener Teams beherrschten auch den Klubfußball. Im *Mitropapokal* triumphierte 1930 Rapid, 1931 die Vienna. 1933 gewann die Austria gegen Inter Mailand, das sich auf Geheiß von Mussolini übrigens in *Ambrosiana* umzubenennen hatte. Inter, kurz für *Internazionale*, das klang dem Duce zu weltoffen.

Die überragende Persönlichkeit der Austria wie auch Österreichs Nationalmannschaft war dabei Spielmacher Matthias Sindelar, den man wegen seiner schmächtigen Statur auch *Der Papierene* nannte und der später zu Österreichs bestem Spieler des 20. Jahrhunderts gekürt wurde.

Bei der WM in Italien wollte Sindelar, der Sohn eines mährischen Maurers aus dem Wiener Arbeiterbezirk Favoriten, die da schon etwas in die Jahre gekommene Wunderelf zum Titel führen, doch es waren vor allem die skandalösen und später noch zu erörternden Umstände der Halbfinal-Niederlage gegen Italien, die diesen Traum zunichtemachten.

Das Spiel um Platz 3 begann recht kurios, standen doch vor Anpfiff beide Mannschaften in ihrer bevorzugten Spielkleidung mit weißen Trikots und schwarzen Hosen auf dem Platz. Während ein Autokurier sich auf den Weg machte, um aus einem nahe gelegenen Vereinsheim Ersatztrikots zur farblichen Unterscheidung zu holen, wurde per Losentscheid die Mannschaft von Hugo Meisl dazu verdonnert, sich anders zu kleiden. Weil der eilig entsandte Bote in der Kürze der Zeit im Klubhaus keine jahreszeitgemäßen Shirts fand, wurde Österreich die bis heute einzige Elf in der langen Geschichte des Fußballs, die jemals ein WM-Spiel mit warmen Winterpullovern des SSC Neapel bestritt.

Obendrein geriet die Meisl-Truppe durch den starken Auftritt ihrer Gegner ins Schwitzen. Deutschland gewann durch zwei Tore von Lehner und einmal Conen 3:2. Die Ära des Wunderteams war nun endgültig vorbei.

Italien hingegen fieberte gebannt dem Finale gegen die Tschechoslowakei entgegen. Dass man es dabei nur völlig grotesken Fehlentscheidungen der Schiedsrichter zu verdanken hatte, überhaupt das Endspiel erreicht zu haben, schmälerte die Begeisterung nicht im Geringsten. Betrug? Verschobene Spiele? War da was?

Im Viertelfinale traten die Azzurri beim 1:1 gegen Spanien nach Belieben ihre Gegenspieler um, beim Wiederholungsspiel fehlten sieben Iberer verletzungsbedingt, darunter Torwart Zamora mit einem geschwollenen Auge. Während der Entscheidungspartie transportierten Sanitäter drei Spanier ab, dazu verweigerte der Schweizer Schiedsrichter René Mercet zwei regulären spanischen Treffern die Anerkennung. Italien gewann 1:0. Im Halbfinale gegen Österreich folgte ein monströs schmutziges Foul gegen Sindelar, dazu das irreguläre Tor zum 1:0-Endstand, als drei Italiener Torwart Peter Platzer attackierten und ihn mitsamt Ball über die Linie bugsierten. Als kurz vor Ende bei einem aussichtsreichen Konter Stürmer Karl Zischek nach einer hohen Flanke sich aussichtsreich in Position für das Ausgleichstor wähnte, kam Schiri Ivan Eklind herangestürmt – und köpfte den Ball ins Seitenaus. So schilderten es zumindest die empörten Österreicher, Spieler, Funktionäre, Medien. Weil es TV-Bilder noch nicht gab, fehlt bis heute der Videobeweis.

Dass zugunsten Italiens ziemlich viel geschoben und verschoben wurde bei dieser WM, das gilt jedoch als unstrittig.

Immer wieder wurde im Lauf der folgenden Jahrzehnte gemunkelt, der Duce himself sei es gewesen, der Druck auf die Schiedsrichter ausgeübt habe, Italien notfalls auch mit völlig absurden Entscheidungen zum so prestigeträchtigen Titel zu verhelfen. Der Sporthistoriker Marco Impiglia widerlegte diese These 2014 in einem Aufsatz. Seiner Schlussfolgerung nach steckten dahinter vielmehr enge Seilschaften korrupter und korrumpierbarer Funktionäre. So habe etwa der Chef des Organisationskomitees Giovanni Mauro dem schwedischen Verbandspräsidenten Anton Johanson 1932 die Aufnahme in die FIFA-Regelkommission ermöglicht. Aus tiefer Dankbarkeit soll sich Johanson erkenntlich gezeigt haben, indem er auf Mauros Wunsch nach einem schwedischen Schiedsrichter nicht den über alle Zweifel erhabenen Routinier Otto Ohlson zur WM schickte, sondern den jungen, aufstrebenden Ivan Eklind, dem jedes Mittel

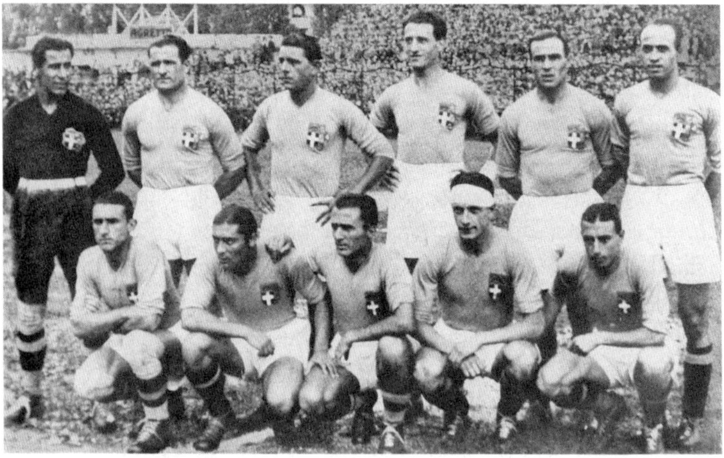

Die Weltmeister-Elf mit dem Wappen des Königreichs Italien. Hinten v.l.: Combi, Monti, Ferraris, Allemandi, Guaita, Ferrari; vorne v.l.: Schiavio, Meazza, Monzeglio, Bertolini und Orsi.

recht war, um weiter Karriere zu machen. Genau der richtige Mann für Italiens WM-Mission, zumal das Organisationskomitee damals die Oberhoheit über die Nominierung der Schiedsrichter für die Partien hatte.

Weil Eklind also seine Arbeit gegen Österreich zu voller Zufriedenheit erledigt hatte, durfte er auch im Finale noch mal ran. Und welch Wunder, der junge Schwede leistete auch im Finale gegen die Tschechoslowakei ganze Arbeit und erfüllte die in ihn gesteckten Erwartungen zur Gänze. Er ließ die Italiener in all ihrer Grobheit gewähren, pfiff seltsame Abseitsentscheidungen gegen die Tschechoslowaken, denen er obendrein klare Elfmeter verweigerte. So gewann Italien recht knapp mit 2:1 nach Verlängerung, den Pass zum entscheidenden Tor durch Angelo Schiavio vom AC Bologna gab der damalige Spielmacher und Star der Mannschaft Giuseppe Meazza.

Jules Rimet, der im Finale neben Mussolini auf der Tribüne saß, erzählte später einmal über Mussolinis Kommentare während des Spiels, dass der Duce gar keine, aber so überhaupt keine Ahnung

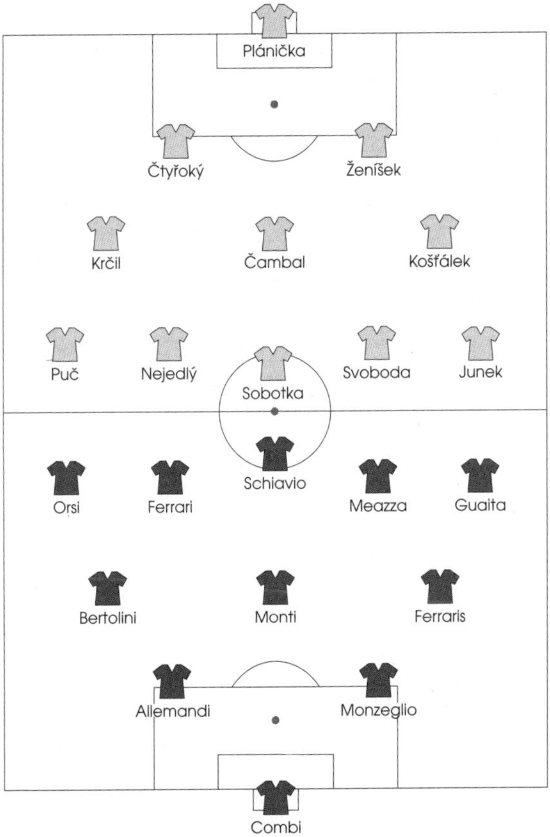

Startaufstellung Italien (unten) gegen Tschechoslowakei (oben), WM-Finale 1934

vom Fußball gehabt habe. Dem Machthaber war das egal, Italien hatte den Titel, und die Stimmung im Land, die wegen stagnierender Wirtschaft, drohender Lohnkürzungen und sinkender Lira etwas angespannt war, hellte sich wieder auf. Mussolini konnte sich feiern lassen.

Italien jubelte – und Deutschland auch. Die *Münchner Neuesten Nachrichten* etwa huldigten der Nerz-Truppe nach dem WM-Debüt: »Mit den Berufsspielermannschaften von Italien, der Tschechei und Österreich spielte sich die deutsche Elf in ruhmvoller Weise zu den letzten Vier durch und ist in der Vorschlussrunde mit fliegenden Fahnen untergegangen. Aber unsere wackeren Spieler haben sich heldenmütig geschlagen.« Martialischer die Formulierung im *Völkischen Beobachter*: »Ein Erfolg, der in erster Linie dem durch den Nationalsozialismus geschaffenen neuen deutschen Lebensgefühl der Bereitschaft und des Kampfes zuzuschreiben ist.«

Und weiter: »Jeder deutsche Spieler, der jetzt gegen einen Ausländer startet, weiß zweierlei: Wenn du kämpfst, kämpfst du für dein Land, für sein Ansehen und für seine Ehre.« Für Hitler und sein Regime dürfte Mussolinis Veranstaltung in jedem Fall ein perfektes Anschauungsbeispiel gewesen sein, eine Blaupause, wie man sportliche Großereignisse propagandistisch zu den eigenen Gunsten inszenieren konnte. Zwei Jahre später stiegen in Berlin die Sommerspiele von 1936.

Die Fußballwelt traf sich 1938 in Frankreich wieder. Als Deutschland nicht mehr gegen die Österreicher spielte. Sondern mit ihnen.

Als sich Europa weiter verdüstert hatte.

AUCH DAS NOCH WAS SIE SONST ÜBER DIE WM 1934 UNBEDINGT WISSEN MÜSSEN

1 Wort gab Verteidiger Paul Janes (Fortuna Düsseldorf) zur Antwort, als er nach der Rückkehr in einem Interview auf die Frage »Wie war's in Italien?« antwortete: »Warm.«

3 Tage vor Turnierbeginn fand erst das letzte Qualifikationsspiel statt. In einem Showdown in Rom bezwangen die USA Mexiko mit 4:2.

4 europäische Teams im Halbfinale, das gab es nach 1934 noch vier weitere Male: 1966, 1982, 2006 und 2018.

5 *Oriundi* standen in Italiens WM-Kader: Söhne italienischer Emigranten, die in Südamerika zur Welt kamen und aufwuchsen und nach der Rückkehr ins Land ihrer Eltern wieder eingebürgert wurden. Mit Luis Monti und Attilio Demaría holten zwei Spieler den Titel, die 1930 mit Argentinien noch Vizeweltmeister geworden waren. Der *Oriundo* Raimundo Orsi (1928 Olympia-Zweiter mit Argentinien) erzielte im Finale den wichtigen Ausgleich zum 1:1.

10 Lire kostete die billigste Eintrittskarte für ein Achtelfinalspiel. Das teuerste Ticket fürs Finale 100 Lire.

11 Tore kassierte die Auswahl Palästinas in den beiden Qualifikationsspielen gegen Ägypten (1:7, 1:4). Die Mannschaft des britischen Mandats bestand ausnahmslos aus jüdischen Einwanderern. Neben der britischen Hymne (damals *God Save The King*) erklang vor den Spielen auch die zionistische *Hatikva*, die heutige Nationalhymne Israels.

20 Kilometer vor Rom logierte die Mannschaft der Tschechoslowakei in einem Schloss im beschaulichen Weinort Frascati. Zur Stärkung schickte der Prager Eisenbahner-Sportverband am Tag vor dem Finale eine Ladung des Nationalgerichts *Švestkové knedlíky*: böhmische Zwetschgenknödel.

25 Sekunden waren erst gespielt, als Ernst Lehner zum 1:0 gegen Österreich traf. Bis heute das schnellste Tor einer deutschen Mannschaft bei einer WM.

75 Kilo wog *La Coppa del Duce*. Ein den italienischen Weltmeistern zusätzlich verliehener Pokal, gestiftet natürlich von Benito Mussolini.

700 000 Drachmen (nach heutigem Gegenwert rund 300 000 Euro) zahlte Italien an den griechischen Fußballverband. Der nicht automatisch für das Heimturnier teilnahmeberechtigte Gastgeber erkaufte sich nach dem 4:0 im Qualifikations-Hinspiel in Rom den Verzicht von Gegner Griechenland auf das Rückspiel in Athen.

1938 IN FRANKREICH

Beim Einstand von Sepp Herberger drängen die Nazi-Funktionäre gegen den Willen des neuen Trainers auf eine großdeutsche Mannschaft mit dem angeschlossenen Österreich. Statt zum erhofften Titel zu stürmen, erlebt die Reichself ein Debakel. Italien tritt mit schwarzen Hemden an und verteidigt als erste Nation einen WM-Titel. Und Brasilien hat einen ersten Weltstar.

Der Offensivspieler Gustav Wetterström von IK Sleipner verlebte einen recht ruhigen 5. Juni 1938. Ebenso sein Sturmkollege Arne Nyberg von IFK Göteborg. Oder Verteidiger Erik Nilsson von Malmö FF. Die schwedische Nationalmannschaft hatte an diesem Tag bei der WM in Frankreich nämlich spielfrei. Weil Deutschland in Österreich einmarschiert war.

Genau drei Monate zuvor, am 5. März, wurden im Uhrensaal des französischen Außenministeriums die Paarungen für die bevorstehende Fußball-Weltmeisterschaft ausgelost. Der Modus war dabei identisch mit dem von 1934 in Italien: 16 Teilnehmer, ab Achtelfinale K.-o.-System. Im Lostopf waren 13 Nationen aus Europa, nie zuvor und nie danach war ein Kontinent in der Relation zu den übrigen Erdteilen so dominant bei einer WM vertreten.

Die Ziehung der Zettel für die Achtelfinalpaarungen war also schnell vorbei, Brasilien sollte unter anderem auf Polen treffen, Frankreich auf Belgien, Italien auf Norwegen. Die Auslosung ergab auch die Begegnung zwischen Schweden und Österreich – doch nur eine Woche nach der Auslosung marschierten Hitlers Truppen in

Österreich ein. Österreich war mit dem *Anschluss* einverleibt im großdeutschen Nazi-Reich und hatte auch keine eigene Nationalmannschaft mehr. Sondern spielte bei Deutschland mit. Und Schweden hatte ein Freilos fürs Viertelfinale.

Es war ja auf der ganzen Welt ein entsetzliches Jahr, dieses 1938. Ein *annus horribilis*. In Fernost eskalierte der Konflikt zwischen Japan und China, in Spanien tobte weiter der Bürgerkrieg, derweil ließ Stalin in der Sowjetunion mit seinen »Säuberungsaktionen« Kritiker und Regimegegner brutal ausschalten und ermorden. In Deutschland setzte das Hitler-Regime die systematische Verfolgung der Juden und Andersdenkenden fort, später im Jahr brannten im ganzen Land in der Pogromnacht Synagogen, Häuser und Geschäfte, jüdische Mitmenschen wurden gelyncht oder ins KZ deportiert.

In solch einem Jahr also spielte man ein drittes Mal einen Weltmeister aus. 15 Monate vor Beginn des Zweiten Weltkriegs. Am Vorabend der Apokalypse.

Für die deutschen Reichskicker war der dritte Platz von 1934 gleich bei der ersten WM-Teilnahme ein beachtlicher Erfolg, doch sosehr das Abschneiden in den Tagen danach medial gefeiert wurde, so schnell verpuffte die Euphorie dann auch wieder. Die Propagandamaschinerie wusste mit dem Fußball als Sportart und Inszenierungsinstrument doch nicht so viel anzufangen. Das Ergebnis im Wettstreit *Elf gegen Elf* schien ihnen zu unberechenbar, um damit planbare Seriensiege als Triumph der Überlegenheit gegenüber anderen Nationen auszuschlachten. So gut war der deutsche Fußball im internationalen Vergleich eben doch nicht, zumal sich Deutschland im Gegensatz zu anderen europäischen Ländern einer Professionalisierung weiterhin verweigerte und auf dem Amateurstatus seiner Fußballer beharrte.

Aber dann kam ja 1936. Die Olympischen Sommerspiele in Berlin, bei denen das IOC Fußball, nach einer Pause 1932 in Los Angeles, wieder ins olympische Programm aufgenommen hatte. Weil Profis bei Olympia nicht zugelassen waren und etwa auch Italien mit keinem einzigen Weltmeister der 1934er-Mannschaft nach Berlin kam, rechneten sich die Funktionärsbonzen rund um Reichssportkommissar von Tschammer und DFB-Präsident Linnemann gute Chancen auf einen Triumph der Reichself aus. Die Goldmedaille sollte es sein, ein Finalsieg vor 85 000 begeisterten Zuschauern im Olympiastadion, die Siegerehrung mit Hitlergruß vor der Ehrentribüne, so hatten sie sich das vorgestellt.

So kam es aber nicht.

Nach einem lockeren Auftaktsieg gegen Luxemburg hatte Linnemann Reichstrainer Otto Nerz dazu verdonnert, im Viertelfinale gegen Norwegen mit einer besseren B-Elf anzutreten und die Stammkräfte zu schonen. Gegen den skandinavischen Außenseiter sollte das schon reichen. Nerz äußerte zwar noch seine Bedenken, erfolgreich widersetzen konnte er sich der Anweisung aber nicht.

Die Euphorie vor dem Norwegen-Spiel war enorm, und so kam es, dass sogar der Führer seine Pläne für diesen 7. August spontan änderte und nicht wie vorgesehen zur Entscheidung im Einer-Kajak über 10 000 Meter an die Regattastrecke Grünau fuhr, sondern sich zusammen mit Josef Goebbels auf die Haupttribüne des Poststadions im Stadtteil Moabit setzte. Zur Atmosphäre an jenem Tag notierte der Propagandaminister vor Ort in sein Tagebuch fast lustvoll: »Der Führer ist ganz erregt. Ich kann mich kaum halten. Ein richtiges Nervenbad. Das Publikum rast. Ein Kampf wie nie. Das Spiel als Massensuggestion.« Mit der Erregung von Hitler, Goebbels und der übrigen 55 000 Zuschauer war es dann aber schnell vorbei. Deutschland unterlag Norwegen sang- und klanglos mit 0:2, zürnend verließ Hitler zehn Minuten vor Spielende das Stadion und grämte sich später wohl noch umso mehr, weil er den Olympiasieg des Münchner Kanuten Ernst Krebs im Kajak versäumt hatte. Da hätte er mehr zu jubeln gehabt.

Dass Hitler danach, wie gern berichtet wird, nie mehr ein Fußballspiel besuchte, ist übrigens falsch. 1937 sah er in Berlin das Endspiel um die Deutsche Meisterschaft zwischen Schalke 04 und dem 1. FC Nürnberg. Nur von Länderspielen hatte er seither genug.

Mit der peinlichen Olympia-Blamage gegen Norwegen war auch

die Zeit von Otto Nerz als Reichstrainer vorbei. Die historischen Quellen sind sich dabei nicht einig, ob der Abschied von Nerz schon vorab festgestanden haben soll oder ob er als Bauernopfer herhalten musste, um die DFB-Führungsriege um Linnemann nach der Pleite im Poststadion aus der Schusslinie zu nehmen. Ganz weg war Nerz freilich nicht, ab nun durfte er in seiner neuen Beraterfunktion als *Referent für die Nationalmannschaft* arbeiten, zusammen in einer nicht wirklich harmonischen Doppelspitze mit seinem Nachfolger. Einem gewissen Sepp Herberger.

Herberger und Nerz verbanden rein biografisch viele Gemeinsamkeiten. Beide stammten aus dem Badischen, beide aus ärmlichen Verhältnissen, Nerz als Sohn eines Landwirts, Herberger als Kind eines Arbeiters einer Glasfabrik. Beide begannen ihre aktive Zeit als Fußballer bei Mannheimer Vereinen, Nerz beim VfR, Herberger beim SV Waldhof, wobei auch er später zum VfR wechselte und eine tragende Säule beim Gewinn der Süddeutschen Meisterschaft 1925 war. Der Otto und der fünf Jahre jüngere Sepp verstanden sich recht gut, und als Nerz schließlich bei Tennis Borussia in Berlin als Trainer arbeitete, lockte er Herberger, den dreifachen Nationalspieler und laut *Kicker* »besten Mittelstürmer Deutschlands«, als Verstärkung in die Hauptstadt. Nerz holte Herberger erst als Spieler. 1931 dann zu seiner Hochzeit auch als Trauzeugen.

Doch Herberger konnte nicht einfach nur gut kicken, er verstand auch sehr viel vom Fußball. Noch während seiner aktiven Karriere dozierte er mit 28 – so alt wie Julian Nagelsmann, als er 2016 jüngster Trainer der Bundesliga-Geschichte wurde – an der *Deutschen Hochschule für Leibesübungen* über Theorie und Praxis im Fußball, über Taktik und Spielsysteme. 1930 übernahm er Tennis Borussia als Trainer, führte den Klub zwei Jahre später sensationell zur Berliner Stadtmeisterschaft, um dann beim mächtigen Westdeutschen Spielverband anzuheuern, wo er Nachwuchstalente sichtete und Spitzenspieler förderte und damit Basisarbeit für die Nationalmannschaft seines Mentors Otto Nerz leistete.

Beim 1:1 in Warschau gegen Polen am 13. September 1936, gut fünf

Wochen nach dem Olympia-Debakel, betreute Herberger dann selbst erstmals die Reichsauswahl. Damit begann auch eine Zeit eines mehr als eineinhalb Jahre währenden Machtkampfs, in der Nerz wie Herberger die Entscheidungskompetenz und Deutungshoheit rund um die Mannschaft für sich beanspruchten. Zwei ehrgeizige Alphatypen, die da um die alleinige Chefrolle stritten. Beide seien, wie Herberger später einmal schrieb, »im Saft bis an die Haarspitzen« gestanden.

Es gab da ja aber noch etwas, das beide verband und doch unterschied, und zwar die politische Gesinnung. Während Otto Nerz auch mit antisemitischen Hetzartikeln als glühender Faschist in Erscheinung trat und etwa schwurbelnd vom judenfreien Europa schwadronierte, waren solche Töne von Herberger nicht zu hören. Viele Schriften, die später über Herberger verfasst wurden, lassen den Schluss zu, dass er sicher nicht der überzeugt verblendete Nazi war. Aber er machte das, was so viele taten, er arrangierte sich mit dem System. Herberger war einer der vielen Millionen, die um ihrer Existenz und ihres Wohlergehens willen die Situation hinnahmen und Scheuklappen aufsetzten. Die nicht aufbegehrten oder revoltierten. Dass Herberger dabei durchaus auch zu Zivilcourage imstande war, zeigte sich in der Pogromnacht vom 9. November 1938, als er in Karlsruhe einen wohl jüdischen Mitbürger in Schutz nahm, den SA-Schläger gerade verprügeln wollten. Ansonsten suchte auch er den leichten Weg. Der NSDAP trat er bereits am 1. Mai 1933 bei. Mitgliedsnummer 2 208 548.

Im Entnazifizierungsverfahren nach dem Krieg gab Herberger zu Protokoll: »Als Hitler an die Macht gekommen war, redete man aus meiner Umgebung auf mich ein, mich doch nicht abseits zu halten, machte man mich glauben, dass es sich um eine gute Sache handle, die von anständigen Männern geführt würde, und – in meiner politischen Unerfahrenheit – gab ich schließlich dem Drängen nach und wurde Mitglied der Partei, wie man Mitglied in einem Verein wird.« 1933, nach der Machtergreifung der Nazis, schrieb er aber auch: »Neues Leben blüht aus Ruinen.« Und: »Mit Systemwechsel geht auch eine Verjüngung einher.« 1946 wurde Herberger als Mitläufer eingestuft.

Zumindest im Fußballerischen wahrte Herberger mitunter eine gewisse Distanz. Anweisungen der SA, die Nationalspieler bei seinen Trainingslehrgängen in Wedau mit ähnlich militärischem Drill wie Vorgänger Nerz zu schikanieren, lehnte er genauso ab wie die Einführung von Wehrübungsprogrammen. »Wir Fußballer schießen anders«, habe er nach späteren eigenen Aussagen darauf immer gesagt.

Wogegen er sich nicht wehren und was er trotz aller Widerstände nicht ablehnen konnte, war die Zusammenstellung des Kaders bei der WM 1938, einer gemeinsamen großdeutschen Mannschaft mit Spielern aus Deutschland und Österreich. Dabei war Herberger bei zehn Siegen und einem Unentschieden ungeschlagen durch das Kalenderjahr 1937 geeilt, Höhepunkt war das 8:0 gegen Dänemark am 16. Mai. Ein Tag, an dem die Mannschaft aufgrund des Spielorts in Schlesien als *Breslau-Elf* in die Annalen einging. Und ein Auftritt, der bis heute als eines der besten Spiele einer deutschen Nationalmannschaft gilt. Wäre Herberger ein Jahr später mit der Breslau-Elf nach Frankreich gefahren, hätte er wohl große Chancen auf den WM-Titel gehabt. Doch er durfte nicht.

Kurz nach dem deutschen Einmarsch im März 1938 hatte sich Österreich von der FIFA abgemeldet. Am 3. April bestritt eine österreichische Mannschaft im Wiener Praterstadion vor 60 000 Zuschauern noch ein letztes Mal ein Spiel, das in keiner offiziellen Länderspielstatistik auftaucht und das bis heute als *Anschlussspiel* oder *Versöhnungsspiel* bezeichnet wird. Ein Spiel gegen Deutschland in den Grenzen vor dem 11. März. Gegen das Altreich. Auf den Anzeigetafeln im Stadion damals zu lesen war *Deutsche Nat.Mannschaft – Deutsch Oesterr.Mschaft.*

Die Nazi-Propaganda nutzte das Spiel als Plattform für die Massenmobilisierung zur Volksabstimmung eine Woche später über die, wie es hieß, Legimitation der *vollzogenen Wiedervereinigung*. Spieler beider Mannschaften riefen vor dem Spiel in Zeitungsannoncen, aber auch auf dem Feld vor Anpfiff dazu auf, mit *Ja* zu stimmen. Im

Spiel selbst jedoch war es mit der Einigkeit dahin, Österreich gewann 2:0 durch Tore von Matthias Sindelar und Karl Sesta.

Gerade um den großen und damals schon 35-jährigen Spielmacher Sindelar, den *Papierenen*, rankten sich danach viele Legenden. Dass er den – letztlich nie dokumentierten – Befehl des Führers zu einem abgesprochenen Unentschieden missachtet und für einen Affront gesorgt habe, als er nach seinem Treffer vor der Ehrentribüne der braunen Politgrößen, wie manche Zeitzeugen schilderten, aufreizend provokant gejubelt habe. Oder auch, wie er durchgesetzt habe, dass Österreich in den Trikots mit den stolzen Landesfarben Rot-Weiß-Rot antrat. Der Hintergrund war dabei wohl ein anderer, ein von oben politisch gewollter. Deutschland sollte ganz bewusst in den Heimdressen Weiß und Schwarz antreten – und Österreich auf die Auswärtsgarnitur in Rot-Weiß-Rot ausweichen. Um zu demonstrieren, dass Deutschland nun auch in Wien der Herr im Haus ist.

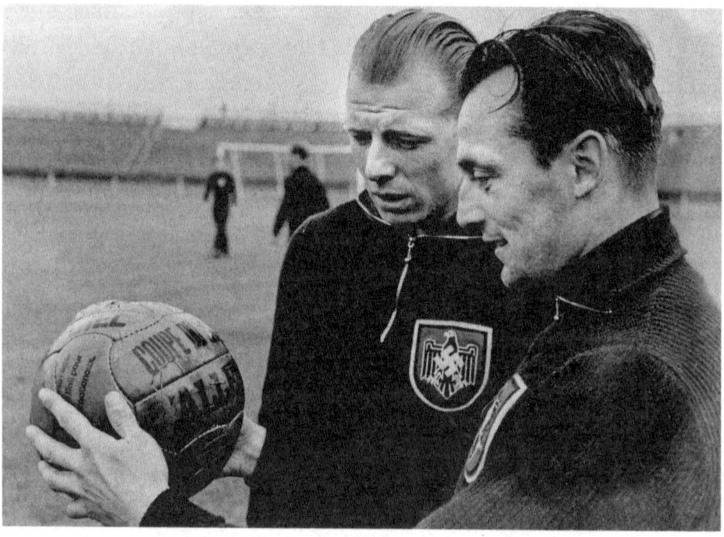

Und plötzlich spielten sie für Deutschland: Die beiden Wiener Hans Mock (l.) und der für die WM nicht nominierte Camillo Jerusalem im Mai 1938 im DFB-Pullover mit Hakenkreuz.

Es ist natürlich auch Sindelars rätselhafter Tod, der nach wie vor den Mythos um seine Person befeuert. Am 23. Januar 1939 fand man ihn in seiner Wohnung zusammen mit seiner Freundin Camilla Castagnola tot auf. Offiziell wurde als Todesursache eine Kohlenmonoxidvergiftung deklariert, doch auch viele Jahrzehnte später ranken sich noch immer viele Legenden darum, ob es wirklich ein Unfall war, ein gewählter Freitod der beiden oder gar ein politisch motivierter Mord, um einen in Wien populären wie auch kritischen Geist mitsamt seiner Partnerin mit jüdischen Wurzeln aus dem Weg zu räumen.

Ziemlich sicher scheint, dass Sindelar wenig Motivation verspürte, bei der WM als Teil einer großdeutschen Mannschaft aufzulaufen. Sepp Herberger sagte in einem Interview 1967, Sindelar habe ihm immer offiziell aus Altersgründen abgesagt. Er, Herberger, glaubte aber, er habe sich »wegen seiner politischen Einstellung geweigert«. Und: Sindelar »konnte sich nicht mit dem Nazi-Regime identifizieren«.

Dass Herberger überhaupt Österreicher mitnehmen sollte und musste, das war eine klare Direktive von oben. Von den obersten Sportwarten Hans von Tschammer und Felix Linnemann.

In einem Verhältnis von 6:5 oder wahlweise auch 5:6 sollte die aus den besten altdeutschen und österreichischen Spielern zusammengewürfelte Reichself bei der WM also zum Titel stürmen. So überzeugt die Funktionärsriege von der Unschlagbarkeit dieser Mannschaft war, so sehr warnte Herberger vor der Unvereinbarkeit der beiden Systeme, dieser »Wiener Melange mit preußischem Einschlag«, wie er selbst dieses inkompatible Kunstprodukt nannte. Die deutsche, auf Kraft und Fleiß, Kampfgeist und Kollektiv ausgelegte Spielweise, gepaart mit der großen Eleganz und individuellen Kreativität der Wiener Schule – für Herberger konnte das nicht gut gehen.

Einwände dagegen jedoch wischte sein Boss grob vom Tisch. »Seppl, sind Sie verrückt?«, soll DFB-Präsident Linnemann laut Herberger-Biograf Jürgen Leinemann erwidert haben. »Der Reichsführer wünscht ein 6:5 oder 5:6! Die Geschichte erwartet das von uns!«

Hinter Herberger wiederum standen Fußballexperten, die dafür plädierten, entweder nur Altdeutsche oder, wie es das Münchner Fachblatt *Fußball* forderte, eine rein österreichische Elf für das Reich spielen zu lassen. Im Verhältnis also 11:0 oder 0:11. Doch so weit kam es nicht. So waren unter den 38 Spielern, die Herberger im Mai 1938 ins Trainingslager nach Wedau beorderte, 15 Neudeutsche aus Wien. Es knirschte atmosphärisch, und während die deutschen Spieler lästerten, den Neuankömmlingen aus der Ostmark fehle der Kampfeswillen auf dem Platz, verschlechterte sich bei den Österreichern die Stimmung von Tag zu Tag. Gerade mit der Einforderung der strengen Disziplin hatten die eher g'schlamperten Wiener so ihre Müh und Not. »Um 8 Uhr aufstehen, Zähne putzen, Waschen, Rasieren«, notierte Hans Pesser, der Linksaußen von Rapid Wien, entnervt in sein Tagebuch und klagte, dass man sich im Speisesaal »erst auf Kommando niedersetzen« dürfe.

Pesser bezeichnete die robuste Spielweise der deutschen Kollegen auch als »Kraft-durch-Tritte-Fußball«. In Anlehnung an die NS-Organisation *Kraft durch Freude.*

Pesser spielte dann auch eine zentrale Rolle, als es zum Turnierauftakt im Achtelfinale gegen den Außenseiter Schweiz ging. Sechs Deutsche und fünf Österreicher hatte Sepp Herberger aufs Feld geschickt, die frühe Führung durch Josef Gauchel vom TuS Neuendorf am Mittelrhein glichen die Schweizer noch vor der Halbzeit zum Endstand von 1:1 aus. Zu Tumulten kam es, als der belgische Schiri John Langenus (der vom WM-Finale 1930) Pesser nach einem Revanchefoul vom Platz stellte. Beim Gang in die Kabine wurde der Rapid-Stürmer von aufgebrachten Zuschauern beschimpft, bedroht, bespuckt. Ein Beleg dafür, wie aufgeheizt und feindselig die Stimmung unter den 27 000 Zuschauern im Pariser Prinzenparkstadion gegen die großdeutsche Mannschaft war, sinnbildlich für die im ganzen Land herrschende Abneigung wie auch die Furcht vor den Expansionsgelüsten des immer größer und bedrohlicher

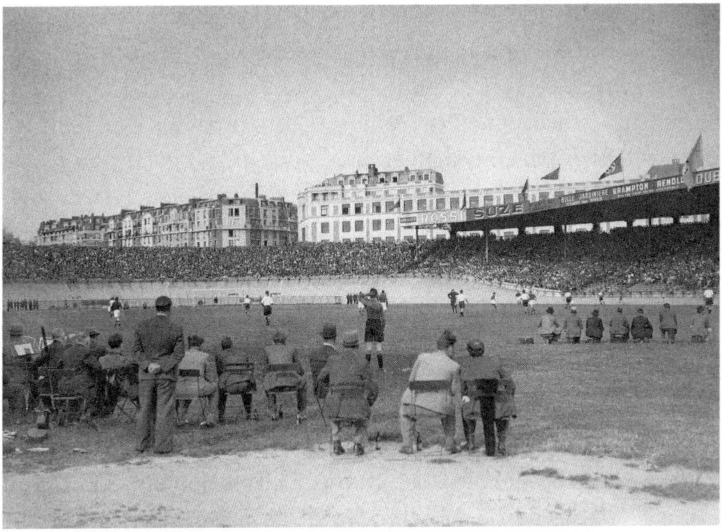

Beste Sicht vom Spielfeldrand: Von Stühlen aus verfolgen Zuschauer im Pariser Prinzenparkstadion das 4:2 der Schweiz gegen die großdeutsche Reichself.

werdenden Nachbarreichs. Eine begründete Angst. Genau zwei Jahre später, im Juni 1940, sollte die deutsche Wehrmacht in Paris einmarschieren.

Umso begeisterter war das Publikum dann fünf Tage später an selber Stelle im Laufe des Wiederholungsspiels, als sich die deutsche Elf durch Treffer von Willy Hahnemann (Admira Wien) und einem gegnerischen Eigentor nach gut 20 Minuten eigentlich schon im Viertelfinale wähnte – bevor sich dann die entfesselten Schweizer in einen Rausch spielten und die Herberger-Elf mit 4:2 aus dem Turnier schossen. Zwei Jahre nach dem Olympia-Debakel eine neuerliche Blamage und der Beginn von gegenseitigen Schuldzuweisungen zwischen dem altdeutschen und dem österreichischen Lager. Für Otto Nerz, der noch hämisch über die Wiener Fußballer lästerte (»Die resignieren lieber als zu kämpfen«), war die Zeit beim DFB nun auch als Berater vorbei, ab sofort hatte Sepp Herberger die alleinige Macht. Bis er wieder mit einer deutschen Mannschaft bei einer WM teilnehmen sollte, vergingen allerdings noch 16 Jahre. Bis 1954 in der Schweiz.

Für das französische Publikum war das frühe Aus des selbst ernannten Favoriten eine Genugtuung, doch es gab noch eine zweite Mannschaft, die die uneingeschränkten Animositäten auf sich zog: der amtierende Weltmeister Italien. Die 1937 wohl auf Anordnung von Mussolini in der Normandie erfolgte Ermordung der in Frankreich beliebten Brüder Carlo und Nello Rosselli, zweier ausgewanderter intellektueller Antifaschisten, zu deren Beerdigung in Paris 200 000 Menschen strömten, dazu die Außenpolitik des Duce mit der Unterstützung Francos im Spanischen Bürgerkrieg sowie seine Gedankenspiele zu einem Bündnis mit England und damit einhergehend einer drohenden, eingekesselten Isolation Frankreichs in Europa – all das führte zu ziemlich schlechter Stimmung gegenüber der Mannschaft aus Italien.

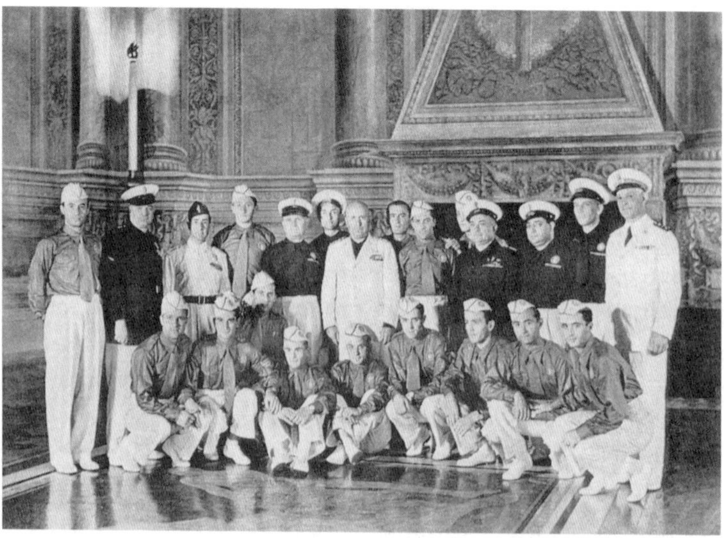

Gruppenbild mit Duce: Nach der Rückkehr aus Frankreich posieren Italiens zweifache Weltmeister im Palazzo Venezia in Rom mit Benito Mussolini.

Unterstützt in ihrer Antipathie wurden die französischen Fans beim Achtelfinalspiel der *Squadra Azzurra*, einem mühsamen 2:1 gegen Norwegen im *Stade Vélodrome* von Marseille, von Tausenden Exil-Italienern, die – vor der Faschisten-Herrschaft ausgewandert – sich vor allem hier in der Hafenstadt im Süden Frankreichs niedergelassen hatten und die empört brüllten und pfiffen, als die Mannschaft von Vittorio Pozzo vor Anpfiff die Hand zum römischen Gruß hob.

Logischerweise eher toxisch war das Klima demnach auch beim Viertelfinale. Da ging es nämlich gegen den Gastgeber, und dass die Weltmeister auf Anordnung Mussolinis als Schwarzhemden mit dem *Maglia Nera* antraten und den Insignien des *Fascio Littorio* auf der linken Brustseite aufliefen, führte auch nicht wirklich zu einer deeskalierenden Grundstimmung. Am Ende aber wurde es doch überwiegend ruhig, als Italien in der zweiten Halbzeit durch zwei Tore von Lazio-Stürmer Silvio Piola noch souverän 3:1 gewann. Den *Henker der Franzosen* nannten die Zeitungen den Stürmer von Lazio Rom, der mit fünf Treffern bester Turniertorschütze der Italiener wurde und mit Spielmacher Giuseppe Meazza ein kongeniales Duo bildete. Der Mailänder Meazza, der Künstler, der überragende Stratege im Mittelfeld, und der kalte Vollstrecker Piola, das war *il dualismo perfetto*, das italienische Traumpaar der späten 1930er-Jahre.

Piola verkörperte dazu sowohl mit seinen meist erfolgreich eingestreuten und in zahlreichen Elfmetern resultierenden Schwalben als auch mit seinem intrinsischen Talent für köstliche Schauspielerei den Prototypen der in den folgenden Jahrzehnten etwa durch Ciro Immobile bei der EM 2021 weiter verfeinerten Gattung des theatralisch niedersinkenden und herzzerreißend leidenden Fußballprofis, der infolge einer spontanen Wunderheilung plötzlich doch wieder gazellengleich über den Rasen tänzelt. Piola war der erste Hauptdarsteller in der italienischen *commedia dell'arte di calcio*.

Piola war aber nicht nur Schauspieler, er war auch Akrobat, galt er 1938 doch als einer der beiden großen Stürmer, die den Fallrückzieher damals schon bis zur Perfektion beherrschten. Der Zweite, auf den Piola damals eigentlich im Halbfinale treffen sollte, war ein

Brasilianer, Leônidas da Silva. Leônidas galt neben Piola als der beste Offensivspieler jener Zeit und war der erste wirklich große Star der *Seleção.* Gesagt und geschrieben wurde viel über ihn, manche nannten ihn seiner großen Fußballkunst wegen den *Michelangelo des Fußballs*, für andere war er wegen seiner Wendigkeit der *homem de borracha* – der Gummimann. Sein gängiger Spitzname aber war *o diamante negro* – der schwarze Diamant.

Der damals 24-jährige Leônidas wurde bei der WM zur großen Attraktion wie auch zum tragischen Helden. Beim wilden 6:5 gegen Polen erzielte er nicht nur drei Tore, er spielte zwischenzeitlich auch barfuß. Seine Schuhe waren im tiefen Schlamm stecken geblieben. Nach dem Viertelfinale gegen die Tschechoslowakei sagte der große Torwart František Plánička: »Wenn Leônidas schießt, hilft nur noch der liebe Gott. Er hat den Teufel im Leib und Augen in den Fußspitzen.«

Um Leônidas fürs Endspiel zu schonen, setzte Brasiliens Trainer Ademar Pimenta seinen leicht angeschlagenen Star im Halbfinale gegen die Azzurri auf die Bank, eine Entscheidung, die Brasilien womöglich den Titel kostete. Italien dominierte das Spiel, Tore von Gino Colaussi und Meazza, der beim Anlauf zu seinem Elfmetertor wegen eines gerissenen Gummizugs seine rutschende Hose festhalten musste, ebneten den Weg ins Endspiel. Der Anschlusstreffer durch Brasiliens Romeu kurz vor Schluss kam zu spät. Dass er im Spiel um Platz 3 beim 4:2 gegen Schweden noch mal zwei Tore erzielte und damit zum Torschützenkönig der WM 1938 wurde, war für Leônidas kein Trost.

Versüßt wurde ihm das Turnier, als er nach der Rückkehr zum ersten Werbe-Testimonial des brasilianischen Fußballs wurde, für eine Schokoladenmarke namens *diamante negro.* Für Zigaretten warb er auch noch, später wurde er Manager beim FC São Paulo, Inhaber eines Möbelgeschäfts und vor allem einer der berühmtesten Sportreporter im Rundfunk. Im hohen Alter erkrankte er an Alzheimer, mit 90 Jahren starb er 2004 in einer Klinik in Cotia in São Paulo.

Und Italien? Im Endspiel ging es im *Stade de Colombes* nun gegen die

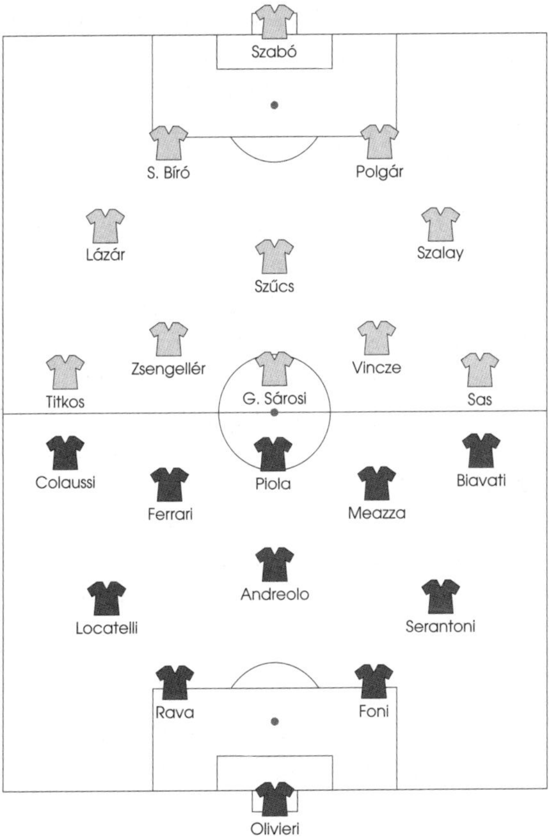

Startaufstellung Italien (unten) gegen Ungarn (oben), WM-Finale 1938

Ungarn um ihren herausragenden Kapitän György Sárosi, einen der seinerzeit weltbesten Stürmer und legitimen Vorfahren der großen Generation um Ferenc Puskás, die 16 Jahre später an einem verregneten Sonntagnachmittag in einem Stadion im Berner Stadtteil Wankdorf als großer Favorit ebenfalls in einem WM-Finale stehen sollte.

1938 waren die Ungarn hingegen noch Außenseiter, und so gewannen die Italiener durch je zwei Tore von Colaussi und Piola mit einem ungefährdeten 4:2 zum zweiten Mal die Weltmeisterschaft und wurden damit schon bei der dritten Auflage des Turniers auch die erste Nation, die ihren Titel verteidigen konnte. Sehr zur Freude von Benito Mussolini, der vor Turnierbeginn die Parole ausgegeben hatte: »Siegen oder sterben.« Weshalb Ungarns Torwart Antal Szabó nach dem Finale süffisant erklärte: »Ich war noch nie so stolz wie jetzt. Wir haben elf Menschen das Leben gerettet.«

Der große Unterschied zu 1934: Diesmal bedurfte es keiner nachhelfenden Schummeleien durch die Schiedsrichter, diesmal waren die Italiener einfach die Besten und damit ein würdiger Titelträger. So sahen es auch die Zuschauer, denn so hasserfüllt der Empfang für die Italiener zu Beginn gewesen war, so huldigten die französischen Zuschauer den alten und neuen Weltmeistern bei ihrer Ehrenrunde mit der *Coupe Jules Rimet* mit stehenden Ovationen. Sie sahen in den Italienern in diesem Moment nicht die Abgesandten eines faschistischen Regimes, sondern ganz einfach nur elf phänomenale Fußballer. Verdiente Weltmeister, die jubelten, tanzten, sich in den Armen lagen und vor Freude weinten. Es war ein sehr friedlicher, versöhnlicher Abschluss des Turniers. Der letzten WM vor dem Inferno des Zweiten Weltkriegs.

AUCH DAS NOCH WAS SIE SONST ÜBER DIE WM 1938 UNBEDINGT WISSEN MÜSSEN

1 Trainer konnte in der WM-Geschichte bislang mit seiner Mannschaft den Titel verteidigen: Vittorio Pozzo, der Italien 1934 und 1938 zum Titel führte.

3 Monate nach dem Gewinn der Vizeweltmeisterschaft wurde Ungarns Nationaltrainer Alfréd Schaffer Trainer beim FC Wacker München. Als einer der ersten Globetrotter hatte Schaffer zuvor unter anderem den MTK Budapest, Austria Wien und den 1. FC Nürnberg betreut. Nach Stationen bei Rapid Bukarest, dem AS Rom und Ferencváros Budapest landete Schaffer 1944 beim FC Bayern und führte den Klub zur Meisterschaft in der Gauliga München/Oberbayern. Am 30. August 1945 starb er mit nur 52 Jahren während einer Zugfahrt von Salzburg nach München. Todesursache: unbekannt.

4 Tore erzielte Polens Ernst Willimowski beim 5:6 im Achtelfinale gegen Brasilien. Als gebürtiger Oberschlesier bestritt er nach 22 Länderspielen ab 1941 auch acht Länderspiele für Deutschland. Nach Stationen in Kattowitz und Chemnitz gewann er mit dem TSV 1860 München 1942 den Tschammer-Pokal, den Vorläufer des DFB-Pokals. Beim 2:0 im Finale gegen Schalke 04 erzielte er das 1:0. Willimowski ist bis heute der einzige Spieler, der als Torschütze sowohl gegen Deutschland (1934 beim 2:5 in Warschau) als auch für Deutschland erfolgreich war (13 Treffer in acht Spielen).

6 Tore kassierte die Auswahl von Niederländisch-Indien im einzigen WM-Spiel der Geschichte beim 0:6 gegen Ungarn. Die Mannschaft der späteren Republik Indonesien war wochenlang per Schiff angereist. Nach dem Aus im Achtelfinale blieb die Truppe noch einige Zeit in Europa. Nach einem 2:9 in einem Freundschafts-Derby Ende Juni gegen die Niederlande in Amsterdam fuhr man wieder zurück um die halbe Welt nach Hause.

7 Monate nach dem zweiten WM-Triumph der Azzurri verließ der jüdisch-ungarische Erfolgstrainer Árpád Weisz Italien. Der Entdecker von Spielmacher Giuseppe Meazza hatte mit nur 34 Jahren Inter Mailand 1930 zum Titel geführt, mit Bologna gewann er 1936 und 1937 zwei weitere Scudettos. Nach Mussolinis Rassengesetzen im Herbst 1938 zog er mit seiner Familie in die Niederlande, wo ihn die Besatzungstruppen der Nazis 1942 verhafteten. Árpád Weisz starb im Januar 1944 im KZ Auschwitz. Seine Frau Elena sowie die Kinder Roberto und Clara wurden bereits im Oktober 1942 in Birkenau ermordet.

8 kubanische Spieler sind seit 1938 mit drei Turniereinsätzen bis heute WM-Rekordspieler ihres Landes. Nach einem 3:3 und einem

2:1 im Achtelfinal-Wiederholungsspiel gegen Rumänien gab es im Viertelfinale ein 0:8 gegen Schweden. Seitdem konnte sich das Land nicht mehr qualifizieren.

42 Reichsmark kostete beim Aachener Reisebüro Hagemann eine Sonderfahrt zum Spiel gegen die Schweiz nach Paris. Neben dem Zugticket 2. Klasse hin und zurück unter anderem inklusive dabei: ein Kaffeefrühstück, eine mehrstündige Stadtrundfahrt mit Auto und deutschsprachiger Führung, ein reichhaltiges Mittagessen, 40 Franc Taschengeld und, auch ganz wichtig, laut Annonce: »Ein guter Sitzplatz im Stadion.«

45 Jahre war Schwedens Nationaltrainer József Nagy bei der 1:5-Niederlage im Halbfinale gegen Ungarn. Er war der erste Trainer der WM-Geschichte, der gegen sein Heimatland antrat.

73 Länderspiele absolvierte František Plánička, neben dem Spanier Ricardo Zamora und dem Italiener Gianpiero Combi der weltbeste Torhüter seiner Zeit, für die Tschechoslowakei. Das 1:1 gegen Brasilien war für die *Katze von Prag* das letzte Spiel. Weil Auswechslungen noch nicht erlaubt waren, musste er nach einem Zusammenprall mit gebrochenem Arm bis zum Abpfiff durchspielen. Danach war seine Karriere beendet.

375 700 Zuschauer sahen die 18 WM-Spiele. Der Schnitt von 20 872 Besuchern pro Spiel ist der niedrigste aller bisherigen Endrunden.

1950
IN BRASILIEN

Die Gastgeber lassen sich bereits als Weltmeister feiern – bevor ein Gegentor die Nation in ein kollektives Trauma stürzt und einen Torwart ein Leben lang leiden lässt. England erlebt bei seiner Turnierpremiere gegen amerikanische Briefträger und Tellerwäscher einen Albtraum. Und Italien verpasst nach einem Flugzeugabsturz den dritten Titel.

Zu seinem 79. Geburtstag im März 2000 gab Moacyr Barbosa noch einmal ein Interview. Natürlich ging es wieder um diesen einen Tag, der sich kurz darauf zum 50. Mal jähren sollte. Um den Tag, der Barbosas Leben für immer veränderte. Als es darum ging, wie er damit lebe, mit diesem Trauma, das ihn seit bald einem halben Jahrhundert verfolgte, sagte Barbosa, dieser einsame und gebrochene Mann: »In Brasilien beträgt die Höchststrafe laut Gesetz 30 Jahre. Aber ich sitze jetzt schon seit 50 Jahren im Gefängnis. Für etwas, das ich nicht getan habe.« Nur hatte es das geläufige Urteil im Namen des Volkes eben anders gesehen. Mochte Barbosa auch ein halbes Jahrhundert später noch seine Unschuld beteuern, für viele Brasilianer war er weiterhin der Hauptschuldige der bis dahin größten Demütigung der Fußballgeschichte, des berüchtigten *Maracanaço*.

Moacir Barbosa war der Nationaltorwart Brasiliens, er war ein großartiger Schlussmann, einer der weltbesten seiner Zeit. Nur an diesem Tag eben, als es im entscheidenden Spiel gegen Uruguay um den WM-Titel im eigenen Land ging, da war er für einen kurzen Moment unaufmerksam. In dieser 79. Minute, beim Stand von 1:1,

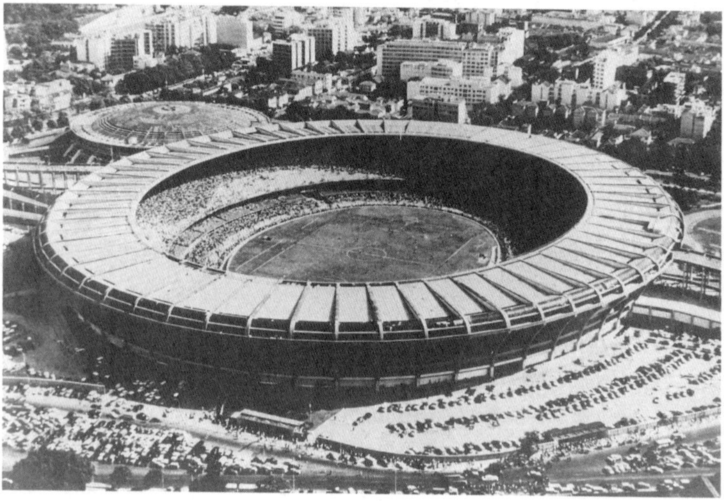

Bem-vindo im weiten Rund: Das gewaltige, für die WM 1950 gebaute Maracanã-Stadion von Rio wurde beim finalen Turnierspiel zum Schauplatz einer nationalen Tragödie.

täuschte Uruguays Rechtsaußen Alcides Ghiggia eine Flanke zur Mitte an und überraschte Barbosa mit einem Schuss ins kurze Eck. Uruguay war Weltmeister, und Brasilien taumelte traumatisiert in Agonie und Apathie.

Ab diesem Tag war Barbosa in Brasilien geächtet, verachtet, verstoßen. Einer, mit dem man sich nicht gern sehen ließ. Einer, der in der kollektiven Erinnerung Lebenslang bekam. Einer, der auf der Straße auch Jahrzehnte nach dem Spiel beschimpft und dessen Name selbst zum Schimpfwort wurde.

Das Turnier 1950 war die erste Weltmeisterschaft nach dem Krieg. Brasilianische Funktionäre hatten bei der FIFA schon 1938 in Frankreich nachdrücklich Interesse bekundet, das nächste Turnier ausrichten zu dürfen, in der irrigen Annahme, im gewohnten Vierjahreszyklus 1942 Gastgeber einer WM sein zu dürfen. Auch Deutschland hätte dank guter Kontakte zur FIFA-Führung beste Aussichten auf eine Austragung gehabt, doch es folgte die Tragödie des Zweiten Weltkriegs. Nach 1945 musste sich auch der Weltverband neu sortieren, eine WM 1946 wäre zu früh gekommen. Schließlich entschied der FIFA-Kongress während der Olympischen Sommerspiele 1948 in London, die WM 1950 nach Brasilien zu vergeben. Ein Land, das ähnlich wie Uruguay 1930 vom vorausgehenden Weltkrieg und dessen Folgen weitgehend verschont geblieben war und das zudem nach dem Sturz des autokratischen Regimes des Alleinherrschers Getúlio Vargas unter dem neuen sozialdemokratischen Staatspräsidenten Eurico Gaspar Dutra Hoffnungen auf eine dauerhaft prosperierende Wirtschaft und Wohlstand für das Volk aufkommen ließ. Eine Hoffnung, die sich nicht wirklich erfüllen sollte.

Als trügerisch erwies sich auch die Hoffnung des deutschen Sports, nach dem kriegsbedingten Rauswurf aus der FIFA im November 1945 bald wieder in die internationale Fußballgemeinschaft aufgenommen zu werden und schon 1950 mitspielen zu können. Zwar wurden ab 1948 unter den Vereinen wieder Deutsche Meisterschaften ausgespielt und erfolgte 1950 die Neugründung des DFB. Eine Nationalmannschaft hingegen war noch nicht zugelassen. Gab es auch regelmäßig inoffizielle und tolerierte Freundschaftsspiele zwischen alliierten Soldatenteams und deutschen Klubmannschaften, waren offizielle internationale Länderspiele gegen andere Nationen strikt verboten. Die FIFA hatte noch Bedenken und Bauchgrummeln.

Für verfrühte Vorfreude beim neuen DFB-Präsidenten Peco Bauwens sorgten während des Turniers 1950 Meldungen aus Brasilien, wonach die FIFA Deutschland endlich wieder in die Fußballfamilie aufnehmen wollte. »Freuen uns, wieder im Kreis der FIFA zu sein«, hieß es in einem Telegramm, das man nach Rio schickte. Dumm nur, dass sich die Nachrichten aus Brasilien als falsch herausstellten.

FIFA-Boss Rimet nannte die Meldungen »absurd«. Zwar könne man von einer baldigen Aufnahme ausgehen, bis zur endgültigen Entscheidung würden aber noch Monate vergehen. Alles Fake News also. Gar kein Thema übrigens war der Eintritt der DDR. Dort gründete sich mit dem *Fachausschuss Fußball* erst im Sommer 1950 überhaupt ein organisiertes Dachgremium für die Kicker Ost.

Hätte Deutschland-West also fünf Jahre nach Kriegsende mit großer Freude eine Mannschaft nach Brasilien geschickt, war der Enthusiasmus vieler anderer Nationen überschaubar. Schon die Qualifikation geriet zur reinen Farce. Österreich, das nach dem gesamtgroßdeutschen Debakel 1938 schon ab August 1945 wieder Länderspiele bestreiten durfte, weigerte sich wegen der hohen Reisekosten und der geringen Aussicht auf sportlichen Erfolg, das frühe Achtelfinal-Aus bei Olympia 1948 (0:3 gegen Schweden) hatte für einen mächtigen Dämpfer gesorgt. Deswegen sagte Österreich die Teilnahme an der Quali ab. Die Türkei hätte nach einem 7:0 gegen Syrien anreisen dürfen, mochte dann aber auch nicht. Schottland weigerte sich, Belgien genauso wie Portugal, und in Südamerika machte Argentinien auf bockig, weil man im Clinch mit dem brasilianischen Verband lag. Am Ende reisten nur 13 Nationen nach Brasilien.

Darunter immerhin zum allerersten Mal auch England. Jetzt endlich also, die Premiere im vierten Anlauf.

Nach Englands Austritt aus der Weltgemeinschaft 1928 hatte die FIFA vor den drei Turnieren in den 1930er-Jahren die Mutternation des Fußballs immer wieder umgarnt und versucht, die Funktionäre des englischen Fußballverbands von einer Teilnahme zu überzeugen. Alles vergeblich. In grenzenloser Selbstüberzeugung wähnte sich England unantastbar, die jährlich ausgespielte *British Home Championship* würde im Kräftemessen mit Schottland, Wales und Irland schließlich den wahren Weltmeister ermitteln. Der Rest der Welt aus englischer Sicht? Grottenschlechte Rumpelkicker.

Siege wie das 3:2 in der epochalen *Battle of Highbury* im November 1934 gegen den frisch gekürten Weltmeister Italien firmierten als Beleg dieser vermeintlichen Überlegenheit. Wie zum Hohn spielte man auch 1938 noch neun Tage vor dem WM-Auftakt ein Freundschaftsspiel in Frankreich und gewann gegen den Gastgeber mit 4:2 vor 65 000 Besuchern im *Stade de Colombes*. Mehr Zuschauer kamen während des Turniers zu keinem anderen Spiel. Auf die WM selbst verzichtete England selbstverständlich.

1950 aber willigte man ein, im festen Glauben, mit nichts anderem als mit dem Weltpokal auf die Insel zurückzukehren. Scheitern war keine Option. Wirklich ernst nahm man die Mission aber nicht, eine frühzeitige Anreise zur Akklimatisierung wurde vom Verband ebenso abgelehnt wie die Wahl eines geeigneten Teamquartiers. So landete der englische Tross im *Hotel Luxor*, einer schäbigen zehnstöckigen Absteige an der viel befahrenen *Avenida Atlantica* neben der Copacabana.

Noch Jahrzehnte später erinnerten sich die englischen Gäste mit Grausen vor allem an das miserable Hotelessen. »Die Mahlzeiten wurden in großen Schlieren aus schwarzem Öl zubereitet«, rekapitulierte der damalige Nationaltrainer Walter Winterbottom einmal, »wir wurden alle krank.« Stan Mortensen, der Mittelfeldspieler vom FC Blackpool, sagte über die hygienischen Zustände im Luxor: »Sogar die Mülleimer hatten Geschwüre.«

Das Auftaktspiel in der Gruppenphase gegen Chile gewannen die Engländer zwar noch ungefährdet 2:0. Die zweite Begegnung jedoch gegen die bestenfalls drittklassig einzustufenden US-Amerikaner endete in einer großen Blamage, einer der bis heute größten Sensationen in der Geschichte von Fußballweltmeisterschaften, als die hochbezahlten englischen Profis gegen reine Amateure verloren. Gegen eine Mannschaft, in der unter anderem ein Briefträger mitspielte, ein Tellerwäscher, ein Malermeister und ein Leichenwagenfahrer. England erlebte ein Begräbnis erster Klasse.

In Zeitungsberichten war die Rede von einer schier unfassbaren Überlegenheit der Briten, von elf Pfostenschüssen, von aberkannten Toren, von nicht gegebenen Elfmetern. Und von einem einzigen Angriff der US-Amerikaner, als Stürmer Joe Gaetjens kurz vor der Halbzeit per Kopf zum Endstand von 1:0 traf.

Im Tor der Amerikaner stand mit Frank Borghi übrigens ein gelernter Baseball-Catcher aus St. Louis. Apropos Baseball: Die *New York Times* schrieb am Tag nach dem Sieg zur Einordnung des sporthistorischen Ereignisses für den wenig Soccer-affinen Leser, das wäre in etwa so, als würde im Baseball eine Allstartruppe der amerikanischen Profiliga MLB gegen eine Londoner Thekenmannschaft verlieren. Also eher unvorstellbar.

So groß die Freude bei den US-Boys war, die Geschichte des umjubelten Torschützen, den sie auf Händen aus dem Stadion von Belo Horizonte trugen, sollte schließlich tragisch enden. Joe Gaetjens, der als Sohn eines Deutschen und einer Haitianerin in Port-au-Prince auf die Welt gekommen war und später über sein Studium in New York ins US-Team geriet, kehrte nach kurzen Gastspielen in Europa in sein Heimatland Haiti zurück. Weil seine Brüder aber als Widerstandskämpfer im Untergrund gegen Diktator François Duvalier kämpften, wurde Gaetjens 1964 von der Geheimpolizei verschleppt und ermordet. Die bittere Pointe: Protegiert wurde das Regime des brutalen Machthabers *Papa Doc* von der US-Regierung und damit von jenem Land, dem Joseph Gaetjens einen der größten Siege seiner Fußballhistorie beschert hatte.

Und für England die bis dahin schlimmste Blamage. Der große und unvergessene Stan Matthews, der mit seinen 35 Jahren damals als Englands ältester Spieler nur auf der Bank saß, sagte später, als ihn die Queen schon längst zum Sir geschlagen hatte: »Es war einer dieser Tage. Wir hätten noch 24 Stunden spielen können. Wir hätten bestimmt kein Tor geschossen.«

Mit einem weiteren 0:1 gegen Spanien und der ernüchternden Erkenntnis, sich die Unantastbarkeit in ihrer insularen Isolation nur eingebildet zu haben, endete Englands erster Ausflug zu einer WM.

Doch es gab ja noch eine weitere Mannschaft, die lange im Vorfeld als Titelanwärter für 1950 gegolten hatte. Italien, der zweifache Weltmeister von 1934 und 1938, galt auch nach dem Krieg als eine der stärksten Fußballnationen, zumindest bis zum 4. Mai 1949. Bis zur *Tragedia di Superga*, jenem verheerenden Flugzeugabsturz, bei der die große Mannschaft des AC Turin fast komplett ausgelöscht wurde.

Der AC Turin war in den 1940er-Jahren der dominierende Klub des Landes, fünfmal in Serie holte man bis 1949 den *Scudetto*, den Meistertitel in der Serie A. Das Team um den überragenden Spielmacher Valentino Mazzola bildete auch den harten Kern der Nationalmannschaft, bei einem Testspiel gegen Ungarn 1947 standen elf Spieler aus Turin in der Startelf: Torhüter Lucidio Sentimenti von Juventus und zehn Feldspieler vom AC, vom *Grande Torino*, wie man den Klub auch nannte.

Anfang Mai 1949 lag Torino vier Spieltage vor Saisonende mit vier Punkten souverän vor Verfolger Inter Mailand, als man kurzfristig zu einem Freundschaftsspiel am 3. Mai auswärts bei Benfica Lissabon flog. Auf dem Rückflug am 4. Mai lag eine dichte Nebeldecke über dem Piemont, im Landeanflug verlor die Maschine vom Typ Fiat G.212 viel zu schnell an Höhe. Ob es an zu böigen Winden lag, an einem defekten Höhenmesser, an mangelhafter Funkverbindung – die genaue Ursache ist bis heute ungeklärt. Um 17.05 Uhr stürzte das Flugzeug am 675 Meter hohen Hügel von Superga am Stadtrand von Turin direkt neben der berühmten Wallfahrtsbasilika in eine Mauer. Alle 31 Passagiere an Bord starben, darunter auch die 18 Spieler des AC Turin. Aus der Stammelf überlebte nur Verteidiger Sauro Tomà. Er war wegen einer Meniskusverletzung nicht nach Portugal mitgeflogen.

Beim Trauerzug durch die Straßen Turins versammelte sich eine halbe Million Menschen auf den Straßen der Stadt, auf Wunsch sämtlicher Vereine der Serie A erklärte man den AC vorzeitig zum Meister. In den verbleibenden vier Saisonspielen trat Torino dann mit einer Jugendmannschaft an – und gewann noch alle vier Begegnungen. An die großen Erfolge der Vierzigerjahre konnte der Klub aber nie mehr anknüpfen, nur 1976 gelang ein einziges Mal noch der Gewinn des Meistertitels.

Anhänger des AC Turin, die jedes Jahr am 4. Mai noch im Gedenken an die Opfer auf den *Colle di Superga* pilgern, wie auch Tifosi in ganz Italien sind überzeugt, dass ohne die Flugzeugkatastrophe Italien 1950 erneut Weltmeister geworden wäre, und wohl auch 1954. So aber verabschiedete sich das neu formierte Team von Nationaltrainer Ferruccio Novo, der im Mai 1949 als Präsident des AC Turin nur wegen einer Lungenentzündung auf die Reise nach Lissabon verzichtet hatte, nach einem 2:3 gegen Schweden bereits in der Vorrunde aus dem Turnier.

England raus, Italien raus, der Weg schien also frei für den Gastgeber, der sich, abgesehen von einem 2:2 gegen die Schweiz, ziemlich mühelos als Gruppensieger für die Finalrunde qualifizierte. Die WM 1950 war und ist nämlich bis heute das einzige Turnier, bei dem der Weltmeister nicht in einem Endspiel, sondern in einer Vierergruppe entschieden wurde, bei der die Gruppenersten der Vorrunde gegeneinander anzutreten hatten.

Kaum einer zweifelte mehr am Titelgewinn Brasiliens, erst recht nicht nach den beiden ersten furiosen Begegnungen der Finalrunde. Zunächst spielte sich die *Seleção* beim 7:1 gegen den amtierenden Olympiasieger Schweden in einen Rausch, vier Tore schoss dabei der großartige Ademir, dieser flinke und wendige Stürmer, den sie wegen seiner kantigen Wangenknochen und seiner markanten Gesichtszüge auch *Queixada* nannten, das *Holzkinn.* Und wegen seines hauchzarten Menjou-Schnurrbarts manchmal auch den *Clark Gable des Fußballs.*

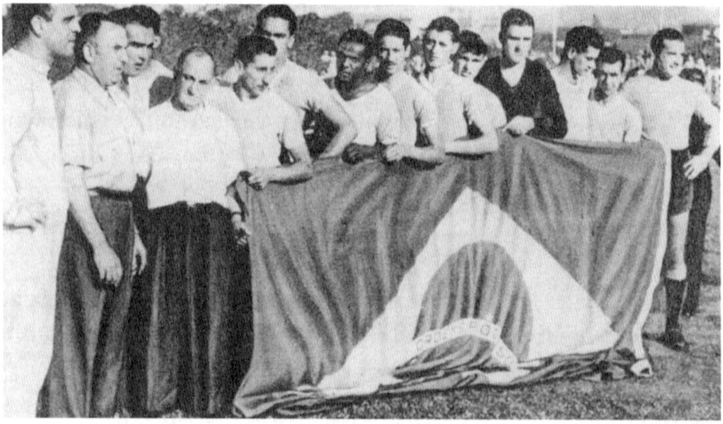

Versöhnliche Geste: Nach dem Titelgewinn stellten sich Uruguays Weltmeister noch zum Foto mit der Fahne des Finalgegners auf. Trösten konnte das in Brasilien kaum einen.

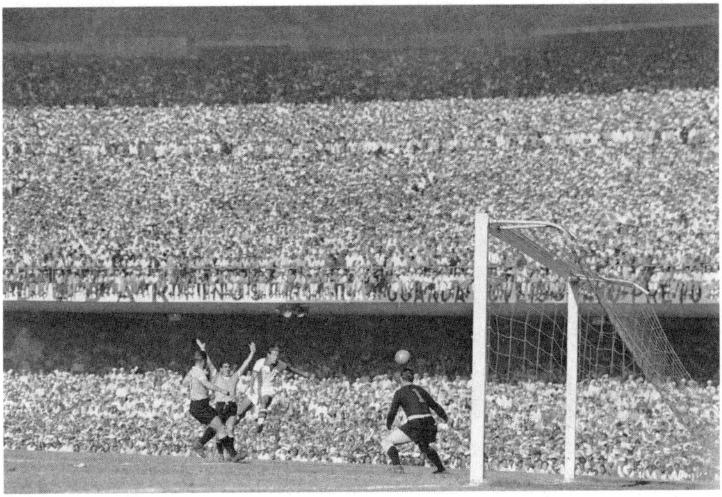

Drama und Trauma im Maracanã, das entscheidende Spiel um den WM-Titel. Hier schießt Brasiliens Chico (3. v.l.) neben das Tor Uruguays.

Ademir strahlte bei diesem Heimturnier eine enorme Eleganz aus, seine Schüsse kamen oft ansatzlos, selten mit enormer Kraft und Wucht, dafür meist mit viel Übersicht, Präzision und Effet. Als Korrespondent vor Ort stimmte etwa *Kicker*-Herausgeber Friedebert Becker das hohe Loblied an: »Abgott Ademir … Seine Ballkunst ist von unvorstellbarer Exaktheit, Weichheit, sein Auftreten so umsichtig, ruhig, dabei doch gelegentlich sprühend, impulsiv und explosiv.«

Vier Tage nach dem Sieg gegen die Schweden traf Ademir, der mit neun Treffern letztlich WM-Torschützenkönig wurde, auch beim nächsten Galaauftritt und erzielte beim 6:1 über das bedauernswerte Spanien immerhin zwei Tore, nur ein einziges Spiel trennte die Nation noch vom Triumph. Es ging gegen die Mannschaft Uruguays, die seit dem WM-Titel von 1930 viel von ihrer einstigen Stärke verloren und sich nur mühsam durch diese Finalrunde geschleppt hatte. Einem schmeichelhaften 2:2 gegen Spanien folgte ein sehr glückliches 3:2 gegen Schweden. In Brasilien fragte man eigentlich nur noch nach der Höhe des Sieges gegen den belächelten Nachbarn.

Auch Ademir sagte später einmal in einem Interview: »Schon vor dem letzten Spiel fühlten wir uns als Weltmeister.« Ein folgenschwerer Trugschluss.

Vor dem Spiel bekamen die Nationalspieler bereits die ersten Prämien, wertvolle Armbanduhren mit der Gravur: »Den Weltmeistern.« Da in Brasilien wenige Monate später Wahlen anstanden, versuchten auch profilierungssüchtige Politiker, sich im Beisein der heroischen Fußballer permanent ins richtige Licht zu setzen. Vom Staatspräsidenten Dutra bis hinunter zum kommunalen Provinzfürsten. Noch am Tag des Endspiels musste die Mannschaft im Teamquartier für sinnfreies Herumstehen bei belanglosen Wahlkampfreden zweimal das Mittagessen unterbrechen. Aber das war doch verschmerzbar, meinte man. Was sollte, was konnte da noch schiefgehen?

Ein Unentschieden hätte bei diesem Gruppenmodus ja bereits genügt, und sämtliche Zweifel schienen obsolet, als Ademirs Sturmkollege Friaça kurz nach der Halbzeit die Führung erzielte und sich damit ganz nebenbei ein Einfamilienhaus sicherte – der Hauptgewinn, der damals für den ersten Torschützen in diesem entscheidenden Spiel ausgeschrieben war. Die laut offizieller Überlieferung 173 850 Zuschauer im extra für die WM neu gebauten Maracanã (laut unterschiedlichen Schätzungen waren damals bis zu 200 000 Menschen und mehr im Stadion) machten sich bereit für ein Schaulaufen, auf den Tribünen zündete man erste Raketen, Böller und Feuerwerkskörper – als plötzlich die Außenseiter aus Uruguay zu allseitigem Erstaunen immer besser ins Spiel kamen, dank ihres Kapitäns Obdulio Varela, der neben Víctor Andrade, dem Neffen des Weltmeisters von 1930 José Andrade, der einzige farbige Spieler im Team war. Deswegen nannte man Varela auch *El Negro Jefe*. Den schwarzen Chef.

Den überraschenden Ausgleich durch Juan Schiaffino nach einer Flanke von Rechtsaußen Ghiggia in der 66. Minute wähnten die Zuschauer erst noch als hinnehmbaren Schönheitsfehler, doch allmählich machte sich immer mehr Nervosität breit – auf den Rängen wie auch in der brasilianischen Mannschaft. Nichts mehr war zu spüren von der Souveränität der vergangenen Partien. Es ging nur noch darum, dieses Unentschieden über die Zeit zu retten. Doch dann traf elf Minuten vor dem Ende Alcides Ghiggia mit seinem Schuss ins kurze Eck zum 2:1. Ein Schock, von dem sich weder die brasilianischen Spieler noch die Zuschauer erholen sollten. Das Publikum war paralysiert, nicht mehr in der Lage, ihre Helden zum Sturmlauf auf das so wichtige Ausgleichstor anzufeuern, das ja gereicht hätte zum Titel. Über das Maracanã senkte sich eine gespenstische Stille.

Alcides Ghiggia sagte lange später einmal: »Nur drei Menschen brachten das Maracanã zum Schweigen: der Papst, Frank Sinatra und ich.«

Als der englische Schiedsrichter George Reader abpfiff, war das Unvorstellbare wahr geworden. Die Siegesfeier, die mit viel Pomp und Tamtam zur Feier der eigenen Nation inszeniert werden sollte, fiel aus. Auf dem Rasen herrschte chaotisches Durcheinander, Zuschauer, die von den Tribünen nach unten gekommen waren, irrten in blankem Entsetzen wie ferngesteuert über den Platz. FIFA-Boss Rimet erinnerte sich in seinen Memoiren, wie er alle Mühe hatte, in diesem Trubel *Jefe* Varela zur Überreichung der WM-Trophäe zu finden: »Ich hielt nach dem uruguayischen Kapitän Ausschau und überreichte ihm – fast im Geheimen – den Pokal und streckte ihm die Hand hin, ohne ein Wort sagen zu können. Später legte sich die Verwirrung. Die Menschenmenge brach langsam auf, wie wenn sie vom Friedhof käme.«

Viele Tausend Zuschauer saßen auch noch Stunden nach Abpfiff auf den Tribünen, berichtet wurde später auch immer wieder von Leichen, die man im Stadion fand. Menschen, die einen Herzinfarkt erlitten hatten. Menschen, die sich von der Tribüne stürzten.

So brannte sich diese Demütigung, die Schmach vom 16. Juli 1950 als dunkler Tag, als Schock von Maracanã tief ins Gedächtnis der brasilianischen Nation ein. Autoren, Lyriker, Filmemacher widmeten sich den Ereignissen jenes Tages in Büchern, Gedichten und Dokumentationen, wie etwa der Schriftsteller Paulo Perdigão in *Anatomia de uma derrota*: Die Anatomie einer Niederlage.

Die unmittelbare Folge dieser Erniedrigung war der Wechsel der Trikots. Nie mehr nach diesem traumatischen Endspiel wollte die Nationalmannschaft in ihren bis dahin traditionellen weißen Trikots antreten, weswegen die *Seleção* seitdem in ihrer bekannten Garnitur mit den beherrschenden Landesfarben Gelb, Grün, Blau spielt (lediglich 2019, zum 100. Jahrestag der Copa America, kleidete Ausrüster Nike Brasiliens Stars um Neymar & Co. noch einmal kurzfristig mit einem weißen Auswärtstrikot ein).

Niemand konnte sich damals über die Vize-Weltmeisterschaft freuen, die Spieler galten als Versager. Auch die anfangs noch so sehr um Nähe bemühten Politiker rückten ab und wollten mit den geächteten Spielern nichts mehr zu tun haben. Ob das *Maracanaço* tatsächlich auch kausal zur Wahlniederlage von Staatspräsident Dutra zweieinhalb Monate später führte, ist nicht belegt, aber eine weiterhin rund um Rio gern aufgestellte These.

Am schlimmsten zu leiden hatte aber eben Moacyr Barbosa. In ihm hatte das Volk den Schuldigen gesehen, dazu bekamen Populisten, Rassisten und üble Hetzer Oberwasser, die den farbigen Schlussmann mit widerwärtigen Parolen als Beweis für die Minderwertigkeit dunkelhäutiger Spieler im Fußball sehen wollten und damit wieder alte Gräben in der multiethnischen Gesellschaft aufrissen, die man hoffte bereits überwunden zu haben. Barbosa stand immerhin noch bis 1953 im Tor der Nationalmannschaft, doch war er Zeit seines Lebens derjenige, der Schande über sein Land gebracht hatte. Nichts konnte ihm helfen, und so blieb auch ein Versuch, elf Jahre nach der Niederlage die bösen Dämonen endgültig zu vertreiben, ohne Erfolg.

Es war im Sommer 1961, als Barbosa Freunde zu einer Barbecue-Party im heimischen Garten einlud, wofür er sich extra ein ganz spezielles Grillholz besorgt hatte. Die Pfosten jenes Tores aus dem Maracanã, in dem damals Ghiggias Schuss eingeschlagen war. Einem exorzistischen Ritual gleich verheizte Barbosa das klein gehackte Gebälk in der Hoffnung, die Geister der Vergangenheit würden nun endlich von ihm ablassen. Doch sie blieben. Einen der

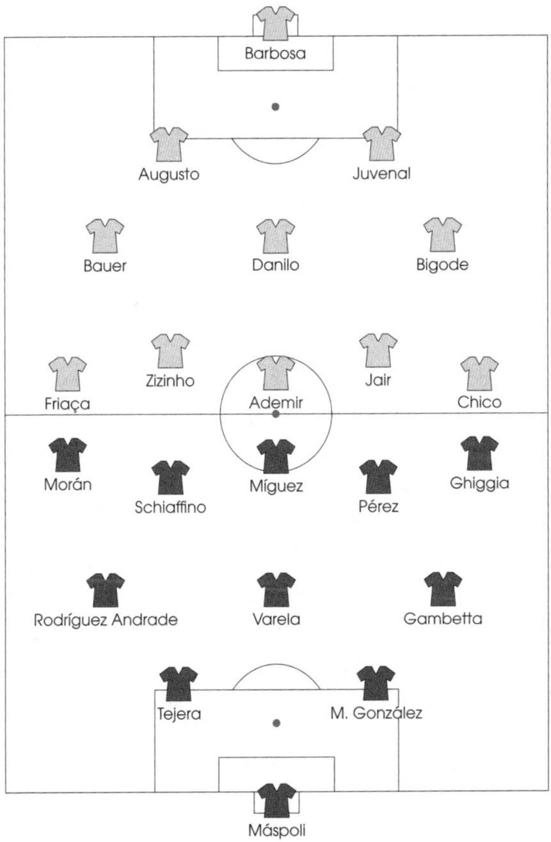

Startaufstellung Uruguay (unten) gegen Brasilien (oben), finales WM-Spiel 1950

schlimmsten Momente seines Lebens nannte er jenen Tag 1970, als während eines Bummels über einen Wochenmarkt eine Mutter auf ihn deutete und ihrem kleinen Jungen sagte: »Schau dir diesen Mann an, mein Sohn. Das ist der, der ganz Brasilien zum Weinen brachte.«

Auch in der Fußballszene selbst war Barbosa ein Verstoßener, etwa im September 1993. Brasilien bereitete sich damals auf das alles entscheidende letzte Qualifikationsspiel für die WM 1994 in den USA vor. Der Gegner: Uruguay. Die Vorzeichen waren ähnlich wie

1950. Ein Unentschieden hätte zur Teilnahme schon gereicht, bei einer Niederlage hätte eine WM erstmals ohne Brasilien stattgefunden. Im Auftrag eines TV-Senders sollte Barbosa mit einem Kamerateam der Mannschaft von Trainer Carlos Alberto Parreira im Trainingscamp einen Besuch abstatten, doch rein kam er nicht. Der schon immer mit einem Hang zum Metaphysischen neigende, notorisch abergläubische Co-Trainer Mário Zagallo verwehrte Barbosa den Zutritt und seinem Torwart Cláudio Taffarel jeglichen Kontakt mit der tragischen Figur von 1950. Denn: So einer wie Barbosa bringe nur Unglück.

Letztlich durfte sich Zagallo bestätigt fühlen, Brasilien schlug Uruguay mit 2:0 und wurde im Jahr darauf auch noch zum vierten Mal Weltmeister.

Barbosa, der nach seiner Karriere zwei Jahrzehnte am Unglücksort in der Verwaltung des Maracanã arbeitete und seinen Fluch auch dort nicht loswurde, blieb am Ende ein vom Schicksal verfolgter und auch ein verarmter Mann. Nach 50 Jahren Ehe starb 1997 seine Frau Clotilde an Knochenkrebs, in den letzten Jahren bekam er von seinem Ex-Klub Vasco da Gama rund 800 Euro im Monat überwiesen, damit er sich wenigstens noch die Miete leisten konnte.

Der *Negro Jefe* Obdulio Varela, dem als unermüdlichem Antreiber die dramatische Wende in jenem denkwürdigen Spiel 1950 zugunsten Uruguays zu verdanken war, sagte einmal: Wenn er gewusst hätte, wie sehr ein ganzes Volk jahrzehntelang unter jenem Tag zu leiden habe, hätte er lieber auf den WM-Titel verzichtet. Vielleicht auch aus schlechtem Gewissen lud Varela alljährlich zu seinem Geburtstag alle brasilianischen Spieler der WM-Mannschaft von 1950 in sein Haus nach Montevideo ein. Zu einem *Churrasco*, einer Grillparty. Dort verbrannte er dann gewöhnliches Holz. Keine Torpfosten.

Die meisten brasilianischen Spieler kamen über das Trauma von 1950 halbwegs gut hinweg, nur Moacyr Barbosa eben nicht. Er blieb ein Leben lang ein Gefangener, auf eine Begnadigung, auf eine vorzeitige Entlassung bei guter Führung hoffte er vergebens.

Wie Teresa Borba als gute alte Freundin berichtete, habe er bis zum Schluss immer wieder an ihrer Schulter geweint und gesagt: »Es war nicht nur ich. Wir waren doch elf.« Es war wohl erst der Tod, der ihn befreite und erlöste. Am 7. April 2000.

Zwei Wochen nach seinem letzten Interview.

AUCH DAS NOCH WAS SIE SONST UNBEDINGT ÜBER DIE WM 1950 WISSEN MÜSSEN

0 Spiele musste Indien in der Asien-Qualifikation austragen, um sich nach den Absagen Birmas, Indonesiens und der Philippinen kampflos einen Turnierplatz zu sichern. Dass man dennoch keine Mannschaft nach Brasilien schickte, begründete man mit der langen Anreise und den hohen Kosten. Einer Überlieferung nach boykottierte Indien die WM, weil die FIFA das Tragen von Fußballschuhen vorschrieb. Bei Olympia in London 1948 kickten Indiens Fußballer noch barfuß.

2 Spieler, die 1950 dabei waren, hatten bereits bei der WM 1938 in Frankreich mitgespielt: der Schweizer Alfred Bickel und der Schwede Erik Nilsson.

12 Jahre befand sich die WM-Trophäe nach dem Titelgewinn 1938 im Besitz des italienischen Verbandes. Zunächst lag die *Coupe Jules Rimet* dabei erst im Schließfach einer römischen Bank. Um ihn vor Plünderungen durch die Nazis in den letzten Kriegsjahren zu schützen, ging der Generalsekretär und spätere Präsident des italienischen Fußballverbands Ottorino Barassi auf Nummer sicher – und legte den Pokal in eine Schuhschachtel unter sein Bett.

15 Tage verbrachte Brasiliens trauriger Stürmer Ademir nach dem Finale auf der Insel Itacuruçá westlich von Rio. Der Torschützenkönig fuhr direkt nach Abpfiff ins selbst auferlegte Exil.

16 Tage währte die Anreise der italienischen Nationalmannschaft über den Atlantik. Nach der *Tragödie von Superga* fuhr die *Squadra Azzurra* mit dem Schiff, der *Sises*, einer Jacht der Unternehmer-Familie Agnelli, nach Brasilien. Nach dem frühen Vorrunden-Aus wollten die meisten Spieler aber schnell wieder heim. Und nahmen doch das Flugzeug.

21 Jahre alt war Mexikos Torhüter Antonio Carbajal bei seinem WM-Debüt 1950. Als Schlussmann 1954, 1958, 1962 und 1966 wurde er zum weltweit ersten Spieler mit fünf WM-Teilnahmen. Heute teilt er sich den Rekord (fünf WM-Teilnahmen mit mindestens einem Spiel pro Turnier) mit Lothar Matthäus und Landsmann Rafel Márquez (Stand vor Anpfiff der WM 2022).

31 Stunden dauerte die Flugreise der englischen Nationalmannschaft in einer viermotorigen Propellermaschine vom Typ *Lockheed Constellation* von London nach Rio. Mit Zwischenstopps in Paris, Lissabon, Dakar und Recife.

53 Jahre und 236 Tage alt war der Engländer George Reader, als er das entscheidende Spiel zwischen Brasilien und Uruguay pfiff. Der bis heute älteste Finalschiedsrichter der WM-Geschichte.

98 Toiletten gab es im neu erbauten Maracanã-Stadion. Dazu 58 Bars und 90 Zigarettenkioske. Die Bauzeit betrug 22 Monate, verarbeitet wurden 80 000 Kubikmeter Beton und eine halbe Million Säcke Zement.

2700 Dollar ließ es sich Uruguays Fußballverband kosten, um 2004 den Nachfahren des WM-Kapitäns Obdulio Varela dessen Trikot und Schuhe aus dem Spiel gegen Brasilien abzukaufen. Requisiten, die Staatspräsident Jorge Batlle danach zu »nationalen Monumenten« erklärte.

1954
IN DER SCHWEIZ

Am Thunersee weht ein Geist und in Wankdorf geschieht ein Wunder. Der lange Weg von Sepp Herberger und Fritz Walter, die Deutschland neun Jahre nach Kriegsende zum ersten WM-Titel führen. Doch der strahlende Triumph wird auch überschattet. Von übertriebenem Patriotismus, rätselhaften Spritzen, sonderbaren Erkrankungen und von den Berner Helden, die am Ruhm zerbrechen.

Um 16.04 Uhr fuhr der Zug an diesem 6. Juli ein, am Münchner Hauptbahnhof, Gleis 11 – der Triumphzug aus der Schweiz. Aus den offenen Fenstern schauten die Weltmeister heraus, sie trugen grüne Anzüge und winkten den jubelnden Menschen auf dem Bahnsteig entgegen. Fritz Walter schwenkte den WM-Pokal, den ihm 45 Stunden zuvor im Wankdorf-Stadion FIFA-Boss Jules Rimet in die Hand gedrückt hatte.

Als die Spieler ausstiegen, hatte sich Thomas Wimmer in Stellung gebracht, eigentlich wollte der Münchner Oberbürgermeister ja jeden Einzelnen der siegreichen Mannschaft per Handschlag begrüßen. Doch dazu kam es nicht, in voller Ekstase durchbrachen die Massen die Absperrungen und spülten Wimmer fort. Wimmer war in München nach dem Krieg der Vater des *Rama dama*, als er die Stadtbevölkerung zur gemeinsamen Beseitigung des Kriegsschutts aufrief. Nun wurde er selbst hinweggeräumt. Mühsam bahnten sich Sepp Herberger und seine Männer den Weg durch den wogenden Wahnsinn, hin zu den zwölf Mercedes-Cabrios, mit denen sie dann

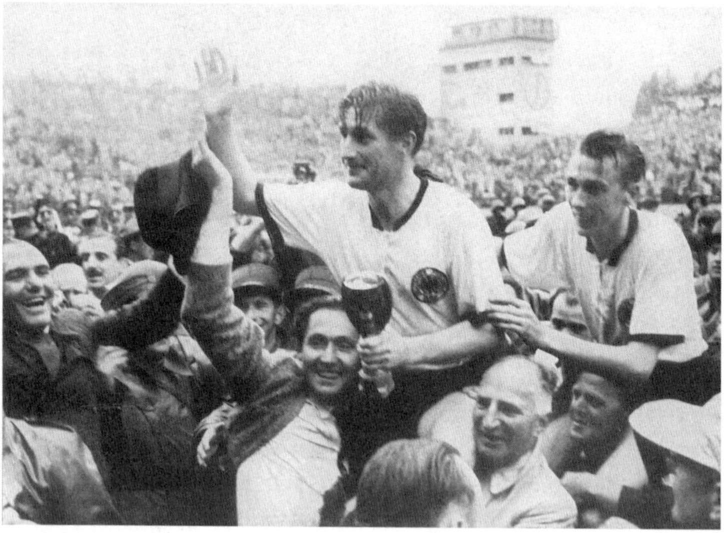

Der Wahnsinn von Wankdorf: Fritz Walter lässt sich samt WM-Pokal auf Schultern durchs Stadion tragen. Hinter ihm sein Mitspieler und Freund aus Kaiserslautern, Horst Eckel.

im vom Polizei-Paradepferd *Prinzess* angeführten Corso über den Stachus Richtung Marienplatz fuhren – mitten durch ein Jubelmeer von mehr als 300 000 restlos begeisterten Menschen.

Über den triumphalen Empfang in München schrieb Fritz Walter später in seinen Memoiren: »So viel Liebe, so viel Begeisterung. Das haben wir nicht erwartet.« Es hatte ja auch niemand irgendetwas erwartet von dieser deutschen Mannschaft, bei ihrer ersten WM-Teilnahme nach dem Krieg. Man war froh, überhaupt endlich wieder mitspielen zu dürfen. Und dann holte man plötzlich den Titel, im Finale gegen die überragenden und als unschlagbar geltenden Ungarn, am 4. Juli 1954, an einem Tag, den später viele als eigentliche Gründungsstunde der Bundesrepublik bezeichneten. Ein Tag, der wegen seiner Bedeutung in der Reihe epochaler Ereignisse des 20. Jahrhunderts gerne in einem Atemzug genannt wird mit dem Kennedy-Attentat, der Mondlandung oder dem Mauerfall.

In der Neuhauser und Kaufingerstraße zogen die Geschäfte Spruchbänder hoch: *Es lebe unsere siegreiche Elf.* Vom Gerüst des Rohbaus, in das später das Modehaus *Hettlage* einziehen sollte, intonierte ein Zimmermann auf einer Trompete den Triumphmarsch aus der *Aida,* an der Zentrale des Münchner Begräbnisvereins hisste man das Transparent *Herzlich willkommen.* Im Rathaus angekommen klappten auf den zweiten Versuch dann endlich die Gratulationsbekundungen von OB Wimmer. Jeder Spieler erhielt die Silberne Sportplakette und ein Erinnerungsbuch der Stadt München und, wie die *Süddeutsche Zeitung* schrieb, dazu auch Erdbeerkuchen, Prinzregententorte, Kaffee und Kognak. Von Bayerns Ministerpräsidenten Hans Ehard kam ein Porzellanlöwe dazu, und später gab es einen denkwürdigen Festabend im Löwenbräukeller, von dem noch die Rede sein wird.

Danach schliefen die müden Weltmeister in der Sportschule Grünwald, wo sie sich sechs Wochen zuvor zur Turniervorbereitung schon versammelt hatten. Am nächsten Tag trennte sich die Mannschaft, die Spieler fuhren nun zu den Empfängen in ihrer Heimat. Nach Kaiserslautern und Essen, nach Düsseldorf und Hamburg, nach Nürnberg und Fürth. Es waren die Tage, an denen für sie nun ein neues Leben begann. Ein für viele schweres Leben. Ein Leben, mit dem manche nicht mehr zurechtkamen und letztlich am Ruhm zerbrachen, an der Bürde eines Helden von Bern.

Um die Zusammenhänge zu verstehen, um zu begreifen, wie es zu dieser sporthistorischen Sensation überhaupt kam, hilft ein Blick zurück, bis ins Jahr 1938.

Nach dem Debakel der großdeutschen Mannschaft bei der WM in Frankreich bestritt die Mannschaft von Reichstrainer Sepp Herberger in den kommenden Jahren aus heutiger Sicht noch erstaunlich viele Partien, so kam es bis 1942 gegen befreundete, verbündete, besetzte oder neutrale Nationen zu 46 Länderspielen. Darunter auch ein 9:3 gegen Rumänien im Juli 1940, bei dem ein 19-jähriger Debütant gleich einmal drei Tore erzielte: das hoffnungsvolle Sturmtalent Fritz Walter vom 1. FC Kaiserslautern.

1938 hatte Herberger den Namen des Nachwuchsspielers aus der Pfalz erstmals in sein legendäres Notizbuch geschrieben, *F. W.* stand ab da dann immer abgekürzt zu lesen. Es war der Frankfurter Gausportwart Karl Hohmann, der Herberger aufs *kläa Fritzje,* so Walters Spitzname in der Jugend, aufmerksam gemacht hatte. Herberger war vom Talent, vom Willen und vom Ehrgeiz des Lautern-Stürmers restlos begeistert. Als Walter 1940 dann erstmals in die Reichself berufen wurde, erhöhte er noch einmal das Trainingspensum, radelte morgens um sechs Uhr den Betzenberg hoch, kletterte dort über den Zaun auf den Fußballplatz, trainierte eine Stunde allein und fuhr um sieben Uhr zu seiner Arbeit als Bankkaufmann in Kaiserslauterns Stadtsparkasse. So viel vorab zum Charakter jenes Mannes, der 14 Jahre später die deutsche Mannschaft zum Titel führte.

In den ersten drei Kriegsjahren gelang es Herberger immer wieder, seine Spieler durch Einberufungen zu Länderspielen, vor allem aber durch Einladungen zu bewusst ausgedehnten Trainingslagern und immer wieder kurzfristig um eine weitere Woche verlängerten Lehrgängen von Einsätzen als Soldaten an der Front zu bewahren. Dafür entstand im Volksmund der Begriff *Operation Heldenklau.*

Herberger war ein gewiefter Stratege, bei der Taktik auf dem Fußballplatz wie auch im Umgang mit den Machthabern. Herberger, der von Reichssportchef Hans von Tschammer auch schon mal als *unverdrossener Kamerad* gewürdigt wurde, knüpfte ein enges Netzwerk. Wenn es geboten war und er sich aus Eigeninteresse einen Vorteil für die Reichself versprach, dann tat er sich leicht, sich des geringsten Widerstands wegen opportun mit den Protagonisten des braunen Systems einzulassen. In Reden und Briefen ließ er sich zwar gerne auch zu patriotisch vaterländischem Pathos hinreißen. Linientreu dumpf nationalsozialistische Ideologie zu verbreiten, Parolen voller Rassenhass und Antisemitismus abzusondern, das gab es bei ihm jedoch nicht.

Wie sehr Herbergers Spieler von dessen guten Kontakten zu den Funktionärsbonzen um Tschammer profitierten, das zeigte sich in der zweiten Kriegshälfte, in der nach der letzten Begegnung, einem

5:2 gegen die Slowakei im November 1942, keine Länderspiele mehr stattfanden.

Als Fritz Walter 1943 etwa in Italien als Soldat der *2. Kompanie Festungs-Batallion 902* an Malaria erkrankte, überzeugte Herberger seinen guten Bekannten, den Fliegermajor Hermann Graf, Walter zu sich ins Jagdgeschwader nach Jever zu versetzen. Dort ging es für Walter deutlich ruhiger zu. Als Bankkaufmann durfte er sich um Abrechnungen und Finanzen kümmern, und da Graf zugleich der Gründer der *Roten Jäger*, einer der berühmtesten Militär-Fußballmannschaften jener Zeit, war, hatte er letztlich mehr Einsätze auf dem Fußballplatz als an der Front. Mit dabei bei den Jägern waren auch viele andere Nationalspieler. Hermann Eppenhoff etwa von Schalke 04, Fritz Hanreiter von Admira Wien oder Alfons Moog vom VfL Köln 1899. Zwischen August 1943 und November 1944 bestritten die Roten Jäger 28 Spiele gegen Klubmannschaften wie Eintracht Frankfurt oder den FC Bayern wie auch gegen Spielgemeinschaften der Marine oder gar Künstlermannschaften wie *Oase Berlin*.

Durch die Verlegung von Grafs Geschwader in den Wirren der letzten Kriegsmonate an die Ostfront zerbrach die Mannschaft. Und Walter selbst geriet noch am 8. Mai 1945 in Kriegsgefangenschaft. Am Tag der Befreiung, als der sechsjährige Albtraum zu Ende schien, nahmen ihn US-Soldaten in Böhmen fest und lieferten ihn an die Rote Armee aus.

In seiner Autobiografie schilderte Fritz Walter später, wie ihm ein Fußballspiel womöglich das Leben rettete. Im Sommer '45, als er in einem rumänischen Zwischenlager vor der Weiterfahrt Richtung Sowjetunion bei einem Gekicke zwischen Lagerpolizei und Lazarett seine Wärter schwindlig spielte und der Lagerkommandant, ein begeisterter Fußballfan, in ihm den Nationalspieler aus Deutschland erkannte. Fritz Walter genoss plötzlich Privilegien, wurde Kapitän der Lagermannschaft für Begegnungen mit rumänischen Dorfklubs und durfte schließlich mit seinem ebenfalls inhaftierten jüngeren Bruder Ludwig im Oktober die Heimreise in die Pfalz antreten. Die übrigen Kameraden kamen in die Sowjetunion – und viele nicht mehr zurück.

Wieder in der Heimat wurde Fritz Walter, der dort nebenbei als Trainer auch noch die Auswahlmannschaft der französischen Alliierten betreute, beim 1. FC Kaiserslautern bald in Personalunion Kapitän, Spielertrainer und Geschäftsführer – und legte den Grundstein für ein glorreiches Jahrzehnt mit zwei Deutschen Meisterschaften und drei Vize-Meisterschaften zwischen 1948 und 1955.

Gründeten sich in den einzelnen Besatzungszonen sukzessive die ersten Nachkriegsligen und kehrte der Klubfußball allmählich zur Normalität zurück, blieben Deutschland Länderspiele – wie geschildert – weiterhin untersagt. Da die Wiederaufnahme in die FIFA-Familie aber nur eine Frage der Zeit schien, tüftelte Herberger in seinem Haus in Weinheim an der Badischen Bergstraße bereits am Wiederaufbau einer Nationalmannschaft rund um Fritz Walter, seinen Lieblingsspieler und zentralen Protagonisten. In Herbergers eigenem Selbstverständnis sollte und konnte ja nur er der neue Bundestrainer werden, wer denn sonst? Umso brüskierter fühlte er sich, als der Deutsche Fußball-Ausschuss DFA (so hieß der Dachverband vor der Neugründung des DFB im Januar 1950) neben Herberger plötzlich auch drei Vereinstrainer als Kandidaten auf den Posten benannte: Alf Riemke vom FC Bayern, Paul Oßwald von den Offenbacher Kickers, Hans Sauerwein vom FC St. Pauli. Einer vom Kiez als erster Bundestrainer, das wär's noch gewesen!

Nach eher unappetitlichen Schlammschlachten, Kampagnen und Verunglimpfungen, bei denen Herberger alle Vorwürfe widerlegen konnte, ein überzeugter Nazi gewesen zu sein und einen unliebsamen Spieler mit Vorsatz über seine Kontakte an die Front beordert zu haben, war Herberger dann doch am Ziel. Im Herbst 1949 wurde er zum Trainer der Nationalmannschaft der jungen Bundesrepublik berufen. Als der DFB nach der WM in Brasilien am 22. September 1950 wieder in die FIFA aufgenommen wurde, dauerte es noch genau zwei Monate bis zum ersten Länderspiel am 22. November, auf den Tag genau acht Jahre nach der bislang letzten Begegnung gegen die Slowakei.

Dass der Gegner Schweiz hieß, lag nahe, deren Verbandsfunktionäre waren schon bald nach dem Krieg die stärksten Befürworter für die Reintegration des deutschen Fußballs in die internationale Gemeinschaft. Mehr als 100 000 Zuschauer in einem grotesk überfüllten Stuttgarter Neckarstadion sahen dieses sporthistorische Spiel, bei dem Herbert Burdenski von Werder Bremen per Strafstoß das umjubelte 1:0 erzielte. Das große Thema des Tages war dabei weniger der Umstand, dass vor Anpfiff nur die Hymne der Schweiz zu hören war. Die Bundesrepublik hatte zwar schon das Grundgesetz, einen Kanzler und eine Fahne, aber noch keine Hymne. Die dritte Strophe des Deutschlandlieds wurde erst 1952 offiziell eingeführt. So hielt man an diesem Novembertag 1950 stattdessen eine Schweigeminute ab und vermied die Peinlichkeit einiger anderer internationaler Sportveranstaltungen zuvor, als Veranstalter von Sportfesten und Turnieren im in Bundesrepublik, Ostzone und autonomes Saar-Protektorat dreigeteilten Deutschland allen Ernstes gerne den Kölner Karnevalsschlager *Wir sind die Eingeborenen von Trizonesien* als Ersatzhymne spielen ließen.

Großes Thema war in Stuttgart vielmehr die Nichtnominierung von Fritz Walter, der offiziell wegen einer Verletzung nicht spielte, nach dem Spiel beim Festbankett jedoch bekannte, dass er eigentlich längst wieder gesund und einsatzfähig gewesen sei. »Die Kritikaster aber«, sagte er indigniert, »haben mir die Lust genommen.« Auch das gewährte einen tiefen Einblick in die verletzliche Seele des damals 30-Jährigen, den viele Nörgler schon für zu alt wähnten, weit jenseits seines Zenits. Noch deutlicher wurde die Sensibilität, die latente Zerbrechlichkeit Walters im Oktober 1952, nach einem bedeutsamen Länderspiel in Paris.

Waren beide Nationen nach der deutschen Besatzungszeit schon auf einem guten Weg zum Aufbau sowohl bilateraler Beziehungen als auch eines gemeinsamen Europas, sollte sieben Jahre nach Kriegsende das erste Aufeinandertreffen der beiden Nationalmannschaften für eine noch engere Bindung beider Länder führen: Das Spiel *Stade de Colombes*, dem WM-Finalort von 1938, der während des Kriegs auch zum Internierungslager umfunktioniert worden war.

Die Haltung gegenüber den deutschen Gästen war, anders als 14 Jahre zuvor, wohlwollend. Nach dem 3:1-Heimsieg der Franzosen in diesem fairen Spiel gab es von den Rängen großen Applaus für die deutschen Spieler, es war wenig zu spüren von einer befürchteten feindselig-revanchistischen Atmosphäre, abends feierten die Delegationen beider Länder in einem Hotel an den Champs-Élysées bei einem Festessen »den Sieg des Sports«, wie Frankreichs Verbandspräsident Emmanuel Gambardella erklärte. Nur Fritz Walter war nach einem seiner schlechtesten Länderspiele überhaupt nicht nach Feiern. Der chronische Selbstzweifler Walter war deprimiert, er wollte nicht mehr, er zog sich zurück in sein Haus in der Beethovenstraße in Kaiserslautern, zu seiner Frau Italia, einer gebürtigen Italienerin, die nach dem Krieg für die französischen Besatzer als Dolmetscherin arbeitete und als Partnerin von Walter auch nach der Heirat 1948 von etlichen pfälzisch provinziellen Kleingeistern mit viel Skepsis betrachtet wurde.

Nach diesem Frankreich-Spiel bot Walter Herberger seinen Rücktritt aus der DFB-Elf an, doch Herberger lehnte ab und schrieb stattdessen lange Briefe an Italia. Der Bundestrainer dankte für ihre Unterstützung in dieser schwierigen Phase und bat darum: »Lassen Sie die Jalousien runter, stecken Sie ihn ins Bett, und sorgen Sie dafür, dass er keine Zeitung liest.«

Herberger wusste, er bräuchte Walter noch, zu allererst für die Qualifikationsspiele zur Weltmeisterschaft 1954 – als es in einer Dreiergruppe gegen Norwegen ging.

Und gegen das Saarland.

Das Saarland, das nach Kriegsende erst Teil der französischen Besatzungszone war, besaß ab 1947 einen Sonderstatus. Zwar stand es als Saarprotektorat weiter unter französischem Einfluss (ein Hochkommissariat ersetzte die Militärverwaltung), verfügte aber mit eigener Verfassung, Staatsbürgerschaft und kurzfristig sogar eigener Währung, der Saar-Mark über eine gewisse Autonomie. Als Konsequenz zog man seine Vereine auch aus dem Spielbetrieb der südwestdeutschen Ligen zurück und gründete eine eigene Liga. Kurios wurde es, als dem dominanten 1. FC Saarbrücken das sportlich wenig herausfordernde Getingel über die Dorfplätze der Region zu monoton wurde – und er die Aufnahme in Frankreichs Verband beantragte. Dabei durfte sich der Klub der Unterstützung eines prominenten Fürsprechers sicher sein, des Präsidenten der FIFA und des französischen Fußballverbands, Jules Rimet.

Letztlich spielte der 1. FC Saarbrücken in der Saison 1948/49 tatsächlich in der 2. Liga Frankreichs, wenngleich außer Konkurrenz. Wären die Begegnungen gewertet worden, hätte der *FC Sarrebruck* die Spielzeit gar als Tabellenerster beendet. Bei der Frage eines möglichen Aufstiegs und der offiziellen Aufnahme in die 1. Liga auf Kosten eines französischen Vereins gab es mächtig Widerstand, zu groß war auch die Furcht, Saarbrücken könnte am Ende gar französischer Meister werden. Auch ein weiteres Jahr in der 2. Liga lehnte man im Verband mit großer Mehrheit ab, gegen die Stimme von Rimet, der im Zuge dieser Auseinandersetzung sein Amt als nationaler Verbandschef verlor.

So wie das Saarprotektorat 1950 noch vor dem deutschen NOK ins Internationale Olympische Komitee aufgenommen wurde (bei den Sommerspielen 1952 in Helsinki traten 36 Athleten fürs Saarland an), gewährte die FIFA auch dem Saarländischen Fußballverband (SFV) im Juni 1950 drei Monate vor der Zulassung des DFB Einlass in den Kreis der sportlichen Weltgemeinschaft.

Als es um die Festlegung der Qualifikationsgruppen für das Turnier in der Schweiz ging, wurde Jules Rimet wieder zu einer entscheidenden Figur. Als FIFA-Boss erwirkte er ganz bewusst, das Saarland als für alle Welt sichtbares Zeichen der Abspaltung gegen die Bundesrepublik antreten zu lassen.

Ein Politikum, das vor dem ersten Spiel im Oktober 1953 in Stuttgart auch höchste Regierungskreise bis hin zu Kanzler Adenauer beschäftigte, bevor sich der DFB mit dem SFV einigte, auf das Hissen von Landesfahnen und das Abspielen der Hymnen (der Gegner hatte seit 1950 vor den Fußballspielen immer das 1921 komponierte Saarlandlied angestimmt) zu verzichten. Bei einem bei aller Brisanz letztlich sehr unaufgeregten und durchwachsenen Spiel gewann die Herberger-Elf in einem mit 50 000 Besuchern nicht einmal ausverkauften Neckarstadion durch fränkische Tore des Nürnbergers Max Morlock (2) und des Fürthers Horst Schade 3:0. Und auch beim Rückspiel Ende März 1954 in Saarbrücken blieb es ohne die international befürchteten offenen Bekundungen für die Rückkehr des Saarlands in bundesrepublikanisches Territorium bemerkenswert ruhig. Den einzigen Fauxpas lieferte das Grußwort im Programmheft, wo man *die Gäste aus dem Reich* begrüßte. Deutschland, dem nach einem 1:1 und einem 5:1 gegen Norwegen bereits ein Unentschieden für die Teilnahme am Turnier in der Schweiz reichte, gewann 3:1, unter anderem mit Toni Turek im Tor, mit Jupp Posipal und Werner Kohlmeyer in der Abwehr, mit Helmut Rahn und Werner Liebrich, dem erneut zweifachen Torschützen Max Morlock und Hans Schäfer, der das dritte Tor erzielte, und natürlich mit Fritz Walter. Acht Spieler, die gut drei Monate später auch im WM-Finale aufliefen.

Der Trainer des Saarlands, das nur am Rande: ein gewisser Helmut Schön.

Sepp Herberger hatte seine Mannschaft also allmählich beisammen. Immer wieder korrespondierte er mit den Spielern, rief sie von einem seiner vier Telefone zu Hause aus an oder verfasste Briefe, so wie schon zum Weihnachtsfest 1953, als er etwa an Helmut Rahn schrieb: »Helmut, Dribbeln und Alleingänge sind hervorragende Mittel eines erfolgreichen Angriffsspiels. Aber ebenso oder oft noch höher steht das Zusammenspiel im Kurs. Denken Sie daran und üben Sie sich darin. Dann sind Sie mein Mann ...« Was Herberger nicht schrieb: »Sie müssten aus dem Hintergrund schießen.« Das tat Rahn am 4. Juli 1954 dann von ganz allein.

Erst einmal mussten sie für die WM aber überhaupt ein Quartier finden. Dafür war Albert Sing der richtige Mann, Herbergers Co-Trainer, der als Spieler bei den Stuttgarter Kickers groß geworden war, zwischen 1940 und 1942 neun Länderspiele bestritt und seit 1951 Young Boys Bern trainierte. Sing kannte sich also aus in der Schweiz und erkor das *Belvedere* in Spiez am Thunersee zum Mannschafts-

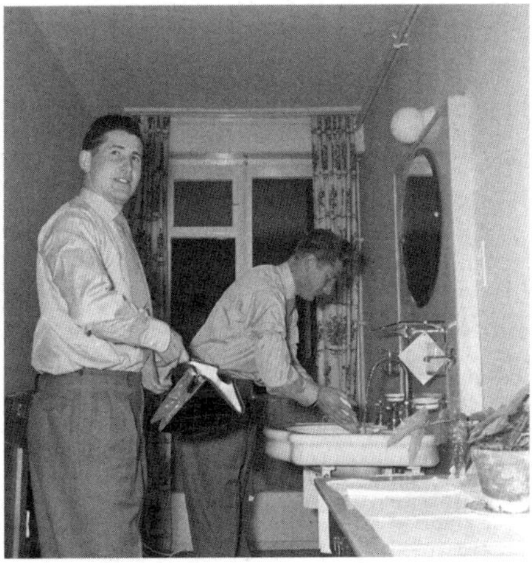

Das Erfolgsduo von Doppelzimmer 303: Helmut Rahn (links) und Fritz Walter bei der Abendtoilette in ihrem Badezimmer im Hotel Belvedere.

hotel. Dass die Bleibe für die Zeit während der WM fast komplett mit niederländischen Urlaubern ausgebucht war, störte nicht. Der DFB legte eben noch was drauf, und so stornierte der Hoteldirektor kurzfristig alle Reservierungen. Das tat den deutsch-niederländischen Beziehungen zwar keinen Gefallen, doch das war es allemal wert.

Für Sing, aber auch für Herberger war die Abgeschiedenheit in der idyllischen Beschaulichkeit des Berner Oberlands der ideale Ort für die Vorbereitung aufs Turnier. Während die Ungarn im Zentrum von Solothurn in der *Krone* residierten und später in der Nacht vor dem Finale durch ein bis tief in die Nacht dauerndes Volksfest um den Schlaf gebracht wurden, hatte es der deutsche Kader recht ruhig. Es war eine ganz besondere Wohlfühloase. Eine Schweizer Version des Campo Bahia 60 Jahre später.

Bald wehte hier der *Geist von Spiez*.

Mitentscheidend war dabei auch die von Herberger verordnete Belegung der Doppelzimmer. So steckte er auf Zimmer 303 den labil stimmungsschwankenden und vor allem nach Kaiserslauterns 1:5-Debakel im Meisterschaftsfinale gegen Hannover 96, drei Wochen vor dem WM-Beginn, seelisch völlig desolaten Fritz Walter zusammen mit dem tiefenentspannten und unbekümmerten Lebemann Helmut Rahn von Rot-Weiss Essen. Zimmer 304 teilte sich der latent immer zu offensiv verspielte Fürther Karl Mai mit dem kantig rustikalen Jupp Posipal vom Hamburger SV. Herberger suchte ganz bewusst Paare, die sich ergänzten, die voneinander profitierten.

Bei der Auslosung war Deutschland in Gruppe 2 gezogen worden, zusammen mit Ungarn, der Türkei und Südkorea. Im wohl absurdesten Modus aller Weltmeisterschaften sollte in dieser wie in allen anderen Vierergruppen nicht jeder gegen jeden spielen, sondern nur die zwei vermeintlich stärksten Nationen (Ungarn, Türkei) gegen die zwei schwächeren (Deutschland, Südkorea).

Die Türkei, die nur deswegen gesetzt war, weil man in der Qualifikation die starken Spanier nach einem 2:2 per Losentscheid (!) eliminiert hatte, blieb im Auftaktspiel gegen die Deutschen aber recht chancenlos. Hans Schäfer, Bernhard Klodt, Kapitänsbruder Ottmar Walter und Max Morlock trafen zum entspannten 4:1-Sieg. Drei Tage später ging es dann gegen das große Ungarn.

Ungarn hatte zu dieser Zeit ein wirkliches Wunderteam. Gyula Grosics, der damalige Torwart, sagte einmal: »So eine Mannschaft hat es davor nicht gegeben. Und danach auch nicht mehr.« Mit József Bozsik, Sándor Kocsis, Nándor Hidegkuti und natürlich Kapitän Ferenc Puskás hatten sie die vier wohl weltbesten Spieler jener Zeit. 1952 wurden sie in Helsinki Olympiasieger, wirklich Geschichte schrieb die *Goldene Elf* 1953 mit dem 6:3 in Wembley, als sie England die erste Heimniederlage der Geschichte gegen eine nichtbritische Mannschaft zufügten und eine ganze Nation in Schockstarre versetzten. England sann beim Rückspiel in Budapest auf Revanche. Doch Ungarn gewann erneut. Diesmal 7:1.

Dass Deutschland als Außenseiter, der sich über einen Einzug ins Viertelfinale schon gefreut hätte, gegen Ungarn verlieren würde, war klar, doch die Art und Weise sorgte dann doch für großen Wirbel. Denn Herberger schickte aus reinem Kalkül eine mit Reservisten gespickte B-Elf auf den Platz, die bei der Verlesung der Namen von den deutschen Fans schon vor Spielbeginn ausgepfiffen wurde. Das Spiel endete erwartungsgemäß mit einem Debakel, Herbergers Ersatzelf verlor mit 3:8.

Ein Fiasko mit Folgen. In den Tagen darauf trafen aus Deutschland Hunderte bitterböse Briefe und Postkarten im Spiezer *Belvedere* ein, man wünschte Herberger ob seiner Vorab-Kapitulation das Allerschlechteste. »Sie sind ein Lump und Betrüger«, hieß es etwa, »Sie gehören hinter schwedische Gardinen.« Oder auch: »Kaufen Sie sich einen Strick.« Es wehte ein veritabler analoger Shitstorm an den Gestaden des Thunersees.

Herberger, der selbst von der Höhe der Niederlage überrascht wie auch entsetzt war, las seinen Spielern die Briefe vor. Ottmar Walter sagte später, nach dem Ungarn-Spiel sei der *Geist von Spiez* erst wirklich entstanden und habe die Mannschaft als verschworene Einheit zusammengefunden. So wie 20 Jahre später auch erst das 0:1 gegen die DDR zum Hallo-Wach-Erlebnis wurde und zum *Geist von Malente* führte.

Das Elf-Tore-Spiel von Basel hatte aber auch für die Ungarn schwerwiegende Folgen. In ihrem grenzenlosen Selbstbewusstsein entwickelten sie einen Hang zur Überheblichkeit. So soll der Überlieferung nach Ferenc Puskás beim Gang in die Halbzeitkabine Jupp Posipal zugeraunt haben, er würde seinem knüppelharten Bewacher Werner Liebrich, »diesem Holzfäller, den Ball so oft durch die Beine schieben, wie ich will«. So oft war es dann doch nicht, denn nach 60 Minuten holte Liebrich zu einer schlimmen Grätsche aus und senste Puskás so rigoros um, dass der Star der Ungarn schwer verletzt vom Feld musste. Der Verdacht auf Knöchelbruch bestätigte sich zwar nicht, Puskás fiel für die nächsten Spiele aber aus und kehrte erst im Endspiel wieder auf den Platz zurück, immer noch angeschlagen und nicht völlig auskuriert.

Das Foul von Liebrich an Puskás gilt bis heute als eine der Ursachen dafür, warum der so große und unschlagbar geltende Favorit Ungarn den Titel am Ende nicht gewann. Abwehrspieler Jenő Buzánszky sagte später einmal: »Es gelang Liebrich, Puskás zu liquidieren.« Für Ungarn war es kein Foul. Es war ein Attentat.

Wegen der Punktgleichheit in der Gruppe ging es für die Herberger-Truppe nun erst einmal in einem Entscheidungsspiel erneut gegen die Türkei. Es ging um den Einzug ins Viertelfinale, nach der 3:8-Klatsche aber auch um Rehabilitation. Da viele der angereisten deutschen WM-Touristen sich schon empört abgewendet hatten und wieder zurück in die Heimat gefahren waren, wollten nur 17 000 Zuschauer das Spiel im Züricher Hardturmstadion sehen. Die, die gekommen waren, sahen ein Spektakel, eine überragende deutsche Mannschaft, die am Ende 7:2 gewann durch Tore von Morlock (3), Schäfer (2), die Brüder Walter trafen jeweils einmal.

Man war nun endlich angekommen im Turnier, doch im Viertelfinale ging es mit dem Spiel gegen Jugoslawien gegen einen Geheimfavoriten, eine Mannschaft, der man es noch am ehesten zugetraut hatte, den Ungarn Paroli zu bieten. Als Morlock, Schäfer und Herberger eine gute Woche später nach der triumphalen Heimkehr nach Deutschland nach dem schwersten Spiel des Turniers gefragt wurden, antworteten sie unisono: das Viertelfinale gegen Jugoslawien, dem Olympia-Zweiten von 1948 und 1952, der sich reif fühlte für den Titel und große Spieler in seinen Reihen hatte, die später als Trainer in der Bundesliga Karriere machten: Zlatko »Tschick« Čajkovski, der in den 1960ern die große Ära des FC Bayern begründen sollte. Branko Zebec. Ivica Horvat.

Deutschland stand unter Dauerdruck, doch dank eines überragenden Toni Turek und dem Unvermögen der jugoslawischen Stürmer gewann man glücklich 2:0, durch ein Eigentor von Horvat und einen Treffer von Rahn kurz vor Ende.

Hans Schäfer erklärte später, eigentlich hätte man das Spiel 0:5 verlieren müssen.

Plötzlich herrschte wieder Euphorie im Land, zum Halbfinale strömten in Sonderzügen, Autos, Reisebussen fast 40 000 Fans nach Basel und standen teils stundenlang an einem der Kassenhäuschen am St.-Jakob-Stadion, dem *Joggeli*, an. Als die Karten vergriffen waren, zogen viele Tausende wieder ab und suchten einige der wenigen Basler Wirtshäuser mit einem Fernsehgerät im Gastraum auf.

Nun also ging es gegen Österreich, zwar kein Wunderteam mehr wie in den frühen Dreißigerjahren, aber immer noch eine sehr starke und in diesem Spiel favorisierte Truppe. Das ganze Land, das immer noch in alliierte Besatzungszonen aufgeteilt war und erst ein Jahr später mit der Gründung der Zweiten Republik einen Neuanfang als souveräner Staat machte, war von einem Sieg felsenfest überzeugt, alles dachte in diesen identitätssuchenden Zeiten schon an das große Traumfinale, an eine sentimental verklärte Wiederauferstehung der einstigen doppelmonarchischen Donaugroßmacht. Österreich – Ungarn.

Doch es kam ganz anders. Angeführt vom überragenden zweifachen Torschützen Fritz Walter deklassierte man den entgeisterten Nachbarn mit allein fünf Treffern in der zweiten Halbzeit mit 6:1. Eine kaum für möglich gehaltene Machtdemonstration und ein Debakel für den selbst ernannten Titelkandidaten rund um dessen gedemütigten Abwehrchef Ernst Happel, der erst 24 Jahre später das Endspiel erreichen sollte, als Trainer der Niederlande bei der WM in Argentinien.

Der Wiener Schriftsteller und Publizist Friedrich Torberg, der damals als Zeitungsreporter für den *Kurier* aus Basel berichtete, schrieb in Anlehnung an die Entscheidungsschlacht im Deutschen Krieg 1866 von der »vernichtendsten Niederlage seit Königgrätz«.

In Deutschland stieg die Begeisterung am Finaltag ins Grenzenlose. Die wenigen Gaststätten mit Fernsehapparaten wurden überrannt, viele Wirte verteilten schon tags zuvor Zulassungskarten. Vor der Tageskasse des Düsseldorfer Apollo-Theaters kam es zu Tumulten unter den Wartenden, die sich eine der 3000 Eintrittskarten für die Übertragung im Saal sichern wollten. Um Elektronikgeschäfte mit TV-Geräten in den Schaufenstern scharten sich Trauben von Hunderten Menschen, ebenso an den Türen von Omnibussen, die nicht mehr weiterfuhren und aus deren Radios die Live-Reportage von Herbert Zimmermann aus dem Berner Wankdorf-Stadion erklang.

Im Quartier in Spiez herrschte am Morgen des 4. Juli vor dem Finale gegen die ungarische Übermacht noch angespannte Ruhe, dann machte sich gegen Mittag plötzlich Hoffnung breit. Als sich der Himmel verdüsterte und die ersten Tropfen fielen. »Friedrich, Friedrich, es regnet!«, rief Max Morlock seinem Kapitän frohlockend entgegen, wissend, dass der nach seiner Malaria-Erkrankung im Krieg höchst hitzeempfindliche Fritz Walter bei nasskalten Bedingungen am besten spielte. Auf der Busfahrt von Spiez nach Bern sagte Sepp Herberger: »Fritz, das ist Ihr Wetter.«

Die dunklen Regenwolken als Silberstreif am Horizont.

Doch die Zuversicht war schnell dahin, nach nur acht Minuten führte der Favorit durch Tore von Puskás und Czibor 2:0, und es kamen Befürchtungen auf, trotz Bestbesetzung diesmal eine ähnliche Demütigung zu erleben wie beim 3:8 in der Vorrunde. Aber dann fiel urplötzlich der Anschluss durch einen Abstauber von Morlock, wenig später der völlig überraschende Ausgleich durch Rahn nach einer Ecke von Fritz Walter. 2:2 nach 18 Minuten.

Herbergers Elf war im Spiel, zeigte sich plötzlich ebenbürtig und hatte auf dem tiefen Platz auch den besseren Stand dank der innovativen langen Schraubstollen, die ihnen vor Anpfiff noch montiert wurden: von ihrem Zeugwart Adi Dassler, dem Gründer von *Adidas*. Die bis dahin über jeden Selbstzweifel erhabenen Ungarn wirkten plötzlich verunsichert, Verteidiger Buzánszky sagte später über die Stimmung in der Mannschaft bei fortdauerndem Spiel: »Als ich einmal in die müden Gesichter meiner Mitspieler sah, spürte ich plötzlich zum ersten Mal, dass es eng werden könnte.«

Dann waren noch sechs Minuten im Wankdorf-Stadion in Bern zu spielen. Keiner wankte. Der Regen prasselte unaufhörlich hernieder, wie es Herbert Zimmermann in seinen unvergessenen Worten formulierte.

Und aus dem Hintergrund schoss Rahn.

Der 2014 verstorbene ungarische Torwart Gyula Grosics bekannte noch im hohen Alter, dass ihn dieses Tor, der Flachschuss von Helmut Rahn in sein rechtes Eck, »in meinen Albträumen bis heute« verfolge. Und dass kein Tag vergehe, an dem er nicht an diese Szene denken müsse.

Andere in Ungarn denken auch heute noch an das Ausgleichstor zum 3:3 durch Puskás vier Minuten vor dem Ende, das der walisische Linienrichter Mervyn Griffiths wegen vermeintlicher Abseitsstellung aberkannte. Die Ungarn nannten die Entscheidung später einen »Aprilscherz«. Und der deutsche Auswechselspieler Alfred Pfaff, der die Szene von der Ersatzbank aus sah, sagte Jahrzehnte danach: »Es war ein einwandfreies Tor.«

Aber dann war das Spiel aus, aus, das Spiel war aus. Deutschland war Weltmeister.

Verschüchtert nahm Fritz Walter den WM-Pokal entgegen, dann standen sie da, aufgereiht einer neben dem anderen, Händchen haltend, ungläubig und erstaunt über sich selbst, fernab jeglicher gestenreicher Selbstinszenierung heutiger Fußballgrößen. Es gab bei der Siegerehrung keine aalglatt durchgestylte Choreografie und keinen Konfettiregen. Es gab nur echten Regen. Fritz-Walter-Regen.

Tags darauf, als Kanzler Adenauer und Bundespräsident Theodor Heuss noch rechtzeitig ihre Glückwunschtelegramme nach Spiez gefunkt hatten, traten die Weltmeister in einem kurzfristig bereitgestellten und mit der Aufschrift *Fußball-Weltmeister 1954* bepinselten Sonderzug der Deutschen Bundesbahn ihre Triumphfahrt Richtung Heimat an. Noch in der Schweiz winkten ihnen jubelnde Menschen entlang der ganzen Strecke zu, nach einer Nacht im *Hotel Bayerischer Hof* in Lindau und einem Weißwurstfrühstück in der örtlichen Spielbank ging die Reise mit einigen Zwischenstopps etwa in Kaufering und Buchloe weiter Richtung München. Überall waren die Bahnsteige hoffnungslos überfüllt, ein mehrtausendfaches Empfangskomitee, stellvertretend für die vielen Millionen im Land, die in einen grenzenlosen Jubelrausch verfallen waren.

Wie überwältigt die Spieler waren, die nie mit solch einer Begeisterung gerechnet hatten, drückte sich im Satz von Jupp Posipal aus, der sagte, sie hätten »Tränen in den Augen« gehabt. Und: »Das konnte kein Mensch aushalten.«

Es gab rund um diese sporthistorische Sensation aber Vorfälle, die aus anderer Sicht kaum auszuhalten waren und schwer zu ertragen. Etwa dass zahlreiche Zuschauer im Wankdorf-Stadion die erste Strophe des Deutschlandlieds anstimmten, ein Vorfall, der die Schweizer Radiosender dazu veranlasste, die Live-Übertragung unverzüglich abzubrechen. Zwei Tage später war es der Bayerische Rundfunk, der sich ausblendete, als DFB-Präsident Peco Bauwens am 6. Juli beim Empfang im Löwenbräukeller seine berüchtigte, bis heute kontrovers diskutierte Rede hielt, bei der er in pathetischem Geschwafel die Helden von Bern als »Repräsentanz besten Deutschtums« bezeichnete und dem »Führerprinzip im guten Sinne des Wortes« huldigte. Der damals verantwortliche BR-Redakteur erklärte, er habe sich dadurch mit Entsetzen an den Tonfall des Tausendjährigen Reichs erinnert gefühlt.

Einen schalen Beigeschmack hat das Berner Wunder, das Sepp Herberger nie als solches sah, sondern nur als Ergebnis jahrelanger Aufbauarbeit, aber auch wegen der nie restlos aufgeklärten Erzählungen über die Vitaminspritzen. Co-Trainer Albert Sing berichtete 2004 in der ZDF-Doku *Das Wunder von Bern – die wahre Geschichte*, dass im Speisesaal des *Belvedere* immer Glasampullen herumlagen, die man mit einer kleinen Säge selbst öffnen konnte. Und dass man sich auf Wunsch von Teamarzt Franz Loogen auch eine Spritze setzen lassen konnte. Der Inhalt sei nach Angaben des Mannschaftsdoktors nur Vitamin C gewesen.

50 Jahre nach 1954 enthüllte auch der damalige Wankdorf-Platzwart, er habe nach dem Endspiel beim Aufräumen in der deutschen Kabine Spritzenbesteck entdeckt. Aber bestand der Inhalt der Kanülen wirklich nur aus Vitaminen und Traubenzucker, wie es immer gerne hieß? Oder wurde doch pharmazeutisch nachgeholfen? War es Doping? Deutsche Sporthistoriker legten 2010 in einer Studie den Schluss nahe, dass es sich vermutlich um die Verabreichung von Pervitin gehandelt haben könnte, einer Stimulanz, die schon bei den Wehrmachtssoldaten im Zweiten Weltkrieg als Aufputschmittel an der Front zum Einsatz gekommen war und dort umgangssprachlich auch *Panzerschokolade* genannt wurde. Oder auch *Göring-Pillen*. Was Spritzen und Ampullen wirklich beinhalteten, wurde nie auf-

geklärt. Dr. Loogen, der als einer der Pioniere auf dem Gebiet der Kardiologie gilt, nahm das Geheimnis bei seinem Tod 2010 mit ins Grab.

Naheliegend, aber auch nie wirklich erwiesen, ist die Vermutung, dass die Injektionen mit verunreinigten, bei mehreren Spielern wiederverwendeten Mehrwegspritzen zu der rätselhaften Serie an schweren Gelbsuchtinfektionen führte, die die Spieler ab Herbst 1954 heimsuchte. Eine medizinische Untersuchung von 13 Spielern des WM-Kaders Ende Oktober ergab, dass fast sämtliche Nationalspieler aufgrund einer Hepatitis-Erkrankung Leberschädigungen erlitten hatten. Einige litten darunter Wochen, Monate, andere ihr ganzes Leben. Der Ersatzspieler Richard Herrmann starb 1962 an einer Leberzirrhose. Er wurde nur 39 Jahre alt.

Auch bei Werner Liebrich, der 1995 mit 68 Jahren verstarb, und Karl Mai (gestorben 1993 mit 64 Jahren) berichteten die hinterbliebenen Witwen von langwierigen Hepatitis-Erkrankungen. Viele kämpften aber weniger mit den Folgen der Gelbsucht. Mehr mit den Folgen des Ruhms.

Helmut Rahn etwa, der in den Kneipen seiner Heimatstadt Essen bei Frikadellen, Pommes rot-weiß und vor allem bei reichlich Bier und Korn immer wieder die Geschichte des wichtigsten Treffers seines Lebens erzählen musste, der später im Suff nach einem Autounfall Polizisten verprügelte. »Mit dem dritten Tor«, sagte Rahn einmal, »ging die ganze Scheiße dann los.« Nur bei der WM 1958 sollte er noch einmal kurz aufblühen. Die letzten Jahre lebte Rahn zurückgezogen mit seiner Familie, manchmal sah man ihn noch auf der Trabrennbahn in Gelsenkirchen beim Pferdewetten. 2003 starb der Boss, wie er auch hieß, zwei Tage vor seinem 74. Geburtstag.

Tragisch verlief vor allem das Leben von Werner Kohlmeyer, dem treuen und gutmütigen *Kohli*, dem so wichtigen Abwehrspieler, der im Viertelfinale gegen Jugoslawien zweimal auf der Torlinie gerettet hatte. Der Verteidiger aus Kaiserslautern kam am wenigsten mit dem Titelgewinn zurecht, er ignorierte die Warnung des bescheidenen und bodenständigen Fritz Walter, dass der »Lebenskampf wichtiger sei als der Fußballkampf«. Womit der Weltmeister-Kapitän meinte, man solle angesichts des Triumphs nicht übermütig werden und den Boden unter den Füßen verlieren. Genauso aber war es bei Kohlmeyer, der zu trinken begann und dessen Leben aus den Fugen geriet. In den Sechzigerjahren wurde er von seiner Frau und den drei Kindern verlassen, er wurde erst als Lohnbuchhalter wegen seines Alkoholismus gefeuert, dann setzte er ein Sportgeschäft in den Sand, und zum Schluss saß er, als er wieder bei seiner Mutter lebte, als Pförtner am Hintereingang eines Mainzer Verlags. 1974 starb der Kohli mit nur 49 Jahren an Herzversagen.

Ob der Sieg von Wankdorf wirklich als die eigentliche Geburtsstunde der Bundesrepublik Deutschland bezeichnet werden darf, wie es so oft in zugespitzter Überhöhung dargestellt wird? Das 3:2 in Bern passte jedenfalls sehr gut in diese Zeit, als die Kriegsfolgen in den Städten noch immer sichtbar waren, als mit Wachstum und Wirtschaftswunder Mitte der 1950er-Jahre allmählich aber auch

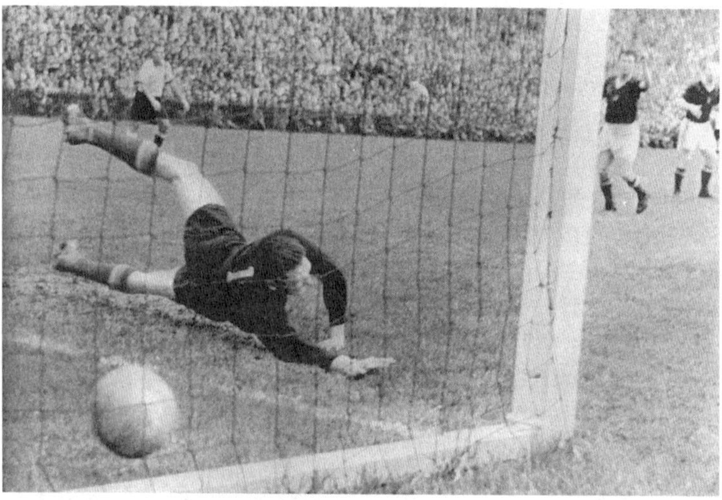

Ungarns Torwart Gyula Grosics streckt sich vergebens, der Ball schlägt ein zum 3:2 für Deutschland. Nicht im Bild: Torschütze Rahn. Er schoss aus dem Hintergrund.

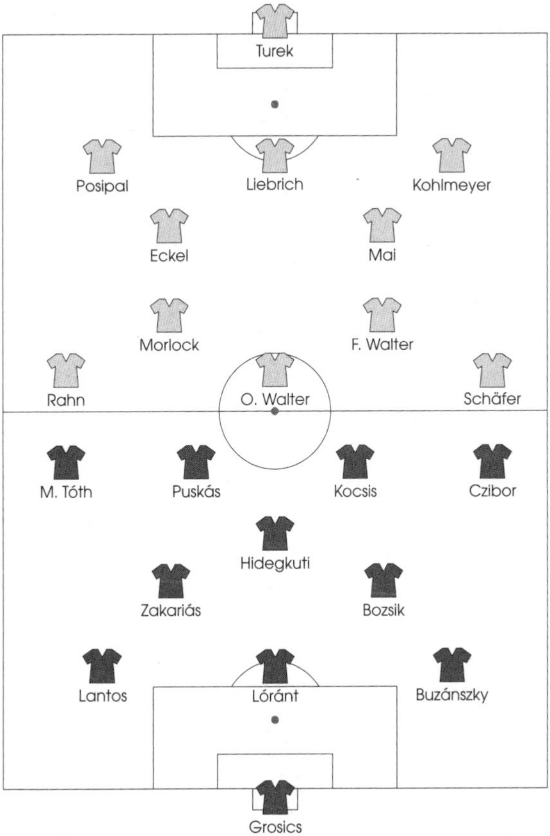

Startaufstellung Deutschland (oben) gegen Ungarn (unten), WM-Finale 1954

Wohlstand, Lebensqualität und Lebensfreude einkehrten und als bald auch die letzten Kriegsgefangenen aus der Sowjetunion zurückgekehrt waren. Im Ausland blickte man eher skeptisch auf den WM-Triumph von Bern. Gerade das Singen der ersten Strophe am Finaltag sorgte für Ängste, in Deutschland könne nun wieder ein revanchistisch-nationalistischer Ungeist geweckt werden.

Als zwei Wochen nach dem Sieg Theodor Heuss der Mannschaft bei einer feierlichen Ehrung im Berliner Olympiastadion das Silberne Lorbeerblatt überreichte und die Nationalhymne angestimmt werden sollte, las der Bundespräsident den 80 000 auf den Rängen vorab sicherheitshalber noch einmal den Text der dritten Strophe vor.

Für die Menschen in Ungarn hingegen wurde die Finalniederlage zur nationalen Tragödie. Nach dem Abpfiff entluden sich Trauer, Wut und Zorn auf den Straßen von Budapest. Zerstörte Schaufenster, eine umgekippte Straßenbahn, und als Trainer Gusztáv Sebes aus der Schweiz nach Hause kam, war seine Wohnung vom Mob verwüstet. Die Ausschreitungen der auch durch die politischen Umstände der harten KP-Diktatur erzürnten Massen waren ein Ventil für die aufgestaute Unzufriedenheit im Land und bildeten den Anfang einer unruhigen Zeit, die zwei Jahre später im Volksaufstand mündete. Torwart Gyula Grosics meinte einmal: »Ohne die Niederlage von '54 hätte es 1956 nicht gegeben.«

Mit dem Aufstand endete auch die Ära der *Goldenen Elf*, die nach dem Endspiel von Bern weitere 18 Mal in Serie ungeschlagen blieb. Ferenc Puskás, der mit Honved Budapest während der Revolution gerade auf Spanien-Tournee war, setzte sich wie viele andere Spieler ins Ausland ab, später wurde er ein gefeierter Star bei Real Madrid. Die Schmach von 1954 verfolgte ihn bis zuletzt, so wie alle anderen seiner Mannschaftskollegen.

Jenő Buzánszky sagte später, er habe am 4. Juli 1954 das letzte Mal in seinem Leben geweint. Danach nie mehr, nicht einmal bei den Beerdigungen seiner Mutter und seines Vaters. Trainer Sebes starb 1986. Es wird die Geschichte erzählt, dass er in der letzten Phase seines Lebens nicht mehr sprechen konnte, kurz vor seinem Tod seinem Freund György Szepesi aber am Sterbebett noch einmal einen letzten Satz ins Ohr flüsterte: »Wir haben verloren.«

Sie konnte nie verheilen. Die Wunde von Bern.

AUCH DAS NOCH WAS SIE SONST ÜBER DIE WM 1954 UNBEDINGT WISSEN MÜSSEN

3 Tage zu spät zur WM-Vorbereitung in die Sportschule Grünwald stieß Ottmar Walter. Der Stürmer musste erst noch einen Ersatzmann finden, der während seiner Abwesenheit seine Tankstelle in Kaiserslautern betreut.

4,16 Tore pro Spiel erzielte die deutsche Mannschaft pro Spiel im Schnitt. So viel wie bis heute kein anderer Weltmeister.

6 Spiele bestritt Deutschland auf dem Weg zum Titel: gegen Ungarn und die Türkei (je zwei), Jugoslawien und Österreich – das einzige Mal in der Geschichte, dass eine Nation Weltmeister wurde, die nur gegen Mannschaften des eigenen Kontinents spielte.

12 Tore fielen im Viertelfinale beim 7:5 zwischen Österreich und der Schweiz. Bis heute die torreichste WM-Partie der Geschichte.

16 Gegentore kassierte Debütant Südkorea in seinen beiden Spielen (0:9 gegen Ungarn, 0:7 gegen die Türkei). So viel wie bis heute keine andere Nation während eines WM-Turniers.

27 Tore erzielte Ungarn während des Turniers. Mit einem Schnitt von 5,4 Treffern pro Spiel die beste Quote einer Mannschaft in der WM-Historie.

63 Jahre nach dem WM-Triumph erhielt die Heimspielstätte des 1. FC Nürnberg den Namen Max-Morlock-Stadion. 24 Jahre hatte Morlock von 1940 bis 1964 für den Club gespielt, auch nach seiner Karriere blieb er als Inhaber einer Lotto-Annahmestelle seiner Heimatstadt treu. 1994 starb er mit 69 Jahren an Krebs.

1280 Mark Titelprämie erhielt jeder der Weltmeister vom DFB. Dazu spendierte die Dingolfinger Firma Glas jedem Endspiel-Teilnehmer einen Goggomobil-Kleinwagen. Saba, Telefunken, Blaupunkt und Grundig stifteten Fernsehgeräte. Und von Maggi gab es einen Geschenkkorb.

40 000 Liter Bier flossen am Abend des 6. Juli beim Empfang der Weltmeister im Münchner Löwenbräukeller. Für das Festessen geschlachtet wurden zwölf Schweine, zehn Kälber und eine Handvoll Rinder.

41 285 km² beträgt die Fläche der Schweiz. Damit war das Land 68 Jahre lang kleinste Ausrichternation einer WM. Bis Katar 2022 (11 627 km²).

DIE SPIELSYSTEME

Vom 1-0-9 über 2-3-5 bis 4-2-4 zur Doppel-Sechs: Wie Taktikstrategen das moderne Fußballspiel prägten. Von Schottischen Furchen und Schweizer Riegeln, von totalem Fußball, grausigem Catenaccio und mitreißendem Tiki-Taka. Was Sepp Herberger in englischen Jahrbüchern lernte. Welcher junge Trainer an der Magnettafel von Staubsaugern und Scheibenwischern dozierte. Und warum ein europäischer Spitzenklub seit mehr als 60 Jahren vergeblich gegen den Fluch seines alten Trainers kämpft.

Charlie Buchan war außer sich vor Wut – der 34-jährige Mittelstürmer, der schon leicht gealterte Neuzugang, der zu Saisonbeginn für die Ablösesumme von 2000 Pfund zum FC Arsenal gewechselt war. 14 Jahre hatte er zuvor für den AFC Sunderland gespielt, und nun verlor er mit seinem neuen Klub an diesem ungemütlichen Herbsttag 1925 mit 0:7 bei Newcastle United. Ausgerechnet Newcastle, Sunderlands Nachbar und großer Lokalrivale.

Dass er nach dem noch so überzeugenden 4:1 gegen Leeds United eine Woche zuvor auf dieses ewige Auf und Ab keine Lust mehr habe, auf eine planlos und chaotisch unstrukturierte Mannschaft, darauf, dass alles nur Zufall sei, schimpfte Buchan nach der Pleite am River Tyne. Und wenn sich Arsenals Trainer Herbert Chapman nicht schnell eine neue Grundordnung auf dem Platz einfallen lasse und die Spielweise nicht endlich komplett neu überdenke, dann bleibe er am liebsten gleich in seiner alten Heimat.

So darf das Debakel der *Gunners* im englischen Nordosten an diesem 3. Oktober 1925 durchaus als ein wegweisender Tag für die Entwicklung des modernen Fußballs klassifiziert werden. Denn zusammen mit seinem Routinier Charlie Buchan machte sich Herbert Chapman nun daran, ein völlig neues Spielsystem zu gestalten, das sogenannte WM-System.

Ganz am Anfang war es auf den Fußballfeldern in England wie

auch auf dem Kontinent recht wild zugegangen, mehr wie auf einem Bolzplatz oder beim Kick auf dem Pausenhof, wo jeder Stürmer sein mag, aber keiner Verteidiger. Und der Dicke geht ins Tor.

Bevor sich 1863 mit der englischen Football Association (FA) der weltweit erste nationale Fußballverband gründete, war Fußball eben eine recht anarchische Angelegenheit. Weder gab es eine einheitliche Größe der Tore noch eine festgeschriebene Anzahl an Mitspielern. Als die FA mit der Gründung dann das erste Regelwerk formulierte, besagte ein Grundsatz, dass bei einem Zuspiel niemand aus der eigenen Mannschaft näher am gegnerischen Tor sein durfte als der zuletzt ballführende Spieler. Hieß also: Der Ball musste beim Pass – ähnlich wie beim Rugby – immer zurückgespielt werden. Die Folge: Bei einem Angriff stürmten neun Mann nach vorne und schoben den Ball immer zum schräg hinten postierten Mitspieler. Hinten sicherten ein Verteidiger und der Torwart ab. Man nannte dies das 1-0-9-System.

Nach nur drei Jahren besserte die FA 1866 nach und erlaubte Zuspiele nach vorne. Standen bei der Ballabgabe zwischen Torlinie und vorderstem Angreifer mindestens drei Verteidiger, war der Stürmer nicht im Abseits. Hatte der Angreifer nur noch zwei oder weniger Gegenspieler vor sich, dann schon.

Zur Stabilisierung der Abwehr änderte sich daher auch das Spielsystem, beim ersten offiziellen Länderspiel vor 4000 Zuschauern im *West of Scotland Cricket Ground* in Glasgow zwischen England und Schottland 1872 trat England im 1-2-7-System an. Schottland spielte 2-2-6. Die Begegnung endete 0:0.

Ab den 1880er-Jahren etablierte sich für viele Jahrzehnte die erste wirklich langfristige Grundordnung, das 2-3-5-System, eine Pyramidenform, auch *The Scottish Furrow* genannt. Die Schottische Furche war das Standardsystem, bis 1925 die Abseitsregel für ein attraktiveres Offensivspiel erneut angepasst wurde: Ein Angreifer stand demnach ab sofort nicht im Abseits, wenn er im Moment der Ballabgabe durch den Mitspieler nur noch zwei Gegenspieler (inklusive Torwart) vor sich hatte. Abseits war dann bei nur noch einem Gegenspieler.

Diese Änderung war neben der fehlenden Konstanz seiner Mannschaft – wie bei der Pleite in Newcastle ersichtlich – der ausschlaggebende Grund, dass Herbert Chapman bei Arsenal nun eine ganz neue Ordnung auf den Platz brachte. Das sogenannte WM-System, was nichts mit der fünf Jahre später in Uruguay erstmals stattfindenden Weltmeisterschaft zu tun hatte. Es bedeutete vielmehr, dass die Angriffslinie jenseits der Mittellinie die Form eines W bildete. Und die Defensivreihe den Buchstaben M. Konkret: In der Sturmreihe ein Mittelstürmer, neben ihm links und rechts die Außenstürmer. Dahinter etwas zentraler eingerückt die nicht mehr ganz so bedingungslos offensiven Halbstürmer.

Die beiden oberen Zacken des M bildeten die sogenannten Außenläufer im Mittelfeld, sie waren zusammen mit den Außenstürmern vor ihnen das Bindeglied zwischen Abwehr und Angriff. In der hintersten Reihe standen dann der zurückgezogene Mittelläufer, der Prototyp des späteren Libero, links und rechts dann zwei Außenverteidiger. Kurzum, ein 3-2-2-3-System.

Mit seinem revolutionären, defensiv ausgerichteten und viel ergebnisorientierteren Spielsystem legte der Visionär Chapman, der unter anderem auch die Umbenennung der U-Bahn-Haltestelle *Gillespie Road* am Stadion Highbury in *Arsenal* durchsetzte, den Grundstein für eine große Erfolgsära seines Klubs. 1930 führte er Arsenal zum ersten Sieg im FA-Cup, 1931 und 1933 zu den ersten beiden Meisterschaften einer Londoner Mannschaft überhaupt. Nach Chapmans plötzlichen Tod Anfang 1934 (er starb mit nur 55 Jahren an einer Lungenentzündung) holte Arsenal bis 1938 drei weitere Meistertitel und noch einen FA-Cup.

Auch international setzte sich das WM-System immer mehr durch, und gerade Sepp Herberger studierte Chapmans Spielidee ausgiebig und intensiv in englischen Fußballjahrbüchern. Der Historiker Markwart Herzog schilderte einmal den Spielsystemstreit zwischen Herberger und dem bayerischen NS-Sportbereichsführer Karl Oberhuber, dem das WM-System der Reichself zu sehr auf Zweckfußball ausgerichtet war und der die Spielweise »durch die

Jahre des Pazifismus der vergangenen und überwundenen Systemzeit vor 1933« geprägt sah. Der Konflikt drohte zu eskalieren, als Herberger 1941 durch den sich zuspitzenden Streit gar vor der Ablösung als Reichstrainer stand.

Herberger blieb und hielt am WM-System fest. So auch im WM-Finale 1954. Hinten von links nach rechts: Kohlmeyer, Liebrich, Posipal. Davor: Mai, Eckel. Halbstürmer: Fritz Walter, Morlock. Vorne: Schäfer, Ottmar Walter, Rahn. Genau die richtige Strategie gegen die viel offensiver ausgerichteten Ungarn, die in ihrer Spielphilosophie das WM-System leicht zu einem 3-2-1-4 modifiziert hatten, in dem sie, wie schon beim legendären 6:3 gegen England im November 1953, Mittelstürmer Hidegkuti als Spielgestalter und Ballverteiler bis in die eigene Hälfte zurückzogen. Wodurch die beiden Halbstürmer Puskás und Kocsis vorne noch viel mehr Platz für ihre Angriffsaktionen hatten, sehr zur kompletten Verwirrung einer englischen Abwehr um den völlig orientierungslosen Mittelläufer Johnston, der als Manndecker immer auf der Suche nach Hidegkuti unterwegs war und damit riesige Lücken in die eigene Abwehr riss.

Auf der Tribüne in Wembley saß damals auch Sepp Herberger, der sich ein gutes halbes Jahr später an jenen denkwürdigen Tag erinnerte. So wies er im Finale seinen defensiven Mittelläufer Liebrich zum festen Verharren auf seiner Position an und beorderte stattdessen den rechten Außenläufer Eckel zur Manndeckung des ungarischen Mittelstürmers Hidegkuti.

Der erste WM-Titel einer DFB-Auswahl markierte aber gleichzeitig auch den Abschied vom Zeitalter des Chapman-Systems. Was in London-Highbury begann, endete nun in Bern-Wankdorf. Denn ab 1958 etablierte die neue Fußballweltmacht Brasilien um den 17-jährigen Pelé das neue 4-2-4-System, die Weiterentwicklung des ungarischen 3-2-1-4.

Ein wichtiger Wegbereiter dafür war Béla Guttmann, der 1957 als Trainer von Honvéd Budapest zum FC São Paulo wechselte, der Mannschaft das ungarische Spielsystem verinnerlichte und den Klub damit prompt zur Meisterschaft führte. Seine größten Erfolge feierte

Guttmann später bei Benfica Lissabon mit zwei Triumphen im Europapokal der Landesmeister 1961 und 1962. Nette Episode am Rande: Als sich Guttmann unmittelbar nach dem zweiten Triumph wegen einer versprochenen, aber nicht eingehaltenen Gehaltserhöhung mit dem Klubvorstand überwarf und den Verein im Groll verließ, prophezeite er, Benfica werde »in Europa in 100 Jahren keinen Titel mehr gewinnen«. Zumindest für die ersten 60 Jahre sollte er damit recht behalten. Seit 1962 erreichte Benfica acht Europacup-Endspiele und gewann kein einziges. Vor dem Landesmeisterfinale 1990 im Wiener Praterstadion besuchte der von Guttmann einst entdeckte Superstar Eusébio den Zentralfriedhof und bat dort am Grab seinen 1981 in Wien verstorbenen Ziehvater, er möge den Klub vom Fluch befreien. Vergeblich. Der AC Mailand gewann 1:0.

Damals, 1957 in São Paulo, hatte Guttmann jedenfalls einen sehr wissbegierigen Assistenten, einen gewissen Vincente Feola, der ein Jahr später die Nationalmannschaft übernahm und die *Seleção* in Schweden zum ersten Titel führte. Die wesentlichen Neuerungen im brasilianischen System des 4-2-4 waren die Abkehr von der Manndeckung hin zur Raumdeckung sowie das wegweisende und noch heute gültige Konzept, wonach im eigenen Ballbesitz alle Spieler, auch die Verteidiger, offensiv agieren, vor allem auf den Flügeln die Außenverteidiger. Ist der Ball beim Gegner, arbeiten alle nach hinten, also auch die Stürmer.

Den kompletten und für die Freunde des schönen Spiels recht ernüchternden Gegensatz dazu bildete ab den 1960er-Jahren die italienische Schule des Catenaccio (»Türriegel«), dessen Anfänge in den 1930er-Jahren lagen: Im *Schweizer Riegel*, den der Österreicher Karl Rappan als Klubtrainer in Genf und Zürich sowie bei der Schweizer Nationalmannschaft als zermürbendes Defensivkonzept einführte. Die Halbstürmer des WM-Systems zogen sich ins Mittelfeld zurück, die Außenstürmer wurden zu Außenverteidigern. Die beiden Innenverteidiger postierten sich hintereinander, und siehe da: Es gab den ersten Libero.

Perfektioniert wurde das System freilich durch den Catenaccio-

Papst Helenio Herrera (siehe auch WM 1962), der in den 1960er-Jahren mit Inter Mailand drei Meistertitel in der Serie A sowie zwei europäische Landesmeisterpokale gewann. Herreras Kerngedanke war, dass es nicht mehr darum ging, mehr Tore als der Gegner zu erzielen, sondern einfach weniger zu kassieren: Dass »alles Gerede von Schönspielerei nichts als Geschwätz« sei, sagte er einmal, und dass »der moderne Fußball von Verteidigern geprägt ist, die eisern bei ihrem Mann bleiben«. Entscheidend war, durch eine dichte Staffelung zwischen vier Mittelfeldspielern und vier Verteidigern den Offensivfluss des Gegners zu unterbinden, ihn sich gar nicht erst entfalten zu lassen. Selbst angreifen sollte man demnach nur, wenn sich die Möglichkeit zu einem erfolgversprechenden Konter ergab. Ansonsten alle Mann zurück. Ein *Calcio cinico*.

Im in Italien über Jahrzehnte kultivierten und international gefürchteten wie auch geächteten Catenaccio setzte sich die Position des Libero endgültig durch, eines Abwehrspielers, der nicht als Manndecker fungierte, sondern eben hinten stand und nur hinten. Und der nicht wie später Franz Beckenbauer oder Lothar Matthäus in einer fortschrittlicheren Interpretation auch als Spielmacher bis ins offensive Mittelfeld aufrückte.

Der Catenaccio prägte den Fußball ein gutes Jahrzehnt, bis der 31. Mai 1972 einen Wendepunkt markierte, als es im Landesmeisterfinale zwischen Inter Mailand und Ajax Amsterdam zum Kampf der Systeme kam – als beim 2:0 von Ajax das mitreißende Angriffsspiel der Niederländer über Inters unansehnlichen Defensivkick siegte. Vom »Tod des Catenaccio« war die Rede und vom »Triumph des totalen Fußballs«. Dem *Totaalvoetbal*.

Der Grundgedanke der von Rinus Michels seit 1965 bei Ajax entwickelten Philosophie: Jeder kann alles. In der Grundaufstellung ein 4-3-3, in dem die Spieler aber nicht starr an ihren Positionen festhalten, sondern je nach Spielaktion flexibel reagieren sollten. Stürmte etwa ein Verteidiger nach vorne, übernahm ein Mittelfeldspieler hinten seine Rolle als Abwehrspieler. Ruud Krol, der Vizeweltmeister von 1974, sagte dazu einmal: »Wenn ich als linker Verteidiger 70 Meter die Außenbahn hochlaufe, ist es nicht gut, wenn ich unmittelbar darauf die 70 Meter wieder zurücklegen muss, um meine Ausgangsposition wieder einzunehmen. Aber wenn der linke Mittelfeldspieler meine Position übernimmt und der linke Flügelstürmer die des linken Mittelfeldspielers, dann verkürzen sich die Distanzen.« Dass permanente Rotation den Gegner irritierte, war dabei ein wirksamer Nebeneffekt, zudem wurde der Gegner bei Ballbesitz früh attackiert.

So gab es große Parallelen zwischen 1974 und 1954. Wie die Ungarn standen nun auch die Holländer für erfrischenden Offensivfußball, und am Ende gewannen immer die Deutschen. Auch weil Helmut Schön Berti Vogts auf den genialen Johan Cruyff ansetzte so wie Herberger einst Eckel auf Hidegkuti. Ansonsten ließ auch Schön in München 4-3-3 mit Libero spielen, in der Umsetzung nur positionsgetreuer und nicht ganz so radikal.

Letztlich fristete die schöne Idee des totalen Fußballs auch nur ein besseres Nischendasein, ohne sich in den Achtzigern und Neunzigern wirklich als globaler Marktführer der Spielsysteme zu behaupten. Ausnahmen gab es durch Protagonisten wie Ernst Happel, der dank seiner Erfahrung als niederländischer Klub- und Nationaltrainer mit einem spielfreudigen Hamburger SV den Europapokal der Landesmeister holte. Oder Walerij Lobanowskyj, der knittrige Schweiger aus Kiew, der einst bei Hennes Weisweiler in Mönchengladbach hospitierte und schon in den 1970er-Jahren Computer so groß wie Kleiderschränke mit Zahlen speiste und riesige Datenbanken anlegte. Die so wundervoll aufspielende sowjetische Nationalmannschaft, die er 1988 ins EM-Finale gegen die Niederlande führte, war sein Werk.

Ansonsten regierte in jener Zeit doch wieder eher die Vorsicht, das 3-5-2 machte Schule, mit zwei aufrückenden defensiven Außenspielern, die sich sehr schnell aber wieder nach hinten zum 5-3-2 zurückziehen konnten. So auch im WM-Finale 1990 in Rom. Augenthaler als Libero, schräg vor ihm Kohler und Buchwald. Draußen links Brehme, rechts Berthold. Mittelfeld: Littbarski, Matthäus, Häßler, vorne: Klinsmann, Völler.

Bemerkenswert, dass sich in jenen Jahren ausgerechnet im Land des Catenaccio die bis heute wohl letzte wirklich bahnbrechende Entwicklung tat. Mit Arrigo Sacchi, der als Trainer des AC Mailand den Libero abschaffte und die Viererkette einführte. Rund um seine drei fulminanten Niederländer Rijkaard, Gullit und van Basten hatte er mit der Inspiration des totalen Fußballs das richtige Personal für sein erfolgreiches 4-4-2. Neu wurde der Begriff des ballorientierten Spiels, bei Ballbesitz des Gegners sollte damit der ballführende Spieler aggressiv attackiert werden. Auch hier sollten sich die Stürmer wieder mit in die Defensive einschalten, der Abstand zwischen den Reihen der Abwehr und des Angriffs sollte nie mehr als 25 Meter betragen.

Mit diesem System setzte Sacchi neue Maßstäbe, zwischen 1988 und 1994 gewann Milan vier italienische Meisterschaften und dreimal den Landesmeisterpokal, der ab 1992 Champions League hieß.

Das Spiel mit der Viererkette machte Schule, es gibt auf *YouTube* einen wunderbaren Mitschnitt des *ZDF-Sportstudio* von 1998, in dem sich ein etwas entgeisterter Michael Steinbrecher vom Trainer des zu jener Zeit furios aufspielenden Zweitliga-Aufsteigers SSV Ulm 1846 mit Magnetplättchen an einer Taktiktafel das Spiel mit Viererkette und Pressing erklären lässt. »Die ballnahe Spitze Nummer 11 ist gefordert, in Richtung Ball sich zu verschieben«, monologisierte der junge Fußballlehrer, »die 3 schiebt vor, muss das Vakuum schließen hinter der 8.« Es ging um »extrem ausgeprägtes Pressing«, »Rückendeckung« und »Tiefenstaffelung«. Es hörte sich vieles neu an, was Ralf Rangnick da so sagte.

Auf der Tafel war im Mittelkreis auch eine gelbe Scheibe positioniert, die Rangnick als »Staubsauger« und auch als »Scheibenwischer« definierte. Die Nummer 6, die mittlerweile als Schlüsselposition in die Spielsysteme der Gegenwart Einzug gehalten hat. Alleine oder auch zu zweit, dann als Doppel-Sechs.

Ende der Nuller-, Anfang der Zehnerjahre dominierte das Tiki-Taka, das 4-1-4-1, wahlweise auch 4-2-3-1 oder 4-3-3 des FC Barcelona und der spanischen Nationalmannschaft. Schnelles Kurzpassspiel, aufgezogen von Busquets auf der Sechs allein oder zusammen mit Xabi Alonso, davor das kongeniale Gespann Xavi und Iniesta. Ein wesentlicher Faktor war der Ballbesitzfußball, an dem sich auch Jogi Löw bei der WM 2014 orientierte, aber nicht mehr ganz so dogmatisch festklammerte wie etwa Pep Guardiola, der in seiner Zeit beim FC Bayern auch nie den Titel in der Champions League gewinnen konnte.

Löw fand im WM-Finale gegen Argentinien mit seinem 4-3-3, das man mit Schweinsteiger als Sechser auch als 4-1-4-1 lesen konnte, genau immer mehr die richtige Balance aus Ballbesitz- und Umschaltspiel, wenn man nach Balleroberungen durch Gegenpressing schnell die offenen Räume eines unsortierten Gegners bespielte.

Das klassische 4-2-3-1 praktizierte wiederum Frankreich im WM-Finale gegen Kroatien 2018. Mit Kanté und Pogba als souveräne Doppel-Sechs, als Defensivstabilisatoren so wie auch als Spielgestalter nach vorne.

2021 kam Julian Nagelsmann zum FC Bayern, und wer etwas über Taktik und Spielsysteme der Jetztzeit erfahren wollte, der war bei der Sendung *Decoded* auf DAZN sehr gut aufgehoben. Nagelsmann schob – man konnte kaum mit den Augen folgen – so wieselflink Plättchen über einen Steintisch, als habe er in seinem früheren Leben Hütchenspieler gelernt. An einem sehr flachen Bildschirm sprach er dann über noch viel flachere Viererketten, spulte Szenen vor und zurück, zeichnete weiße Linien ein. Er erzählte von gebundenen Mittelfeldspielern, einer Gestaltung der Boxbesetzung, über asymmetrische Linksverteidiger und einen tiefziehenden Thomas Müller. Als Experte im September 2021 mit dabei war übrigens Ralf Rangnick, der natürlich längst nicht mehr Trainer in Ulm war, dafür bald darauf bei Manchester United und wenig später bei der österreichischen Nationalmannschaft. Klang alles hochinteressant und faszinierend.

Dass die große Fachkenntnis nicht immer zum Erfolg führt, zeigte sich bald nach der Aufzeichnung der Sendung, in der 2. Runde des DFB-Pokals – als der FC Bayern bei Borussia Mönchengladbach 0:5 verlor. Fast so hoch wie Arsenal einst bei Newcastle.

1958
IN SCHWEDEN

Nach zahlreichen Niederlagen reist der Titelverteidiger ohne große Erwartung nach Schweden. Sepp Herberger reaktiviert Fritz Walter und Helmut Rahn, wird aber schon als ausgedienter Großvater milde belächelt. Das aufgeheizte Halbfinale gegen den Gastgeber hat Folgen. Brasilien ist mit dem ersten WM-Titel endlich am Ziel – und hat mit einem 17-jährigen Wundertalent einen neuen Weltstar.

Am Tag nach dem WM-Halbfinale von Göteborg fuhr ein Urlauber in Hamburg an eine Tankstelle. Benzin bekam er keines. Wegen seines schwedischen Kennzeichens. In Verden in Niedersachsen lud der Inhaber eines Musikklubs das Stockholmer Lars-Lindström-Sextett wieder aus, und zwar »aufgrund der Vorfälle bei den Weltmeisterschaften«. Beim Reitturnier in Aachen zerrissen Unbekannte die gelb-blaue Flagge am Fahnenmast, nebenan am Mannschaftshotel zerstach man Autoreifen schwedischer Fahrzeuge.

Deutsche Gastwirte strichen die *Schwedenplatte* von der Speisekarte. Und ein Etablissement auf der Reeperbahn verweigerte Freiern mit schwedischem Pass den Zutritt. In der Bundesrepublik und im Bordell: Gern gesehene Gäste waren die Schweden nicht mehr, nach der 1:3-Niederlage der deutschen Nationalmannschaft, nach dem Aus des Titelverteidigers in einem hart umkämpften Halbfinale gegen den WM-Gastgeber. Nach der *Schlacht von Göteborg.*

Man wähnte sich in Deutschland um den Sieg betrogen, um den erneuten Einzug ins Finale. Man fühlte sich unfair behandelt durch

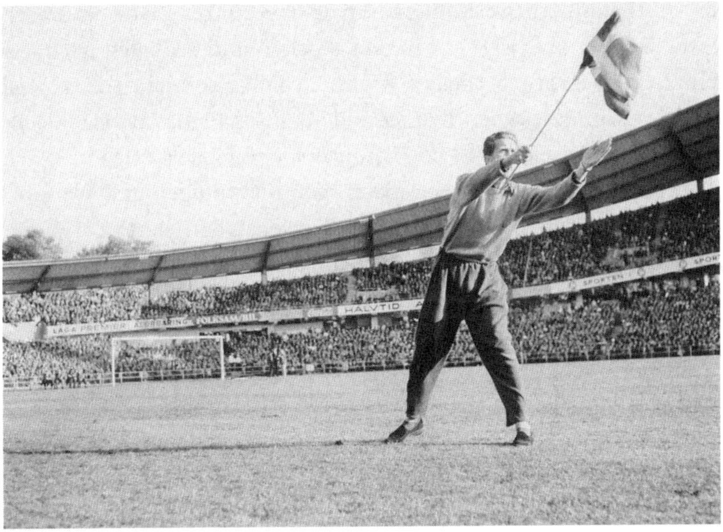

Heja Sverige: Vor dem Halbfinale gegen Deutschland brachten Einpeitscher mit Fahnen das Publikum im Ullevi-Stadion von Göteborg schon mal ganz gut in Stimmung.

die feindselige Atmosphäre im Ullevi-Stadion, wo Einpeitscher das Publikum über Stadionlautsprecher anheizten. Man fühlte sich benachteiligt durch den Schiedsrichter, der den Verteidiger Erich Juskowiak nach einer Stunde vom Platz stellte, und mäkelte, das hätte man sich ja denken können. Der Unparteiische István Zsolt war nämlich ein Ungar. Und der Platzverweis war vier Jahre nach 1954 ganz einfach die späte Rache für Bern. Man fabulierte sich so seine Verschwörungstheorie zusammen.

Dabei war es ja schon ein beachtlicher Erfolg, dass Herberger mit seiner Truppe überhaupt das Halbfinale erreicht hatte. Schließlich hatte sich nach dem Triumph in der Schweiz recht schnell ziemliche Ernüchterung eingestellt, mit der Euphorie um die erst noch so umjubelten Weltmeister war es bald dahin.

Nur wenig war noch zu spüren von der Einheit dieser so verschworenen Gemeinschaft, und sosehr man auch das Loblied auf die unerschütterliche Kameradschaft angestimmt hatte, so rasch löste sich der *Geist von Spiez* in den Wochen und Monaten nach der Finalsensation gegen Ungarn wieder in Luft auf, nicht zuletzt weil sich das Klima zwischen Trainer und Mannschaft massiv verschlechterte. Vielen Spielern, die den Erfolg erst einmal auskosten und sich feiern lassen wollten, gingen die ewigen Mahnungen und Warnungen ihres knorrigen Trainers auf die Nerven. Überliefert ist etwa der Moment von der Siegesfeier im Münchner Löwenbräukeller zwei Tage nach Bern, als sich Hans Schäfer gerade den nächsten Maßkrug reichen ließ und Herberger als Spaßbremse intervenierte: »Hans, trinken Sie nicht so viel. In acht Wochen haben wir ein schweres Spiel gegen Belgien.«

Vor allem aber das Verhältnis zwischen Herberger und Fritz Walter, seinem WM-Kapitän und Lieblingsschüler, kühlte bald ab. Walter war plötzlich ein gefragter Mann für Interviews, Autogrammstunden und PR-Termine, sogar ein letztlich vom DFB untersagtes Filmprojekt als Held von Bern stand zur Debatte. Wie frostig das Klima wurde, zeigte sich in einem Brief vom August 1954, keine zwei Monate nach Bern, als Herberger Walter Amnesie unterstellte, weil der zu einem vereinbarten Treffen in Ludwigshafen nicht erschienen war: »Lieber Fritz, sagen Sie mal, ist mit Ihrem Gedächtnis etwas nicht in Ordnung …?«

Ihren Tiefpunkt erreichte die Beziehung, als sich Walter für das besagte Länderspiel im September in Brüssel mit einer Krankmeldung auf die Tribüne setzte und zwei Tage später mit dem 1. FC Kaiserslautern ein Spiel gegen Standard Lüttich bestritt. Immer skeptischer wurde Herberger dabei auch gegenüber Walters Ehefrau Italia, der er vor der WM in der Schweiz noch wegen ihrer Fürsorge für seinen sensiblen Friedrich so gedankt hatte und in der er nun einen entscheidenden Grund dafür sah, dass Fritz Walter immer mehr den Fokus verlor – und dass ihm die Nationalmannschaft immer unwichtiger wurde.

Ob Walter in den kommenden Jahren mal für die Nationalelf spielte oder auch mal nicht, war nicht von Bedeutung. Denn so oder so setzte es meist Niederlagen. In 17 Länderspielen bis Ende 1956 ging man bei nur vier Siegen zwölf Mal als Verlierer vom Platz. So auch beim historischen Spiel im August 1955, das weniger einen sportlichen als vielmehr einen großen politischen Wert besaß. Das Gastspiel in Moskau, zehn Jahre nach Kriegsende die erste Begegnung gegen die Sowjetunion. Eine Partie, die einer Einladung des sowjetischen Verbandes an den DFB folgte und die im Vorfeld für viel Wirbel und zunächst große Ablehnung in der Bundesrepublik gesorgt hatte. Im nicht eingeweihten Auswärtigen Amt herrschte »helles Entsetzen« über die Pläne des DFB, man fürchtete in diesen Anfangsjahren des Kalten Krieges eine propagandistische Ausschlachtung durch die Sowjetführung unter ihrem neuen Parteichef Nikita Chruschtschow. RIAS Berlin, der Sender im amerikanischen Sektor der geteilten Stadt, verweigerte sich einer Live-Übertragung des Spiels.

Am Ende wurde die Reise zu einem überwältigenden Erfolg. Einem herzlichen Empfang am Flughafen folgte die wohlwollende Aufnahme der deutschen Kicker durch das begeistert applaudierende Publikum im Dynamo-Stadion der Hauptstadt, vor Anpfiff tauschte man Blumensträuße. Mochte Herbergers Mannschaft auch 2:3 verlieren, für die Diplomatie und das Verhältnis beider Staaten war diese Begegnung ein überwältigender Triumph: das Präludium zu Adenauers Moskau-Besuch keine drei Wochen später, bei der der Kanzler die Heimkehr der letzten 10 000 Kriegsgefangenen aus den sowjetischen Lagern erwirkte.

Für Fritz Walter, den nur zehn Jahre zuvor seine Bekanntheit als Fußballer bei einem rumänischen Lagerkommandanten vor der sowjetischen Gefangenschaft bewahrte, wurde das Spiel in Moskau ein besonderes Spiel. Denn obgleich er nicht nur wegen seines Tores zum 1:1 zu den besseren deutschen Spielern auf dem Platz zählte, wurden die Zweifel über seine Zukunft in der Nationalmannschaft immer größer. Im November 1956, nach einem 1:3 gegen die Schweiz, erklärte Walter seinen Rücktritt – unwiderruflich, wie es schien. Der alte Fritz war nun 36. Er hatte genug, auch von Sepp Herberger. Zumindest vorerst.

Im Juli 1957 fuhr Fritz Walter zu einem Lehrgang zur Trainerlizenz in die Sportschule Duisburg-Wedau, er wollte sich allmählich auf das Leben nach der aktiven Karriere vorbereiten. Nach dem Unterricht traf man sich jeden Tag noch zu einem gemütlichen Feierabendkick in der Sporthalle, zu einem Spiel vier gegen vier, die einen waren dabei immer Deutschland, die anderen die Ungarn. Was dabei alle Beteiligten erstaunte, allen voran den Herberger-Assistenten und späteren Trainer des FC Bayern, Dettmar Cramer, war die körperliche Fitness von Fritz Walter, der allabendlich zu Höchstform auflief und wieder Spaß am Fußball hatte. In einem Brief an Herberger schrieb Cramer: »So großartig, wie der Fritz jetzt spielt, spielt in Deutschland kein Mensch.«

Herberger zögerte nicht lange, fuhr unangekündigt nach Duisburg und beobachtete, von Walter unbemerkt, von der Galerie aus seinen alten Schützling, dem er danach, so erzählt es die Herberger-Biografie von Jürgen Leinemann, freudig in die Arme fiel. »Fritz, ich habe Sie gesehen, Sie sind wieder fit. Ich denke, ich werde Sie wieder brauchen können.«

Eine dem Vernehmen nach also recht rührselige Wiedervereinigung, die beiden hatten sich wieder gefunden, zwei Menschen, die sich nun schon fast zwei Jahrzehnte kannten und die eine so enge Bindung entwickelten wie danach wohl nie mehr ein Bundestrainer und ein Kapitän einer deutschen Nationalmannschaft.

Im März 1958 feierte Walter in Frankfurt beim 2:0 gegen Spanien sein Comeback. Der Optimismus hinsichtlich einer erfolgreichen Mission Titelverteidigung hielt sich jedoch in Grenzen, es herrschte Skepsis, ob Herberger bei der Nominierung seines 18-Mann-Kaders die richtige Mischung gefunden hatte. Ob es geschickt von ihm war, neben Fritz Walter auch Helmut Rahn zu reaktivieren, der im Jahr zuvor mit 2,6 Promille in den Straßengraben gefahren und nach einer Prügelei mit Polizeibeamten in der Arrestzelle gelandet war? Wie es denn um die beiden anderen Bern-Helden Hans Schäfer und Horst Eckel stehe? Und was überhaupt von diesem jungen 21-jährigen Stürmer aus Hamburg zu halten sei: einem gewissen Uwe Seeler? Und ob Herberger überhaupt noch einen Draht zu solchen Nachwuchstalenten habe? So fragte die *Neue Post*: »Ist Herberger, der fast Sechzigjährige, nicht vielleicht schon zu alt geworden, um junge Spieler, deren Großvater er sein könnte, zu begeistern?« Klappt das, zwischen Opa Sepp und Enkel Uwe?

Als WM-Quartier wählte man ein kleines Familienhotel in Bjärred, 17 Kilometer von Malmö entfernt, an der Ostseeküste. Ein beschaulicher Ort, abgelegen, viel Natur, viel Wasser, Bjärred, so Herbergers Gedanke, sollte zum Spiez von Schweden werden. Herberger versuchte viel, diese neu zusammengestellte Mannschaft bei Laune zu halten und wieder ein Gemeinschaftsgefühl zu erzeugen. So schickte er die Spieler an den ersten Abenden zum Zeitvertreib auf den Minigolfplatz der Hotelanlage, wo allerdings die Dominanz des Seriensiegers Fritz Walter den übrigen Mitspielern bald langweilig wurde. Hier ein Busausflug nach Malmö, dort eine Exkursion zum Angeln – als Höchstes der Gefühle. Oder der Besuch einer tanzenden Trachtengruppe aus dem Schwarzwald – das war alles nicht so wirklich prickelnd für Herbergers Herren.

Für damals eher wenig Wirbel sorgte ein anderer Besuch im WM-Quartier, als Hans-Ulrich Rudel in Bjärred auf Stippvisite vorbeikam. Rudel, als Schlachtflieger einer der am höchsten dekorierten Wehrmachtsoffiziere, einer von Hitlers Helden, der nach dem Krieg vielen Nazi-Größen zur Flucht nach Südamerika verhalf – und der über viele Jahre hinweg bis Anfang der 1970er mit Herberger in engem Briefaustausch stand. Meistens unterhielt man sich, wie der Sporthistoriker Markwart Herzog einmal schrieb, über ein gemeinsames Hobby: das Briefmarkensammeln. Ein Umstand, der verdeutlicht, wie unreflektiert und distanzlos Herbergers Umgang mit der Vergangenheit des NS-Regimes und seiner Größen auch nach dem Krieg gewesen war. So lud Herberger zu seinem 60. Geburtstag 1957 auch Hermann Graf ein, den Luftwaffenoberst und Gründer der Roten Jäger. Graf erschien mit Orden, Ritterkreuz und all dem braunen Wehrmachtslametta, das sie ihm im Zweiten Weltkrieg umgehängt hatten, und sagte, man solle

»nicht zu genau hinschauen«. Es sei »vorschriftsmäßig entnazifiziert worden«.

Weit mehr Aufsehen sollte es 20 Jahre später geben, als Hans-Ulrich Rudel erneut ein WM-Quartier einer deutschen Mannschaft aufsuchte. 1978 in Argentinien.

Wie penibel Herberger jedenfalls 1958 darauf achtete, dass seine Spieler nicht zu abgelenkt seien, zeigte sich schon vor dem Turnier, als er die attraktiven schwedischen Zimmermädchen des Hotels durch mürrisches Männerpersonal auswechseln ließ. Seine Mannen sollten sich auf das Wesentliche konzentrieren, nämlich auf den Fußball.

Im ersten Spiel ging es in Malmö gegen Argentinien, das erstmals nach dem Krieg wieder an einer WM teilnahm, mit seinem Trainer Guillermo Stábile, dem WM-Torschützenkönig von 1930, zu den Mitfavoriten zählte und schon nach drei Minuten in Führung ging.

Doch dann kam nach einer guten halben Stunde Rahn. Und schoss wieder aus dem Hintergrund. Wie im Finale von Bern, knapp 20 Meter, wieder mit links, diesmal hoch ins linke Eck. Es hatte sich schon jetzt ausgezahlt, den *Boss* wieder mitzunehmen. Nach der Führung und dem ersten WM-Treffer von Uwe Seeler, einem für ihn in seiner weiteren Karriere so typischen Abstauber, traf Rahn zum 3:1-Endstand. Rahn wurde immer besser und traf ab nun in den beiden weiteren Vorrundenspielen (anders als beim kruden Modus 1954 spielte nun in einer Gruppe wirklich jeder gegen jeden) gegen die Tschechoslowakei und Nordirland, beide Spiele endeten 2:2.

Auch im Viertelfinale gegen Jugoslawien, einer Neuauflage von 1954, wurde Rahn zum Mann des Spiels, als er nach zwölf Minuten nach Doppelpass mit Seeler das einzige Tor erzielte und dabei, wie die *Süddeutsche Zeitung* schrieb, »drei Jugoslawen wie Hydranten stehen« ließ. Anders als vier Jahre zuvor, beim glücklichen Erfolg in Genf, war der deutsche Sieg diesmal aber höchstverdient. Gerade nach dieser Gala und dem Einzug ins Halbfinale träumte ganz Fußball-Deutschland schon wieder vom Titelgewinn, der diesmal weni-

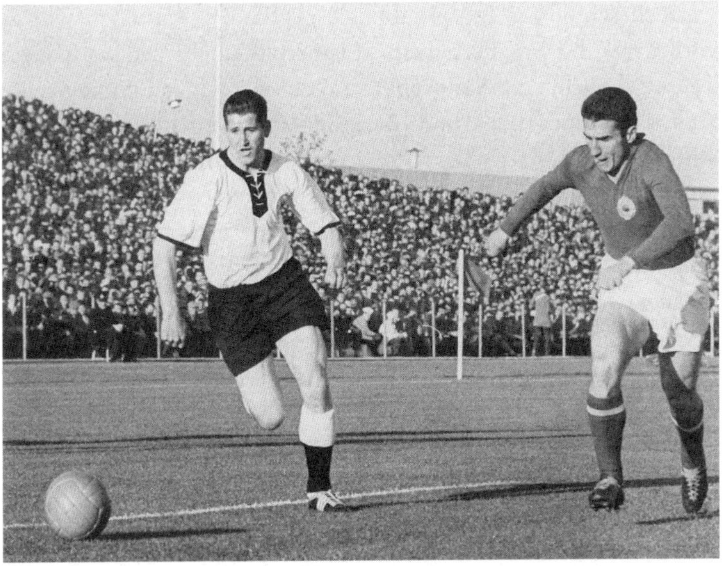

Trotz einiger Skandale und Exzesse bei der WM 1958 wieder in Topform: Helmut Rahn, hier mit Verteidiger Kristic, vor seinem entscheidenden Tor zum 1:0 gegen Jugoslawien.

ger ein Wunder, aber immerhin noch eine enorme Überraschung gewesen wäre.

Doch im Halbfinale wartete der Gastgeber. Schweden.

Schweden hatte bereits 1950 den Zuschlag für das Turnier bekommen, wie mit der Schweiz 1954 suchte sich die FIFA ganz bewusst ein Land, das sich im Zweiten Weltkrieg neutral verhalten hatte. Die Schweden galten damals wie heute als tiefenentspannt. Aufgeschlossen und liberal, weltoffen und friedensliebend. Schon 1948 vermittelte man im Nahostkonflikt rund um die Staatsgründung Israels, 1953 wurde mit Dag Hammarskjöld ein Politiker Generalsekretär der Vereinten Nationen, der heute als Wegbereiter der UN-Blauhelme gilt und dem nach seinem Tod bei einem Flugzeugabsturz 1961 posthum der Friedensnobelpreis verliehen wurde. Die Hippies waren noch gar nicht erfunden, da war Schweden bereits das Land von Love & Peace.

Doch schon vor dem Halbfinale gegen die Deutschen war es vorbei mit der Friedfertigkeit. Mit martialischem Duktus heizten Zeitungsberichte die Atmosphäre an, der Herberger-Elf unterstellte man »Panzermentalität« und »Kriegsfußball«, die deutschen Schlachtenbummler, die teilweise tatsächlich unangenehm laut, pöbelnd und rücksichtslos aufgefallen waren, bezeichnete man als »Halbwildgewordene«. Gleichzeitig machten aber auch deutsche Medien mobil und wetterten vor allem gegen die schwedischen »Fußballsöldner«, die ihr Geld im Ausland verdienten, allen voran in der Serie A. Schon Anfang der 1950er-Jahre waren es drei schwedische Legionäre, die 1948 mit Schweden Olympiasieger geworden waren und danach beim AC Mailand als gefürchtetes Trio mit dem Kürzel *Gre-No-Li* für Furore sorgten. Gunnar Gren, Gunnar Nordahl und Nils Liedholm. Weitere Schweden in Italien: Kurt Hamrin, AC Padua. Arne Selmosson, Lazio Rom. Lennart Skoglund, Inter Mailand.

Es herrschte eine Verbundenheit in größter gegenseitiger Antipathie, als mit Ausnahme der wenigen deutschen Fans im Stadion die überwiegende Mehrzahl der 50 000 Besucher schon eine Stunde vor Anpfiff ins frenetische »Heja, Heja« einstimmte, angestachelt von vier Männern mit Schweden-Fahnen und Megafonen am Spielfeldrand.

Im Spiel geriet der Weltmeister nicht nur durch die Rufe des Publikums, sondern auch durch die wilden Angriffe der Schweden schwer unter Druck, bevor plötzlich Hans Schäfer, der 1958 Fritz Walter als Kapitän beerbt hatte, die überraschende Führung erzielte. 1:1 stand es nach dem Ausgleich durch Skoglund, als es nach einer Stunde zur wohl spielentscheidenden Szene kam. Nach einem Revanchefoul des schon während des gesamten Spiels provozierten Juskowiak an Kurt Hamrin, der in Padua die gute alte Fußballschule italienischer Theatralik verinnerlicht hatte und sich schwer leidend über den Platz wälzte, schickte Schiri Zsolt den Düsseldorfer Verteidiger vom Platz. »Der geistige Schnürsenkel, der die sportliche Ordnung zusammenhält«, wie das *Hamburger Abendblatt* Juskowiak bezeichnete, der zuvor von Hamrin »bis zum Zersprengen gereizt« worden war, weigerte sich erst noch, das Spielfeld zu verlassen, erst Hans Schäfer und Fritz Walter gelang es, ihren wütenden Mitspieler mit Müh und Not vom Platz zu führen.

Es war eine Szene, die nicht nur den Ausgang der 90 Minuten entscheidend prägen sollte – sondern auch das weitere Leben von Erich Juskowiak. Denn nicht nur Sepp Herberger machte den *Jus* später als den Schuldigen an der Niederlage aus, indem er nach dem Spiel den Bannstrahl über ihn verhängte. »Jus, Sie werden nicht mehr in der Nationalmannschaft spielen. Man fliegt nicht vom Platz.« Herberger nahm zwar den Rauswurf wieder zurück und entschuldigte sich. Doch viel mehr traf Juskowiak die Reaktion seiner Mitspieler. Über das betretene Schweigen ihm gegenüber nach Abpfiff in der Kabine sagte er einmal: »Es war wie ein Begräbnis, als ließen sie mich langsam in einem Sarg hinunter.« Juskowiak kam über das Stigma des Sündenbocks nie mehr hinweg, er spielte zwar noch bis November 1959 in der DFB-Auswahl, nach dem Karriereende aber folgte der Absturz. Ob als Inhaber eines Tabakladens oder einer Reinigung, in der Arbeitswelt kam er nicht klar, in den letzten Jahren lebte er zurückgezogen in seinem Haus in Düsseldorf. 1983 starb er am Steuer seines Autos an einem Herzinfarkt mit 56 Jahren.

An jenem Junitag in Göteborg trafen dann noch Gren und Hamrin gegen den dezimierten und demoralisierten Weltmeister zum 3:1-Endstand. Der Titelverteidiger war entthront. Und der Furor ging damit erst richtig los. Allerdings nicht gegen Jus. Sondern gegen die Schweden. DFB-Präsident Bauwens, der schon 1954 mit seiner unangenehm nationalistisch eingefärbten Rede aufgefallen war, witterte »Volksverhetzung« und faselte: »Nie mehr werden wir dieses Land betreten, nie mehr werden wir gegen Schweden spielen!«

Getoppt wurde der gehässige Tonfall noch von der *Saar-Zeitung*, die in einem Kommentar die Schweden als ein »mittelmäßiges Volk« bezeichnete, »das sich nie über nationale oder völkische Durchschnittsleistungen erhoben hat, den Hass über uns auskübelte, der nur aus Minderwertigkeitskomplexen kommt. Es ist der Hass eines

Volkes, dem man das Schnapstrinken verbieten muss, weil es sonst zu einem Volk von maßlosen Säufern wird.« Man suhlte sich in der Opferrolle, wenn man den Titel schon nicht verteidigen konnte, dann wollte man wenigstens das Märchen von der Dolchstoßlegende verbreiten.

Dass Deutschland das Spiel um Platz 3 mit einer Reserve-Elf 3:6 gegen Frankreich verlor, war ohne Bedeutung. Für Missstimmung in Schweden sorgte auch, dass die deutsche Delegation die Einladung zum Bankett nach Turnierende ausschlug. Man befand sich schon auf der Rückreise in die Heimat, als Schweden im Finale auf eine Elf traf, die nur als großer Außenseiter zum Turnier gereist war: die Mannschaft aus Brasilien.

Das Trauma des *Maracanaço* von 1950 saß noch immer tief. 1954 scheiterte die *Seleção* im Viertelfinale an Ungarn, und wirklich viel rechnete man sich für die WM 1958 nicht aus. Nur mühsam qualifizierte man sich mit einem 1:0 gegen Peru überhaupt für Schweden. Doch als die Mannschaft ohne Gegentor ins Viertelfinale einzog, wuchsen die Hoffnungen wieder. Und immer mehr kristallisierten sich drei Spieler als die entscheidenden Persönlichkeiten auf dem Feld heraus. Der Spielmacher und Stratege Valdir Pareira, besser bekannt als Didi, den sie wegen seiner eleganten Grazie auch den *Äthiopischen Prinzen* nannten. Der Autor Eduardo Galeano schrieb über ihn einmal: »Wie eine geschnitzte afrikanische Figur, die jemand mitten aufs Spielfeld gesetzt hatte. Dort war er Herr und Meister. Von dort schoss er seine vergifteten Pfeile ab.« *La Folha Seca*, wie seine gefürchteten Effetschüsse auch hießen: das trockene Blatt.

Dazu hatte Brasilien auch Garrincha, der nach einer angeborenen Behinderung mit einem X-Bein und einem O-Bein immer in Schräglage lief, Spitzname: *Anjo de Pernas Tortas*, der Engel der krummen Beine. Schon in Schweden verzauberte er die Zuschauer, sein wirklich großes Turnier aber folgte vier Jahre später in Chile. Brasiliens magisches Dreieck vollendete dann ein damals 17-jähriges Talent: Edson Arantes do Nascimento, der als Pelé zu einem der größten Weltstars in der Geschichte des Fußballs werden sollte. Ein Teenager aus der Kleinstadt Três Corações im Südosten des Landes, einer, der als Schüler nachmittags als Schuhputzer arbeitete und auf den Straßen seiner Heimat für die Mannschaft mit dem schönen Namen *Siebter September* kickte. Einer, den sie erst Dico riefen, dann Bele, in Anlehnung an einen Torwart, den er gerne nachahmte. Und schließlich dann Pelé. Ein Name ohne große Bedeutung. Aber heute mit großem Klang. Mit 15 kam er zum FC Santos, jenem Klub, dem er bis 1974 treu blieb. Mit 16 debütierte er in der Nationalmannschaft. Mit 17 fuhr er zur WM, als jüngster Spieler des Turniers. Und wurde dort auf dem Weg zum Titel zum Weltstar. Sein Tor beim 1:0 im Viertelfinale gegen Wales und sein Hattrick im Halbfinale beim 5:2 gegen Frankreich ebneten den Weg ins Finale gegen die Schweden, das bis heute als eines der besten Endspiele der Geschichte gilt.

Ein Spiel, in dem sich Brasilien durch die erneut laute Kulisse genauso wenig irritieren ließ wie durch die frühe Führung durch Liedholm. Mit zwei Treffern von Vavá drehte die Mannschaft das Spiel, nach der Halbzeit erzielte Pelé die Vorentscheidung zum 3:1 mit diesem einen legendären und so oft gesehenen Tor, als er den Ball mit der Brust stoppte, ihn über seinen Gegenspieler lupfte und volley einschoss. Am Ende gewann Brasilien 5:2, holte sich den ersten WM-Titel als bis heute einzige südamerikanische Nation, die jemals auf europäischem Boden Weltmeister wurde.

Nach Abpfiff drehten die Brasilianer mit einer schwedischen Fahne eine Ehrenrunde, ein versöhnlich schönes Ende eines Turniers und ein Moment, in dem kaum einer mehr an das Halbfinale von Göteborg und dessen ekliger Begleiterscheinungen durch die hässlichen Auswirkungen im Nachgang dachte.

Die Welt huldigte dem neuen Titelträger, der einen Fußball zelebriert hatte, wie man ihn bis dahin noch nicht gesehen hatte. »Ob wir je wieder eine so herrliche Fußballelf sehen werden?«, fragte *Bild*. Man konnte ja noch nicht ahnen, was Brasilien dann zwölf Jahre später auf den Platz zaubern würde, 1970 in Mexiko.

Für die deutsche Mannschaft ging damit nicht nur die Zeit als Weltmeister zu Ende, sondern auch die Ära Fritz Walter. Als er nach

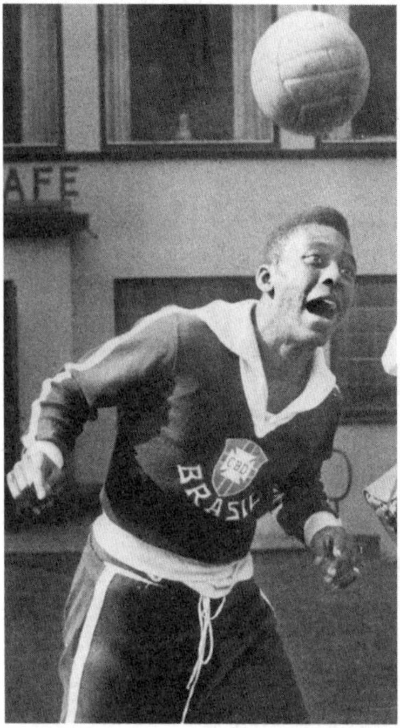

Er verzauberte Brasilien und die ganze Welt: Der 17-jährige Pelé, der in Schweden zum Topstar aufstieg und den ersten seiner drei Weltmeister-Titel holte.

dem Halbfinale malträtiert vom Feld humpelte, war seine DFB-Karriere vorbei. Herberger versuchte ihn noch in Schweden zum Weitermachen zu überreden, doch für Walter stand die Entscheidung fest. »Einmal muss Schluss sein«, sagte er, genau 20 Jahre, nachdem das innige Verhältnis der beiden 1938 begonnen hatte.

Im Gegensatz zu anderen Mitspielern und 1954er-Weltmeistern hatte Fritz Walter sein Leben nach dem Fußball gut im Griff. Er wurde zum begehrten Werbeträger für viele Unternehmen, betrieb in Kaiserslautern einen Waschsalon und später ein Kino, engagierte sich für etliche soziale und karitative Projekte, besuchte etwa viele Hundert Strafgefangene auf ihrem Weg zur Resozialisierung und lebte mit seiner Frau glücklich und unbeschwert in einem Bungalow in Alsenborn nahe Kaiserslautern. Noch zu seinen Lebzeiten benannten sie das Stadion am Betzenberg 1985 in Fritz-Walter-Stadion

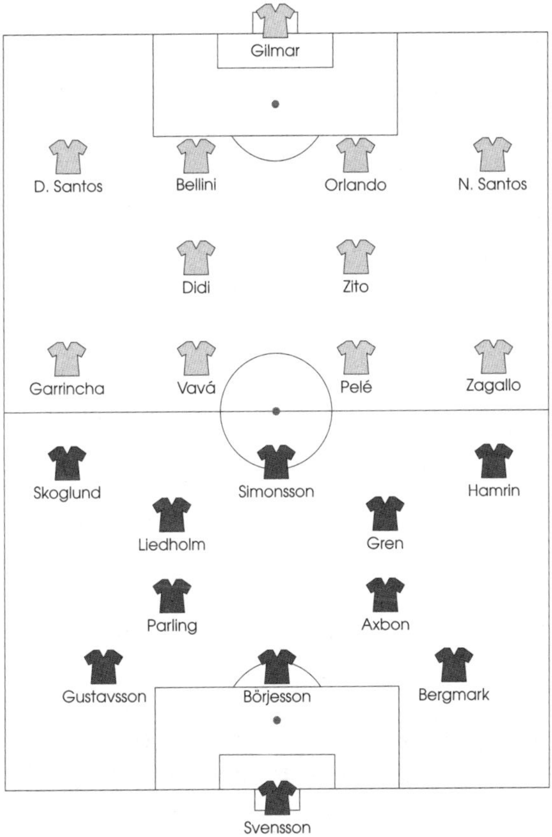

Startaufstellung Brasilien (oben) gegen Schweden (unten), WM-Finale 1958

um, das auch dank seiner Initiative und sicher wegen seiner Vita 2006 zum WM-Standort bestimmt wurde. Eine WM, die er nicht mehr miterlebte. Als seine Italia, die Liebe seines Lebens, mit der er 53 Jahre verheiratet war, Ende 2001 starb, verlor Fritz Walter die Freude. Am 17. Juni 2002 starb er mit 81 Jahren.

Die Zeit von Fritz Walter in der Nationalmannschaft war also vorbei, nach der WM 1958. Sepp Herberger aber machte weiter. Der Chef genehmigte sich noch eine.

AUCH DAS NOCH WAS SIE SONST ÜBER DIE WM 1958 UNBEDINGT WISSEN MÜSSEN

1 Punkt hätte Italien im entscheidenden Qualifikationsspiel gegen Nordirland für die WM-Teilnahme gereicht. Das Spiel in Belfast endete 2:2. Gewertet wurde es aber nicht: Der ungarische Schiedsrichter István Zsolt war auf der Anreise am Flughafen London-Heathrow im Nebel stecken geblieben. Weil dafür ein nordirischer Ersatzschiri pfiff, erkannte die FIFA die Partie nicht an. Wenige Wochen später gewann Nordirland das Nachholspiel, zu dem Zsolt sicherheitshalber schon drei Tage zuvor angereist war, 2:1. Und Italien fuhr nicht nach Schweden.

2 Spiele parallel liefen am Tag der beiden Halbfinals. Da die FIFA vorab die Auswahl der TV-Live-Übertragungen weltweit festgelegt hatte, sahen die deutschen Fernsehzuschauer das Spiel zwischen Brasilien und Frankreich. Die Partie Deutschland gegen Schweden konnten sie nur im Radio hören.

4 Monate und 2 Tage vor seinem ersten WM-Einsatz überlebte Nordirlands Torwart Harry Cregg den Flugzeugabsturz von München, bei dem acht seiner Mitspieler von Manchester United starben. Sein Landsmann und Mannschaftskollege Jackie Blanchflower, der Stunden nach der Katastrophe im Klinikum rechts der Isar bereits die Letzte Ölung erhalten hatte, musste mit Brüchen an Becken, Beinen und Armen seine Karriere beenden.

9 WM-Spiele am Stück verlor Mexiko zwischen 1930 und 1958. Bis heute die längste Niederlagenserie der WM-Geschichte.

13 Tore erzielte der Franzose Just Fontaine. Bis heute eine unerreichte Bestmarke während eines einzigen Turniers.

35 Jahre und 264 Tage war der Schwede Nils Liedholm bei seinem Tor zum 1:0 im Finale gegen Brasilien (2:5). Bis heute ist er der älteste Torschütze in einem WM-Endspiel.

37 Jahre und 236 Tage war Fritz Walter in seinem letzten Länderspiel, dem Halbfinale gegen Schweden. Bis heute ist er der älteste deutsche Spieler der WM-Geschichte.

44 Jahre nach der WM drehte der Regisseur Johan Löfstedt den fiktiven Mockumentary-Film *Konspiration 1958*. Eine herrliche Geschichte über eine – natürlich nicht existente – Gruppe, die behauptet, die WM in Schweden habe niemals stattgefunden, sondern sei wie die Mondlandung nur ein inszeniertes Medienereignis gewesen – eingefädelt von der FIFA und der CIA sowie TV-Sendern. Kronzeuge war ein ehemaliger schwedischer Geheimdienstler, der erklärte, er habe viele Jahrzehnte nach Beweisen für die Ausrichtung der WM geforscht, aber keine gefunden. Manche Zuseher nahmen den Inhalt ernst und witterten eine große Verschwörung.

60° 36′ N, 16° 46′ O lauten die Koordinaten der Stadt Sandviken, in der zwei Vorrundenspiele stattfanden. Das örtliche Jernvallen-Stadion ist bis heute die nördlichste Spielstätte aller WM-Turniere.

500 Tore in der Geschichte der WM waren gefallen, als der Schotte Bobby Collins in der 76. Minute das Siegtor zum 3:2 gegen Paraguay erzielte.

1962 IN CHILE

Brasilien verteidigt bei der wohl hässlichsten Weltmeisterschaft aller Zeiten auch ohne den verletzten Pelé den Titel und bleibt dank eines krummbeinigen Engels Weltmeister. Im deutschen Quartier herrscht dagegen angespanntes Reizklima. Sepp Herberger erzeugt weder Harmonie noch Hierarchie und scheitert bei seiner letzten WM bereits im Viertelfinale. Ans Aufhören denkt er noch lange nicht.

Natürlich hatte Sepp Herberger die Hoffnung noch nicht aufgegeben. Und natürlich startete er deswegen einen letzten Versuch – um Fritz Walter doch noch einmal zu einem Comeback zu überreden, für 1962 in Chile.

Dass Walter ein Jahr nach der WM 1958 auch seine Klub-Karriere in Kaiserslautern beendet hatte und schon 40 war, beirrte den Bundestrainer nicht, als beide 1961 in Herbergers Haus an der Badischen Bergstraße zusammenkamen. Der Bundestrainer zeigte Walter einen Aktenordner, in dem er mögliche Mannschaftsaufstellungen für das Turnier im kommenden Sommer aufgezeichnet hatte, und deutete auf eine Stelle, an der es hieß: »Mittelstürmer Uwe Seeler«. Und darunter in Klammern: »FW«. Ob er es sich nicht wenigstens als Option vorstellen könne, als zurückgezogener Mittelstürmer aufzulaufen, fragte Herberger und schmeichelte seinem alten Weggefährten, er sei doch immer noch so wertvoll. Doch Walter lehnte ab, so wie danach auch bei einer Begegnung im Rahmen eines Benefizspiels in Saarbrücken für die Opfer eines Grubenunglücks, als Herberger mit seinen Avancen erneut scheiterte. »Chef, ich will und ich kann nicht mehr«, entgegnete der Pensionär aus der Pfalz. »Versuchen Sie es ohne mich.«

Die Geschichten, wie sich Herberger um einen Spieler bemühte, der zwei Jahre lang nicht mehr trainiert hatte, den er aber unbedingt wegen seiner großen Verdienste und seiner Persönlichkeit dabeihaben wollte, belegen, wie schwer sich der Chef damit tat, sich von der Vergangenheit zu trennen. Wie sehr er an der guten alten Zeit festhielt. An Fritz Walter. Und auch an sich selbst.

Nach der WM 1958 hatte sich Herberger keinerlei Gedanken über einen möglichen Abschied gemacht, im Gegenteil. Er war immer noch der festen Meinung, der Richtige und der einzig Geeignete für diesen Job zu sein. Sich zu hinterfragen, selbstkritisch zu reflektieren, das kam bei ihm kaum vor. Siege wie ein 7:0 gegen die Niederlande 1959 sah er als Beleg für seine erfolgreiche Arbeit, in seinen Notizen suhlte er sich im Eigenlob und beweihräucherte sich und seine Konzepte.

Und auch als er im Herbst 1961 beim Länderspiel in Warschau sein 25-jähriges Dienstjubiläum feierte (im September 1936 hatte er an gleicher Stelle in Vertretung von Otto Nerz gegen Polen erstmals die damalige Reichself betreut), gab der nun 64-Jährige zu erkennen: »Es kann für mich keine schönere Arbeit geben. Es ist herrlich, immer mit jungen Leuten zusammen zu sein. Außerdem bleibt man jung dabei.« Ein Rückzug aufs Altenteil war da undenkbar.

Selbstzufrieden war Herberger mit sich und der Welt im Reinen, so wie es die ganze Bundesrepublik auch war. Die Arbeitslosigkeit war zwischen 1950 und 1960 von 10,4 auf 1,2 Prozent gesunken, man freute sich über Vollbeschäftigung und hatte mit Konrad Adenauer einen Kanzler, der mit dem Slogan »Keine Experimente« 1957 die absolute Mehrheit erreicht hatte. Ein Motto, dem auch Sepp Herberger gerne folgte. Keine Experimente, nicht zu viel riskieren: Der Bundeskanzler und der Bundestrainer, die alten Recken Adenauer und Herberger, waren sich da recht ähnlich.

Aber warum sollte man auch etwas verändern. Es schien ja alles auf einem guten Weg. In der Gesellschaft wie im Fußball. Seit einem 1:3 im März 1961 in Chile, als man beim Debüt einer deutschen Nationalmannschaft in Südamerika erste Eindrücke vom Land des WM-Gastgebers mitnahm, gab es für die Herberger-Elf nur noch Siege. Am beeindruckendsten dabei war das 3:0 über Uruguay im April 1962, ein Sieg, den auch die Zeitungen in Chile ehrfürchtig als *Brillante Triunfo Germano* würdigten. Deutschland schien rechtzeitig vor der WM wieder in Form zu kommen. Das Gerede von einer typischen Turniermannschaft gab es damals schon.

Als Herberger schließlich seinen 18-Mann-Kader für das Turnier nominierte, fanden sich darunter noch sechs Spieler aus der Mannschaft von 1958. Von der WM-Elf 1954 war nur einer übrig geblieben. Hans Schäfer, der Kapitän. Den Bern-Helden Helmut Rahn, der vier Jahre zuvor in Schweden überragte, inzwischen in den Niederlanden beim SC Enschede kickte und noch die Werbetrommel in eigener Sache gerührt hatte (»Bin in Bombenform«), ließ Herberger zu Hause.

Als Quartier suchte man sich diesmal eine Militärschule aus, die am Stadtrand von Santiago gelegene *Escuela Militar Bernardo O'Higgins*. Eine Ausbildungsstätte für den Offiziersnachwuchs, benannt nach einem chilenischen Freiheitskämpfer aus dem 19. Jahrhundert. Die Gäste aus Deutschland freuten sich über die Ausstattung, über den Aufenthaltsraum samt TV-Gerät und Ledersesseln, über einen Billardraum und einen Kinosaal wie auch über die beiden Turnhallen mit Korklinoleum und Parkettboden, in die man bei Schlechtwetter zum Training ausweichen konnte. Doch mochten die Bedingungen auch noch so gut sein, allein die strenge Abschirmung von der Außenwelt durch die Omnipräsenz bewaffneter Soldaten führte dazu, dass sich kein entspanntes Ambiente wie einst in Spiez oder auch noch am schwedischen Strandort Bjärred einstellen sollte.

Man wartete auf ihn 1962 vergeblich, auf den *Geist von Bernardo O'Higgins*.

Auch, weil es mit dem von Herberger so geheiligten und überhöhten Ideal der *Elf Freunde* in Chile längst vorbei war. Die Spieler

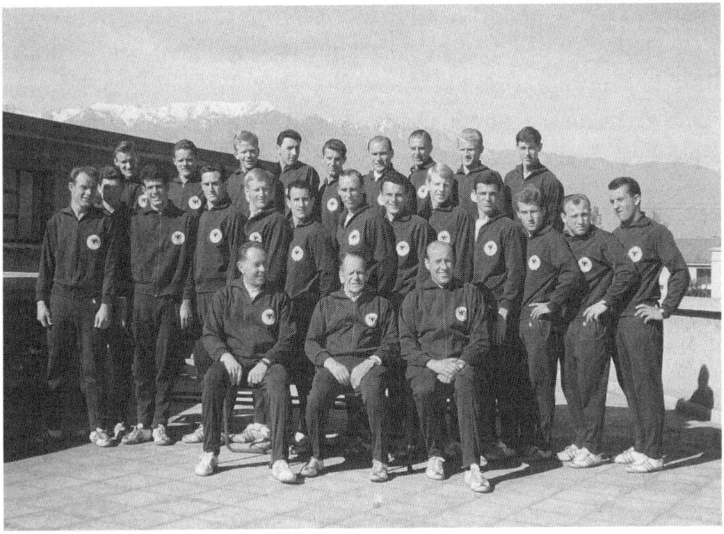

Vor pittoresker Gipfelkulisse in den Anden: Die DFB-Auswahl beim letzten WM-Turnier von Sepp Herberger (vorne Mitte). Vorne rechts sein Assistent und Nachfolger Helmut Schön.

hatten sich emanzipiert, die eigene Karriere wurde für viele immer wichtiger als die bedingungslose Ein- und Unterordnung in die Nationalmannschaft. Bestes Beispiel dafür war Horst Szymaniak, der im Bergarbeitermilieu als einer der letzten Kumpelkicker groß geworden war und für einen Eklat gesorgt hatte, als er bei der WM 1958 dem schwedischen König Gustav VI. Adolf beim Handschlag in die Augen schaute und sich nicht verneigte. »Kein Kniefall, auch nicht vor gekrönten Häuptern«, so seine Begründung in altem Ruhrpott-Sprech. Szymaniak soll der Legende nach übrigens auch derjenige gewesen sein, der bei einer anstehenden Gehaltserhöhung von seinem Klubboss mit Nachdruck forderte: »Ich will nicht ein Drittel, ich will ein Viertel mehr.«

Wirklich Sporthistorie schrieb Szymaniak aber wegen seines Wechsels 1961 vom Karlsruher SC zu CC Catania in die Serie A – womit er der erste gut verdienende Auslandslegionär der deutschen

Nationalmannschaft wurde. Junge Spieler aus dem 1962er-Kader wie Karl-Heinz Schnellinger oder Helmut Haller sollten bald in Richtung Italien folgen, als hochbezahlte Profis, die zum Kartenspielen dann gerne auch schon mal einen Stapel Geldbündel auf den Tisch legten, was bei den Amateurspielern aus den deutschen Oberligen vor der Einführung der Bundesliga nicht so gut ankam. »Gereiztheit und Depression« herrsche im Quartier, so der Eindruck von Fritz Walter, der tatsächlich dann doch nach Chile fuhr. Allerdings nur als Betreuer für die Gewinner eines Preisausschreibens.

Überschaubar war die Laune aber auch bei Hans Tilkowski, der nach der WM 1958 zum Stammtorwart geworden war und fest davon ausging, auch in Chile die unumstrittene Nummer 1 zu sein – bis ihm Herberger am Abend vor dem Auftaktspiel nüchtern mitteilte, dass am kommenden Tag der Ulmer Wolfgang Fahrian im Tor stehen werde, der gegen Uruguay in der Nationalelf debütiert hatte. Tilkowski war nach dieser Ansage so wütend, dass er mit seiner sofortigen Abreise drohte, von Herberger ein Rückflugticket in die Heimat forderte und sich schließlich nur widerwillig murrend auf die Ersatzbank setzte.

Fahrian machte seine Sache dann sehr ordentlich beim Turnierauftakt gegen Italien. Allerdings bekam er bei diesem furchtbar unansehnlichen Kick auch nicht wirklich viel zu halten. Das trostlose 0:0 zwischen dem Weltmeister von 1954 und dem von 1934 und 1938 gab einen kleinen Vorgeschmack auf die taktische Ausrichtung der Mannschaften bei diesem Turnier. Bot das Turnier 1958 noch ein spielfreudiges Angriffsspektakel durch Nationen wie Brasilien, Schweden oder Frankreich, begann 1962 die Dominanz des Absicherungsfußballs, der wenig inspirierenden defensiven Betonanrührung. Gerade Italien, das vor dem Krieg noch mit einer famosen Offensivphilosophie zwei Titel geholt hatte, kultivierte ab sofort den *Catenaccio*, den der Argentinier Helenio Herrera seit 1960 als Trainer bei Inter Mailand mit großem Erfolg praktiziert hatte (siehe auch Kapitel Spielsysteme). Wegen der destruktiven Spielweise nannte man den Disziplinfanatiker, der ein 0:0 als »perfektes Spiel« definierte, auch den *Totengräber des Fußballs*. Bei der WM in Chile betreute Herrera die Mannschaft Spaniens.

Dazu prägte mit dem Schweizer Nationaltrainer Karl Rappan als Erfinder des ähnlich unansehnlichen *Schweizer Riegels* ein weiterer Defensivstratege die Entwicklung des europäischen Fußballs jener Zeit. Auch Herberger ließ sich davon beeinflussen, nichts mehr war zu sehen vom »Wirbel«, wie er es vor 1954 nannte, dieses wilde furiose Wechselspiel zwischen Abwehr und Angriff. Auch bei Herberger überwog nun das Sicherheitsdenken, immerhin reichte es durch Tore des Gladbachers Albert Brülls und Uwe Seelers zu einem 2:1 gegen Rappans Schweizer. Als man den Riegel zweimal knackte.

Und auch zum Vorrundenabschluss baute Herberger auf eine starke Abwehr. Im Spiel gegen den Gastgeber.

Dass die WM 1962 nach zwei Turnieren in Europa wieder in Südamerika stattfinden würde, war klar, überraschend war jedoch, dass sich bei der Wahl des Austragungsortes Chile 1956 beim FIFA-Kongress erstaunlich deutlich mit 32:10 Stimmen gegen den favorisierten Mitbewerber Argentinien durchsetzte. Chile war damals *finis terrae*, das Ende der Welt, ein demokratisches, von Christdemokraten regiertes Agrarland, in dem eine große Diskrepanz zwischen wenigen reichen Grundbesitzern und vielen armen Bauern herrschte und in dem 1960 das global schwerste Erdbeben des 20. Jahrhunderts gut 1600 Menschen das Leben kostete. Und doch war es ein Land, das zuversichtlich in die Zukunft blickte und sich von dem Turnier internationale Aufmerksamkeit für kommende politische und wirtschaftliche Beziehungen erhoffte.

Die Mannschaft Chiles bestand fast ausschließlich aus Spielern von Universidad de Chile, dem damals besten Klub des Landes, den man auch *El Ballet Azul* nannte, das *Blaue Ballett*. Doch von graziler Tanzkunst war in den Tagen der WM 1962 nicht viel zu sehen. Stattdessen eine phänomenale Härte. Die Chilenen tanzten nicht, sie traten. Und so ging das zweite Vorrundenspiel Chiles gegen Italien am 2. Juni 1962 als das bis heute wohl brutalste Spiel in die Geschichte der Fußballweltmeisterschaft ein. Als die *Schlacht von Santiago*.

Aufgeheizt war die Stimmung im Vorfeld durch zwei italienische Journalisten, die lange vor dem Turnier für Zeitungsreportagen wochenlang durchs Land gefahren waren, um den Lesern in der Heimat Land und Leute am anderen Ende der Welt näherzubringen. Dass die Hauptstadt Santiago in italienischen Gazetten dann als »trauriges Symbol eines unterentwickelten, von allen Übeln befallenen Landes« bezeichnet wurde, wo »ganze Stadtteile die Prostitution unter freiem Himmel praktizieren«, dass das ganze Land als »von Armut geprägte Müllkippe voller leichter Mädchen« bezeichnet wurde, das drang damals auch ohne Internet bis nach Chile durch und brachte die stolze wie auch sensible Volksseele in Rage.

In den Tagen vor dem Spiel schlugen wütende Chilenen einen argentinischen Sportreporter in einer Bar in Santiago zusammen. Sie hatten ihn versehentlich für einen der italienischen WM-Korres-

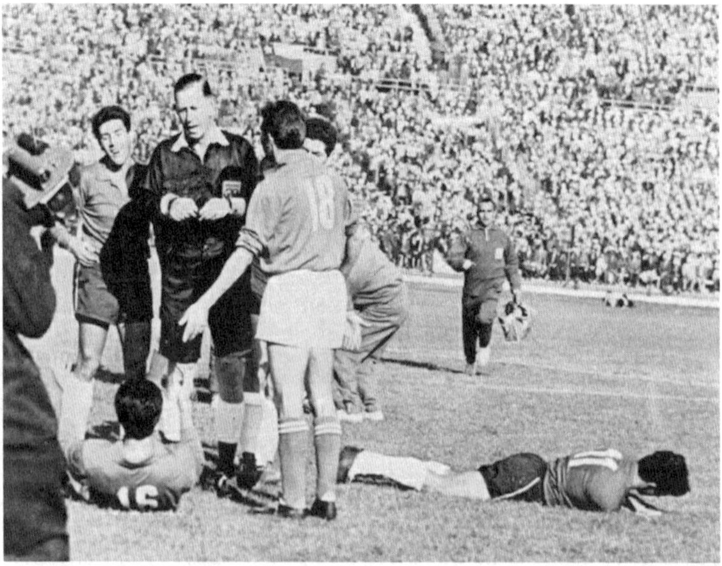

Jagdszenen bei der Schlacht von Santiago: Die Partie zwischen Chile und Italien ging als das brutalste WM-Spiel aller Zeiten in die Geschichte ein.

pondenten gehalten, die sich nun sicherheitshalber mit der Schweizer Fahne am Kragen als Eidgenossen tarnten.

Erfolglos blieben vor Anpfiff die Besänftigungsversuche der italienischen Nationalspieler, die Nelkensträuße ins Publikum warfen. Die Blumen kamen postwendend zurück. Nach sieben Minuten eskalierte das Spiel erstmals, als der Turiner Giorgio Ferrini nach einem Foul an Honorino Landa vom Platz flog und es nach seinen wilden Protesten erst chilenischen Polizisten gelang, ihn vom Platz abzuführen. Unentwegt wurde geschlagen, gespuckt, gehäckselt. Kurz vor der Halbzeit streckte der Chilene Leonel Sánchez seinen Gegenspieler Mario David nieder, und als sich der Verteidiger vom AC Mailand mit einem Kopfstoß revanchierte, flog er als zweiter Italiener vom Platz.

Später brach Sánchez Italiens Stürmer Humberto Maschio mit einem gezielten linken Haken noch das Nasenbein. Sánchez spielte bis zum Ende durch. Der englische Schiedsrichter Ken Aston, dem das Spiel immer mehr entglitten war, sagte Jahre später über die *Batalla de Santiago*: »Ich habe kein Fußballspiel gepfiffen, ich habe als Schlichter in militärischen Manövern agiert.«

In Deutschland bekam man von alldem übrigens erst mit Verzögerung etwas mit. Weil die zusammengeschnittenen Filmberichte per Luftfracht über den Atlantik gebracht werden mussten, sahen die Zuschauer die Zusammenfassungen erst zwei bis drei Tage später. So etwa am 5. Juni von 21.35 bis 23.05 Uhr das deutsche Spiel gegen die Schweiz wie auch das Skandalspiel der Chilenen und Italiener, das vorab schon im Programmhinweis munter »wie eine Wirtshausrauferei« angekündigt wurde. Im Anschluss folgten zehn Minuten vom Bundesparteitag der CDU in Dortmund. Immerhin frohlockte die *Süddeutsche Zeitung*, bei der kommenden WM 1966 würde dann endlich »ein gepflegter Satellitenempfang den globalen Fernsehverkehr« regeln.

Auch das deutsche Gruppenendspiel gegen den Gastgeber am 6. Juni kam erst zwei Tage später an, und wer den Mitschnitt am 8. Juni vor der Spätausgabe der Tagesschau in der ARD sausen ließ und parallel im Zweiten lieber ein Interview mit Heinrich Böll verfolgte, versäumte nicht viel. Das 2:0 gegen die bereits fürs Viertelfinale qualifizierten Chilenen wurde ein erneut zäher Rumpelauftritt. Zwar zog die deutsche Mannschaft als Gruppensieger in die K.-o.-Phase ein, doch eine wirkliche Stringenz, eine Struktur in Herbergers Taktik bei den bisherigen drei Spielen war nicht zu erkennen. Es fehlte eine wirkliche Leitfigur wie einst Fritz Walter. Es fehlte die Hierarchie, sicher auch wegen der bereits schwindenden Autorität von Sepp Herberger, der nicht mehr in der Lage war, diese Hackordnung herzustellen. Eine Tatsache, die er sich selbst aber nicht eingestehen wollte.

Das Manko der deutschen Elf sah man im Viertelfinale, als es zum dritten Mal nach 1954 und 1958 schon wieder gegen Jugoslawien ging – und als man sich, anders als zuvor, diesmal aus dem Turnier verabschieden musste, in einer bizarr anmutenden Begegnung, bei der sich die 63 000 Zuschauer im Nationalstadion von Santiago nicht im Geringsten für das Geschehen auf dem Rasen interessierten, sondern mit Transistorradios gebannt das Parallelspiel zwischen Chile und der UdSSR im 2000 Kilometer entfernten Arica verfolgten und den 2:1-Sieg ihrer Mannschaft ausgelassen feierten.

Der einzige Treffer von Petar Radakovic vier Minuten vor dem Ende sorgte für die Entscheidung im letzten Weltmeisterschaftsspiel von Sepp Herberger als Bundestrainer. Mochte Herberger auch mangelndes Glück beklagen – es lag schon auch an ihm selbst. Spieler wie der junge Schalker Willi Schulz übten Kritik an der defensiven Mauertaktik, es setzte langsam die Herberger-Dämmerung ein. Und auch der SZ-Reporter Hans Schiefele schrieb: »Auf Dauer macht es keine Freude, ein Spiel nur nach der Hintermannschaft, nach der Defensive auszurichten. Wir flogen ohne Sturm nach Chile.« Nun flogen sie nach Hause. Und schauten sie selbst fern, die Aufzeichnungen der Spiele. Sie sahen Brasilien auf dem Weg zur Titelverteidigung.

Der Gewinn der WM 1958 hatte acht Jahre nach der Heimschmach im Maracanã in ganz Brasilien grenzenlose Euphorie entfacht. Ob in São Paulo oder Rio, Hunderttausende Menschen säumten die Straßen, durch die sich der motorisierte Triumphzug mit den neuen Weltmeistern in stundenlangem Schritttempo vom Flughafen ins Stadtzentrum schleppte. Allen voran: Pelé war für die Menschen nun der Superstar, dabei war er mit seinen 17 Jahren noch viel zu jung, um das alles zu begreifen. Bezeichnend dafür, als er nach den vielen Empfängen in den Großstädten endlich wieder in seiner Heimat ankam und ihm vom Bürgermeister ein Auto geschenkt wurde. Auch wenn es nur eine Dreirad-Isetta sein sollte: Pelé, der nachgerechnet hatte, dass er sein Gehalt als Schuhputzer 55 Jahre lang sparen müsste, um sich ein Auto leisten zu können, wirkte überfordert und schenkte das Gefährt seinem glücklichen Vater. Er selbst hatte ja noch nicht mal einen Führerschein.

Auf dem Platz wurde er besser und besser und wuchs immer mehr zum überragenden Spieler jener Zeit heran. Er führte seinen FC Santos zu Meisterschaften und Pokalsiegen und als Höhepunkt 1962 und 1963 zum Gewinn der *Copa Libertadores*, dem südamerikanischen Pendant der heutigen Champions League. Hinzu kam in diesen beiden Jahren auch der Triumph im Weltpokal mit Siegen über Benfica Lissabon und den AC Mailand. Mit Pelé als Attraktion begann auch die Reihe der alljährlichen Europa-Tourneen, bei denen sich Santos für Gastspiele gut entlohnen ließ. Für Spiele gegen Real Madrid und den FC Barcelona, gegen den FC Chelsea und Inter Mailand, den TSV 1860 München oder auch den FC Bayern. Sie spielten aber nicht nur gegen die großen Klubs, sondern auch gegen Mannschaften wie Sheffield Wednesday, AIK Stockholm, Arminia Bielefeld. Der Zirkus Santos kam zu jedem in die Stadt, der nur gut genug zahlte. Schätzungen zufolge kassierte der Pelé-Klub damit in zehn Jahren rund 20 Millionen Dollar.

Ein Wechsel von Pelé zu einem europäischen Klub aber war undenkbar. Als Inter Mailand 1961 Santos umgerechnet 1,7 Millionen D-Mark Ablösesumme anbot, intervenierte Staatspräsident Jânio Quadros und deklarierte Pelé zum unverkäuflichen Nationalheiligtum. Pelé blieb noch lange bei Santos – und sollte, so der Plan, 1962 sein Land natürlich zum zweiten Titel führen.

Doch nach dem 2:0 zum Auftakt gegen Mexiko, als neben Pelé auch der spätere Nationaltrainer Mário Zagallo traf, war das Turnier für den 21-jährigen Weltstar schon mit dem zweiten Spiel vorbei. Beim 0:0 gegen die Tschechoslowakei zog sich Pelé eine Oberschenkelzerrung zu, eine Verletzung, von der er sich bis zum Endspiel nicht mehr erholte. Für ihn rückte nun Rechtsaußen Garrincha in die Zentrale und füllte seine Rolle als Spielmacher vielleicht noch besser aus, als man es von Pelé erwartet hatte. In der Rückschau wurde womöglich keine andere Weltmeisterschaft so sehr von einem einzigen Spieler geprägt wie die WM 1962 in Chile von Garrincha, dem *Kleinen Vögelchen* und krummbeinigen Engel. Abgesehen natürlich von Maradona, Mexiko 1986.

Mit seiner einzigartigen Technik, den Tricks, die die Gegner nie durchschauten, und den phänomenalen Sololäufen verzauberte der Mann mit dem X- und dem O-Bein sein Publikum. Im Viertelfinale gegen England traf Garrincha zweimal, so wie auch im Halbfinale gegen Chile, wo er kurz vor Schluss allerdings vom Platz flog. Nach-

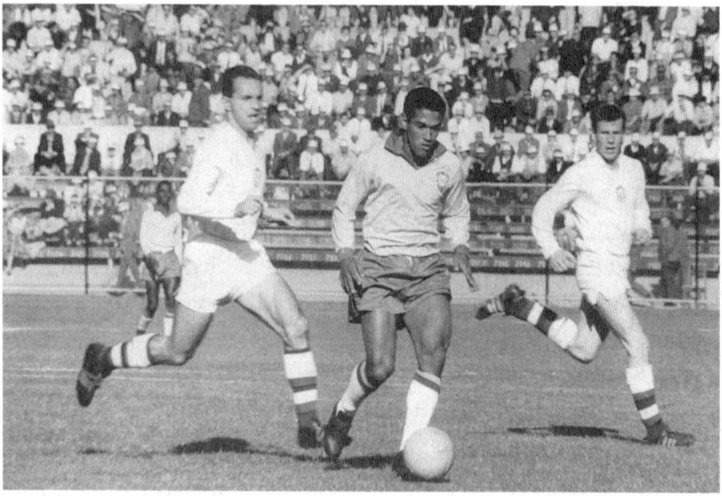

Krummbeinig, elegant und nicht zu stoppen: Dank des großartigen Garrincha stürmte Brasilien auch ohne den verletzten Pelé in Chile zum zweiten Titel.

dem ihn sein Gegenspieler Eladio Rojas im Lauf des Spiels mit gut 50 Tritten malträtiert hatte, revanchierte er sich mit einem Kniestoß ins Gesäß des Chilenen. Dass er für das Finale nicht gesperrt wurde, lag an einem einflussreichen Mann, der mit viel Trickserei und Mauschelei erwirkte, dass Garrincha doch spielen durfte: dem brasilianischen Verbandspräsidenten und späteren schillernden FIFA-Boss João Havelange.

Im Finale selbst trafen beim 3:1 gegen die Tschechoslowaken andere. Amarildo, Zito, Vavá. Brasilien hatte nun also den zweiten Titel, ohne Pelé, aber dank Garrincha.

In einem Interview mit der *Süddeutschen Zeitung* sagte Jairzinho, der Weltmeister von 1970, einmal, Garrincha sei gar ein besserer Spieler gewesen als Pelé. »Er war in allem einzigartig. In jeder einzelnen Bewegung, weil er nie eine Bewegung wiederholte. Niemand wusste, wohin er gehen würde. Kein Gegenspieler. Nicht einmal er wusste das. Es war alles Improvisation. Und Freude. Für ihn war Fußball niemals Arbeit. Er hatte Spaß daran. Und nur deshalb konnte er Freude geben. So einen wie ihn gibt es alle hundert Jahre ein Mal. Er war ein Spektakel.«

Ob er wirklich besser war als Pelé? Beliebter in jedem Fall. Während Pelé in und nach seiner Karriere immer mehr Teil der besseren brasilianischen Jet-Set-Gesellschaft wurde und er sich auch, wie noch erörtert wird, lächelnd für die Zwecke der späteren Militärdiktatur einspannen ließ, stellte sich bei allen Huldigungen eine respektvolle Distanz zwischen ihm und dem Volk ein. Garrincha aber blieb einer von ihnen, von den einfachen Leuten.

Einer, der auf dem Platz als Genie begeisterte und der im wirklichen Leben so naiv und unbedarft unterwegs war, dass man sich gern heute noch die schöne Geschichte erzählt, wie Garrincha bei der WM 1958 für 100 Dollar ein tragbares Radio kaufte. Als er aber nichts verstand und ihn der mitgereiste Medizinmann Mário Américo veralberte, dass man ihn zu Hause dafür auslachen werde, weil der Apparat ja nur auf Schwedisch sprechen würde, verkaufte er das Gerät an den Schamanen der *Seleção* für nur 40 Dollar weiter.

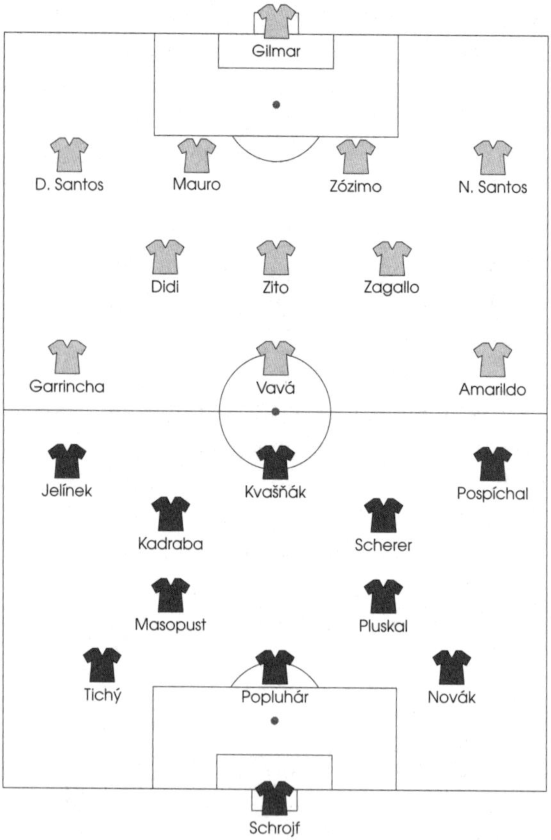

Startaufstellung Brasilien (oben) gegen Tschechoslowakei (unten), WM-Finale 1962

Weniger lustig verlief sein weiteres Leben nach der Karriere 1966. Garrincha, der immer schon gerne trank, verfiel endgültig dem Suff. Er verursachte im Rausch mehrere Autounfälle, bei einem davon starb seine Schwiegermutter. Weil er den Unterhalt für seine nach unterschiedlichen Quellen 13 bis 15 oder noch mehr Kinder nicht mehr zahlen konnte, musste er ins Gefängnis, mit 49 starb er verarmt und vereinsamt an einer Alkoholvergiftung. Auf seinen Grabstein schrieben sie: »Hier ruhe in Frieden, der der Liebling des Volkes war.« *Descanse em paz, que era a alegria do povo.*

Der Liebling des Volkes war Sepp Herberger nach dieser WM 1962 schon lange nicht mehr. Wie für Kanzler Adenauer nahte nun auch für Herberger unwiderruflich der Abschied. Das Land hatte sich geändert, 17 Jahre nach Kriegsende machte sich allmählich eine neue Aufbruchstimmung breit. Die Jugend begehrte auf. Die *Schwabinger Krawalle* von München, die parallel zur WM in Chile im Juni 1962 stattfanden, wurden zur Ouvertüre für eine bewegte Zeit voller Tumulte, Unruhen und Proteste, in der eine neue, progressive Jugend die müffelnde Spießigkeit der Elterngeneration abschüttelte und ein offenes und liberales Lebensgefühl erzeugte. In dieser Welt hatten die Adenauers und Herbergers, die ihre eigenen Jugendjahre noch unter Kaiser Wilhelm verbracht hatten und das alte, autoritär diszipliniert Denken mit in ihre Menschenführung implementierten, bald keinen Platz mehr.

So wie Adenauer sich an die Macht klammerte, so konnte auch Herberger nicht loslassen, im festen Glauben, auch bei der WM in England noch einmal die Mannschaft zu betreuen. Doch da hatte Deutschland dann ein neues Kanzler-Trainer-Gespann. Ludwig Erhard. Und Helmut Schön.

AUCH DAS NOCH WAS SIE SONST ÜBER DIE WM 1962 UNBEDINGT WISSEN MÜSSEN

0 Spiele machte der Nürnberger Heinz Strehl, der einzige Akteur aus dem DFB-Kader, der in Chile ohne Einsatz blieb. Im ersten Spiel nach der WM gewann Deutschland am 30. September in Zagreb 3:2 gegen Jugoslawien. Alle drei Tore bei der Revanche für das verlorene Viertelfinale erzielte: Heinz Strehl.

1 Tag vor dem WM-Finale ehrte FIFA-Boss Stanley Rous sieben Schiedsrichter bei einem feierlichen Bankett für ihre besonders guten Leistungen, darunter auch den Unparteiischen Albert Dusch aus Kaiserslautern. Der schöne Name der Auszeichnung: Die silberne

Pfeife. Nicht geehrt wurde der Engländer Ken Aston nach dem Skandalspiel zwischen Chile und Italien.

3 Tore erzielte Brasiliens Stürmer Vavá in den Endspielen 1958 (2) und 1962 (1). Er wurde damit zum ersten Spieler, dem in zwei unterschiedlichen WM-Finals Tore gelangen. Nach ihm glückte dies nur noch Pelé, Paul Breitner und Zinedine Zidane.

6 Spieler erzielten vier Tore: Per Losentscheid wurde Garrincha zum alleinigen Torschützenkönig gekürt.

7 Wochen nach dem Mauerbau im August 1961 fiel das Qualifikationsspiel zwischen den Niederlanden und der DDR aus. Der Gastgeber verweigerte der Delegation aus Ostdeutschland die Einreise. Da Holland bereits fix für Chile qualifiziert war, wurde das sportlich bedeutungslose Spiel ersatzlos gestrichen.

8 Jahre nach der Vizeweltmeisterschaft feierte Ferenc Puskás ein WM-Comeback. Ungarns Spielmacher von 1954 war beim Volksaufstand 1956 ausgewandert, ab 1958 feierte er acht Jahre lang Erfolge mit Real Madrid, gewann drei Mal den Europacup der Landesmeister. Nach der Einbürgerung spielte er 1962 für Spanien, schied aber nach einer enttäuschenden Vorrunde als Gruppenletzter aus.

15 Sekunden waren gespielt, als Václav Mašek für die Tschechoslowakei zum 1:0 gegen Mexiko traf. Endstand 1:3. Bis 2002 war es das schnellste Tor der WM-Geschichte.

29 Monate vor der WM erklärte Österreich im Dezember 1959 bereits seinen Verzicht auf eine Teilnahme an der Qualifikation. Nach einem 3:6 gegen Spanien und einem 2:5 gegen Frankreich wähnte man sich nicht konkurrenzfähig.

32 Jahre nach der ersten WM gelang Uruguay erstmals die Qualifikation auf sportlichem Weg. Bis dahin war man als Gastgeber oder Weltmeister automatisch teilnahmeberechtigt, verzichtete auf das Turnier oder scheiterte in der Qualifikation.

65 Jahre war Sepp Herberger bei seinem letzten Turnier. Er war damit der letzte im 19. Jahrhundert geborene Trainer, der eine Mannschaft bei einer WM-Endrunde betreute.

DIE FIFA – EINE EHRENWERTE GESELLSCHAFT

Die Entwicklung des Fußball-Weltverbands vom elitären Herrenklub zum korrupten Selbstbedienungsladen. Von zwielichtigen Seilschaften und langen Nahrungsketten, Begünstigungen, Bestechungen und guten Beziehungen zu Despoten und Diktatoren. Welche Rolle das kurioseste Spiel der Fußball-Geschichte bei einer Präsidentenwahl spielte. Warum Englands Mannschaft die Hand zum Hitler-Gruß hob. Und weshalb der 11. Juni 1974 eine entscheidende Zäsur markierte.

Immerhin hatte Sir Stanley Rous seinen oft sehr trockenen britischen Humor nicht ganz verloren an diesem historischen Nachmittag im Steigenberger Hotel am Frankfurter Kaiserplatz. »Neunundsechzig? Na dann, das ist ja wenigstens eine ganz gute Marke«, sagte Rous nach der Bekanntgabe des Abstimmungsergebnisses – als er hörte, dass auf ihn nur 52, auf seinen Gegenkandidaten aber 69 Stimmen entfallen seien. Rous war bekannt dafür, dass er einen guten Tropfen schätzte, italienischen Rotwein etwa, aber auch schottischen Whisky wie eben den VAT 69. Deswegen die Anspielung.

Dass am Ende die Zahl auf 68 gültige Stimmen reduziert wurde, dürfte nichts daran geändert haben, dass sich Rous später wohl zum Runterspülen noch den einen oder anderen Scotch genehmigte, an diesem Tag, an dem er sein Amt nach 13 Jahren als FIFA-Präsident an seinen Nachfolger João Havelange abgeben musste. An einem Tag, der eine Zäsur bedeutete in der Geschichte des Weltfußballs und den Beginn einer neuen Zeitrechnung markierte.

Es war der 11. Juni 1974, zwei Tage waren es noch bis zum Auftakt der Fußball-Weltmeisterschaft in Deutschland. Im Trainingslager in Malente vermeldete Helmut Schön, dass er sich für das Eröffnungsspiel gegen Chile im Mittelfeld endgültig für Wolfgang Overath und gegen Günter Netzer entschieden habe. Im Quartier der Oranjes meuterten die niederländischen Spieler, sie forderten als Prämie für das Erreichen der Zwischenrunde mehr als die bisher zugesicherten 35 000 Gulden, und laut einer in der *Süddeutschen Zeitung* abgedruckten Meldung des Sportinformationsdienstes (sid), kannte Dettmar Cramer schon vorab den überragenden Spieler des anstehenden Turniers: »Uli Hoeneß wird der Stern der Weltmeisterschaft werden. Vor allem das Ausland wird sein großartiges Können entdecken.« Autor des Artikels war übrigens ein sid-Redakteur namens Wolfgang Niersbach, später sehr lange Pressechef und noch viel später nicht sehr lange Präsident des DFB.

Der DFB-Präsident 1974 hieß noch Hermann Neuberger, er war damals auch Vizepräsident der FIFA und zeigte sich an diesem historischen Tag ob des Wahlergebnisses sichtlich erschüttert. Auch er hatte natürlich für Sir Stanley gestimmt, wie alle übrigen Delegierten aus Westeuropa. In den sieben Jahrzehnten zuvor hatte es nur europäische Präsidenten gegeben, und das sollte schließlich so bleiben.

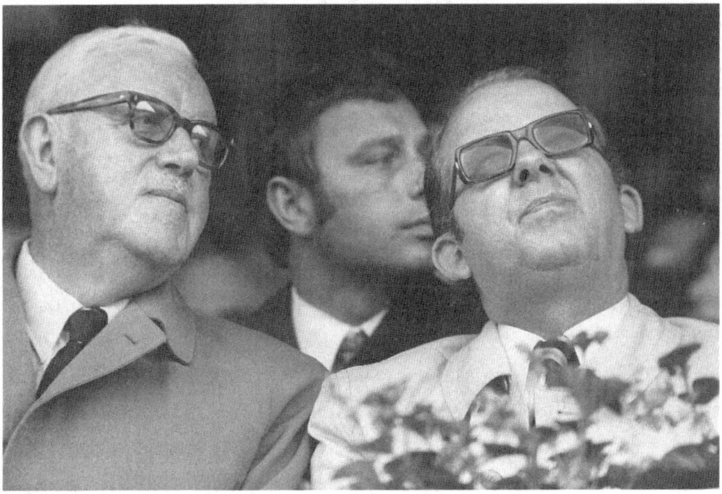

Zwei Funktionäre vom alten Schlag: FIFA-Präsident Sir Stanley Rous (links) und der spätere DFB-Boss Hermann Neuberger bei der EM 1972.

»Wählen Sie mich!«, hatte Rous in seiner abschließenden Rede vor der Wahl noch gerufen und das für die aus allen Erdteilen angereisten Abgesandten sehr fragwürdige Argument nachgeschoben: »Europa muss die Herrschaft im Weltfußball behalten.« Rous war eben noch einer vom alten Schlag, geboren 1895 unter Queen Victoria, verkörperte er als *Commander of the British Empire* noch den Prototyp des alten Rule-Britannia-Imperialisten, der vom Typus in so alten Schwarz-Weiß-Filmen über die Kolonialzeit die ideale Besetzung für einen Provinzgouverneur zwischen Assam, Madras und Bengalen gewesen wäre. Bei einem Brandy auf der Terrasse, hinter ihm ein Turbanträger als Luftzuwedler.

Dass solch überhebliche Statements gerade bei Nationen eher schlecht ankamen, die nach jahrzehntelanger Unterdrückung und Ausbeutung erst einige Jahre zuvor durch lange Kämpfe ihre Unabhängigkeit erlangt hatten und immer noch auf der Suche nach einer Identität waren, nach Anerkennung als gleichwertige Staaten in der internationalen Gemeinschaft, das hatte Rous nicht verstanden.

Sein Gegenspieler hatte das schon. Jean-Marie Faustin Goedefroid Havelange, geboren 1916 in Rio de Janeiro als Sohn des Waffenhändlers Faustin Havelange, der 1913 als internationaler Vertreter für belgische Gewehrfabriken aus Lüttich nach Brasilien ausgewandert war. Mit 20 war Havelange, der sich nun João nannte, als Schwimmer bei den Sommerspielen von Berlin, 1952 bei Olympia in Helsinki schwamm er in der Mannschaft von Brasiliens Wasserballern mit.

Im Wasserball sammelte Havelange auch die ersten Erfahrungen als Funktionär, schon ab 1937 als Abteilungsleiter in seinem Klub Botafogo. Später führte ihn seine Karriere schnell steil nach oben. 1958 wurde er Chef des brasilianischen Fußballverbandes *Confederação Brasileira de Futebol* (CBF), gerade in jenem Jahr, als die *Seleção* um den gefeierten Teenager Pelé den ersten WM-Titel holte.

Havelange glückte es, sehr schnell ein enges Netzwerk mit Seilschaften in die Politik zu knüpfen. Die Generäle Castelo Branco und Emílio Médici, die das Land nach der Übernahme der Militärjunta mit eiserner Hand regierten, nannte er seine Freunde. Und auch in

Regierungskreise anderer totalitär geführter Staaten hatte er beste Verbindungen. Als Großaktionär des Raketenherstellers *Indústria Química Mantiqueira* soll er etwa an einem Waffengeschäft mit der bolivianischen Diktatur beteiligt gewesen sein. 1976 steckte ihm dann der ihm in gegenseitiger Sympathie verbundene Jorge Videla einen Verdienstorden ans Revers. Videla war der argentinische Präsident, unter dessen Herrschaft auch während der Weltmeisterschaft 1978 Regimekritiker verfolgt, gefoltert und ermordet wurden.

1995 reiste Havelange nach Afrika und besuchte in Nigeria den skrupellosen Diktator Sani Abacha. Havelange war auf Wahlkampftour für seine Wiederwahl 1998 und versprach dem Machthaber die Ausrichtung der nächsten Junioren-WM. Dafür verlieh Abacha Havelange den Ehrentitel *Ekwueme*: der sein Versprechen hält. Tags darauf ließ Abacha den bekannten Schriftsteller Ken Saro-Wiwa sowie acht weitere Oppositionelle hinrichten.

Die Verbindungen zu Afrika hatte Havelange auch vor seiner Wahl 1974 intensiv gepflegt. Er wusste um die Befindlichkeiten des Kontinents, der sich in der 70-jährigen Geschichte der FIFA so wenig beachtet fühlte. Bis dahin wirkte der Weltfußballbund ja oft wie ein elitärer Herrenklub, bei dem schon die Adresse vom 21. Mai 1904 so gut passte, dem Tag, an dem der Franzose Robert Guérin und der Niederländer Carl Anton Wilhelm Hirschmann *(siehe auch WM 1930)* in Paris den Verband gegründet hatten: die Rue Saint-Honoré. Die FIFA, eine ehrenwerte Gesellschaft.

Als deren dritter Präsident wurde ab 1920 der Franzose Jules Rimet zu einer prägenden Persönlichkeit, der in diesen unruhigen Zeiten zwischen den beiden Weltkriegen tatsächlich noch aus idealistischen Motiven an die völkerverbindende Kraft des Sports glaubte, wie auch sein Landsmann Pierre de Coubertin, der Begründer der Olympischen Spiele der Neuzeit. Noch wenige Wochen vor seinem Tod 1956 meinte Rimet, Fußball stehe im Wertekanon in der Tradition der mittelalterlichen Ritterlichkeit und verkörpere christliche Werte wie Fleiß und harte Arbeit, Ehrlichkeit, Gehorsam und Fairness.

1956 war auch das Jahr, in dem Jules Rimet für den Friedensnobelpreis vorgeschlagen wurde. So wie 56 Jahre später allen Ernstes auch João Havelange, als sich 2012 eine Gruppierung in Brasilien zusammenschloss und die Nominierung mit dessen »Einsatz für soziale Gerechtigkeit« begründete und mit den Worten: »Er hat nur Gutes für die Menschheit getan. Er nahm niemals Geld von irgendjemandem an.« Das tat er freilich schon in den 24 Jahren seiner Regentschaft, denn am liebsten tat Havelange etwas Gutes für sich selbst.

Bereits 2010 war aus Gerichtsakten hervorgegangen, dass Havelange so wie sein von ihm als Präsident des brasilianischen Fußballverbandes protegierter Schwiegersohn Ricardo Teixeira über Jahre hinweg mehrere Millionen Schweizer Franken an Schmiergeldern vom 2001 pleite gegangenen Firmenkonglomerat ISL/ISMM kassiert hatten, jener Vermarktungsagentur, die Havelange-Intimus Horst Dassler, der Sohn des Adidas-Gründers Adi Dassler, aufgebaut hatte.

Über Zahlungen in dreistelliger Millionenhöhe an FIFA- wie IOC-Funktionäre, um dafür im Gegenzug den Zuschlag für fette Vermarktungs- und Übertragungsrechte zu bekommen, sagte einmal der einstige ISL-Finanzchef Hans-Jürg Schmid: »Das ist, als wenn man Lohn bezahlen muss. Sonst wird nicht mehr gearbeitet. Ansonsten wären diese Verträge von der anderen Seite nicht unterschrieben worden.« Der frühere ISMM-Verwaltungsratschef Christoph Malms: »Diese Praxis war unerlässlich, sie war branchenüblich, sie gehörte zum Stil des Geschäfts. Ohne das geht es nicht.«

Der Havelange-Biograf Ernesto Rodrigues sagte einmal: »Zwischen ihm und Horst Dassler gab es Handschläge über Milliardenverträge, keine Unterschriften. Vereinbarungen wie bei der Mafia. Havelange schämte sich nicht mal zu sagen, er sei immer der Freund seiner Freunde gewesen und der Feind seiner Feinde. Was zählte, war Freundschaft, nicht Kompetenz.« So wie auch Franz Beckenbauer meinte: »So ist Havelange, er dealt hier etwas, hilft seinen Freunden da etwas. Also, es ist besser, ihn als Freund zu haben.«

Havelange selbst beteuerte weiterhin sein reines Gewissen, so wie er auch keine Kenntnis von den »kleinen braunen Briefumschlägen« in jenen Frankfurter Juni-Tagen 1974 gehabt haben wollte, die laut *Sunday Times* vor der Stimmabgabe im Steigenberger Hotel an FIFA-Delegierte verteilt worden seien.

Damals wusste Havelange nicht nur die afrikanischen Verbände an seiner Seite, die er in den Monaten zuvor bei vielen Besuchen vor Ort hofiert hatte und denen er neben vielen schönen infrastrukturellen Projekten und Geldzuwendungen auch die Aufstockung der Weltmeisterschaften von 16 auf 24 Mannschaften in Aussicht stellte – und damit auch eine höhere Anzahl afrikanischer Teilnehmer. So wie es 1982 auch kam, als der Kontinent mit Algerien und Kamerun immerhin schon doppelt so viele Nationen entsenden durfte als bis dahin.

Dass Havelange an jenem einschneidenden Tag aber auch den Ostblock hinter sich wusste, die von den Sowjets kontrollierten Staaten des Warschauer Pakts, lag vor allem an dem Eklat um das Qualifikationsspiel im November 1973 zwischen Chile und der UdSSR, die in einem europäisch-südamerikanischen Play-off einen verbleibenden Startplatz für die WM ausspielten. Nach dem 0:0 im Hinspiel Ende September in Moskau verweigerte die sowjetische Delegation acht Wochen später die Reise zum Rückspiel nach Santiago. Grund: Nach dem Militärputsch der Generäle um Augusto Pinochet im September 1973 war das Nationalstadion der Hauptstadt zum Gefängnis für unliebsame Oppositionelle und Andersdenkende geworden, inhaftiert in den Umkleidekabinen und Katakomben. Menschen starben durch Folter und Hinrichtung.

Bei der FIFA baten die Sowjets um eine Verlegung des Spiels nach Peru oder ins befreundete Kuba von Fidel Castro. Man verwies auf das Beispiel Nordirland, das damals wegen des andauernden Bürgerkriegs seine Qualifikationsheimspiele in England ausgetragen hatte, in London, Sheffield, Coventry. Doch der Weltverband um Sir Stanley Rous schmetterte den Antrag ab und beharrte auf dem *Estadio Nacional* als Austragungsort des Rückspiels.

Als die Sowjets zu Hause blieben, kam es am 21. November 1973 zum kuriosesten Spiel der Fußballgeschichte. Vor Spielbeginn standen elf Chilenen auf dem Platz, aber kein Gegner. Als der österreichische Schiedsrichter Erich Linemayr anpfiff, schoben sich Carlos

Reinoso, Julio Crisosto und Kapitän Francisco Valdés den Ball zu, Letzterer erzielte dann das 1:0. Das war auch der Endstand, danach pfiff Linemayr ab. Gab ja keinen Gegenspieler, der den Wiederanstoß hätte ausführen können. Umstritten ist freilich bis heute, ob das Tor nicht aus abseitsverdächtiger Position erzielt wurde.

Die Sowjets jedenfalls waren auf Sir Stanley nicht mehr gut zu sprechen. Auf Havelange dafür umso besser. Mit seinen guten Drähten in die brasilianische Wirtschaft versprach er russischen Investoren den lukrativen Auftrag für ein Staudammprojekt am Amazonas.

So baute sich Havelange in fast einem Vierteljahrhundert eine sehr eng gestaffelte Nahrungskette von gegenseitigen Geschäften und Begünstigungen auf. Auch wenn er infolge der ISL-Affäre 2011 aus dem IOC flog und 2013 mit dem Rücktritt als FIFA-Ehrenpräsident einer Aberkennung seines Titels zuvorkam: In seiner Heimat durfte er sich bis zuletzt feiern lassen, für die Sommerspiele 2016 benannten Rios Olympia-Planer das große Hauptstadion *Estádio Olímpico João Havelange*. Es war eine letzte Hommage, über die er sich noch freuen durfte, während der Spiele starb der greise FIFA-Pate im Alter von 100 Jahren.

Bei der Amtsübergabe an seinen Ziehsohn Sepp Blatter wusste Havelange sein Erbe in guten Händen, zumindest ging das Geflecht aus Korruption und Vetternwirtschaft nahtlos weiter. Schon bei Blatters Wahl 1998 ging es wohl nicht sauber zu. Der schillernde Funktionär und Ex-FIFA-Vizepräsident Jack Warner aus Trinidad erklärte 2013, er habe damals von Havelange selbst sechs Millionen Dollar für die Zusicherung erhalten, dass im Gegenzug sämtliche 30 Verbände des Kontinentalverbands von Nord- und Mittelamerika für Blatter stimmten und nicht für dessen Gegenkandidaten, UEFA-Präsident Lennart Johansson. Blatter gewann mit 111:80 Stimmen. Ohne die Stimmen, erklärte Warner, hätte der Schweizer »nie das Tageslicht als FIFA-Präsident gesehen«.

17 Jahre lang gelang es Blatter sehr geschickt, sich sämtlichen Korruptionsvorwürfen zu entziehen, 2015 aber war seine Zeit vorbei. Zwei Tage nach der spektakulären Korruptions-Razzia des FBI im Züricher Hotel Baur au Lac, bei der hochrangige FIFA-Funktio-

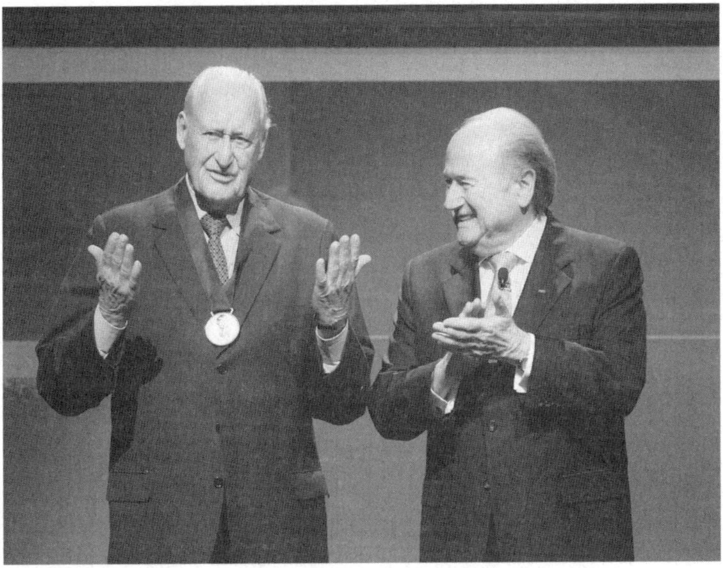

Ein schillerndes Duo, das mehr als vier Jahrzehnte den Weltfußball beherrschte und erfolgreich für das zusehends schlechte Image der FIFA sorgte: João Havelange (links) und Sepp Blatter.

näre direkt aus ihren Luxus-Apartements heraus verhaftet worden waren, ließ sich Blatter zwar erst noch wiederwählen – erklärte aber weitere vier Tage später seinen Rücktritt. Abschütteln konnte er den Ärger damit aber nicht. Die Schweizer Bundesanwaltschaft eröffnete bald ein Strafverfahren wegen einer ungeklärten Zahlung von zwei Millionen Schweizer Franken an den damaligen UEFA-Präsidenten Michel Platini. Blatter erklärte dazu, die Zahlung sei im Rahmen eines mündlichen Vertrags für eine Beratertätigkeit geflossen, die Platini zwischen 1998 und 2002 erbracht habe. Die Bundesanwaltschaft sah das anders, die erhobenen Beweise hätten vielmehr den Verdacht erhärtet, »dass diese Zahlung an Platini ohne Rechtsgrundlage erfolgte«. Und weiter: »Durch diese Zahlung wurde die FIFA am Vermögen geschädigt und Platini unrechtmäßig bereichert.«

Im November 2021 erließ die Bundesanwaltschaft Anklage. Gegen

Blatter wegen Betrugs, Misswirtschaft, Veruntreuung von FIFA-Geldern und Urkundenfälschung. Gegen Platini wegen Betrugs, Veruntreuung, Urkundenfälschung und Beihilfe zu Blatters angeblicher Misswirtschaft. Gegen beide begann im Juni 2022 der Prozess in Bellinzona. Natürlich bestritten die beiden Beschuldigten sämtliche Vorwürfe.

Seltsam mutete es in jedem Fall an, dass der Geld-Transfer gerade da öffentlich wurde, kurz bevor Platini als hoher Favoriã auf die Blatter-Nachfolge zur Wahl zum FIFA-Boss antreten wollte und plötzlich der bis dahin recht unbekannte UEFA-Generalsekretär Gianni Infantino den Thron bestieg. Die Hoffnung, dass unter Infantino wieder mehr Transparenz und Sauberkeit in die FIFA komme, entpuppte sich dann auch schnell als Trugschluss, spätestens nachdem seine Geheimtreffen mit Michael Lauber aufgedeckt worden waren. Lauber ermittelte als Bundesanwalt, um Licht in Zahlungen rund um die Vergabe der WM 2006 zu bringen, wie viel Geld wohin geflossen war. Dass sich der Chefermittler mit dem Chef des in dieser Sache stark involvierten Weltverbandes einfach so traf, ohne dass er darüber Protokoll führte und sich teilweise daran nicht mehr erinnern konnte, wirkte bemerkenswert.

Wegen einer bei einem dritten Treffen zwischen Infantino und Lauber eingereichten Spesenrechnung von »fünf Snacks zu sechs Franken« erhielt die Causa in den Medien bald den schönen Namen *Snackgate*. Lauber wurde abgesetzt, während gegen Infantino ein Verfahren wegen des Verdachts auf Anstiftung zu Amtsmissbrauch und Begünstigung eingeleitet wurde.

Ende 2021 sorgte Infantino dann für Wirbel, als er die Weltmeisterschaften plötzlich nicht mehr im Vier-Jahres-Rhythmus, sondern alle zwei Jahre stattfinden lassen wollte. Sehr zur Empörung der UEFA wie auch des südamerikanischen Kontinentalverbandes CONMEBOL, die um den Stellenwert ihrer Europameisterschaften und der Copa America fürchteten. Was Infantino nicht daran hinderte, gerade die kleineren Verbände mit der Aussicht auf zusätzliche Millioneneinnahmen zu umgarnen.

In welch völlig fremder Welt Infantino herumirrlichtert, zeigte sich, als er als Argument für die Verkürzung des Intervalls erklärte: »Wir müssen den Afrikanern Hoffnung geben, dass sie nicht über das Mittelmeer kommen müssen, um hier vielleicht ein besseres Leben führen zu können. Wir müssen ihnen Möglichkeiten und Würde geben.« Heißt nach dieser Logik: Bei einer WM alle zwei Jahre erledigt sich die Flüchtlingskrise von ganz allein. Später fühlte sich Infantino missverstanden.

Kritik gab es natürlich auch für sein Ranwanzen an die politischen Machthaber dieser Welt. An Putin bei der WM 2018 oder an Trump 2020. Der Donald nannte den Gianni dabei übrigens mal »einen großartigen Freund«. Dabei hatte die Nähe, die enge Verbindung zwischen den Funktionären und Regenten, zwischen Sportchefs und Staatschefs ja schon Tradition. Bei Havelange war das so, und auch schon lange davor war das Geflecht zwischen Fußball und Politik kaum voneinander zu trennen.

Im Mai 1938, drei Wochen vor der WM in Frankreich, empfing die großdeutsche Reichself von Sepp Herberger im Berliner Olympiastadion vor 115 000 Zuschauern die Mannschaft Englands. Auf der Tribüne saßen Nazi-Größen wie Göring, Hess, Ribbentrop. Es geht die Geschichte um, dass Göring so wenig Ahnung von Fußball hatte, dass er mit seinem Fernglas immer auf das englische Tor schaute, während die Treffer gerade auf der anderen Seite fielen. England gewann 6:3.

Für internationale Empörung ob der Anbiederung am Regime sorgte die englische Mannschaft vor Anpfiff, als sie kollektiv die Hand zum Hitlergruß erhob – anders als noch 1936, als die britische Auswahl beim olympischen Fußballturnier den Nazi-Salut verweigert und sich damit Pfiffe seitens des Publikums eingefangen hatte. Woran nun dieser Sinneswandel lag? Es war ein hoher Funktionär des englischen Fußballverbands FA, der die Spieler anwies, diesmal doch bitte den rechten Arm zu heben und auszustrecken, um dem Gastgeber eine höfliche Aufwartung zu erweisen: Es war die Bitte von Generalsekretär Stanley Rous.

1966 IN ENGLAND

Drin oder nicht: Das umstrittenste Tor der Fußballgeschichte sorgt bis heute für Debatten. Helmut Schön feiert seine Premiere als Bundestrainer und legt den Grundstein für die erfolgreichsten Jahre der deutschen Nationalmannschaft. England holt seinen ersten und einzigen Titel. Und ein nordkoreanischer Zahnarzt zieht den Italienern den Nerv.

Als Roger Hunt im September 2021 mit 83 Jahren starb, würdigte man in vielen Nachrufen sein Wirken. Man gedachte seiner elf Profijahre beim FC Liverpool und seiner 285 Tore, die ihn bei den *Reds* zum zweiterfolgreichsten Torschützen der Klubgeschichte nach Ian Rush machten. Man erinnerte auch an seine 34 Länderspiele für England, in denen er 18 Treffer schoss. Als größte Tat aber wurde ihm angerechnet, dass er im WM-Finale 1966 einfach den Arm nach oben riss. Dass er in der 101. Minute vier Meter vor dem deutschen Tor das Jubeln begann und dadurch den sowjetischen Linienrichter Tofik Bachramow derart beeinflusste, dass dieser auf Tor entschied. Englands Treffer zum 3:2, das umstrittenste Tor aller Zeiten, bei dem die Fußballwelt noch heute mit Freude darüber debattiert, ob der Lattenschuss von Geoff Hurst hinter der Linie aufprallte, ob der Ball beim berühmten *Wembley-Tor* drin war oder eben nicht.

Roger Hunt war sich damals ziemlich sicher. Und deswegen wurde England Weltmeister. Und Deutschland nicht.

In den vier Jahren seit der enttäuschenden WM in Chile hatten den deutschen Fußball tiefgreifende Zäsuren geprägt. Zum einen personell mit dem Ende der Ära Herberger, mit dem Abschied des Chefs, der auch nach einem Vierteljahrhundert jeden Morgen im festen Glauben aufwachte, weiter der Richtige zu sein. In der DFB-Spitze sah man das anders, bei den Verbandsbossen wuchs der Wunsch nach einem Wechsel. Dass Schatzmeister Jakob Koenen 1963 im Spiel mit den Medien dann öffentlichkeitswirksam lancierte, sich Gedanken über eine Nachfolge zu machen, empfand Herberger in jedem Fall als ungehörige Majestätsbeleidigung – weshalb er recht indigniert im November 1963 seinen baldigen Rücktritt bekanntgab.

Mochte Herberger kurz vor seinen letzten Länderspielen Mitte 1964 gegen Schottland (2:2) und Finnland (4:1) auch beteuern, er werde sich komplett zurückziehen und bestimmt nicht in die Arbeit seines Nachfolgers dreinreden, auch wegen seiner eigenen Biografie und des mühsamen zweijährigen Machtkampfs mit Vorgänger Otto Nerz zwischen 1936 und 1938, tat er das genaue Gegenteil: Herberger mischte noch jahrelang mit, er kritisierte den neuen Bundestrainer nach Belieben und pflegte weiter ein inniges Verhältnis zu den Spielern.

Am Tag des Endspiels von Wembley ging der weiter in alle Interna eingeweihte Herberger als Gast im deutschen Quartier mit Stürmer Albert Brülls spazieren, dem er offenbarte, dass er in fünf Stunden bei Anpfiff nicht in der Startelf stehen werde. Herberger drückte dabei auch sein Unverständnis aus und erklärte: »Wenn ich Trainer wäre, würden Sie heute einlaufen.« Der Schatten war also noch sehr groß, den Herberger auf den neuen Bundestrainer warf, auf Helmut Schön.

Dabei waren beide jahrzehntelang Weggefährten, 1933 trafen sie sich das erste Mal bei einem Nachwuchslehrgang in Berlin, der Trainer aus Mannheim und der junge 17-jährige Stürmer aus Dresden. 1937 spielte Schön erstmals unter Herberger in der Nationalmannschaft, nach dem Krieg pendelte er zwischen der so schwer zerbombten Heimatstadt und Hamburg, kickte beim FC St. Pauli, auch, um Familie und Freunden Lebensmittel und Waren aus dem Westen in die Sowjetzone zu bringen. 1949 betreute Schön für einige Monate die von der FIFA noch nicht anerkannte Auswahlmannschaft der DDR, doch schon 1950 setzte er sich schließlich ganz in den Westen ab, nach einem Skandalspiel in der entscheidenden Partie um die allererste Meisterschaft der DDR. Schöns Klub, die bei den Parteibonzen als zu bürgerlich angesehene SG Dresden-Friedrichstadt, sollte durch eklatante Fehlentscheidungen des Schiedsrichters 1:5 gegen Horch Zwickau verlieren, ein Klub, der von der Staatsführung als Vorzeigeverein des Arbeiter- und Bauernstaats gefeiert wurde und unbedingt den Titel holen sollte.

Für ein letztes kurzes Gastspiel bei der Hertha ging Schön mit 34 nach West-Berlin, und als er schließlich an der Sporthochschule in Köln seine Ausbildung zum Trainer begann, schloss sich der Kreis. Sein Lehrmeister dort: Sepp Herberger. Schön betreute die Saar-Auswahl bei den Qualifikationsspielen für die WM 1954 gegen die Bundesrepublik, ab 1956 wurde er Co-Trainer unter Herberger. Mit dem verbanden ihn zwar viele gemeinsame Erfahrungen, in ihrem Charakter aber unterschieden sich beide grundlegend. Hier das Arbeiterkind aus einfachen Mannheimer Verhältnissen, dort der Sohn eines Dresdner Kunsthändlers, ein Freund der Muse, der gerne in die Oper ging und mit seinen Nationalspielern später auch mal ins Theater. Hier der mit einer tiefen Überzeugung von sich selbst gesegnete Herberger, dort der sensible Schön, ein chronisch kränkelnder Zweifler, der sich oft hinterfragte und dem vieles auch gesundheitlich auf den Magen schlug. Dabei sollte der deutsche Fußball in den zwölf Jahren seiner Amtszeit als Bundestrainer die bis heute erfolgreichste Phase seiner Geschichte erleben.

Neben dem personellen Umbruch gab es nach dem Turnier in Chile noch einen zweiten entscheidenden Einschnitt: die Einführung der Bundesliga im Jahr 1963. Deutschland hatte nun endlich auch offiziell eine Profiliga, die Spieler durften immerhin bis zu 1200 D-Mark im Monat verdienen, und sie lieferten auch bald schon ihre ersten Idole. Allen voran Franz Beckenbauer, der Sohn eines Postobersekretärs aus der Zugspitzstraße im Münchner Glasscherbenviertel Obergiesing, der als 19-Jähriger 1965 den FC Bayern aus der Zweitklassigkeit in die Bundesliga führte und der dank seines Managers Robert Schwan zum ersten wirklich großen PR-Star des deutschen Fußballs wurde. Unvergessen sein Werbespot-Debüt aus dem WM-Jahr 1966 für Fleischklößchensuppe (»Kraft in den Teller, Knorr auf den Tisch«), für das er sich 12 000 D-Mark aufs Festgeldkonto löffelte und damit deutlich mehr verdiente als bei der Allianz, wo er sich als Sachbearbeiter für KFZ-Policen 450 Mark Monatsgehalt erarbeitete.

Noch überzeugender als in der Werbung freilich waren seine Auftritte auf dem Platz, seine Ruhe, seine Übersicht und vor allem die tänzelnde Leichtigkeit, mit der er aus diesem damals so kernig hemdsärmeligen Malochersport herausstach. Es war eine unbekümmerte Lässigkeit, die ihn auf dem Spielfeld und auch nach der Karriere zunächst noch viele Jahrzehnte begleitete, eine charmante Münchner Nonchalance, die ihn schon irgendwie zu einem frühen *Monaco Franze* der Sechzigerjahre werden ließ.

Bezeichnend auch der Moment, als Helmut Schön Beckenbauer im September 1965 erstmals in die Nationalmannschaft berief. Andere Debütanten sprechen noch heute vor ihren ersten Länderspielen von schlaflosen Nächten und nervöser Anspannung. Beckenbauer aber sagte auf die Frage nach seiner Aufregung am Tag vor dem Spiel milde schmunzelnd: »A bisserl. Aber i denk ma nix.« Der Franz lächelte eben schon immer alles weg.

Dabei stand zu Beckenbauers Einstand schon ein ganz wichtiges Spiel an, das entscheidende WM-Qualifikationsspiel auswärts in Schweden, in dem der DFB-Elf sieben Jahre nach der ominösen *Schlacht von Göteborg* diesmal die Revanche glückte dank des Siegtreffers des zuvor so lange verletzten Uwe Seeler zum 2:1-Endstand. Über die angespannte Atmosphäre im Stockholmer Rasunda-Stadion sagte Beckenbauer nach Abpfiff schulterzuckend: »Weniger aufregend als bei einem Bundesligaspiel.«

Im Land des WM-Gastgebers schrieben die Zeitungen bereits ehrfürchtig über die »neuen Teutonen«, die nun als ein großer Mitfavorit anreisen würden, im kommenden Jahr, im Summer of sixty-six.

Der Respekt sollte kurz vor der WM noch größer werden, als Borussia Dortmund nach zwei Triumphen über englische Mannschaften als erster deutscher Klub einen Europapokal gewann. Als man im Halbfinale des Pokalsieger-Wettbewerbs mit West Ham United erst den Titelverteidiger rauswarf, dann im Endspiel auch noch den FC Liverpool bezwang und die englische Presse danach das gefürchtete Sturmduo um Sigi Held und Lothar Emmerich als *the terrible twins* bezeichnete, die schrecklichen Zwillinge. Der *Sunday Express* warnte: »Wir sollten die Deutschen wie die Masern meiden.«

Die Deutschen waren reif für die Insel – und reif für den Titel, so sah das auch Flugkapitän Schlemmer, als er seine Boeing 727 mit dem deutschen WM-Tross an Bord am 8. Juli eigens über das Endspiel-Stadion Wembley lenkte und über Bordfunk mitteilte: »Hier möchten wir Sie spielen sehen.« Die Passagiere sollten seinen Wunsch gut drei Wochen später erfüllen. Bis dahin war es aber noch ein weiter Weg.

Für die dreiwöchige Mission bezog man in der Grafschaft Derbyshire Quartier, im *Peveril of the Peak Hotel*, je eine gute Stunde Autofahrt von den beiden Vorrunden-Spielorten Sheffield und Birmingham entfernt. In den idyllischen Midlands hatte man wieder eine beschaulich-friedliche Umgebung, eine Wohlfühloase, anders noch als in der Militärschule 1962 in Chile. Dazu gesellte sich nun endgültig eine neue Spielergeneration, noch mehr junge, mündige Bundesliga-Profis, die in den aufregenden Sechzigerjahren Autoritäten durchaus noch anerkannten, aber nicht mehr in so bedingungslosem Obrigkeitsgehorsam wie noch in der Herberger-Zeit. Als ganz anderer Charakter führte Schön die Mannschaft auch nicht mit strenger Disziplin von oben herab wie sein Vorgänger. Die Spieler bekamen mehr Freiraum, auch deswegen, weil Schön, wenn es um harte Entscheidungen ging, oft zauderte und zögerte. Gefühlt lagen zwischen 1954 und 1966 viel mehr als zwölf Jahre.

Zur Standardausstattung jedes der elf Doppelzimmer im *Peveril*

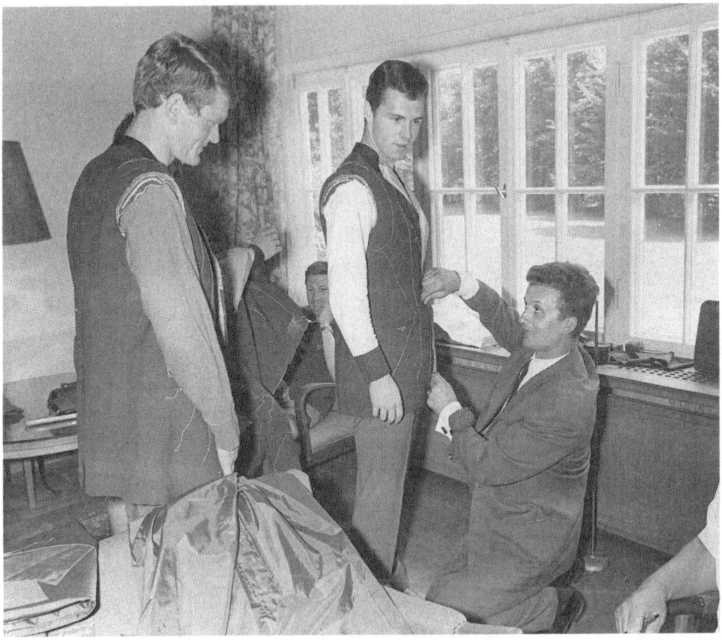

Maß nehmen beim jungen Kaiser: Franz Beckenbauer und Sepp Maier im englischen WM-Quartier in den Midlands beim Einkleiden durch eine Schneiderei.

gehörte ein Tonbandgerät der Firma SABA, auf dem sich die Spieler neben Unterhaltungsmusik auch Motivationssprüche der Berner WM-Helden anhören konnten. Fritz Walter sagte darauf: »Die anderen kochen auch nur mit Wasser.« Und Hans Schäfer erklärte: »Männer, die putze mer weg.« Ob solche Ansagen die Garde um junge Typen wie Beckenbauer und den valentinesken Gaudiburschen Sepp Maier (in England noch Ersatztorwart hinter Hans Tilkowski) wirklich antrieben, ob dank solch angestaubter Plattitüden gestandene Italien-Legionäre wie Helmut Haller, Albert Brülls und Karl-Heinz Schnellinger zu Höchstleistung aufliefen – man darf es bezweifeln.

Trotz der altbackenen Ansagen der Berner Helden – man konnte sie ja abschalten und das gemütliche Landleben in Englands Mitte genießen. Der deutschen Mannschaft ging es jedenfalls deutlich besser als der brasilianischen *Seleção*, im Teamhotel wie im gesamten Turnier. Als Mannschaftsquartier hatten die Brasilianer zunächst ein Haus auf dem Campus der Uni von Liverpool im Blick, doch mit Blick auf die potenziellen Ablenkungen strich der gestrenge Nationaltrainer Vicente Feola, der Brasilien 1958 zum ersten Titel geführt hatte, das schöne Kreativspiel jedoch einer harten Disziplin unterordnete und nun wieder im Amt war, das Domizil von der Liste. Weil man die eigenen Burschen ja kenne. Und auch die Mädchen von Liverpool, so die Begründung. Deswegen ging es unter Feolas Fuchtel raus aufs Land. Ins *Lymm*, ein abgeschiedenes Hotel in Cheshire.

Doch auch ohne Unterkunft in der Stadt der Beatles: Der Titelverteidiger war mit großen Hoffnungen auf den erneuten Platz Nummer eins in den internationalen Fußballcharts angereist, die ganze Nation erwartete den dritten Titel in Serie. Allein die Voraussetzungen waren denkbar schlecht. Nach einem Putsch der Generäle 1964 hatte eine Militärdiktatur das Land fest im Griff. Politiker, Funktionäre und Provinzfürsten strebten einen paritätisch aufgestellten Kader mit Spielern aus allen Landesteilen an, die Vorbereitung endete in ständig neu zusammengewürfelten Aufstellungen und letztlich im Chaos. Dazu waren die großen Stars müde, Garrincha dribbelte sich im realen Leben immer mehr ins Abseits. Und Nationalheld Pelé wirkte gezeichnet von seinem Ruhm, seiner Exposition in der Öffentlichkeit und dem schon lange nicht mehr existenten Privatleben.

Die Heirat mit seiner ersten großen Liebe Rosemarie dos Reis Cholbi im Februar 1966 war die Traumhochzeit, auf die das brasilianische Volk gewartet hatte, der erhoffte Auftakt eines triumphalen Jahres mit dem Gewinn des Titel-Hattricks in England. Doch es folgten Einladungen zu Gesellschaftsevents, Fototermine und Fernsehinterviews, gar eine Tournee durch ganz Europa inklusive Kutschfahrt durch Salzburg und Papst-Besuch im Vatikan.

Pelé war erschöpft, als er in England ankam, und der Rest der Mannschaft war gealtert, viele Leistungsträger jenseits der 30. Tostão, der mit 19 sein WM-Debüt feierte und vier Jahre später für sein Land noch so wichtig werden sollte, sagte einmal: »Die Generation von 1958 und 1962 war verblasst. Es waren nur noch Veteranen.«

Dazu kam die überharte Spielweise, bereits beim 2:0-Pflichtsieg zum Auftakt traten die bulgarischen Gegenspieler mit Vorliebe Pelé nieder, beim 1:3 gegen Ungarn fehlte er verletzt, um dann im entscheidenden Spiel um den Einzug ins Viertelfinale gegen Portugal die größte Schmach seiner Laufbahn zu erleben. Von seinem Widersacher João Morais übel malträtiert, schleppte sich der große Pelé humpelnd über den Platz und erlebte mit Machtlosigkeit ein entsetzliches 0:3-Debakel und das bis heute einzige Aus einer brasilianischen Mannschaft in der WM-Vorrunde. Die Reaktion in der Heimat war entsprechend, auf den Straßen von Rio und São Paulo kam es zu Tumulten, das Haus von Trainer Feola stand unter Polizeischutz.

In Portugal hingegen feierte man die große Sensation. Nie zuvor hatte sich Portugal für ein Endturnier qualifiziert. Die Fans bejubelten ihren Superstar, den erst 24-jährigen Eusébio. Geboren und aufgewachsen in armen Verhältnissen in der portugiesischen Kolonie Mosambik und nach dem frühen Tod seines Vaters mit seinen acht Geschwistern bald Halbwaise, kam er mit 18 zu Benfica Lissabon und wurde schnell ein entscheidender Protagonist in der erfolgreichsten Zeit des Klubs. 1962 führte er Benfica zum zweiten Titel im Europapcup der Landesmeister und zu vielen Meisterschaften, schließlich sorgte er auch mit der bis dahin so ziemlich erfolglosen Nationalmannschaft in England für Furore.

Auch für die Machthaber rund um den autokratischen Herrscher António de Oliveira Salazar war Eusébio ein willkommener Glücksfall. Das Land, das sich schon lange in Agonie durch eine wirtschaftliche Krise, einen ökonomischen *Fado* schleppte, konnte sich wieder berauschen. Nach innen wie nach außen instrumentalisierte Salazar den *pantera negra* Eusébio als vermeintlichen Beleg für eine funktionierende pluralistisch-multikulturelle Gesellschaft, als Rechtfertigung für die koloniale Expansion, als Reinkarnation eines großportugiesischen Reichs.

Manche Historiker mutmaßen, ohne Portugals Erfolg bei der WM 1966 wäre die zum Ende der Diktatur führende Nelkenrevolution von 1974 schon viel früher gekommen.

Die Euphorie dauerte schließlich ja noch weiter an, denn nach dem Sieg über Brasilien wartete im Viertelfinale: Nordkorea! »Die kleinen Männer vom 38. Breitengrad«, wie der *Guardian* schrieb, nachdem die Mannschaft mit einem 1:0 über Italien für eine der bis heute größten Sensationen des Fußballs gesorgt hatte. Spieler aus dem Reich des bösen Stalinismus, denen das Vereinigte Königreich aufgrund der nicht vorhandenen diplomatischen Beziehungen schon die Einreise verweigern wollte und denen man dann das Hissen der Fahne und das Abspielen der Hymne verweigerte.

Mit Argwohn und Skepsis beobachtete man die Delegation, die

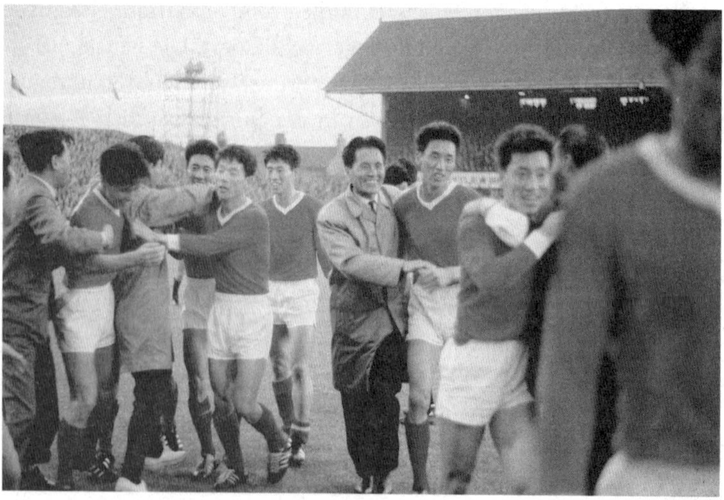

Sorgten in England für Begeisterung und mit dem Sieg über Italien für eine der größten Sensationen der WM-Geschichte: Die Mannschaft von Nordkorea.

zwar auf offizielle Symbolik verzichtete, dafür aber auf den Zugfahrten gerne patriotische Revolutionslieder durch die Abteile der *British Rail* schmetterte. Doch die Bevölkerung schloss die seltsamen Gäste aus Fernost nach und nach immer mehr ins Herz. Gerade in Middlesbrough, wo Nordkorea alle drei Vorrundenspiele austrug, entwickelte sich ein richtiger Hype, vor allem, als ein Zahnarzt namens Pak Doo-Ik mit seinem Tor zum 1:0 den zweifachen Weltmeistern den Nerv zog und Italien aus dem Turnier schoss. Vittorio Pozzo, der Erfolgstrainer von 1934 und 1938, sagte danach: »Der Untergang des Römischen Reichs war nichts dagegen.«

Die Vorbereitung auf das Viertelfinale gegen Portugal in Liverpool verlief allerdings suboptimal, Team Nordkorea nächtigte nämlich in einem Jesuitenkloster. Viele Spieler, so die Überlieferung, konnten nicht schlafen, weil sie sich wegen des dargestellten Martyriums an der Zimmerwand so gruselten. Den gekreuzigten Jesus Christus sahen sie zum ersten Mal. Am nächsten Tag schien sich dennoch die nächste Sensation anzubahnen, als Nordkorea nach nur 24 Minuten 3:0 führte – bevor Eusébio im Alleingang das Spiel drehte und beim anschließenden 5:3 die ersten vier Tore selbst schoss.

Und was war eigentlich mit den Deutschen?

Auch die erzielten gleich mal fünf Treffer, beim Auftakt gegen die Schweiz. Je zweimal Haller und Beckenbauer, dazu mit Sigi Held ein *terrible twin*. Lothar Emmerich, der zweite Zwilling, hob sich seinen großen Moment nach dem 0:0 gegen Argentinien für das abschließende Gruppenspiel gegen Spanien (2:1) auf – als er beim 1:1 im fast von der Auslinie aus spitzesten aller Winkel den Ball unter die Latte jagte. »Ein Tor gegen alle Vernunft«, meinte Helmut Schön danach. Der Reporter des *Daily Express* prophezeite gar: »Und wenn ich 90 werde, so ein Tor werde ich nie mehr sehen.«

Vermutlich dürfte er auch ein Spiel wie das der Deutschen gegen Uruguay im Viertelfinale kaum ein zweites Mal mehr verfolgt haben. Ein seitens der *Celeste* hässlich harter Rüpelkick, noch unfeiner als das herbe Zutreten der Argentinier in der Vorrunde. Ein nicht mit

Elfmeter geahndetes Handspiel von Schnellinger auf der Torlinie brachte den Gegner um die Fassung, Tritte, Hiebe, eine Ohrfeige gegen Uwe Seeler, am Ende spielten die Urus noch zu neunt, Deutschland gewann leicht mit 4:0.

England, Portugal, Deutschland und die Sowjetunion: vier Europäer im Halbfinale. Für die Fraktion aus Südamerika Anlass genug, Betrugsvorwürfe zu erheben. Uruguays Platzverweise gegen Deutschland, die skandalösen Umstände bei Brasiliens Niederlage gegen Portugal, beide Partien unter Leitung englischer Schiedsrichter. Im Viertelfinale zwischen England und Argentinien wiederum pfiff der Franke Rudolf Kreitlein, der Kapitän Antonio Rattin früh vom Platz stellte: Wegen Schiedsrichterbeleidigung, was in ganz Südamerika für Empörung sorgte. Man witterte eine große Verschwörung. Von einer »Mafia europäischer Schiedsrichter« sprachen südamerikanische Funktionäre, von einem Masterplan des englischen FIFA-Präsidenten Stanley Rous, der die *Coupe Jules Rimet* unbedingt auf dem eigenen Kontinent lassen wollte, am liebsten gleich auf der heimischen Insel.

So wie es dann auch kam.

Während Englands Bobby Charlton mit zwei Toren Eusébio und ganz Portugal zum Weinen brachte, überragte im zweiten Halbfinale beim 2:1 gegen die Sowjets erneut das bayerisch-schwäbische Duo um die kongenialen Mittelfeldstrategen wie auch Torschützen Beckenbauer und den gebürtigen Augsburger Haller.

Nun also Wembley, das Finale. Das Stadion, das man drei Wochen zuvor aus dem Flugzeug gesehen hatte. Ein Spiel vor 97 000 Zuschauern, angeheizt von der englischen *Yellow Press*, die 21 Jahre nach Kriegsende wieder gegen ihren Lieblingsfeind ätzte. Das mit Spannung erwartete Duell der beiden Antreiber, Beckenbauer gegen Charlton. Die Queen in der Ehrenloge und natürlich der dramatische Spielverlauf. Die frühe Führung durch Haller, Englands Antwort durch Hurst und Peters, der Ausgleich durch den Kölner Wolfgang Weber eine Minute vor Schluss, als sich die Queen in ihrer Ehrenloge schon auf die nahende Pokalübergabe eingestimmt hatte.

Und dann die Szene nach 100 Minuten und zwölf Sekunden, die noch Jahrzehnte später die Welt des Fußballs, der Stammtische und der Wissenschaft beschäftigen sollte. Eine Studie zweier Ingenieure der Universität Oxford kam mithilfe einer Computersimulation 1995 zu dem Ergebnis, dass der Ball, den Geoff Hurst halbrechts aus gut sechs Metern auf Hans Tilkowskis Tor schoss, nach dem Lattentreffer vor der Linie auf den Rasen prallte. Der englische TV-Sender *Sky* wiederum konterte zwei Jahrzehnte später – sehr zur Freude einer ganzen Nation –, man habe mit einer Virtual-Reality-Technologie bewiesen, dass die Kugel hinter der Linie war, damit stützte man die These von Bundespräsident Heinrich Lübke, der nach dem Finale zum Entsetzen der deutschen Fans sagte: »Der Ball war drin.«

So wie es eben auch Linienrichter Bachramow sah, der auf Nachfrage des Schweizer Schiris Gottfried Dienst auf Tor entschied – be-

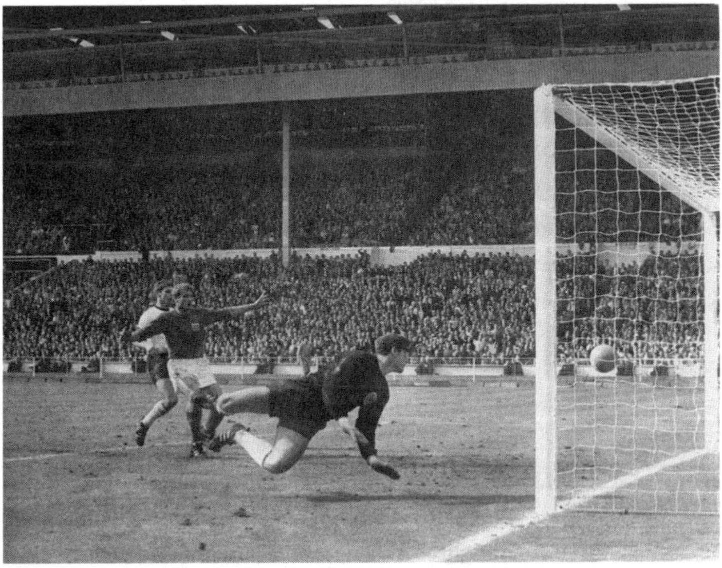

Drin oder nicht? Über das Wembley-Tor durch Geoff Hurst (nicht im Bild) streitet die Welt seit Jahrzehnten. Der Jubel von Roger Hunt (Mitte) spielte jedenfalls eine entscheidende Rolle.

vor er ein Jahr später im *Corriere dello Sport* bekannte: »Ich habe nicht gesehen, dass der Ball im Tor war. Aber ich sah, wie der Engländer Hunt die Arme hochriss.«

Bachramow wird in seiner Heimat Aserbaidschan übrigens bis heute vergöttert. Das Nationalstadion von Baku trägt seinen Namen, davor stellte man ihm zu Ehren eine Statue auf, enthüllt wurde sie unter anderem von Geoff Hurst. Besonders bizarr liest sich der Mythos, er habe auf seinem Totenbett 1993 noch ein letztes Wort geflüstert: »Stalingrad.« Gab er das dritte Tor als Rache für den Überfall von Hitler-Deutschland auf die Sowjetunion?

Bedeutungslos und letztlich auch irregulär war in diesem Endspiel noch Hursts Tor Sekunden vor Ende der Verlängerung zum 4:2, als bereits Dutzende begeisterte Zuschauer den Platz gestürmt hatten. *Bild* titelte am Tag danach: »Wir haben 2:2 verloren.«

Der unvergessene BBC-Reporter Kenneth Wolstenholme formte damals diese legendären Zeilen, die in England heute so berühmt sind wie bei uns die von Herbert Zimmermann aus Bern 1954. »They think it is all over«, kommentierte er angesichts der Menschen, die in der 120. Minute aufs Spielfeld rannten. Sekunden später traf Hurst zum 4:2. Und Wolstenholme sagte, ganz unaufgeregt: »It is now.«

Trotz der unglücklichen Niederlage gab es, zurück in der Heimat, einen triumphalen Empfang vor Zehntausenden Menschen, als man die Tradition begründete, die deutsche Mannschaft auf dem Rathausbalkon am Frankfurter Römer zu begrüßen.

Noch mehr feierte man natürlich in England, in dem die Bilder vom Swinging London, der Beatles und der Stones, der Carnaby Street, der Miniröcke und der Twiggy das Bild der harten Realität nur übertünchten. Wo der neue Labour-Premier Harold Wilson mit wirtschaftlichen Problemen und großer Arbeitslosigkeit zu kämpfen hatte, wo latenter Rassismus bleierne Tristesse über das Land legte und die rein weiße englische Nationalmannschaft noch mehr das alte koloniale Empire verkörperte. Es dauerte bis 1978, als mit Viv Anderson der erste schwarze Spieler im Nationalteam der *Three Lions* stand.

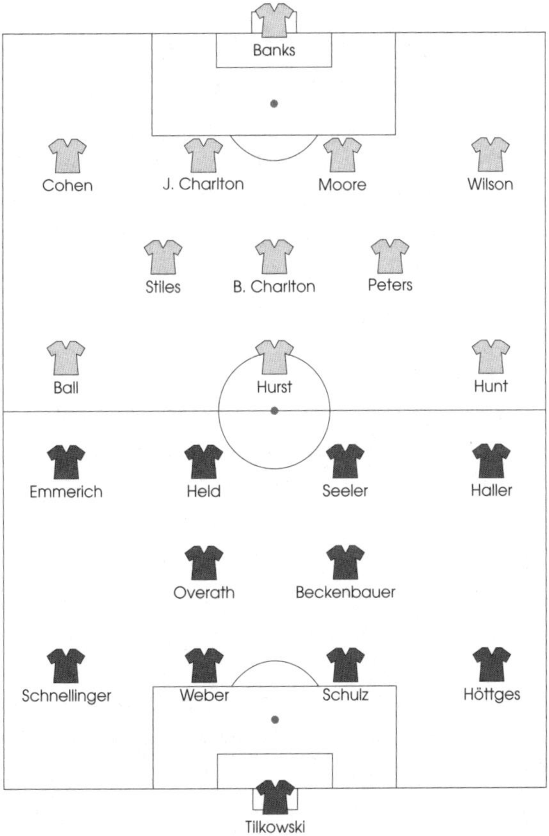

Startaufstellung England (oben) gegen Deutschland (unten), WM-Finale 1966

Noch länger dauerte es, bis England überhaupt wieder das Finale eines großen Turniers erreichte, 2021 bei der EM, wieder in Wembley, als man gegen Italien verlor. Natürlich im Elfmeterschießen. Aber dazu später mehr.

So labt sich England noch heute am Triumph von 1966, als man noch keine heute übliche Technologie benötigte, um Weltmeister zu werden, keinen Videobeweis und keinen eingebauten Funkchip im Ball. Brauchten sie damals alles nicht. Damals hatten sie ja Roger Hunt.

AUCH DAS NOCH WAS SIE SONST ÜBER DIE WM 1966 UNBEDINGT WISSEN MÜSSEN

0 Tore fielen beim erstmals von der FIFA offiziell als Eröffnungsspiel deklarierten Turnierstart zwischen England und Uruguay. So wie auch in den folgenden drei Auftaktbegegnungen einer WM. Das erste Tor bei einem amtlichen Eröffnungsspiel fiel 1982 beim 0:1 von Titelverteidiger Argentinien gegen Belgien.

1 WM-Spiel erlebte das White City Stadium im Londoner Stadtteil Hammersmith. Die für die Olympischen Spiele von 1908 erbaute Arena musste als Ersatz-Spielort für die Partie Uruguay–Frankreich (2:1) herhalten. Der Besitzer des Wembley-Stadions hatte sich geweigert, das für diesen Tag terminierte Windhunderennen zu verschieben. 1985 wurde das Stadion für einen Neubau der BBC abgerissen. Irlands Folk-Punker von *The Pogues* huldigten dem Stadion in ihrem Song »White City« (1989).

7 Tage verschwunden war der Jules-Rimet-Pokal. Unbekannte entwendeten am 20. März 1966 die WM-Trophäe, die als schmückendes Exponat eine Briefmarken-Ausstellung nahe der Westminster Abbey zierte. Am 27. März entdeckte der vierjährige Collie Pickles bei einem Spaziergang mit seinem Herrchen David Corbett den Cup, eingewickelt unter einem Auto in Upper Norwood im Süden Londons. Nach dem WM-Sieg Englands wurde Pickles aus Dank zum Siegerbankett eingeladen, Mr Corbett bekam 6000 Pfund Finderlohn. Hund und Herrchen waren monatelang gefeierte TV-Stars, Pickles bekam auch in der Filmkomödie *Der Spion mit der kalten Nase* eine Rolle. 1967 endete das Leben des Hundes tragisch, als sich sein Halsband bei der Jagd nach einer Katze an einem umgestürzten Baum verfing und er stranguliert wurde.

11 Tage nach dem WM-Finale kam es zum erneuten Aufeinandertreffen zwischen Franz Beckenbauer und Bobby Charlton. In einem Testspiel im Stadion an der Grünwalder Straße empfing der FC Bayern Manchester United. Vor 25 000 Zuschauern gewannen die Bayern durch Tore von Müller (2), Beckenbauer, Brenninger locker 4:1.

16 WM-Spiele sollte Helmut Schön zwischen 1966 und 1978 mit der Nationalmannschaft gewinnen. Bis heute der Trainer mit den meisten Siegen bei einer WM-Endrunde.

17 Tore erzielte Portugal während der WM. Bis heute der letzte Neuling, der die meisten Turniertreffer schoss.

20 Stunden vor dem Finale ging Alf Ramsey mit Englands Nationalmannschaft noch zu Fuß ins Kino. Am Vorabend des Endspiels sah man nahe des Teamquartiers Hendon Hall Hotel in Nord-London *Die tollkühnen Männer in ihren fliegenden Kisten*. Am nächsten Morgen gingen manche Spieler noch individuell in Cafés zum Frühstücken.

21 Jahre nach 1945 nannte die *Daily Mail* die Fußball-WM in England das »größte internationale Ereignis seit dem Zweiten Weltkrieg« und schrieb am Tag des Endspiels für den Fall einer Niederlage in Anlehnung an World War I & II: »Wenn die Deutschen heute in unserem Lieblingssport gegen uns gewinnen, können wir uns damit trösten, dass wir sie kürzlich zweimal in ihrem geschlagen haben.«

25 Gegentore kassierte Mexikos Antonio Carbajal in elf Spielen zwischen 1950 und 1966. Bis heute der Torwart mit den meisten WM-Gegentoren.

30 Jahre nach dem WM-Finale kehrte Helmut Haller nach England zurück. Im Gepäck dabei hatte er den Spielball, den er sich nach

Abpfiff des Endspiels geschnappt, unter dem T-Shirt heimlich in die Kabine geschmuggelt und schließlich heim nach Augsburg genommen hatte. Kurz vor der EM 1996 kramten englische Boulevardmedien die alte Geschichte des blonden Balldiebs wieder aus, drängten auf die Rückgabe des Beutestücks, um damit – so die Hoffnung – die Nation vom Fluch der Erfolglosigkeit bei Großturnieren zu erlösen. Haller übergab die Lederkugel schließlich an Geoff Hurst, seitdem liegt der Ball im *National Football Museum* in Manchester. Der Fluch freilich blieb trotzdem.

1970
IN MEXIKO

Live und in Farbe: Das bunte Turnier wird zum globalen TV-Spektakel und zum Event der Superlative – mit dem Jahrhundertspiel, dem Jahrhundertweltmeister und der Jahrhundertparade. Pelé führt Brasilien zum dritten Titel, in der deutschen Nationalmannschaft erwächst erstmals eine Achse des FC Bayern. Beckenbauer spielt mit festgeklebtem Arm, schimpft über die Dicken im Angriff und gibt Tipps an der Tankstelle.

Pelé hatte genug, nach dem schmachvoll frühen Aus bei der WM in England. Wollte es sich nicht mehr antun, so wie in der Vorrunde 1966 gegen Portugal von Gegenspielern mit gewetzten Messern über den Platz gejagt und zusammengetreten zu werden. Daheim in Brasilien bei den Spielen seines FC Santos, da hatten auch die Gegner Respekt vor ihm, da behandelte man ihn ordentlich. Nur wenn es international mit der *Seleçao* gerade gegen europäische Gegner ging, da wurde er zum Freiwild.

Es sei seine letzte Weltmeisterschaft gewesen, sagte Pelé deswegen auch nach dem Turnier in England. Und machte deutlich, ein Comeback für 1970 sei ausgeschlossen. Der König dankte ab.

Natürlich kam dann alles wieder ganz anders, denn nicht nur das Volk begehrte auf. Die Rückkehr von Pelé in die *Seleção* wurde gar zur Staatsaffäre, als auch die Machthaber der Militärjunta auf ein Comeback drängten. Sogar TV-Spots im brasilianischen Fernsehen wurden geschaltet, in denen ein Junge Pelé entgegenrief: *Rey, ¿no vas a volver?* König, willst du nicht umkehren?

Pelé erhörte schließlich den Ruf des kleinen Buben, des Volkes und der Generäle. Und schlüpfte im Herbst 1968 beim 4:0 gegen Paraguay erstmals wieder in das gelbe Trikot mit der Nummer 10 – bevor er zwei Jahre später Brasilien zum erneuten Titel führte und damit bis heute zum einzigen Spieler wurde, der dreimal eine Weltmeisterschaft gewinnen konnte. Der König war nun unsterblich.

Mexiko 1970, das war eine ganz besondere Weltmeisterschaft. Das erste Turnier aus Lateinamerika, bei dem alle Spiele in Europa live auf dem Bildschirm zu sehen waren – weshalb viele Partien bereits um zwölf Uhr mittags in sengender Hitze angepfiffen wurden, um östlich des Atlantiks pünktlich zum Feierabendbier ins Wohnzimmer zu senden. Wer schon einen Farbfernsehapparat hatte, sah dabei ein herrlich buntes Sammelsurium von friedlich feiernden Fans aus aller Welt. Die politische Situation freilich, die autoritäre Führung von Staatspräsident Gustavo Díaz Ordaz, der zwei Jahre zuvor für das *Massaker von Tlatelolco* verantwortlich war, als Sicherheitskräfte 300 friedlich demonstrierende Studenten töteten, blendete man dabei gerne aus.

Mexiko 1970 war die vielleicht erste große Fußballparty in der Geschichte, für viele gilt sie in sentimentaler Verklärung als die WM mit dem schönsten Fußball. Unbestritten: Es war das Turnier mit der wundervollsten Weltmeistermannschaft aller Zeiten, die WM mit der legendärsten Torwartparade. Und dann gab es natürlich noch ein Jahrhundertspiel.

Helmut Schön hatte mit seiner Nationalmannschaft nach der Vizeweltmeisterschaft in England eine recht zähe Zeit erlebt, der bittere Tiefpunkt war die *Schmach von Tirana*, als man mit einem blamablen 0:0 in Albanien die EM 1968 verpasste und damit zum einzigen Mal überhaupt bei der Qualifikation für ein großes Turnier scheiterte. Und auch für Mexiko wurde es eng, erst ein knappes 3:2 im letzten Qualifikationsspiel gegen Schottland sicherte dank eines Treffers des Schalkers Reinhard Libuda das WM-Ticket. Zu Libuda, der in Anlehnung an den großen englischen Rechtsaußen Sir Stanley Matthews auch *Stan* genannt wurde, gibt es die oft erzählte Anekdote, wie in den Sechzigerjahren im Ruhrpott auf religiösen Plakaten mit dem Spruch »An Gott kommt keiner vorbei« ein Fan darunter schrieb: »... außer Libuda«.

In Mexiko blieb Libuda nur eine Randfigur, ebenso wie Helmut Haller, der in England noch im famosen Zusammenspiel mit Franz Beckenbauer geglänzt hatte. Der Legionär von Juventus Turin reiste nach einer langen Verletzung schwer angeschlagen zur WM, die konditionellen Mängel wurden im ersten Spiel sichtbar, als er sich in desolater Verfassung über den Platz quälte. Den Rest des Turniers verfolgte er von der Tribüne aus. Als Kommentator für den italienischen Rundfunk.

Das große Thema, mit dem sich die Öffentlichkeit in Deutschland vor dem Turnier beschäftigte, drehte sich aber nicht um Libuda und Haller. Sondern um Gerd Müller und Uwe Seeler und die Frage: Können beide in Mexiko auch zusammen? Oder nur jeder ohne den anderen? Es herrschte ein Reizklima mit großem Konfliktpotenzial zwischen dem jungen Stürmerstar vom FC Bayern, der in der Saison zuvor mit 38 Treffern Torschützenkönig in der Bundesliga geworden war, und dem Altmeister vom Hamburger SV, der trotz langwieriger Rückenbeschwerden vor seiner vierten WM stand und sich auch bei den Fans uneingeschränkter Beliebtheit erfreute. Bei einer bundesweiten Umfrage zu den großen Vorbildern der Menschheit belegte er in jener Zeit den ersten Platz. Uwe Seeler vor Willy Brandt, John F. Kennedy und Martin Luther King.

Auch beim letzten Testspiel, einem 1:0 gegen Jugoslawien drei Wochen vor Turnierbeginn, standen sie sich beide meist im Weg und fanden nicht zusammen. Zu eskalieren drohte die Situation, als Gerd Müller via Boulevardmedien proklamierte: »Er oder ich.«

Dass es am Ende doch mit beiden zusammenging und wie wertvoll beide als harmonierende Doppelspitze funktionieren sollten, das zeigte sich erst im Lauf des Turniers – und war sicher auch Helmut Schön zu verdanken, der im Mannschaftsquartier die beiden gemeinsam in Doppelzimmer Nr. 15 steckte. Die klügste Zimmerbelegung seit Fritz Walter und Helmut Rahn in Spiez 1954.

Als Stützpunkt residierte das deutsche Team im *Hotel Balneario* in Comanjilla, ein Ort, den der Korrespondent der *Süddeutschen Zeitung* als »Oase inmitten einer kargen Sandwüste, die als Kulisse für Bonanza-Filme gedient haben könnte«, bezeichnete. Den Großteil ihrer freien Zeit verbrachten die Spieler dabei am Beckenrand des Swimmingpools. Im *Spiegel* konnte man darüber lesen, dass sich Spieler wie Willi Schulz und Horst Wolter über Börsenkurse austauschten oder Franz Beckenbauer mit der Frau von Manager Schwan neue Werbeverträge für die Zeit nach der WM aushandelte. Was Beckenbauer über die WM selbst dachte, erfuhr man in Deutschland aus seinem Bildband *Mexico*, das tausend Fragen und tausend Antworten versprach, erhältlich für 4,90 Mark an jeder Aral-Tankstelle.

Das smarte Jungunternehmertum hatte Einzug gehalten in den Reihen der deutschen Mannschaft, an der die spannende 68er-Zeit mit ihren Unruhen und Revolten recht spurlos vorübergegangen war. Aufmüpfige Rebellen mit gesellschaftspolitischem Mitteilungsdrang und Umsturzfantasien à la APO suchte man hier vergebens. Warum auch? Es gab für sie als gut verdienende Profis und Werbebotschafter keinen Grund, etwas zu verändern. Es sei denn, es wird dafür gut gezahlt.

Große Aufregung herrschte vor dem Turnier, als der Sportartikelhersteller Puma den Herzogenauracher Nachbarn und Dauerkonkurrenten Adidas ausstechen wollte und jedem Nationalspieler laut Zeitungsberichten 15 000 D-Mark für einen Schuhwechsel anbot. Vom *Schuhkrieg* war schon die Rede, bevor Helmut Schön eines der wenigen Machtworte in seiner Karriere sprach und verordnete: Wer nicht in die Stiefel des langjährigen Partners Adidas schlüpft, könne gleich wieder heimfliegen. Diesen Schuh wollte sich dann doch keiner anziehen.

So marschierte die deutsche Mannschaft mit drei Streifen und drei Siegen recht souverän durch die Vorrunde, einem noch mühsamen 2:1 gegen Marokko folgten ein 5:2 über Bulgarien und ein 3:1 gegen Peru, und so konnte Gerd Müller nach der Gruppenphase beim allwöchentlichen Telefonat aus dem *Balneario* mit seiner Frau Uschi daheim in München schon von seinen ersten sieben Turniertreffern erzählen. Drei weitere machten ihn schließlich im weiteren Verlauf zum souveränen Torschützenkönig der WM.

Nach den nicht wirklich prickelnden Gegnern zu Turnierbeginn freute man sich nun umso mehr auf das Viertelfinale. Auf Titelverteidiger England. Auf die Revanche von Wembley. England galt vor der WM als großer Favorit auf einen erneuten Erfolg, man hatte sich zur Akklimatisierung mit Testspielen in Kolumbien und Ecuador schon lange vor der WM auf die dünne Höhenluft in Mexiko vorbereitet. Die Höhe war überhaupt ein großes Thema. Manche Teams wie Bulgarien nahmen gleich Sauerstoffgeräte mit, als brächen sie zu einer Everest-Expedition auf, der *Spiegel* wiederum klärte die Leser über den 2300 Meter hohen Finalort auf: »In Mexico City muss jeder Flachländer viermal atmen, um so viel Sauerstoff aufzunehmen wie in der Ebene mit drei Atemzügen.« Sepp Herbergers einstiger Assistent, der staubtrockene Dettmar Cramer hingegen warnte mit markigen Worten alter Schule, die größte Gefahr bestehe darin, dass die Spieler wegen der Panik um die dünne Luft zu Hypochondern würden.

Englands Trainer Sir Alf Ramsey jedenfalls hatte noch immer eine Mannschaft rund um die WM-Helden von 1966 beisammen. Sechs Weltmeister bildeten den Kern der *Three Lions*, darunter Kapitän Bobby Moore, Bobby Charlton und auch Geoff Hurst, der dreifache Finaltorschütze von Wembley.

Mit dabei war auch wieder Gordon Banks, dem im Vorrundenspiel gegen Brasilien eine Rettungstat gelang, die gerne als die größte Parade aller Zeiten bezeichnet wird. In England heißt sie noch immer *The Save of the Century*. Oder auch einfach nur, was noch größer klingt: *The Save*. Auf YouTube kann man sich die Szene anschauen, wie der unwiderstehlich elegante Jairzinho über die rechte Seite läuft, von der Auslinie nach innen zu Pelé flankt, der nach einem gewaltigen Sprung den Ball mit atemberaubender Wucht Richtung linkes unteres Toreck köpft – bevor plötzlich aus dem Nirgendwo Gordon

Banks in seinem blauen Torwartpulli heranhechtet und die Kugel mit der rechten Hand über die Torlatte schaufelt. Eine Aktion wider jede Logik, die immer noch fassungslos macht. Pelé meinte noch Jahrzehnte später, er habe sich die Szene immer wieder angesehen, er könne es bis heute aber nicht begreifen, dass der Ball nicht reinging. »Ein blaues Phantom, das aus dem Nichts kam«, sagte er einmal. »Das waren die Hände eines Zauberers.«

Auch von Bobby Moore ist ein schönes Zitat überliefert. Als sich nach der heroischen Glanztat die Mannschaften auf Brasiliens Eckball vorbereiteten, ging er zu seinem Torwart und sagte: »Du wirst alt, Banksy. Früher hättest du den Ball festgehalten.«

Gordon Banks, den ab diesem Tag eine tiefe und innige Freundschaft mit Pelé verband und den man auch gern wegen seiner Zuverlässigkeit *Banks of England* nannte, erklärte 2016, drei Jahre vor seinem Tod, das sei noch nicht mal seine beste Tat gewesen. Er erwähnte dabei eine Parade in einem Ligapokalspiel mit Stoke City gegen West Ham United. Ein Spiel, das freilich kaum ein Mensch auf der Welt gesehen hat, ganz im Gegensatz zum WM-Kracher gegen Brasilien. Dass Brasilien dennoch durch ein Jairzinho-Tor 1:0 gewann, war nicht weiter bedeutend, führte aber dazu, dass England als Gruppenzweiter eben auf Deutschland traf.

Wie ein Treppenwitz mutet es an, dass Gordon Banks dieses Spiel wegen einer Magen-Darm-Verstimmung versäumte. Dass das ausgerechnet den Engländern passieren musste, die aus Angst vor *Montezumas Rache* nicht nur ihren eigenen Koch, sondern sämtliche Lebensmittel mit nach Mexiko importiert hatten. Nicht bedacht hatten sie das lokale Bier, das sich Banks vor dem Abflug zum Viertelfinale nach León noch im Golfklub am Stützpunkt in Guadalajara genehmigte – und nach dessen Genuss er bereits eine halbe Stunde später flachlag und fortan zwischen Bett, Waschbecken und Toilette pendelte. Für ihn spielte Ersatzkeeper Peter Bonetti vom FC Chelsea.

Sorgen gab es auch bei Helmut Schön. Franz Beckenbauer war angeschlagen, um seinen rechten Oberschenkel zog sich nach einer Attacke eines peruanischen Gegenspielers im letzten Vorrundenspiel ein dicker Verband. »I hob an dicken Bluterguss«, gab Beckenbauer den Journalisten zu Protokoll, »i konn as Knia bloß hoib abbiagn.«

Mochte die Erleichterung anfangs groß sein, als Helmut Schön Entwarnung gab und den Bayern-Spielmacher in die Startelf stellte, so folgte im Spiel selbst bald die Ernüchterung. Der Weltmeister spielte die Schön-Truppe nach Belieben aus, nach den folgerichtigen Treffern durch Mullery (32.) und Peters (50.) schienen das Aus und die sicherheitshalber schon für zwei Tage später gebuchte Rückreise bereits besiegelt. Doch dann kippte das Spiel, von dem man später auch als *Wunder von León* sprach und das den Beginn einer wegweisenden Bayern-Achse in der deutschen Nationalmannschaft markieren sollte. Mit dem ersten Europapokalsieg 1967 und dem ersten Bundesliga-Titel 1969 hatte eben der Aufstieg zu einer prägenden Ära als einer der weltbesten Klubs begonnen. Und immer mehr bildeten Spieler des FC Bayern auch das Gerüst der Nationalelf. Mit Sepp Maier im Tor, der nach starken Paraden auch einen üblen Kinnhaken von Francis Lee wegsteckte. Mit Franz Beckenbauer im Mittelfeld, der mit seinem Tor aus 20 Metern nach 68 Minuten den wichtigen Anschlusstreffer erzielte. Mit Gerd Müller im Sturm, der in der 108. Minute zum 3:2 traf, nachdem Uwe Seelers sagenhaftes Tor mit dem Hinterkopf neun Minuten vor Ende der regulären Spielzeit die Verlängerung ermöglicht hatte.

»Eines der größten Spiele einer deutschen Nationalmannschaft«, jubilierte Helmut Schön, als abends zurück im Quartier unter den Klängen einer mexikanischen Folklore-Combo der Einzug ins Halbfinale kräftig gefeiert wurde. England hingegen haderte mit sich und mit Alf Ramsey, der nach Beckenbauers Tor zum 1:2 den folgenschwersten Fehler seiner Trainerlaufbahn beging, als er den überragenden Bobby Charlton in der Mittagshitze von León bei rund 50 Grad auswechselte, um ihn für das nächste Spiel zu schonen. Charlton sagte später: »So gut wie an diesem Tag hatte ich mich niemals sonst in meiner Laufbahn gefühlt. Ich hätte noch Stunden spielen können.«

Eine auf der Insel bis heute geläufige These besagt übrigens, dass das Aus gegen Deutschland mitentscheidend für die Wahlniederlage von Premier Wilson bei den Parlamentswahlen vier Tage danach war. Fünf Wochen zuvor hatte seine Labour-Partei in den Umfragen noch sichere 7,5 Prozent vor den Tories gelegen. Umgerechnet in die Währung des Fußballs in etwa eine 2:0-Führung nach 68 Minuten. Am Ende gewann der konservative Herausforderer Edward Heath knapp mit 3:2. Mit einem Abstand von 3,3 Prozent.

In seinen Memoiren schrieb Wilsons damaliger Sportminister Denis Howell viele Jahre später: »Ab dem Moment, als Bonetti das dritte Tor kassierte, begann für Labour, alles in die falsche Richtung zu laufen.«

In die richtige Richtung ging es dagegen für die Truppe von Helmut Schön, und zwar in Richtung Mexiko-Stadt. Dass dieses Halbfinale am 17. Juni 1970 im Aztekenstadion ein Spiel für die Ewigkeit würde, von dem man sich noch Generationen später erzählen sollte, das war freilich nicht zu erahnen. Italien war 1968 zwar Europameister geworden, das Nordkorea-Debakel von 1966 saß aber noch immer tief. In der WM-Qualifikation setzte man sich erst im letzten Spiel gegen die aufstrebende Auswahl der DDR durch, und auch in Mexiko quälte man sich mit bis zur Perfektion kultiviertem Catenaccio durch die Vorrunde und zog nach drei Spielen mit einem sagenhaften Torverhältnis von 1:0 ins Viertelfinale ein. Als Gruppensieger. Der epochale Triumph des unerträglichen Minimalismus.

Umso erstaunlicher die Offensivfreude im Viertelfinale, als beim 4:1 über Mexiko zwei bis heute verehrte Helden des italienischen Fußballs den Gastgeber im Duett aus dem Turnier schossen. Luigi Riva, zwischen 1967 und 1970 dreimal als *Capocannoniere* Torschützenkönig der Serie A, der 13 Jahre trotz lukrativer Angebote seinen US Cagliari nie verließ und so zu einem sardischen Volkshelden emporstieg. Seit 2005 wird seine Rückennummer 11 in Cagliari nicht mehr vergeben. Und Gianni Rivera, damals einer der weltbesten Stürmer, Europacup- und Weltpokalsieger mit dem AC Mailand.

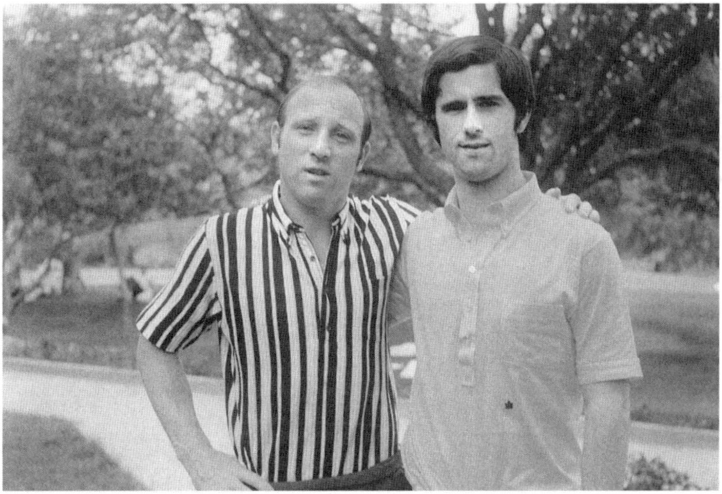

Erst Rivalen, dann Zimmergenossen und gute Freunde: Der alte Uwe Seeler und der junge Gerd Müller im WM-Quartier in Comanjilla.

Die Sympathien im Publikum waren schon vor diesem nun denkwürdigen Halbfinale klar verteilt. Weil die Mexikaner unter den 102 444 Zuschauern den Italienern den Sieg über ihre Mannschaft noch immer nachtrugen, hagelte es Pfiffe gegen die Azzurri und Anfeuerungsrufe für Alemania. So blieb der Jubel überschaubar, als Roberto Boninsegna von Inter Mailand mit einem 20-Meter-Schuss schon nach sieben Minuten traf. Es entwickelte sich eine Partie voller Dramatik mit vielen Chancen und mit einem lädierten Franz Beckenbauer, dem Pierluigi Cera nach 50 Minuten das Schultereckgelenk sprengte. Nach langer Pause spielte Beckenbauer weiter, den rechten Arm mit Leukoplast ans Trikot fixiert. Den Eintrag in den Geschichtsbüchern hätte das Spiel natürlich nie gefunden, hätte der peruanische Schiedsrichter Arturo Yamasaki wie damals üblich nach 90 Minuten pünktlich abgepfiffen. Doch er ließ vier Minuten nachspielen. Dann kam eine Flanke von Jürgen Grabowski, Karl-Heinz Schnellinger grätschte den Ball aus fünf Metern zum umjubelten Ausgleich. »Ausgerechnet Schnellinger«, wie Ernst Huberty in sei-

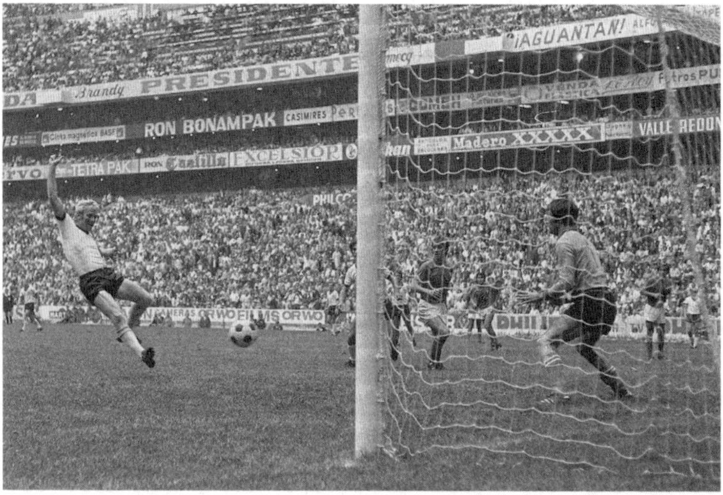

Erst sein Ausgleichstor ermöglichte die Verlängerung und damit das Spiel des Jahrhunderts: Karl-Heinz Schnellinger beim legendären Halbfinale gegen Italien.

ner Live-Reportage meinte. Weil Schnellinger doch in Italien beim AC Mailand kickte.

Wenig später, dann schon in der Verlängerung, sagte Huberty: »Wenn Sie jemals ein echtes Müller-Tor gesehen haben, dann jetzt.« Der unbegreifliche Gerd Müller hatte einen Rückpass von Poletti zu Torwart Albertosi mit der Fußspitze abgelenkt, derart zärtlich gefühlvoll, dass der Ball so sanft über die Linie trudelte, dass er nicht einmal das Netz berührte. »Gibt es noch eine Steigerung?«, fragte der Reporter noch ins Mikro und gab sich selbst die Antwort: »Es kann keine mehr geben. Es ist unglaublich.« Wie sehr sich Ernst Huberty doch täuschen sollte. Der Wahnsinn ging doch jetzt erst richtig los.

Ein fürchterlicher Abwehrschnitzer von Sigi Held, der Tarcisio Burgnich nach 99 Minuten den Ball vorlegte, führte zum Ausgleich. Ausgerechnet Burgnich, hätte Huberty sagen können, dieser heute zu Unrecht oft vergessene, gnadenlos eisenharte Verteidiger, der so effiziente Torverhinderer von Inter Mailand. Signore Catenaccio, die

Personifikation des Türriegels, die Stütze von *La Grande Inter*, das 1964 und 1965 zweimal den Europapokal der Landesmeister gewann. *La Rocca* nannten sie ihn auch, den Fels. Tarcisio Burgnich, den grimmigen Mann mit dem fiesen Seitenscheitel und dem Hang zum perfektionierten Passionsspiel. Als er in den Minuten vor Schnellingers Ausgleich mit leidender Theatralik und endlosen Spielverzögerungen Italiens 1:0 über die Zeit schinden wollte, kreierte der große Radiokommentator Kurt Brumme bei der Live-Reportage im Rundfunk die wundervolllen Zeilen: »Mein Gott, ist das ein Fußballspiel hier. Das ist ja entsetzlich, das ist ja widerlich. Burgnich ist soeben verstorben, sehe ich. Nein, da kommt er wieder.«

Luigi Riva erhöhte mit einem harten Flachschuss auf 3:2 nach 104 Minuten, bevor Gerd Müllers Haartolle sechs Minuten später den Ball zum 3:3 ins rechte Toreck streichelte. Im Gegenzug: Boninsegna von links, flach auf Rivera, Sepp Maier auf dem falschen Fuß, 4:3. Nach fünf Toren in den wohl aberwitzigsten 16 Minuten der WM-Geschichte brachte Italien den Sieg über die Zeit.

Am Aztekenstadion brachte man später eine Gedenktafel zu Ehren der beiden Mannschaften an: *Italia (4) y Alemania (3) Protagonistas en el Mundial de 1970, del Partido del Siglo*. Dem Spiel des Jahrhunderts.

Der *Corriere dello Sport* bewertete das Spiel als einen größeren Erfolg als das Finale gegen Ungarn 1938. Und die mexikanische Gazette *Il Heraldo* frohlockte: »Es ist unmöglich, dass sich etwas Derartiges wiederholt. Fußball, Drama, Kunst, Kraft, Hysterie, alles. Alle 102 000 Zuschauer haben gestern das großartigste Ereignis ihres Lebens gesehen.« Eine Stimme noch vom *Expressen* aus Schweden: »Kein Thriller kann stärkere Effekte haben, keine Tapferkeit kann besser geschildert werden.«

Die Begeisterung im deutschen Lager hielt sich verständlicherweise in Grenzen. Franz Beckenbauer trauerte weiteren vergebenen Großchancen der »beiden Dicken da vorne« nach, er meinte Uwe Seeler und Gerd Müller. Müller selbst teilte wiederum gegen Helmut Schön und dessen Aufstellung aus: »Wenn der Franz Libero gespielt hätte statt Mittelfeld, hätten wir keine vier Tore gekriegt.«

Das 1:0 im traditionell undankbaren Spiel um Platz 3 gegen Uruguay sorgte immerhin für einen versöhnlichen Abschluss der Mission Mexiko, mit blauen Sombreros stieg man in Frankfurt aus dem Flugzeug und ließ sich erneut von 60 000 Menschen am Frankfurter Römer ausgelassen feiern.

Auch Italien hätte nach dem Halbfinale besser heimfahren sollen, denn für die völlig entkräftete *Squadra Azzurra* ging im Finale gegen die munter spielfreudigen Brasilianer, die durch ein 3:1 nach 90 Minuten gegen Uruguay das Endspiel erreicht hatten, gar nichts mehr. Die *Seleção* war solch eine unaufhaltsame Naturgewalt bei diesem Turnier, und das auch, aber nicht nur wegen der Rückkehr von Pelé. Es gab so viele geniale Spieler. Jairzinho, den *Hurrikan*, so sein Spitzname, den 1970 bis heute einzigen Spieler in der WM-Historie, der im Laufe eines Turniers bei jedem Spiel bis zum Finale ein Tor erzielte. Oder Tostão, der Denker, den Pelé »meinen Zwillingsbruder« nannte, denn: »Wenn ich den Ball führe, weiß er, wohin er laufen muss. Er ahnt meine Gedanken.« Oder Carlos Alberto, der mit sei-

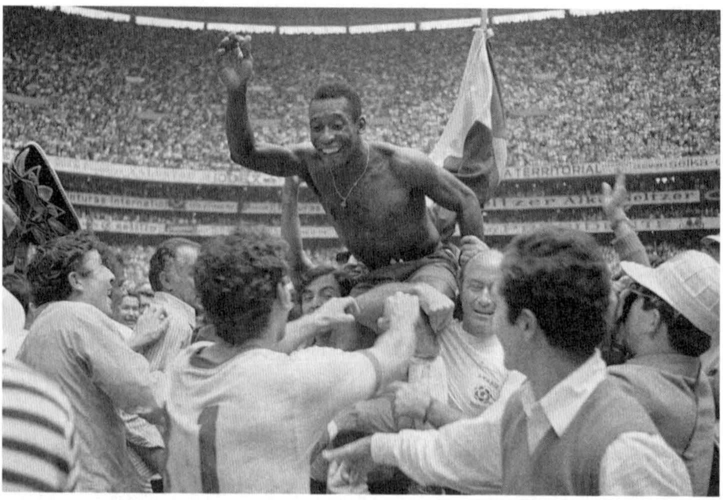

Ließ sich zu einem Comeback überreden und holte mit Brasilien den dritten Titel: Weltstar Pelé nach dem Finalsieg gegen Italien im Aztekenstadion.

nem viel gerühmten Tor zum 4:1-Endstand ein so ästhetisch vollendetes Kunstwerk schuf. Als Pelé den Ball ins Nichts zu spielen schien und aus dem Off am rechten Bildschirmrand Carlos Alberto heranstürmte, ein Tor, das man, wenn es möglich wäre, in seiner ganzen Entstehung so gerne auf Leinwand bannen und als Gemälde ins Wohnzimmer hängen möchte, um es immer und immer wieder ergeben dankbar ob so viel Schönheit zu bewundern. Oil on canvas.

Und natürlich Pelé, der nun mit dem dritten WM-Titel endlich am Ziel war. Vergessen war die Aufregung um seinen Rücktritt 1966 und auch um die Trainerposse zwei Monate vor dem Turnier, als sich João Saldanha weigerte, einen Lieblingsspieler von Diktator Emílio Médici für die WM zu nominieren. »Ich wähle nicht seine Minister aus und er nicht meine Spieler«, so Saldanhas mutige Begründung, die ihm letztlich den Job kostete. Statt ihm folgte dann ein Weltmeister von 1958, Mário Zagallo.

In der Heimat folgte ein kolossaler Empfang, und wie viele Autokraten seines Schlags wusste auch Médici die Euphorie für sich zu instrumentalisieren. Auf Ehrungen sah man ihn den Pokal in die Höhe stemmen, als sei der Titelgewinn allein sein Verdienst. Dass sich gerade Pelé bei diesen Anlässen nicht ausreichend distanzierte, dass er den Schulterschluss suchte und dem Diktator freudestrahlend um den Hals fiel, nahmen ihm viele Brasilianer übel. Ein Grund, warum Pelé, der sich immer als unpolitischen Menschen definierte, zwar auch heute noch als Nationalheld verehrt, aber nicht von allen von Herzen geliebt wird. Paulo César Lima, Mitspieler der 1970er-Mannschaft, erklärte in »Pelé«, einer sehenswerten Netflix-Doku, der Superstar habe sich benommen »wie ein unterwürfiger Schwarzer, der alles hinnimmt, keine Widerworte gibt und nichts hinterfragt«. Debatten, die die grenzenlose Begeisterung und den Nachhall dieser wundervollen Weltmeisterschaft etwas eintrübten.

Tostão schrieb nach seiner Karriere später viele Kolumnen, die er einmal in einem Sammelband veröffentlichte. Titel: *A Perfeição Não Existe*. Es gibt keine Perfektion. Und doch war das Brasilien von 1970 in der Reinform des *Jogo Bonito* ganz nah dran, so nah wie sonst viel-

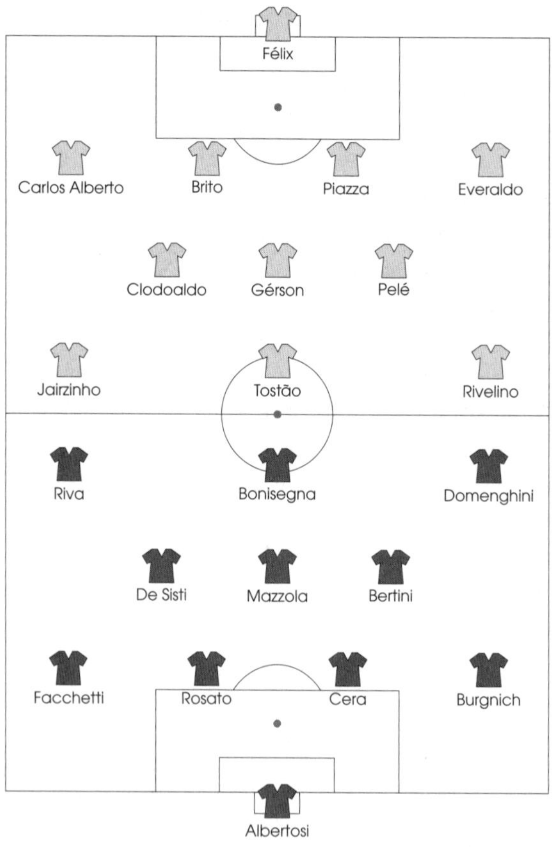

Startaufstellung Brasilien (oben) gegen Italien (unten), WM-Finale 1970

leicht nie eine zweite Mannschaft. Die größte Leistung sei es bei diesen vielen großartigen Fußballern gewesen, dass man »diese individuelle Qualität in eine große kollektive Kraft verwandelte«, sagte Tostão einmal der *Süddeutschen Zeitung*. »Sie war ihrer Zeit in Sachen Taktik und Disziplin voraus. Sie wurde zum Symbol des schönen und effizienten Fußballs. Sie verzauberte und siegte.« Er nannte seine Mannschaft auch eine »Hydra an Kreativität. Ein Gebilde mit so vielen Köpfen voller Fußball, dass es nutzlos war, einen abzuschlagen.«

Ohne Pelé, der sich danach standhaft weigerte, sich ein weiteres Mal für eine WM überreden zu lassen, und ohne viele andere seiner Künstler hatte es sich für Brasilien vier Jahre später in Deutschland ausgezaubert. Das schöne Spiel vollendete dort eine andere Mannschaft. Aus *Jogo Bonito* wurde *Totaalvoetbal.*

AUCH DAS NOCH WAS SIE SONST ÜBER DIE WM 1970 UNBEDINGT WISSEN MÜSSEN

2 Mannschaften erreichten das Finale, die bei der WM vier Jahre zuvor noch in der Vorrunde ausgeschieden waren. Bis heute einzigartig in der Geschichte.

3 Wochen nach der WM schickte Pelé persönliche Erinnerungsstücke für eine Fußball-Ausstellung nach London. Dafür musste der Veranstalter hohe Versicherungssummen bei Verlust garantieren. Unter anderem je 60 000 Dollar für ein Trikot bei der WM 1970 und jenen Ball, mit dem er sein 1000. Pflichtspieltor erzielte.

4 Jahre nach dem Sensationserfolg in England verpasste Nordkorea freiwillig die WM. Das Land weigerte sich in der Qualifikation gegen Israel anzutreten, das sich später nach Siegen über Neuseeland und Australien für die bisher einzige Teilnahme bei einer WM qualifizierte.

5 Wochen nach dem enttäuschenden Vorrunden-Aus zog man bei Deutschlands Gruppengegner Bulgarien Konsequenzen. Cheftrainer Boskow und Verbandspräsident Donski wurden auf Geheiß von oben »wegen mangelnden patriotischen Verantwortungsbewusstseins« fristlos entlassen.

10 Tore erzielte Gerd Müller und wurde damit souverän Torschützenkönig. Zufrieden mit der Ausbeute zeigte sich der Bayern-Stürmer nicht, er beklagte viele ausgelassene Chancen zu weiteren Treffern. »Dann wäre der Rekord fällig gewesen.« Die Bestmarke von Frankreichs Just Fontaine, der 1958 bei einer WM die bis heute unerreichten 13 Tore erzielt hatte.

23 Spiele ohne Vorrundenniederlage in Folge bestritt Brasilien ab 1970 bis zum 1:2 gegen Norwegen 1998.

41 Jahre war der Sachse Rudi Glöckner, als er das Endspiel zwischen Brasilien und Italien leitete. Bis heute der einzige Schiedsrichter, der noch vor der ersten Teilnahme seines Landes (DDR 1974) ein Finale pfiff.

100 Stunden dauerte der sogenannte Fußballkrieg im Sommer 1969 zwischen Honduras und El Salvador. Auslöser waren Unruhen am Rande des WM-Qualifikationsspiels am 26. Juni in Mexiko-Stadt zwischen den beiden Ländern, deren Beziehung seit den 1950ern angespannt war. Nach dem 3:2 El Salvadors kam es in beiden Ländern zu Ausschreitungen, kurz darauf erfolgte der Abbruch der diplomatischen Beziehungen. Am 14. Juli flog das salvadorianische Militär Luftangriffe und marschierte mit Bodentruppen in Honduras ein. Die Organisation Amerikanischer Staaten OAS erzwang mit Sanktionsdrohungen gegen El Salvador am 18. Juli ein Ende der Kämpfe. Der Krieg kostete 2100 Menschen das Leben, 6000 wurden verwundet.

2638 Meter über dem Meeresspiegel liegt Toluca. Mit vier Spielen 1970 und drei Partien 1986 der höchstgelegene Spielort der WM-Geschichte.

800 000 000 Menschen weltweit sahen zu Beginn des Live-TV-Zeitalters das Eröffnungsspiel zwischen Mexiko und der UdSSR (0:0).

1974 IN DEUTSCHLAND

Auf dem Weg zum zweiten Titelgewinn herrscht im Land des Gastgebers nur wenig Euphorie. Auch im Team selbst gibt es viel Ärger, der Frust zieht sich von Prämienstreit und Lagerkoller über die peinliche Pleite gegen die DDR bis hin zum Eklat beim Abschlussbankett wie ein roter Faden durchs Turnier. Wie dafür die Exoten gefeiert werden, wie die Stasi mit der »Aktion Leder« Fans und Mannschaft überwacht – und wie Holland letztlich am eigenen Hochmut scheitert.

Natürlich war die vorherrschende Gefühlslage bei allen Beteiligten sehr unterschiedlich, am Abend des 7. Juli 1974. Wenige Stunden nach Abpfiff des Endspiels war es nachvollziehbar, dass sich bei der einen Mannschaft große Missstimmung breitgemacht hatte. Dass die Spieler dort ihrer Wut und ihrem Ärger freien Lauf ließen, während die Akteure des anderen Teams am Ende dieses historischen Tages voll überschwänglicher Euphorie eine große Sause starteten und ausgelassen den Titelgewinn bejubelten.

Erstaunlich war nur, wer Frust schob. Und wer feierte. Denn während Franz Beckenbauer und seine Mitstreiter, die einander kurz zuvor noch auf der Haupttribüne des Münchner Olympiastadions freudig den WM-Pokal gereicht hatten, grantig grollten und nach dem Boykott des schmuckvollen Siegesbanketts im Münchner Hilton schmollend von dannen trotteten, ging gut 50 Kilometer weiter südlich im Teamquartier der unterlegenen Niederländer die Party erst richtig los. Die Spieler um Johan Cruyff und Johan Neeskens trugen ihren Trainer Rinus Michels auf Händen und Schultern durch den Festsaal des Hotels *Bachmair* am Tegernsee, sie tanzten und sangen und intonierten, dass sie und nur sie *Wereldkampioen* seien. Die Holländer? Weltmeister? Litten sie an Kurzzeitamnesie? Waren sie auf der Rückfahrt vom Olympiapark nach Rottach-Egern durch einen geheimnisvollen Nebel des Vergessens gefahren? Hatten die Oranjes was geraucht?

Irgendwie passte dieses bizarre Ende aber dann doch sehr gut zu dieser an sich schon sehr eigenartigen Weltmeisterschaft, die von Beginn an seltsam anmutete und in eine Zeit fiel, in der Deutschland in einer Selbstfindungsphase steckte und mittendrin in einer Zäsur.

Keine sechs Wochen vor dem Beginn der WM war Willy Brandt Anfang Mai als Bundeskanzler zurückgetreten, als Konsequenz aus der Affäre um seinen persönlichen Referenten Günter Guillaume, der als Spion der DDR aufgeflogen war. Die Machtübergabe von Brandt an Helmut Schmidt stand dabei sinnbildlich für das Ende einer Ära, die von großer Aufbruchsstimmung geprägt war, von den Umwälzungen der 68er-Generation, von einem Hauch von Rebellion. Und für den Neuanfang einer Epoche des neuen pragmatischen Realismus. Hier Brandt, der leidenschaftliche Visionär, dem mit seiner neuen Ostpolitik ein Wandel durch Annäherung an Moskau und Ost-Berlin gelang und der in Warschau auf die Knie ging. Dort Helmut Schmidt, der nüchtern kühle Hanseate, dessen Politikstil von Sachlichkeit geprägt war und von dem das schöne Zitat überliefert ist: »Wer Visionen hat, sollte zum Arzt gehen.«

Dazu kam eine angespannte Wirtschaftslage, die boomenden Wunderjahre waren mit der Ölkrise von 1973 endgültig vorbei, der Aufschwung war ausgebremst, Deutschland wurde spaßbefreiter, eine neue Spießigkeit machte sich breit. Der Sound von Deutschland war nicht mehr Woodstock. Deutschland klang mehr nach ZDF-Hitparade mit Dieter Thomas Heck.

Und genauso entwickelte sich in jenen Jahren auch das Spiel der deutschen Nationalmannschaft.

Was war die DFB-Auswahl zwei Jahre zuvor noch gefeiert worden, als sie 1972 Europameister wurde, als sie auf dem Weg zum Titel in einem denkwürdigen Spiel in Wembley 3:1 siegten. Das erste Mal überhaupt, dass eine deutsche Mannschaft ein Länderspiel in England gewann, doch es war vor allem das furios kreative Offensivspiel, das damals national wie international für Begeisterung sorgte. Über Günter Netzer, der in jenem Spiel neben Franz Beckenbauer aus der eigenen Abwehr das Angriffsspiel aufzog, schrieb Karl Heinz Bohrer, der Essayist, Literat und damalige London-Korrespondent der *FAZ*, den heute vielzitierten Satz, dass »Netzer aus der Tiefe des Raumes kam«. Vergleiche mit der ungarischen Wunder-Elf von 1953 wurden angestellt, die *L'Équipe* schrieb gar vom »Traumfußball aus dem Jahr 2000«. Dass ironischerweise später gerade das Jahr 2000 zum Synonym der unansehnlichsten Epoche deutscher Rumpelkickerkünste werden sollte, war damals ja nicht zu ahnen.

Mögen Antworten auf das größte Spiel einer deutschen Mannschaft nie eindeutig ausfallen und immer subjektiven Empfindungen oder persönlichen Erinnerungen unterliegen und mögen manche auch mit gutem Recht etwa das 8:0 der *Breslau-Elf* 1937 oder das 7:1 im Halbfinale 2014 nominieren: Unter Experten gewiss nicht belächelt wird, wer heute das 3:1 gegen England als den grandiosesten Auftritt, als die eineinhalb Sternstunden der deutschen Länderspielhistorie benennt.

Wembley 1972, das war ein Jahrzehnt nach dem endgültigen Ende der von Gehorsam und Disziplin geprägten Nachkriegs-Herberger-Epoche der Triumph des Individuums, das Hochamt des Freigeists. Es war, in Anlehnung an die Forderung von Willy Brandt, die Zeit, in der auch der deutsche Fußball mehr Demokratie wagte.

So groß die Begeisterung über das wundervolle Spiel gewesen war, so schnell ebbte der Enthusiasmus bis zum Beginn der WM zwei Jahre später wieder ab. Niederlagen in Freundschaftsspielen gegen Argentinien und Jugoslawien, gegen Brasilien und Spanien sorgten für einen Stimmungsdämpfer im Land. Mochte das Team von Trainer Helmut Schön zwar noch als Mitfavorit gelten, so stellte sich wirklich Vorfreude auf das Turnier nicht ein.

Schon allein das Rahmenprogramm war etwas bemüht und wenig inspiriert, in Gelsenkirchen veranstaltete man an einer Torwand ein Kopfkissenwerfen für Hausfrauen, in Hannover errichtete man die »längste Lüttje-Lagen-Theke der Welt«. Für Nicht-Niedersachsen: Lüttje Lage ist eine regionale Spezialität, ein Mischgetränk aus obergärigem Schankbier und Kornbrand. Anders als mit viel Alkohol schien man diese WM nicht zu ertragen.

Auch bei der Mannschaft, die vor dem WM-Auftakt ins Trainingslager in die heute längst berüchtigte Sportschule Malente in Ostholstein einrückte, herrschte Ernüchterung. Ein Reizklima gar, das noch vor dem ersten Spiel gegen Chile vom Streit um die WM-Prämie befeuert wurde. Die Spieler um Kapitän Beckenbauer wollten nicht hinnehmen, dass zwar Italiener, Spanier, Brasilianer von ihren Verbänden im Fall des Titelgewinns mit je 150 000 D-Mark entlohnt würden – dass man selbst vom DFB aber mit läppischen 30 000 Mark pro Mann abgespeist werden sollte.

Zwei Tage lang stritt sich Kapitän Beckenbauer als Verhandlungsführer mit Delegationsleiter Hans Deckert und weiteren Abgesandten des DFB und lehnte auch eine Erhöhung auf 50 000 Mark strikt ab. Die Lage drohte zu eskalieren. Gerade Paul Breitner, der den DFB-Granden als Einpeitscher hinter den Kulissen galt, geriet bei Helmut Schön ins Visier. Als »Rädelsführer« und als »Maoisten« beschimpfte der Bundestrainer den damals 22-Jährigen, der sich zuvor einmal bei der Lektüre der *Peking-Rundschau* unter einem Mao-Poster ablichten ließ, aber trotz solch nonkonformistischer Imagepflege in Wahrheit nie über die Rolle des Teilzeitrevoluzzers hinauskam. Breitner jedenfalls wollte schon abreisen, genau wie Schön, der sich bereits die Abfahrtszeit des Nachtzugs Richtung Heimat Wiesbaden herausgesucht hatte.

Derweil drohte der Verband mit der drastischen Konsequenz, zum Auftaktspiel gegen Chile fünf Tage später mit den 22 Spielern der B-Nationalmannschaft anzutreten. Es ging drunter und drüber, das Chaos schien perfekt.

Am Ende einigte man sich auf 70 000 Mark. Eine Entscheidung, mit der dann auch die Spieler leben konnten, die zu jener Zeit flächendeckend begonnen hatten, ihr Leben als Fußballprofi mit lukrativen Werbehonoraren zu versilbern. Franz Beckenbauer bekam für seine Kampagne mit *Vitamalz* 100 000 Mark, genauso viel wie sein Vereinskollege Gerd Müller, der in PR-Spots immer wieder herzhaft in einen Mars-Schokoriegel biss. Sepp Maier warb für einen Schnupftabak, dazu posierten der Franz, der Gerd und der Sepp zusammen noch lange vor Thomas Gottschalk als Fruchtgummi-Galionsfiguren. Haribo macht Profis froh, auch hier ging es um Honorare von rund 100 000 Mark.

Hatte man also mit dem mühsam ausgehandelten Prämienkompromiss von Malente gerade noch einen Eklat abwenden können, so führten die Verhandlungen bei Helmut Schön zu einer großen Enttäuschung, mehr noch, zu einer Entfremdung von seiner Mannschaft. »Wir sind doch Sportsleute, keine Krämer«, polterte er und schimpfte, dass er »mit diesem Sauhaufen nichts mehr zu tun haben« möchte. Freilich ließ sich auch Schön für eine Werbekampagne einspannen: für ein Fertighaus von Neckermann.

Bernd Hölzenbein, der Frankfurter Flügelspieler, formulierte es einmal so: »Wir waren keine Kameradschaft, wir waren eine Interessengemeinschaft.«

Es waren mündige, selbstbewusste Spieler, die das Leben schätzten und genießen wollten, wie etwa Günter Netzer, einer der ersten Playboy-Popstars des deutschen Fußballs, der in der Altstadt von Mönchengladbach die Disko *Lovers' Lane* betrieb und natürlich gerne mit schnellen Autos unterwegs war. Erst mit einem Sechs-Zylinder-Jaguar E OTS, 265 PS, 4,2 Liter Hubraum – später, nachdem er seinen Jaguar an Franz Beckenbauer verkauft hatte, auch mit einem Ferrari. Beckenbauer wurde mit dem Jaguar übrigens nicht glücklich, er beschimpfte Netzer nur wenige Tage nach dem Kauf am Telefon als Betrüger und wetterte: »Da regnet's ja rein beim Dach.«

Beckenbauer verkaufte den Boliden dann selbst wieder weiter. Und zwar an Wolfgang Overath.

Trotz der Lösung im Prämienstreit kam die Stimmung in Malente wahrlich nicht auf Hochtouren. Die Spieler fühlten sich eingesperrt, kaserniert, strengstens bewacht von der Spezialeinheit des Bundesgrenzschutzes, der GSG 9. »Wir werden hier wahnsinnig«, klagte Franz Beckenbauer schon sehr früh. Einmal immerhin gelang Uli Hoeneß und Sepp Maier mithilfe eines Beamten ein heimlicher Ausbruch, als sie mit einem Polizeiwagen für ein heimliches Treffen mit ihren Frauen in ein Hamburger Hotel fuhren. Am Morgen waren sie wieder eingerückt. Hinter Mauern und Stacheldraht.

Die Sicherheitspräsenz war natürlich enorm hoch, zwei Jahre nach dem Massaker von München bei den zunächst so heiter unbeschwerten Olympischen Sommerspielen von 1972, die mit dem Überfall palästinensischer Terroristen im Olympischen Dorf und dem Tod von elf israelischen Sportlern, Trainern und Funktionären ihre Unschuld verloren hatten.

Bei den deutschen Behörden war man zwar erleichtert, als die damals sehr ambitionierte Nationalmannschaft Israels, die vier Jahre zuvor in Mexiko erstmals bei einer WM dabei war, in der Qualifikation scheiterte. Trotzdem herrschten Nervosität und große Sorge vor Attentaten. So kündigte die neu formierte RAF für den 22. Juni einen Beschuss des Hamburger Volksparkstadions mit Flugabwehrraketen (!) an: Es war der Tag des Spiels zwischen der Bundesrepublik und der DDR, zugleich der 33. Jahrestag des Angriffs von Nazi-Deutschland auf die Sowjetunion.

Auch von der IRA, die gut drei Wochen vor der WM-Eröffnung für eine Serie von Autobombenanschlägen in Irland mit 34 Toten verantwortlich war, gingen Drohungen ein, kurzum, es herrschte höchste Alarmstufe im für die Gefahrenabwehr, Terrorismusbekämpfung und generelle Sicherheit zuständigen Polizeiausschuss AK II der Landesinnenministerien.

Nicht wirklich die besten Rahmenbedingungen für ein unbeschwert beschwingtes vierwöchiges Fußballfest.

Es kam also viel an Gründen zusammen, warum das erste Spiel der deutschen Mannschaft im Berliner Olympiastadion gegen Chile atmosphärisch zu einem wenig prickelnden Auftakt geriet. Die großen Sicherheitsvorkehrungen nach einem Anschlag auf das chilenische Konsulat in West-Berlin am Vorabend der Eröffnungsfeier, die angekündigten Proteste gegen das Regime in Santiago nach dem Putsch der Militärjunta unter Augusto Pinochet 1973. Dazu die fehlende Euphorie um die deutsche Mannschaft. Und dann auch noch der maue Kick. Nur Paul Breitner und seinem später nach eigenem Ermessen sehr haltbaren Weitschuss aus 25 Metern war es zu verdanken, dass die Truppe überhaupt mit 1:0 gewann. Ein hölzerner Auftakt, der im zweiten Spiel gegen WM-Neuling Australien im Volksparkstadion seine nahtlose Fortsetzung fand.

Für eine nette Randgeschichte sorgte der 1943 im damaligen Ostpreußen geborene Aussie-Verteidiger Manfred Schaefer, ein kantiger Kerl mit buschigem Backenbart, der als zehnjähriger Bub mit seinen Eltern nach Sydney emigriert war, später als Teilzeitprofi einen Milchladen eröffnet hatte und nun in Hamburg unentwegt Gerd Müller auf den Füßen stand. Müller kämpfte aber nicht nur gegen den Milchmann, sondern auch gegen die Sprechchöre des Hamburger Publikums. »Uwe, Uwe«, hallte es von den Tribünen, eine Hommage an Hamburgs Fußballidol Seeler, der nach der WM 1970 seine Karriere in der Nationalmannschaft beendet hatte.

Noch schlimmer erwischte es in diesem Spiel den in Hamburg als »Bayern-Schwein« angefeindeten Kapitän Beckenbauer, der sich nach den nicht endenden Pfiffen schließlich hinreißen ließ und in Richtung des Publikums schimpfte und gar spuckte. In der Beziehung zwischen den Fans und der zwei Jahre zuvor noch so gefeierten Mannschaft war der Tiefpunkt damit erreicht. Dass Tore von Overath, Cullmann und Müller für einen glanzlosen 3:0-Sieg sorgten? Nebensache. Die deutsche Mannschaft war unten durch.

Andere dafür waren in der Gunst der Zuschauer obenauf. Vor allem die beiden Exoten. Die Teams aus Haiti und Zaire.

Gerade die karibischen Inselkicker, die in der Sportschule Grünwald residierten und alle Spiele in München austrugen, galten als die große Attraktion. Findige Werbemanager organisierten noch vor Turnierbeginn öffentlichkeitswirksame PR-Termine im Zirkus Krone, im Tierpark Hellabrunn und samt Maßkrug im Hofbräuhaus. Zwischendrin schien es, als führe man die arglosen Fußballer herum wie Tanzbären am Nasenring.

Ihr größtes Spiel lieferten die Haitianer gleich zum Auftakt gegen Vize-Weltmeister Italien, als Torwart Henri Françillon, Spitzname *Der Panther*, die Stars um Rivera und Mazzola, Riva und Chinaglia in der ersten Halbzeit mit grandiosen Paraden zur Verzweiflung brachte. Dass Italien nach zwischenzeitlichem Rückstand noch 3:1 gewann, dass die Haitianer zudem 0:7 gegen Polen untergingen und auch gegen Jugoslawien 1:4 verloren, tat der Euphorie um den WM-Debütanten keinen Abbruch.

Wirklich kurios und aberwitzig war nach dem Turnier die weitere Geschichte von Keeper Françillon, den der TSV 1860 München nach der WM verpflichtete und ihm und seiner Familie eine schmucke Siebenzimmerwohnung im Stadtteil Solln zur Verfügung stellte. Der Panther war nun ein Löwe. Bis zum Abschied im Februar 1976 kam Françillon aber nur auf fünf Zweitligaspiele, nach der Rückkehr nach Haiti betrieb er dann seine Importfirma, die ihm Staatschef Jean-Claude Duvalier, genannt »Baby Doc«, als Dank für die WM-Qualifikation geschenkt hatte. Später saß er als Abgeordneter im Parlament, als er 1985 bei Unruhen in einen Kugelhagel geriet und sinnvollerweise mit einer anderen Taktik als 1974 in der ersten Halbzeit gegen Italien reüssierte. Denn diesmal ließ er alle Schüsse an sich vorbei.

Françillon emigrierte mit seiner Familie nach Florida, baute sich als Lieferfahrer mühsam eine neue Existenz auf, bis Hurrikan Andrew eine Schneise der Verwüstung schlug und 1992 sein gerade fertig gebautes Haus dem Erdboden gleichmachte. Die Françillons zogen weiter nach Norden, landeten in Massachusetts, wo sich Henri dann erst als Putzkraft durchschlug, später als Arbeiter in einer Rasierklingenfabrik und schließlich als zufriedener Rentner mit seiner Frau Chantal, vier Kindern und fünf Enkeln in einem Vorort von Boston lebte.

Ganz anders verlief die Geschichte der wackeren Kicker aus Zaire, der ersten afrikanischen Nation südlich der Sahara, die es überhaupt zu einer WM-Endrunde geschafft hatte. Wurde die Mannschaft vor der Abreise nach Deutschland von Präsident Mobutu noch hofiert und bekam jeder Spieler ein Haus und einen grünen VW geschenkt, schlug die Laune des Diktators während der WM schlagartig um – als einem noch achtbaren 0:2 gegen Schottland ein 0:9-Debakel gegen Jugoslawien folgte. Im Namen Mobutus richteten die vom Regime mitgeschickten Leibwächter den Spielern im WM-Quartier *Jagdschlösschen* im Münsterland aus, sie seien »Abschaum« und »Hurensöhne«, und sollten sie mit mehr als drei Toren gegen Brasilien verlieren, dürften sie nie mehr nach Hause kommen.

Das wurde gern als ein Grund aufgeführt, warum Verteidiger Mwepu Ilunga für einen Auftritt sorgte, der in keinem Zusammenschnitt der lustigsten Momente der Fußballgeschichte fehlen darf. Als sich Brasiliens Rivelino und Jairzinho beim Stand von 2:0 für einen Freistoß kurz vor Zaires Strafraum vorbereiteten, stürmte Ilunga plötzlich unvermittelt aus der Mauer und drosch den ruhenden Ball weit in die brasilianische Hälfte. Aus einem Interview, das Ilunga später gab, war herauszulesen, dass es weniger darum ging, Zeit zu schinden und das Ergebnis zu halten. Es war als Protest gegen Machthaber Mobutu gedacht.

Weil Brasilien nur noch ein Tor erzielte, durften die Spieler doch wieder in die Heimat, wurden dort aber geächtet und fallen gelassen. Vor seinem Tod 2015 sagte Ilunga einmal, viele seiner Mitspieler hätten nach der WM nur noch »wie Landstreicher« leben können. Kaum einer hatte ein Glück wie Etepe Kakoko, der 1977 zum VfB Stuttgart wechselte und danach beim 1. FC Saarbrücken Publikumsliebling wurde und dessen Sohn Yannick später deutscher U-16-Nationalspieler war.

Neben Haiti und Zaire gab es aber noch eine weitere Exotenmannschaft. Die aus der DDR. Die anderen Deutschen.

Die DDR hatte sich erstmals für eine WM qualifiziert, und als der elfjährige West-Berliner Sängerknabe Peter Lange bei der Gruppenauslosung am 5. Januar 1974 im Sendesaal des Hessischen Rundfunks beide deutsche Mannschaften in eine Gruppe steckte, ging ein Raunen durchs Auditorium. Nach dem Aufeinandertreffen im olympischen Fußballturnier 1972 in München (die DDR gewann damals 3:2) nun also das erste Fußballspiel zwischen den beiden A-Nationalmannschaften, Bruderduell, Kampf der Systeme. Was man davon zu halten hatte?

Lange Zeit war das deutsch-deutsche Verhältnis auch im sportlichen Austausch extrem kompliziert gewesen. Noch im Februar 1966 war es bei der Biathlon-WM in Garmisch-Partenkirchen zum Eklat gekommen, als westdeutsche Polizeibeamte den ostdeutschen Sportlern das Tragen von Hammer und Zirkel untersagten und das Team der DDR daraufhin abreiste. Als nur zwei Monate danach das IOC München zum Gastgeber der Olympischen Sommerspiele 1972 wählte, verbesserte sich das Verhältnis, schließlich musste die Bundesrepublik nun zusichern, ab sofort bei Sportveranstaltungen die Fahne der DDR hissen und deren Hymne spielen zu lassen.

Auch die behutsame politische Annäherung unter Willy Brandt und der wegweisende Grundlagenvertrag, mit dem die deutschen Staaten im Dezember 1972 in Ost-Berlin die Basis für bessere Beziehungen legten, machten Hoffnung. Doch natürlich blieb das Verhältnis weiter angespannt. Und selbstverständlich schrillten nach der Auslosung im obersten Politzirkel der DDR die Alarmglocken. Weshalb Stasi-Chef Erich Mielke, um nichts dem Zufall zu überlassen, im Mai 1974 in einem elfseitigen Dokument mit Befehlsvermerk Nr. 11/74 generalstabsmäßig die *Aktion Leder* auf den Weg brachte – einen Katalog, in dem unter anderem festgelegt wurde, dass die 1500 handverlesenen WM-Touristen, die der Staatsapparat als Fähnchen schwingende Claqueure in den Westen schicken wollte, stramm linientreue Parteimitglieder zu sein hatten, zudem verheiratet und somit unverdächtig, die jeweils eintägige Reise zu den Spielen jenseits der Mauer zur Flucht zu nutzen. Interessant: Das Visum, das die Fans bekamen, war bis zum 8. Juli 1974 ausgestellt, dem Tag nach dem Endspiel. Spekulierte die DDR-Führung gar auf einen Titelgewinn?

Weitaus skeptischer hinsichtlich der bedingungslosen Gefolgschaft war die Parteiägide bei den Spielern selbst, von denen viele dank zahlreicher internationaler Spiele mit ihren Klubs und der DDR-Auswahl immer wieder im kapitalistischen Ausland unterwegs gewesen waren. Ob sie da nicht auf den Geschmack gekommen waren und den Aufenthalt in Deutschland-West womöglich nutzen wollten, um sich abzusetzen? In der Sportschule Kienbaum in Brandenburg brachten Funktionäre in Schulungen und Seminaren die Spieler noch mal ideologisch auf Kurs, und sicherheitshalber warb man in der 40-köpfigen Delegation informelle Mitarbeiter an. Aus internen Dokumenten geht hervor, dass 13 Spieler, Betreuer, Büroangestellte und Fahrer als IM angeheuert werden konnten. Dazu mietete die Stasi in Hamburg eine Wohnung an, in der sich eine lebensgroße Transportbox befand. Darin sollten Delegationsmitglieder, die etwa damit liebäugelten, im Westen zu bleiben, vor der Umsetzung ihres Plans zurück in die DDR verschleppt werden. So weit kam es aber nicht.

Außer dem anfänglichen Protest der DDR-Riege gegen das Fehlen von Hammer und Zirkel auf dem offiziellen Mannschaftsbus (das Staatssymbol wurde auf dem Mercedes, Modell *O302*, nachträglich aufgetragen) wurde es ein sehr rauschfreier, harmonischer Aufenthalt. Die Besucher aus dem Osten erhielten viele Sympathien, so konstatierten deutsche Medien wie die eher konservative F.A.Z., dass die Stimmung im DDR-Teamhotel in Quickborn wesentlich fröhlicher und entspannter sei als bei der einkasernierten Gastgeberauswahl im Käfig von Malente.

Sportlich befand sich die DDR-Auswahl in jener Zeit auf dem Höhepunkt ihrer letztlich 29-jährigen Geschichte. Kurz vor der WM hatte nämlich nicht nur der FC Bayern erstmals den Europacup der Landesmeister gewonnen, den Vorläufer der Champions League. Im damals noch ausgetragenen Europapokal der Pokalsieger triumphierte der 1. FC Magdeburg mit einem 2:0 im Finale gegen den AC Mailand um den damals schon gealterten Italien-Legionär Karl-Heinz Schnellinger, womit Magdeburg zur ersten und einzigen ostdeutschen Mannschaft wurde, die jemals einen Europapokal gewinnen konnte.

Entgegen der Staatsdoktrin vom unzertrennlichen Kollektiv setzte Trainer Georg Buschner bei der WM vor allem auf kreativen Individualismus um kluge Spielgestalter wie Libero Bernd Bransch oder Hans-Jürgen Kreische, und das mit Erfolg. Vor dem abschließenden Spiel in der Vorrundengruppe gegen die schon für die Zwischenrunde qualifizierte Bundesrepublik hatte sich auch die DDR nach einem 2:0 gegen Australien und einem 1:1 gegen Chile vorzeitig das Weiterkommen gesichert.

So wenig mitreißend die Stimmung bis dahin auch gewesen war, etwas an Fußballfieber kam dann doch auf. Die Staatsoper Hamburg

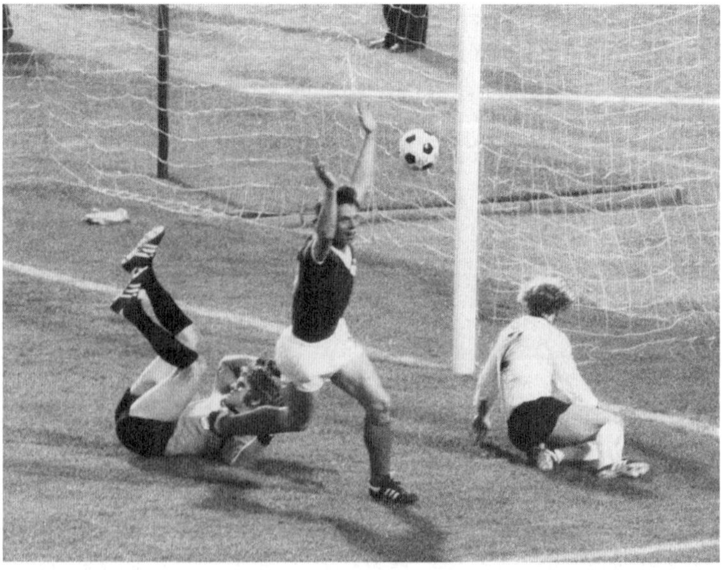

Tor für Deutschland gegen Deutschland. Jürgen Sparwasser bejubelt seinen Treffer zum 1:0 für die DDR. Am Boden: Sepp Maier und Berti Vogts, beide BRD.

verlegte am 22. Juni die *Aida* extra auf 15 Uhr nachmittags, damit Sänger, Musiker und Zuschauer rechtzeitig um 19.30 Uhr zum Anpfiff daheim vor dem Bildschirm sitzen konnten. Und ein Herrenklub in Eppendorf/Rheinland-Pfalz warb damit, neben »Sauna, Sexfilmen und charmanten Hostessen« nun auch das Spiel gegen die DDR live und in Farbe zu zeigen.

Dort wie auch im Rest der beiden Deutschlands sahen die Menschen dann das berühmte Tor von Jürgen Sparwasser, das das Spiel 13 Minuten vor dem Ende für die Auswahl Ost entschied. Sehr zur Freude der 1500 mitgeschickten Jubelgesandten, die ihren hölzernen Schlachtruf »Acht, neun, zehn, Klasse!« im Volksparkstadion noch lauter intonierten als sonst.

Für die Mannschaft von Helmut Schön, die den deutschen Gegner maßlos unterschätzt hatte, war das Spiel der Wendepunkt des Turniers. Der Weckruf zum richtigen Zeitpunkt. Dass man ohne dieses peinliche 0:1 niemals Weltmeister geworden wäre, bekannte Paul Breitner später, und Franz Beckenbauer befand gar, dass neben den 22 bundesdeutschen Spielern Jürgen Sparwasser eine 23. Medaille für den WM-Titel hätte erhalten sollen.

Denn was folgte, war die sagenumwobene *Nacht von Malente*. Während gleichzeitig manch ein DDR-Spieler bis früh morgens trinkend und feiernd auf der Reeperbahn um und auch durch die Häuser zog, riss Franz Beckenbauer die Macht an sich und diktierte dem oft so phlegmatischen und zaudernden Bundestrainer Schön die Aufstellung für das nächste Spiel. Hoeneß, Cullmann, Flohe und Grabowski mussten raus, dafür kamen Wimmer, Bonhof, Herzog, Hölzenbein.

Positiver Nebeneffekt der Pleite von Hamburg: die Zuteilung in die Zwischenrunde, die zweite Gruppenphase, aus der sich die beiden Sieger direkt fürs Endspiel qualifizieren sollten. Während sich die DDR dort nämlich mit mächtigen Kalibern wie Argentinien, Brasilien und den Niederlanden herumschlagen musste, schien der Weg in der westdeutschen Gruppe mit Jugoslawien, Schweden und Polen doch wesentlich dankbarer.

Tatsächlich zeigte die überzeugende Leistung beim 2:0 gegen die Jugoslawen, dass die Mannschaft nun endlich angekommen war beim Heimturnier. Als Torschütze des Führungstreffers meinte Paul Breitner, dass man aus der Wut über die Niederlage gegen die DDR genug Motivation gezogen habe, während Gerd Müller, der kurz vor Schluss das zweite Tor erzielte, über den ausgemusterten Hoeneß erklärte: »Der Uli brauchte mal einen Schuss vor den Bug.«

Der Uli kam dafür nach seiner vollzogenen Strafversetzung auf die Ersatzbank im zweiten Spiel zum Zug – und machte in einer mitreißenden Partie gegen Schweden in Düsseldorf sein wohl bestes Länderspiel überhaupt. Nach einem 0:1-Rückstand zur Pause leitete er die nächsten drei deutschen Treffer ein und erhöhte per Elfmeter in der Schlussminute zum 4:2-Endstand. Das Publikum war begeistert und hatte sich nun endgültig versöhnt.

Im letzten Gruppenspiel gegen Polen hätte bereits ein Unentschieden gereicht, doch die Schön-Truppe war gewarnt. Polen war amtierender Olympiasieger und hatte ein sagenhaftes Team um den eiskalten Vollstrecker und späteren WM-Torschützenkönig Grzegorz Lato, den dribbelstarken Robert Gadocha, vor allem aber den überragenden Spielmacher Kazimierz Deyna, der fast zu Unrecht im Schatten des Duells zwischen Franz Beckenbauer und Johan Cruyff um den inoffiziellen Titel des besten Spielers der WM stand – und dessen Leben später tragisch endete.

Vom kapitalistischen Glamour angelockt wechselte Deyna 1981 in die US-Profiliga zu den San Diego Soccers, spielte noch im selben Jahr im Hollywood-Film *Flucht oder Sieg* mit Michael Caine und Sylvester Stallone. 1989, dem Jahr, als er in seiner Heimat zu Polens Fußballer des Jahrhunderts gewählt wurde, verunglückte er mit nur 41 Jahren tödlich, als er in Kalifornien im Suff mit seinem Auto ungebremst in das Heck eines parkenden Lastwagens raste. Im Gedenken an das große Idol entschied sein Heimatklub Legia Warschau, Deynas Nummer 10 nicht mehr zu vergeben.

Bis zum Spiel gegen die Deutschen hatte Polen in fünf Spielen fünf Siege gefeiert, unter anderem Argentinien besiegt und Italien noch in der Vorrunde aus dem Turnier geworfen. Im entscheidenden Spiel gegen Deutschland aber scheiterten die *Biało-Czerwoni* (»Weiß-Roten«) an zwei Widrigkeiten, wie Günter Netzer später einmal sagte: an Sepp Maier und am Wasser.

Kurz vor Anpfiff setzte ein heftiger Wolkenbruch ein, in 40 Minuten fielen aus dem Himmel über dem Frankfurter Waldstadion 14 Liter auf jeden Quadratmeter des Spielfelds. Der Regen prasselte unaufhörlich hernieder, 20 Jahre nach Wankdorf. Menschen in grünen Jacken schoben dicke Walzen über den Rasen, dann rückte auch die Frankfurter Feuerwehr an. Lange Zeit hielt sich in Polen die gern gehörte Verschwörungsmär, nach der auf Geheiß von oben die Feuerwehr das Wasser nur aus der polnischen Spielhälfte gepumpt habe, um zu garantieren, dass die flinken Offensivtechniker um Deyna & Co. bei ihren Angriffen jenseits der Mittellinie in den Pfützen stecken blieben. Eine recht hanebüchene Legende, zumal da ja noch nicht feststand, welche Mannschaft in der ersten Halbzeit auf welches Tor spielen würde. Und Polen sogar die Seitenwahl vor Anpfiff gewann.

Unter grenzwertigen bis irregulären Bedingungen parierte Sepp Maier, genannt *Die Katze von Anzing*, zahlreiche Großchancen der Polen. Auf der Gegenseite verzweifelten auch die DFB-Kicker an Torwart Jan Tomaszewski, der kurz nach der Halbzeit obendrein noch einen Elfmeter von Uli Hoeneß hielt, dann aber beim einzigen Tor des Spiels von Gerd Müller eine Viertelstunde vor Schluss machtlos war. Deutschland war also im Finale.

Gegen die Niederlande. Die Niederlande?

Auf der großen Bühne des Fußballs, auf der Nationen wie Brasilien und Italien, Deutschland, England und Uruguay bei den alle vier Jahre stattfindenden Festspielen die Hauptrollen unter sich ausmachten, waren die Niederlande bis dahin nie über die Rolle des Nebendarstellers hinausgekommen. Wenn überhaupt. Die Niederländer waren eher Komparsen. Kulissenschieber.

Ganze zwei Mal hatten sie bis dahin überhaupt an einer Weltmeisterschaft teilgenommen – und in den beiden einzigen Spielen prompt zwei Niederlagen kassiert. 1934 in Italien beim 2:3 gegen die

Schweiz, 1938 in Frankreich dann beim 0:3 gegen die Tschechoslowakei. Die Niederlande, ein fußballerischer Zwergstaat. Eine Nation, die überhaupt nur deswegen über die Grenze nach Deutschland fahren durfte, weil im entscheidenden Qualifikationsspiel 1973 beim 0:0 gegen Belgien der russische Schiedsrichter kurz vor Schluss ein reguläres Tor der Belgier wegen vermeintlicher Abseitsstellung irrtümlicherweise nicht anerkannte.

Und jetzt standen sie auf einmal im Finale?

Auf Klubebene hatten niederländische Vereine schon davor für Furore gesorgt und viermal in Serie den Europapokal der Landesmeister gewonnen. 1970 Feyenoord Rotterdam, danach dreimal am Stück Ajax Amsterdam. Dabei galt gerade das Endspiel 1972, das 2:0 von Ajax gegen Inter Mailand, als große Zäsur, als Zeitenwende in der Spielphilosophie des europäischen Fußballs. Freudig stimmten Fußballästheten damals den Abgesang auf den grausig anzusehenden Catenaccio ein, den dogmatisch defensiven, destruktiven Riegelkick, den gerade die Italiener jahrzehntelang zermürbend zelebrierten, meist mit großem Erfolg. Wie frisch, wie dynamisch mutete dagegen das wundervolle Offensiv-Spiel von Ajax an, mit ihrem System des *Totaalvoetbal*, ein Begriff, der damals in ganz Europa bekannt wurde, der Grundstein für das Fußballspiel des 21. Jahrhunderts.

Für dieses Spielsystem brauchte man natürlich auch die geeigneten Typen. Führungsfiguren wie Johan Cruyff und Johan Neeskens, versierte Verteidiger wie Wim Suurbier und Ruud Krol, einen Libero wie Arie Haan, Flügelstürmer wie Johnny Rep und Rob Rensenbrink. Persönlichkeiten, die sich im Lauf des Turniers immer mehr die Sympathien des Publikums erspielten, und das auch dank ihrer Fans. Zehntausende Fans in Oranje folgten damals ihrer *Elftal* in die Stadien von Hannover, Dortmund, Gelsenkirchen und feierten in den Städten eine friedliche und fröhliche Party. In Zeiten des gerade in England aufkeimenden und in ganz Europa mit Sorge betrachteten Hooliganismus der 1970er Jahre waren die heiteren Gäste aus dem Nachbarland mit dem lockeren *oranjegevoel* eine Wohltat, ein bunter Farbtupfer in einer ansonsten grauen Weltmeisterschaft.

Mit Witz und mit Wucht dominierte die Elf von Rinus *de Generaal* Michels ihre Gegner, beim 2:0 gegen Uruguay und beim 4:1 gegen Bulgarien. Gab es gegen Schweden mit dem 0:0 das einzige Unentschieden, so sorgte Johan Cruyff in diesem Spiel für eine Aktion, die zum Symbolbild wurde für den niederländischen Feingeist in seiner kreativsten Vollendung, als er auf dem linken Flügel rechts antäuschte, dann einen Haken schlug und links an seinem entgeisterten Gegenspieler Jan Olsson vorbeispazierte. Ein Spielzug, der später als *Cruyff Turn* bekannt wurde.

Olsson sagte über die Szene viele Jahrzehnte später: »Ich habe damals darüber gelacht, und ich lache heute noch. Was sollte ich sonst tun. Er war eben ein Weltklassespieler – und ich war es nicht.«

Gerade in der Zwischenrunde spielten sich die Niederländer in einen Rausch. Dem gewaltigen 4:0 gegen Argentinien folgten zwei 2:0-Erfolge gegen die DDR und gegen Titelverteidiger Brasilien, die sich in ihrer hilflosen Verzweiflung nur mit rustikaler Treterei zu wehren wussten, mehr fiel ihnen in diesem überhärtesten Spiel des Turniers nicht mehr ein.

Damit waren die Niederlande im Finale. Und nach diesen fulminanten Auftritten mehr als nur noch ein Außenseiter.

Doch es gab auch Unruhe im Team. In seiner Doppelfunktion als Trainer der Elftal und des FC Barcelona pendelte Rinus Michels immer wieder zurück nach Spanien, wo während der WM (Spanien hatte sich nicht für Deutschland qualifiziert) parallel noch der Pokalwettbewerb lief, der *Copa del Rey*. Am Abend des 29. Juni verlor Barca das Finale gegen Real in Madrid mit 0:4, tags darauf gewannen die Niederlande nachmittags in Gelsenkirchen gegen die DDR.

Und da war ja auch noch die *Bild*-Schlagzeile: »Cruyff, Sekt, nackte Mädchen und ein kühles Bad«. Gemeint war damit die recht entspannt-gesellige Poolparty, bei der die Spieler noch vor dem Brasilien-Spiel in ihrem Mannschaftshotel *Krautkrämer* in Hiltrup bei Münster gefeiert hatten. Man sah Bilder des Zigarre rauchenden Cruyff, las Berichte, wie er mit »einer rothaarigen Unbekannten« in »einer dunklen Ecke« verschwunden sei. Mochte damit beim Fernduell zwischen König Johan und Kaiser Franz der Bohemien Cruyff im Ansehen als draufgängerischer Lebemann gegenüber dem eher konservativ bürgerlichen CSU-Wähler Beckenbauer punkten: Bei Trainer Michels kam die Berichterstattung nicht gut an, der General meinte vor dem Finale martialisch zu deutschen Reportern, es herrsche »Krieg zwischen uns. Und Krieg ist Krieg.«

Eine Formulierung, die kurzzeitig auch alte Gräben wieder aufriss, keine 30 Jahre nach Ende des Zweiten Weltkriegs, in dem Nazi-Deutschland die Niederlande mit Gräuel, Tod und Verderben überzogen hatte; in dem Rinus Michels als 16-Jähriger 1944/45 den fürchterlichen *Hongerwinter* miterlebte; in dem Kuki Krol, der Vater von Verteidiger Ruud, als Mitglied einer Amsterdamer Widerstandsgruppe Juden bei sich zu Hause versteckte und somit vor der Deportation rettete; in dem der von einer abgrundtiefen Antipathie gegen alles Deutsche geprägte Mittelfeldspieler Wim van Hanegem als Kleinkind im Krieg seinen Vater, zwei Brüder und eine Schwester verloren hatte.

Sosehr sich die beiden Nationen gerade in den liberalen Spätsechzigern angenähert hatten, so viel gegenseitiges Wohlwollen es gab und so groß der Respekt war, den sich die beiden Granden Cruyff und Beckenbauer entgegenbrachten, so war es auch weniger das Gefühl einer tiefen Verachtung vor dem Finalgegner, mit der die Niederlande ins Endspiel gingen, vielmehr die grenzenlose Berauschtheit von sich selbst, die Überzeugung, nach diesem furiosen Turnierverlauf natürlich auch den Titel zu holen.

Schon vor Anpfiff sangen die Niederländer in der Kabine vorfreudig ihren selbst komponierten Gassenhauer vom *Wereldkampioen*, wie Paul Breitner einmal erzählte, man habe das bis in die deutsche Kabine gehört. »Sie machten sich lustig über uns. Sie führten sich auf wie besoffene Holländer auf dem Oktoberfest.« Die Michels-Truppe verhöhnte ihren Finalgegner, in der Kabine und dann auch auf dem Platz.

Noch kein deutscher Spieler hatte den Ball berührt, als Uli Hoeneß nach 51 Sekunden Johan Cruyff im Strafraum umsäbelte, Neeskens jagte den Elfmeter humorlos stramm in die Mitte. Im sicheren Gefühl des bevorstehenden Triumphs verfielen die Holländer noch mehr in Überheblichkeit. Das rächte sich. Nach 25 Minuten segelte Bernd Hölzenbein kontaktlos und in sicherem Abstand über das ausgestreckte Bein von Wim Jansen, Schiedsrichter Taylor zeigte dennoch auf den Punkt. Seitdem ist im Niederländischen der deutsche Begriff *Schwalbe* als Lehnwort fest verankert.

Als Elfmeterschütze war eigentlich Gerd Müller vorgesehen, auch Wolfgang Overath wollte Verantwortung übernehmen. Doch dann schnappte sich zu aller Erstaunen Paul Breitner den Ball. Overath berichtete einmal, wie er auf Breitner zugegangen sei und ihn fragte, ob nicht er schießen solle, worauf Breitner in grantigem Dialekt erwidert habe: »Den hau i nei, und jetzt schleich di.« Das verstand auch der Rheinländer Overath sehr deutlich. Breitner schob die Kugel ins linke Eck und sagte später, er sei wie in Trance gewesen und könne sich an die Momente ab dem Elfmeterpfiff nicht mehr er-

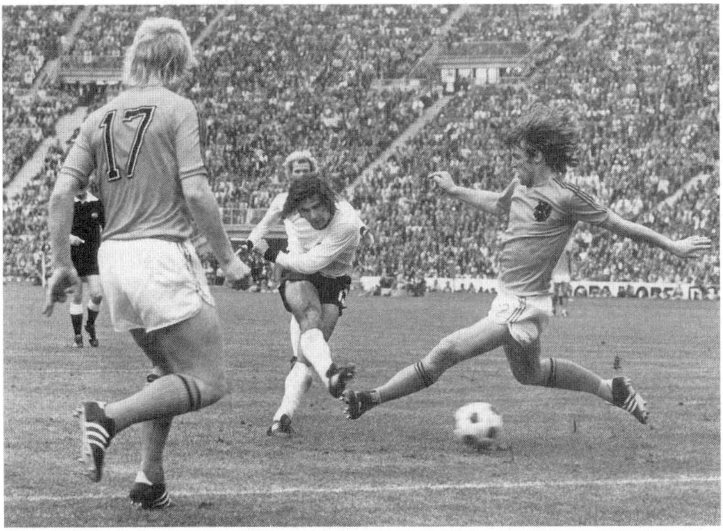

Dann machte es Bumm: Gerd Müller beim Siegtreffer zum 2:1 im Finale: Gute Plätze als Zuschauer sicherten sich Hollands Verteidiger Rijsbergen (l.) und Krol.

innern. Als er am nächsten Tag zu Hause in Brunnthal im Münchner Süden im Fernsehen eine Zusammenfassung des Spiels und seinen Elfer sah, habe er einen Schweißausbruch bekommen. »Mir wurde schlecht. Ich dachte mir, du Riesenrindvieh, wenn der nicht reingegangen wäre.« Ging er aber.

Das Siegtor kurz vor der Halbzeit schoss Müller, Gerd Müller, der Unvergessene. Mit seiner berühmten Drehung, durch die Beine von Krol, ins lange Eck vorbei am konsternierten Torwart Jongbloed. »Sich auf Müller vorzubereiten, war unmöglich«, sagte Krol nach dem Tod von Gerd Müller im Sommer 2021 in einem Interview. »Immer wenn du dachtest, du hast ihn in der Tasche, brach der Moment an, da er aufwachte. Und traf.« So wie an jenem 7. Juli 1974 in der 43. Minute.

In der zweiten Halbzeit stürmten die Niederländer auf den Ausgleich, vergeblich, Neeskens, Rep, van Hanegem, sie alle scheiterten meist an einem überragenden Sepp Maier. Und auch der enervierte Johan Cruyff war komplett abgemeldet dank des giftigen niederrheinischen Wadlbeißers Berti Vogts.

Der niederländische Dramatiker und Regisseur Johan Timmers nannte die Niederlage einmal »das größte Trauma Hollands im 20. Jahrhundert, sieht man von der Flut 1953 und dem Zweiten Weltkrieg ab«. Was das Team Oranje nicht daran hinderte, in einem Anflug von kollektiver Realitätsverweigerung am Abend im Teamhotel am Tegernsee noch einmal einen Titelgewinn zu feiern, den es so gar nicht gab.

Bei den Deutschen hingegen machte sich Frust breit. Beim offiziellen Empfang im Münchner Hilton-Hotel verweigerten die Funktionäre des DFB den Frauen und Freundinnen der Weltmeister den Zutritt. Als Susi Hoeneß es doch irgendwie an den grimmigen Türstehern vorbei in den Bankettsaal geschafft hatte, wurde sie von DFB-Delegationsleiter Deckert wieder rausgeworfen, und zwar mit den Worten: »Hier herrscht Zucht und Ordnung.« Dass die Gattinnen der Funktionäre dabei sein und sich am *Entrecôte à la Bordelaise* laben durften, das störte offenbar weniger.

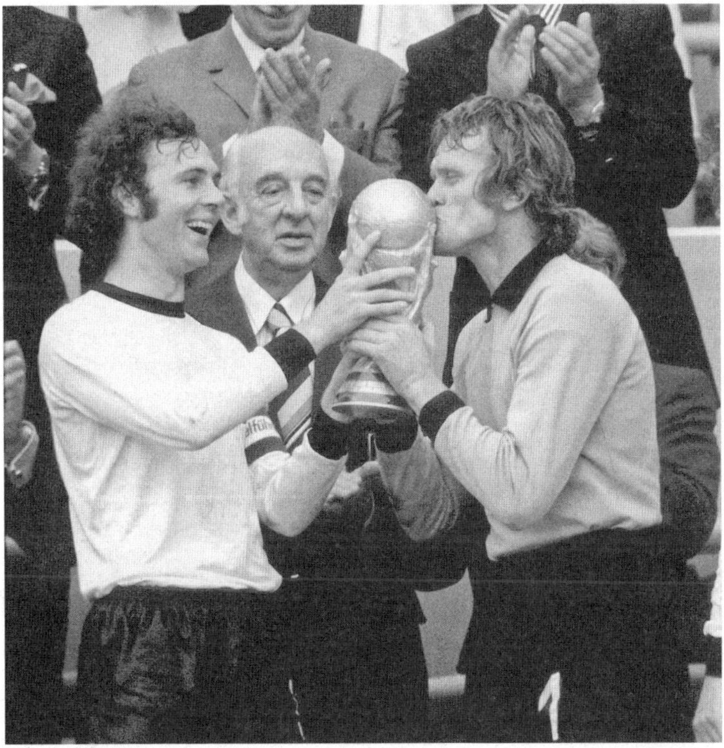

Ein bayerisches Bussi für den Pokal: Sepp Maier (re.) und Franz Beckenbauer mit der WM-Trophäe. Als sachlicher Beobachter in der Mitte: DFB-Präsident Hermann Gösmann.

Bevor die Spieler aus Protest abzogen und in Diskos und Bars alternativ feiernd durch die Münchner Nacht zogen, beschimpfte Franz Beckenbauer die Verbandsriege als »blutigste Amateure« und »jenseits von Gut und Böse«. Uschi Müller hingegen verkündete vor dem Saal den Rücktritt ihres Mannes Gerd aus der Nationalmannschaft. Entgegen der gängigen Erzählung war dies keine Reaktion auf den Banketteklat, Müller hatte seinen Entschluss bereits vor dem Finale Helmut Schön mitgeteilt.

Sepp Maier erzählte einmal, wie er nach 1974 immer wieder ver-

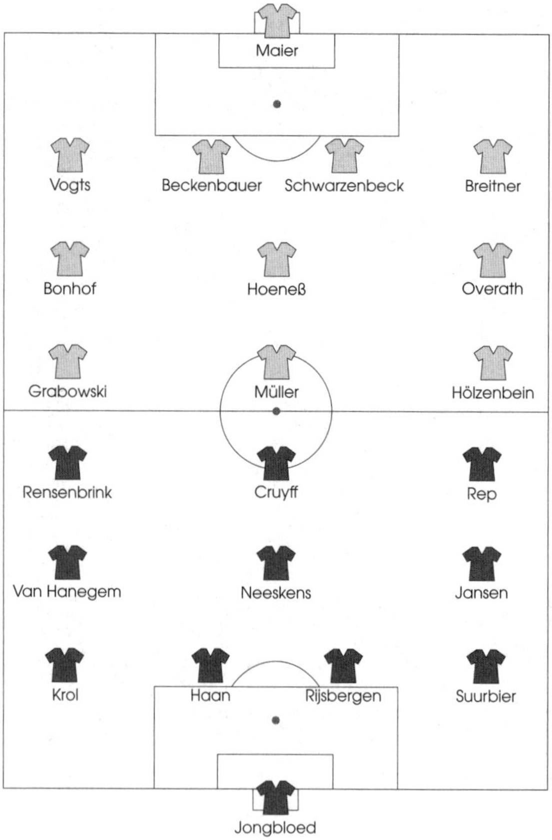

Startaufstellung Deutschland (oben) gegen Holland (unten), WM-Finale 1974

suchte, seinen langjährigen Freund und Weggefährten umzustimmen, ohne Erfolg. Und wie Müller in einem Gespräch mehr als drei Jahrzehnte später ihm gegenüber einräumte: »Sepp, du hast recht gehabt, in der Nationalmannschaft habe ich zu früh aufgehört.« Laut Maier wäre man mit dem Gerd 1976 sicher Europameister geworden. Und dann vielleicht noch einmal Weltmeister. Vier Jahre später in Argentinien. Dort wurde es aber nichts mit der Titelverteidigung.

Dort kam Córdoba.

AUCH DAS NOCH WAS SIE SONST ÜBER DIE WM 1974 UNBEDINGT WISSEN MÜSSEN

0 Niederlagen kassierte Schottland in der Vorrunde und schied trotzdem aus – als erste Nation der WM-Geschichte, die ungeschlagen nach Hause fuhr.

1 Schweigeminute wurde in den vier abschließenden Zwischenrundenspielen am 3. Juli zu Ehren des verstorbenen argentinischen Präsidenten Juan Perón abgehalten – allerdings nicht vor Anpfiff, sondern mitten während der ersten Halbzeit.

2 verzauberte Nadeln soll Zaire-Torwart Mwamba Kazadi beim 2:0 im entscheidenden WM-Qualifikations-Spiel gegen Sambia vor sein Tor gesteckt haben. Ein Protest Sambias gegen die Wertung bei der FIFA blieb erfolglos.

3 Worte sagte Schalke-Stürmer Erwin Kremers am letzten Bundesliga-Spieltag im Mai 1974 zu Schiedsrichter Max Klauser: »Du dumme Sau.« Wegen dieser Disziplinlosigkeit strich ihn Helmut Schön aus dem WM-Kader. Zwillingsbruder Helmut Kremers absolvierte als Teil des Kaders zwar kein Spiel, durfte sich danach aber Weltmeister nennen.

4 Eckfahnen fehlten zu Beginn des Endspiels zwischen Deutschland und den Niederlanden. Nach der vorausgegangenen Schlussfeier hatte man vergessen, sie wieder aufzustellen. Der Anpfiff verzögerte sich um zwei Minuten.

5 Flaschen Black-and-White-Whiskey gewann DDR-Auswahlspieler Hans-Jürgen Kreische, als er nach dem 1:0-Sieg im deutsch-deutschen Duell mit einem ihm unbekannten Sitznachbarn im Flugzeug wettete, die Bundesrepublik werde dennoch Weltmeister. Wenige

Wochen nach der WM traf bei seinem Klub Dynamo Dresden die Kiste mit den fünf Flaschen ein. Absender: der Wettverlierer, der damalige bundesdeutsche Finanzminister Hans Apel.

7 Tage erst war Walter Scheel als Bundespräsident im Amt, als er nach dem Endspiel Franz Beckenbauer den WM-Pokal überreichte. Eröffnet hatte das Turnier noch sein Vorgänger Gustav Heinemann.

33 Städte wollte Günter Netzer vor der WM mit Autogrammstunden zu je 5000 D-Mark Honorar bereisen. Doch Bundestrainer Schön untersagte die Tournee und verdonnerte den außer Form geratenen Star zu Sonderschichten. Half nichts, Netzer blieb 1974 eine Randfigur.

35 Pfennige kostete das billigste offizielle Souvenir. Das WM-Logo zum Aufbügeln, erhältlich in allen Eduscho-Filialen.

1143 Minuten war Italiens Dino Zoff im Tor der *Squadra Azzurra* ohne Gegentor. Bis Emmanuel Sanon im Vorrundenspiel zum 1:0 für Haiti traf.

HAST DU TÖNE – DIE SINGENDEN NATIONALMANNSCHAFTEN

Von Sepp Herberger über Udo Jürgens bis Village People. Wie der DFB-Chor vor Weltmeisterschaften das Land mit Liedgut von roten Sonnen und zärtlichen Mädchen beglückte und dabei jahrzehntelang eine Tonspur der Verwüstung hinterließ. Best of musikalisches Gruselkabinett.

Singen mussten sie schon bei Herberger. Auch 1954, am Tag des Endspiels. Bei der Anreise im Bus. Horst Eckel, der im Dezember 2021 als letzter Überlebender der Wankdorfer Wundermannschaft starb, erzählte das einmal. Wie sie mittags im *Hotel Belvedere* am Thuner See noch Hühnchen aßen, sich eine Stunde aufs Ohr legten, um 15 Uhr in den Bus stiegen. Wie Sepp Herberger wie immer vorne rechts Platz nahm und dann mit seiner Mannschaft auf der Fahrt nach Bern als gesellige Aufmunterung zum Vertreiben der großen Nervosität wie so oft das alte Volkslied anstimmte. *Hoch auf dem gelben Wagen*, ein in den Zwanzigerjahren von einem Berliner Komponisten vertontes Gedicht aus dem 19. Jahrhundert. Ein Auszug aus den Lyrics: »Postillon in der Schenke / Füttert die Rosse im Flug / Schäumendes Gerstengetränke / Reicht der Wirt mir im Krug.«

Freilich zog sich das Stück ziemlich in die Länge, für die nicht so textsicheren Kicker rief Herberger alle vier Zeilen den nächsten Absatz durch die Reihen. Und jetzt alle: »Flöten hör' ich und Geigen / Kräftiges Bassgebrumm / Lustiges Volk im Reigen / Tanzt um die Linde herum.«

Die Strophen prasselten unaufhörlich hernieder. Aus dem Hintergrund müsste Rahn singen.

Und als sie nach einer halben Stunde am Stadion ankamen, waren sie gerade so durch. Aus, aus, aus, das Lied ist aus.

Auf die aberwitzige Idee, den Berner Heldenchor krächzend auf Platte zu pressen, kam damals noch keiner. Das änderte sich ab den

Sechzigerjahren, als sich etwa Franz Beckenbauer kurz nach seiner kraftvollen Werbung für Tütensuppe mit seiner Debütsingle 1966 vier Wochen in den deutschen Charts hielt. Mit Platz 31 blieben seine unzertrennbaren guten Freunde allerdings deutlich hinter dem Erfolgsschlager von Petar Radenković, dem Torwart von Lokalrivale 1860, der als Sohn eines jugoslawischen Folkloresängers und Balkan-Barden im Jahr zuvor bis auf Platz 5 stürmte, mit 400 000 verkauften Exemplaren von: *Bin i Radi, bin i König*. Ein Titel, der den Torwart vom FC Bayern schmunzelnd zur Replik veranlasste: »Bin i Radi, bin i Depp. König ist der Maiersepp.«

Auch Gerd Müller hatte mal eine Krone auf, ganz oft als Torschützenkönig, einmal aber auch auf dem Plattencover seines ersten Hits *Dann macht es bumm*. Mit Zepter und Königsrobe im Grünwalder Stadion, wenn man die Scheibe auf den Plattenteller legte und auf 45 RPM stellte, hörte man das ergreifende Intro: »Jeden Samstagnachmittag, ja, da ist was los. Immer wieder ist die Spannung riesengroß.« Sein nächstes Lied handelte von einem *Schützenfest*, in einer Passage verstand man immer: »Wie schön das wär: Das Tor ist frei, der (!) Torwart gibt's nicht mehr.«

In der Instrumentierung fokussierten sich Komponisten und Produzenten beim Müllergerd gerne auf blechgeblasenen Umpfdara-Marsch zum Mitschunkeln, so wie auch in den Niederlanden bei Johan Cruyff 1969 mit seinem vielsagenden *Oei Oei Oei*. Warnung vorab: Dieses Lied kann Hörschäden hervorrufen, fragen Sie Ihren Arzt oder Apotheker. Am besten nur mit ganz viel Stoff aus dem Coffeeshop zu ertragen.

Eher schnulzig ging es davor bei John Charles zu, dem walisischen Stürmer von Juventus, der 1960 mit seinem schmachtenden *Love in Portofino* zu einem der allerersten singenden Kicker wurde, später reihte sich auch Pelé in den Reigen ein, sein *Meu Mundo é uma bola* (Meine Welt ist ein Ball) zusammen mit dem großen Bossa-Nova-Interpreten Sergio Mendes wurde sogar halbwegs hörbar, leichte Kost fürs Ohr.

Es gibt im Internet dazu eine fantastische Seite zweier Fußballfans, die seit 2006 auf *fc45.de* schon mehr als 4000 Schallplatten ins Netz stellten und damit das heute wohl umfassendste Archiv von Meisterwerken singender Kicker beheimaten. Best-of musikalisches Gruselkabinett. Ganz groß.

Dort zu finden sind natürlich auch die entsetzlichen Auftritte der deutschen Nationalmannschaften, die ab 1974 für die nächsten 20 Jahre regelmäßig vor einer WM das Plattenstudio heimsuchten und dort konsequent eine Tonspur der Verwüstung hinterließen. Ganz schlimm wurde es schon bei der Premiere zur Heim-WM. Dank Jack White, der mit seinem bürgerlichen Namen Horst Nußbaum in den Sechzigerjahren als Profi auch mal beim PSV Eindhoven kickte, mit seiner Karriere als Produzent gefälliger Schlager aber deutlich mehr Erfolg hatte. Eine Auswahl seiner Best-of: *Heute so, morgen so* mit Roberto Blanco. *Schöne Maid* von Tony Marshall. Lena Valaitis: *So wie ein Regenbogen.*

Vor der Heim-WM spielte White mit den DFB-Kickern sadistischerweise gleich eine ganze LP mit zwölf Songs ein, die Titel hießen: *Ich fang für euch den Sonnenschein* oder: *Frohsinn und Gemütlichkeit.* Zur Hit-Auskopplung reichte es für *Fußball ist unser Leben*, der Song wurde ein Gassenhauer in den deutschen Stadien. Über die Aufnahme erzählte Jack White in der *Süddeutschen Zeitung* einmal: »Die Spieler hatten alle wochenlang die Kassette zum Üben. Aber natürlich hatte keiner jemals reingehört.« Dennoch habe er die Platte nach nur zwei Probeläufen aufgenommen. »Im End-Mix habe ich das dann eben so gemacht, dass es klingt.« Damit waren dann alle glücklich, bis auf Helmut Schön, der den eingesungenen Schlachtruf *Ha! Ho! Heja heja he* anmahnte. »Das singt gar niemand, wenn wir mit der Nationalmannschaft spielen«, murrte Schön. »Die Zuschauer machen doch alle: Deutschland! Kläpp, kläpp, kläpp.« Hätte das Lied aber noch hölzerner gemacht.

Die Auswahl der DDR beließ es übrigens bei einer 7"-Single, zusammen mit Frank Schöbel trällerten sie völkerverbindend *Ja, der Fußball ist rund wie die Welt.* Mehr war aus Studio Deutschland-Ost auch nicht zu hören, sie spielten ja nur 1974 bei einer WM mit.

Ganz anders die Kicker West, die das Land nun vor jeder WM mit neuem Liedgut beglückten. Man erkannte das große Einnahmepotenzial durch die Plattenverkäufe, eine bis dahin übersehene und nun rasch gestopfte Vermarktungslücke. Der DFB-Chor wurde ab sofort professionell durchkommerzialisiert, der Popstar ist die Mannschaft. Das Zusammensingen gehörte alle vier Jahre zum guten Ton, und wäre Oliver Bierhoff damals schon Teammanager gewesen, hätte er erst das Internet erfunden und sich dann einen Hashtag einfallen lassen: #ZSMMNSNGN.

Schon vor dem Eröffnungsspiel in Argentinien 1978 verkaufte der DFB-Kader von *Buenos Dias Argentina* im Duett mit Udo Jürgens mehr als 500 000 Scheiben, die Platte eroberte Platz 2 in den deutschen Top Ten. Zur erschütternd stupiden Schlichtheit des Inhalts ein Exempel: »Buenos Dias Buenos Aires / Wenn die rote Sonne glüht / Rauscht von ferne der La Plata / Und er singt mit mir ein Lied.«

Eine gesäuselte und sehr lukrative Heile-Welt-Harmonie, der DFB machte mit der Scheibe einen Reingewinn von einer Million Mark. Die politischen Verhältnisse im Land des Gastgebers stellte man dabei auf lautlos. Dass gleichzeitig in den Zuchthäusern der Militärjunta Regimegegner gefoltert und ermordet wurden, scherte kaum einen. Wer hierzulande von den Gräueltaten nichts hören wollte, brauchte sich neben den Scheuklappen nur die Kopfhörer aufzusetzen. »Buenos Dias, ihr Gitarren / Wenn der Abend niedersinkt / Sollt ihr leise mir erzählen / Wie das Lied der Pampas klingt.«

Wie das Ständchen für die WM in Spanien klang, sah man bereits vier Monate vor Anpfiff im Februar 1982 bei Thoelke, Donnerstagabend ab 19.30 Uhr im *Großen Preis*, bei Wim und Wum und Wendelin. Michael Schanze gastierte mit den Nationalsängern und *Olé España*. Darin erfuhr man, dass in Spanien die Señoritas Lippen wie roten Mohn haben und schwarze Augen, die viel versprechen, und man heiße Nächte voll Zärtlichkeit erleben könnte. Dass die Spieler dabei nicht über die Bühne torkelten, lag daran, dass das berüchtigte Trainingslager am Schlucksee ja erst später war. Für die Aufnahme, die immerhin noch auf Platz 10 der Hitparade kam, kassierten die

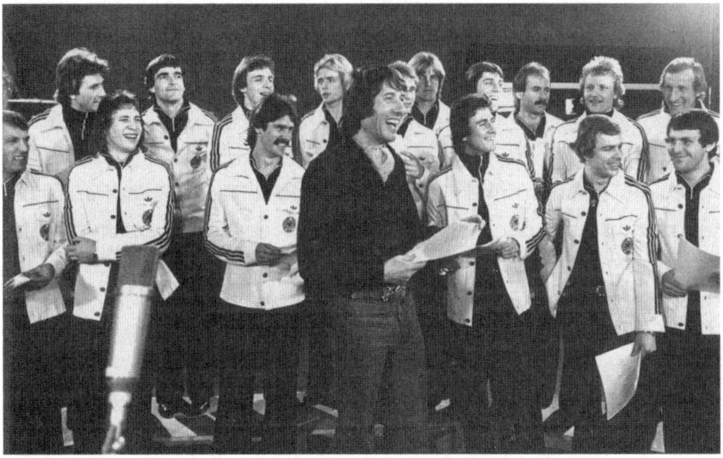

Wenn die rote Sonne glüht: Udo Jürgens und die gut gelaunten deutschen Nationalspieler beim Einspielen des WM-Hits für 1978 in einem Kölner Tonstudio.

Spieler je 20 000 D-Mark, genauso viel wie 1986, als Peter Alexander eingriff und die Rolle des Chorleiters übernahm. *Mexico Mi Amor* wirkte freilich mehr wie eine Kompilation mit Satzbausteinen vergangener Erfolge, die rote Sonne von 1978 feierte ebenso ein Comeback wie »zärtliche Mädchen«, sie »verschenken die Sehnsucht im Dunkel der Nacht«, und dazu: »Sombreros verbergen den Stolz in den Augen der einsamen Männer.«

Immerhin, im Vergleich zu den bisherigen Texten entwickelte das Lyrische hier fast schon ein philosophisches Niveau von Habermas'schen Dimensionen, etwa mit: »Glocken der Freiheit schlagen in Kirchen ihr Lied ohne Ende. Das Leben malt Bilder aus Licht und aus Schatten auf schneeweiße Wände.« Musste man fast zweimal hören, um die Message zu verstehen.

Wirklich sehenswert der Videoclip in der Kulisse einer mexikanischen Cantina, unvergessen Toni Schumacher mit Trompete, Lothar Matthäus mit Poncho und sensationellem Sombrero, darunter der Stolz in den Augen eines selten einsamen Mannes. Klaus Augenthaler, der sich in der ersten Reihe vor Lachen nicht mehr einkriegt. Augenthaler sagte dazu einmal: »Ich dachte mir nur: Was tust du hier? Trainieren wär besser.«

1990 kehrte Udo Jürgens als musikalischer Leiter zur DFB-Elf zurück. Mit Pierre Littbarski an der Akustikgitarre sang man *Wir sind schon auf dem Brenner* und gab dabei nützliche Nachhilfe in Geografie: »Hinter uns liegt der Inn / Und vor uns liegt der Po / Die Welt spielt sich frei / Und auch wir sind dabei / Hollari hollaro.« Frei von altbackenen Inhalten für alte Herren durfte natürlich auch dieses Stück nicht sein, etwa mit: »Spiele am Strand, schöne Mädchen zur Hand.«

Umso lustiger, dass sich die traditionell eher homophobe Gattung des Fußballprofis 1994 mit den gealterten Disco-Jungs von *Village People* für das Projekt *Far Away in America* einließ. Als man dem damaligen DFB-Boss Egidius Braun nach den Aufnahmen erzählte, dass die Combo gefeierte Stars der Schwulenszene seien, wurde von allzu

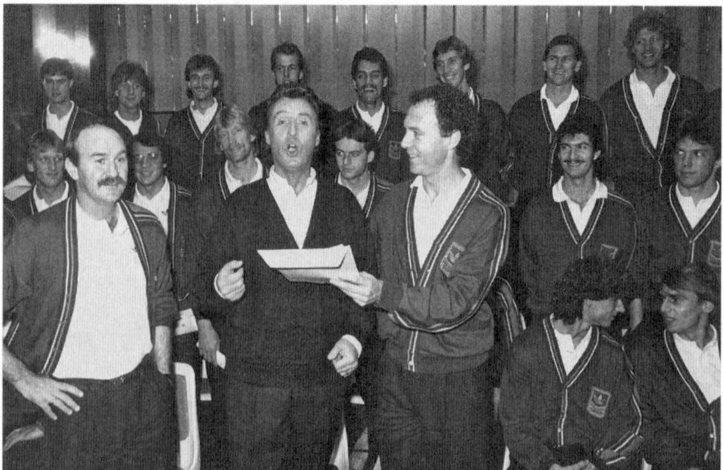

Sangen von zärtlichen Mädchen und einsamen Männern: Peter Alexander mit Franz Beckenbauer, Assistent Horst Köppel (li.) und den Nationalspielern bei der Aufnahme des WM-Songs für 1986.

offensivem Marketing lieber abgesehen und die Platte verschämt in der Schublade versteckt.

Überhaupt war es auch das finale Fadeout, der letzte Akt in den bedenklichen Gesangsauftritten deutscher Nationalmannschaften, danach gab es rund um Weltmeisterschaften noch viele weitere Fußballlieder, aber nur noch von Menschen, die halbwegs musizieren konnten. Anastacia, Shakira, die Sportfreunde Stiller.

Die DFB-Kicker aber sollten musikalisch verstummen. Dass nichts mehr von ihnen zu hören war, verdiente dann wahrlich tosenden Applaus. Kläpp, kläpp, kläpp.

1978 IN ARGENTINIEN

Fußball zwischen Folter und Fiesta: Mit Brutalität verfolgt und ermordet die Militärjunta politische Gegner, doch die deutsche Delegation setzt die Scheuklappen auf und empfängt in ihrem Quartier einen Alt-Nazi. Beim letzten Auftritt von Helmut Schön quält sich der Weltmeister durchs Turnier und erlebt am Ende sein Córdoba. Argentiniens Trainer-Philosoph Menotti feiert den Triumph des linken Fußballs und wertet den Titelgewinn als Sieg über den Terror der Diktatur.

Edi Finger wollte ja gar nicht nach Córdoba.

Für Österreichs Nationalmannschaft war die WM gelaufen, nach Niederlagen gegen die Niederlande und Italien hatte die Elf von Trainer Helmut Senekowitsch keinerlei Chance mehr, wenigstens noch das Spiel um Platz 3 zu erreichen. Es herrschte Frust im Alpenland. Deutschland hingegen, der Gegner im letzten Gruppenspiel der Zwischenrunde, besaß noch alle Optionen. Dass die Deutschen gewinnen würden, daran zweifelte eh keiner, seit 1931 hatten sie gegen die Nachbarrepublik nicht mehr verloren. Österreich? Lachhaft. Sogar der Einzug ins Finale war für die Truppe von Helmut Schön ja theoretisch noch möglich, bei einem Kantersieg mit fünf Toren Unterschied und einem Unentschieden im Parallelspiel zwischen den Niederlanden und Italien wäre der Titelverteidiger von 1974 erneut im Endspiel gestanden.

»Fünf Tore gegen Österreich«, höhnte dann auch noch DFB-Präsident Hermann Neuberger vor dem Spiel in hämischer Herablassung, »warum sollte uns das nicht gelingen.« Edi Fingers Motivation, für den Österreichischen Rundfunk noch den finalen Akt von Austrias argentinischem Trauerspiel zu kommentieren, hielt sich also verständlicherweise in Grenzen, weshalb er eigentlich lieber seinem Kollegen Manfred Payrhuber das Mikro überlassen wollte. Bis sich Finger kurzfristig und ganz spontan doch noch entschloss, von seinem Stützpunkt in Buenos Aires ins 700 Kilometer entfernte Córdoba zu fliegen. Es war eine ganz gute Entscheidung. Sonst hätte die Welt nie erfahren, wie er beim rot-weiß-roten Sensationserfolg narrisch wurde, wie er einem Diplomingenieur neben sich um den Hals fiel, wie er Rüdiger Abramczik abbusseln wollte und wie er sich darauf freute, sich ein Vierterl zu genehmigen.

Sonst hätte die Sportwelt auf eine unvergessene Sternstunde verzichten müssen, auf eine der legendärsten Fußballreportagen aller Zeiten. Und auf das wohl Einzige, warum es bei dieser nicht nur aus deutscher Sicht entsetzlichen Weltmeisterschaft ein bisserl was zu lachen gab. Denn es war ansonsten überhaupt gar nichts lustig in Argentinien 1978.

Zwei Jahre zuvor, im März 1976, war es zu einem Militärputsch gekommen, bei der eine Junta unter Jorge Videla als Oberkommandierendem der Streitkräfte die bis dahin regierende Isabel Perón, Witwe des 1974 verstorbenen Juan Perón, absetzte. Was folgte, war eine grausame Epoche der Unterdrückung, der Knechtung, der systematischen Ausschaltung unliebsamer Opposition, von Freiheitskämpfern, Menschenrechtlern. Die Zahlen schwanken noch heute, geschätzt ließen die herrschenden Generäle in den folgenden Jahren rund 30 000 Menschen ermorden, ob in den Gefängnissen oder bei den sogenannten *Todesflügen*, als politische Gefangene lebend aus Flugzeugen ins Meer geworfen wurden.

Eine der schlimmsten Folterstätten war die Marineschule *Escuela de Mecánica de la Armada,* die keine zwei Kilometer Luftlinie vom *Estadio Monumental* entfernt lag, dem Schauplatz des Eröffnungsspiels und des Finales. Hier hörte man die Schreie der Gequälten. Dort drüben die der Jubelnden.

International war eine hitzige Debatte darüber entbrannt, ob man der WM am Río de la Plata fernbleiben sollte. Gerade in den Niederlanden, in Schweden, aber auch in Frankreich formierte sich massiver Widerstand gegen die Reise der eigenen Nationalmannschaften nach Südamerika. Sportliche Großveranstaltungen zu boykottieren, das war damals ohnehin en vogue. 1976 waren es 20 afrikanische Nationen, die den Olympischen Spielen von Montreal ferngeblieben waren, sie störten sich an der Teilnahme Neuseelands, das sportliche Beziehung zum international geächteten Apartheid-Land Südafrika unterhielt. 1980 bei den Spielen von Moskau ließ der Westen seine Sportler zu Hause, aus Protest gegen den Sowjet-Einmarsch in Afghanistan. Vier Jahre später in Los Angeles folgte die Retourkutsche des Ostblocks.

In Frankreich plädierten prominente Denker und Künstler wie Jean-Paul Sartre und Yves Montand für einen Boykott der WM, in den Niederlanden äußerte sogar Ministerpräsident Dries van Agt kurzzeitig Sympathien dafür.

Und in Deutschland? Hier hielt sich die Regierung Schmidt vornehm zurück. Die wirtschaftlichen Beziehungen zu Argentinien liefen ganz gut, zudem war die Militärjunta protegiert von den USA, dem wichtigsten politischen Partner der Bundesrepublik, Widerstand gegen die WM regte sich da kaum. Auch dass eigene Staatsbürger zu den *Desaparecidos* gehörten, zu den Verschwundenen, dass mit der Gelsenkirchener Widerstandskämpferin Elisabeth Käsemann 1977 eine deutsche Studentin von Videlas Schergen gefoltert und ermordet wurde, schien die Bundesregierung nicht weiter zu stören.

Ähnlich war damals die offizielle Haltung im deutschen Fußball, was sich am Fall des Theologen Helmut Franz ablesen lässt. Im Juni 1977, genau ein Jahr vor der WM, sprach Franz für den Saarländischen Rundfunk (SR) das *Wort zum Sonntag* und prangerte darin im Zusammenhang mit den Menschenrechtsverletzungen und Folterungen in Argentinien auch das große teilnahmslose Schweigen der deutschen Fußballfunktionäre an. Die Reaktion des DFB ließ nicht lange auf sich warten. In einem Schreiben an SR-Intendant Franz

Mai verwahrte sich Präsident Neuberger »mit aller Entschiedenheit gegen die Ausführungen«, ein Wort zum Sonntag habe doch »den Menschen zu Besinnlichkeit auf den nahestehenden Sonntag« einzustimmen, um »den Alltag abzustreifen und die Nähe Gottes zu suchen«. Der »politische Zungenschlag«, so Neuberger empört, habe da nichts verloren.

Neuberger war übrigens auch derjenige, der wenige Monate später in einem Interview über die Terrorherrschaft in Argentinien sagte: »Ich bin mit dem Begriff Diktatur sehr vorsichtig.«

Sehr vorsichtig äußerten sich auch die meisten Nationalspieler. Bei einer Umfrage des *Stern* erklärten sich nur wenige DFB-Kicker wie die Reservisten Rudi Kargus, Bernd Franke oder Herbert Neumann bereit, eine Petition von *Amnesty International* an die Bundesregierung zur Aufnahme politisch Verfolgter aus Argentinien zu unterschreiben. Die Mehrzahl bemerkte hingegen, Politik interessiere sie nicht und habe mit dem Sport ja gar nichts zu tun. Erich Beer von Hertha BSC etwa meinte lapidar: »Es belastet mich auf keinen Fall, dass dort gefoltert wird. Wenn ich in Deutschland spiele, denke ich ja auch nicht dran, dass im Krieg viele umgekommen sind.« Manfred Kaltz, der Mann mit den Bananenflanken vom Hamburger SV, zweifelte gar: »Ist das bewiesen, dass da gefoltert wird? Ich fahr da hin, um Fußball zu spielen, nichts sonst.« Und Kapitän Berti Vogts erwiderte, man solle doch lieber einmal auf die Zustände in der Sowjetunion schauen. Über seine Eindrücke nach einer Argentinien-Reise mit der Nationalmannschft im Juni 1977 sagte Vogts unter anderem auch: »Argentinien ist ein Land, in dem Ordnung herrscht. Ich habe keinen einzigen politischen Gefangenen gesehen.« Ein Spruch, der als geistiger Flachpass seine logische Fortsetzung 2013 fand, als Franz Beckenbauer zu den viel kritisierten Arbeitsbedingungen auf den WM-Baustellen in Katar fabulierte: »Ich habe noch keinen einzigen Sklaven gesehen.«

Manche Spieler reagierten differenzierter, etwa Sepp Maier, der zwar daran zweifelte, ob ein politisches Statement der Mannschaft etwas bewirken würde: »Hernach kommen wir rüber, wir sprechen uns da drüben aus, und dann sind wir auch verhaftet.« Maier sagte aber auch für den Fall einer Begegnung mit Machthaber Videla: »Ich werde dem General nicht die Hand schütteln und meine Hände auf dem Rücken verstecken.« So wie es auch Paul Breitner in einer Kolumne gefordert hatte, als er an die Nationalspieler schrieb: »Verweigert dem General den Handschlag.«

Interessant klang übrigens die Antwort von Karl-Heinz Rummenigge: »Ich kann Folter in der Art und Weise, wie sie in Argentinien vorkommen soll, natürlich nicht dulden.« Fragt sich am Ende des Tages nur, welche andere Form der Folter er damals für tolerabel erachtet hätte.

So schlimm die politischen Verhältnisse im Land des WM-Gastgebers waren und sosehr sich die deutsche Delegation mit überwiegender Mehrheit kritischen Äußerungen zu den Umständen verweigerte und neben Fußballschuhen, Trikots und Trainingsanzügen zu den Ausrüstungsutensilien auch die Scheuklappen mitnahm, so passte die Episode vom berüchtigten, bereits erwähnten *Rudel-Besuch* im WM-Quartier im streng bewachten Luftwaffenstützpunkt Ascochinga ganz gut in jene unselige Zeit. Hans-Ulrich Rudel, einstmals der von Hitler höchstdekorierte Kampfflieger der Wehrmacht, der nach dem Krieg über die *Rattenlinie* nach Südamerika flüchtete, in Buenos Aires das *Kameradenwerk* für emigrierte NS-Kriegsverbrecher mitbegründete und als Alt-Nazi weiterhin bestens in die deutsche rechtsextreme Szene vernetzt blieb, etwa als Intimus von DVU-Kopf Gerhard Frey, für den er in Deutschland immer wieder unbehelligt als Einpeitscher bei Wahlkampfreden auftreten durfte. Jener Rudel also, der schon 1958 bei der WM in Schweden im deutschen Quartier aufgetaucht war und nun in Argentinien erneut auf Visite kam und dort nach einem geselligen Small Talk mit Trainer Schön in der Teamkantine mit der Mannschaft zu Mittag aß.

Empörte sich in der Heimat unter anderem ein Juso-Chef namens Gerhard Schröder über diese »Provokation aller Demokraten«, entgegnete DFB-Boss Neuberger indigniert, er hoffe doch nicht, dass man Rudel »seine Kampffliegertätigkeit aus dem Zweiten Weltkrieg vorwerfen will«. Kritik am Besuch »käme einer Beleidigung aller deutschen Soldaten gleich«. Aussagen, die man in der NPD-Parteiorgan *Deutsche Wochen-Zeitung* freudig mit »Mannhafte Haltung des Deutschen Fußballbundes« kommentierte.

Bei all diesen düsteren Begleitumständen gab es obendrein auch sportlich wenig Grund zur Vorfreude auf die WM. Ganze fünf Weltmeister von 1974 waren noch nach Argentinien geflogen: Maier, Vogts, Bonhof, Hölzenbein, Schwarzenbeck. Dahinter positionierte sich eine Gruppe mit spielerisch eher rustikaleren Typen, die Führungsrollen beanspruchten: die Generation um Charaktere wie Bernhard Dietz, Manfred Kaltz, Rolf Rüssmann. Frisch und dynamisch muteten nur die beiden Jungstars an, Karl-Heinz Rummenigge vom FC Bayern und Hansi Müller vom VfB Stuttgart. Ansonsten alles sehr bieder und altbacken, ohne eine gestandene Persönlichkeit, ein Kader ohne Hierarchie.

Wer fehlte, war Franz Beckenbauer, der nach seinem mit einer damals sehr stattlichen Gage von umgerechnet 2,3 Millionen Mark pro Jahr üppig honorierten Wechsel zu Cosmos New York von seinem neuen Klub keine Freigabe bekam. Wer außerdem fehlte, war Paul Breitner, der im Dauerclinch mit den DFB-Funktionären keine Lust mehr auf Nationalmannschaft verspürte und – so wie der ebenfalls absente Uli Stielike – inzwischen bei Real Madrid sehr ordentliches Geld verdiente. Die Vorzeichen für eine erfolgreiche Mission Titelverteidigung standen schlecht. Dazu kam obendrein noch die miserable Stimmung im von der GSG 9 streng bewachten Quartier. Kein Jahr nach dem Deutschen Herbst 1977 mit der Entführung des Arbeitgeberpräsidenten Hanns Martin Schleyer und der Entführung der Lufthansa-Maschine *Landshut* nach Mogadischu herrschte weiter Terroralarm. Für Abwechslung sorgten lediglich eine Tischtennisplatte und ein Heimkino. Jeden Abend lief im Gemeinschaftsraum *Der Clou* mit Paul Newman und Robert Redford. Mehr Videokassetten hatte offensichtlich niemand eingepackt. Und dass zu jedem Mittagessen Franz Lambert als gut gelaunter Haus-und-Hof-Instrumentalist des DFB in die Tasten seiner Wersi-Orgel schlug, machte es auch nicht besser. Ascochinga machte seinem Namen alle Ehre, in der Sprache der Ureinwohner heißt Ascochinga *Toter Hund*.

Dagegen mutete Malente 1974 an wie ein mondänes Fünf-Sterne-Superior-Wellness-Resort mit Thermalwhirlpool und Luxus-Spa.

Und entsprechend trist ging es dann auch los, beim Eröffnungsspiel gegen Polen, das Deutschland damals noch traditionsgemäß als amtierender Weltmeister bestreiten durfte, an einem Tag, an dem nur die scharf regimekritischen Ausführungen von Polit-Korrespondent Thomas Reimer bei der Live-Übertragung der Eröffnungsfeier das südamerikanische Heile-Welt-Image trübten, das gerade die Öffentlich-Rechtlichen in jenen Wochen in die Heimat transportierten, mit schönen Klischeebildern von Gauchos, Pampas und Rindersteaks. Politisch saß man bei der ARD nicht in der ersten Reihe. Und mit dem Zweiten sah man lieber weg.

Die Neuauflage der Frankfurter Wasserschlacht von 1974 endete in einem armseligen 0:0, von »Antifußball« und einer »Karikatur von Fußball« schrieben tags darauf die internationalen Gazetten. Auch Klaus Fischer, der gegen die Schweiz 1977 mit seinem unvergessenen Fallrückzieher einen später zum *Tor des Jahrhunderts* gekürten Treffer erzielte, versagte kläglich, die *Süddeutsche Zeitung* nannte den Auftritt des Schalke-Stürmers »erschreckend plump«. Dabei hatte Fischer, ein gelernter Glasbläser aus dem Bayerischen Wald, noch vor dem Turnier angekündigt: »In Argentinien will ich ganz groß rauskommen.« Doch sich als legitimer Erbe von Uwe Seeler und Gerd Müller zu präsentieren, daraus wurde nichts.

Manche Spieler machten nach dem Auftaktgeholze den schlechten Rasen im *Estadio Monumental* verantwortlich für den kargen Kick, Helmut Schön hingegen gab schon vor dem Turnier präventiv dem neuartigen Ball die Schuld, den mit einer feinen Kunststoffschicht überzogenen *Tango* von Adidas. »Der Ball hat kein Leben«, jammerte Schön, während sein Co-Trainer und Nachfolger Jupp Derwall rheinländischst in den Klagekanon mit einstimmte: »Dat Ei fliegt nich, der liegt wie ne Kugel flau am Boden.«

Immerhin flog dat Ei im zweiten Gruppenspiel dann sechsmal ins

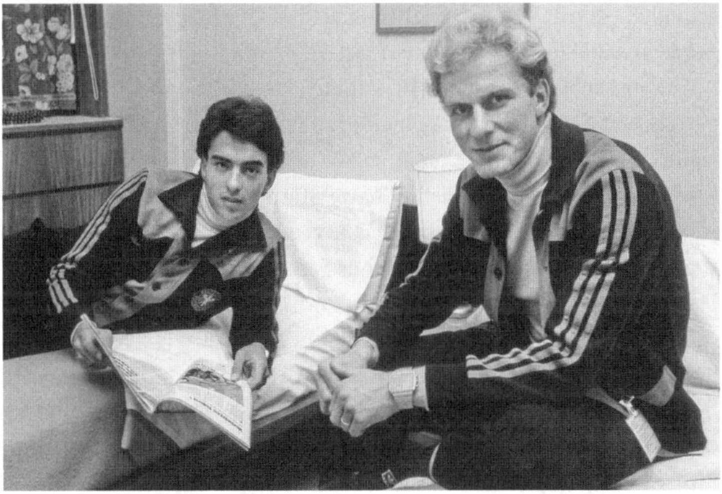

Die lässigen Jungstars von Zimmer 172: Hansi Müller und Karl-Heinz Rummenigge im spartanisch eingerichteten WM-Quartier in Ascochinga.

gegnerische Tor, beim einzig wirklich überzeugenden Spiel der deutschen Mannschaft und beim einzigen Sieg überhaupt während der gesamten WM. Beim 6:0 gegen das überforderte Mexiko, das außer der imposanten Haartracht seines Spielmachers Leonardo Cuéllar wenig Sehenswertes zu bieten hatte, glänzte vor allem das junge Duo um Karl-Heinz Rummenigge und Hansi Müller, die beiden Freunde, die sich in Ascochinga das Doppelbett teilten. So sorgte Zimmer 172 für die Hälfte aller Tore, der junge Bayern-Rechtsaußen traf zweimal, der Schwabe Müller einmal.

Gerade für Rummenigge, der wenige Wochen nach der WM 1974 aus dem kleinen Lippstadt zum großen FC Bayern gekommen war, war das Spiel nun der Durchbruch in der Nationalmannschaft.

Mit der Euphorie war es aber schnell wieder vorbei, das mühsam erzitterte 0:0 gegen das aufmüpfige Tunesien zum Abschluss der Vorrunde war ein grausiger Rückfall, und dass der peruanische Schiedsrichter Orozco nach einem klaren Foul von Kaltz an Stürmer Agrabi den Nordafrikanern einen Elfmeter verweigerte, war mitentscheidend dafür, dass der DFB-Tross nicht schon zu diesem Zeitpunkt nach Hause fliegen musste.

In der erneut im fürchterlich unattraktiven Gruppenmodus ausgetragenen Zwischenrunde ging es genauso weiter, gegen die damals traditionell rustikalen Italiener gab es im vierten Spiel das dritte torlose Unentschieden. Zu lachen hatte nur Sepp Maier, der sich nach Abpfiff von seinem Weggefährten, Azzurri-Keeper Dino Zoff, dessen Trikot besorgte, als Mitbringsel für seinen Kölner Kollegen Harald Schumacher, der ein Jahr später im Nationalteam debütieren sollte. Überhaupt war Maier bester Dinge, nach vier WM-Spielen war er noch immer ohne Gegentor. Die argentinische Presse feierte ihn schon als *Maier Cero*, während er selbst über die bisherigen deutschen Spiele gewohnt wortgewaltig räsonierte: »Vorne is nix, und hinten bin i.« Zudem kündigte der damals 34-Jährige an, noch bis 40 weiterzuspielen. Danach, blödelte er, wolle er sich auf seine Tenniskarriere fokussieren und Wimbledon gewinnen.

Es war nur ein Jahr später, als Maier im Juli 1979 auf der Heimfahrt von einem Freundschaftsspiel in Ulm kurz vor seinem Wohnort Anzing mit seinem Mercedes 450 SEL 6,9 einen schweren Unfall verursachte, den er nur knapp mit schweren inneren Verletzungen überlebte. Mit der Karriere war es damit vorbei.

Und dann ging es nach Córdoba. Noch nicht gegen Österreich, aber gegen eine von einem Österreicher trainierte Mannschaft. In der Neuauflage des Endspiels von 1974 gegen die Niederlande unter dem chronisch grantigen Ernst Happel, der erst im Herbst 1977 zum Bondscoach berufen worden war. Anders als bei den Deutschen bestand der Kern der Mannschaft noch immer aus dem 74er-Kader. Krol und Suurbier, Haan und Neeskens, Rep und Rensenbrink. Wer natürlich fehlte, war der große Cruyff.

Damals hatte es viele Spekulationen gegeben, warum der erst 31-jährige Star des FC Barcelona nicht mitgefahren war. Erst 30 Jahre später lüftete er das Geheimnis, als er in einem Interview von einem Überfall auf ihn und seine Familie in seiner Wohnung in Barcelona kurz vor der WM erzählte. »Man hielt mir ein Gewehr an den Kopf, meine Frau war gefesselt, und unsere Kinder mussten all das miterleben«, sagte Cruyff. Deswegen seien er und seine Familie monatelang unter Polizeischutz gestanden, Leibwächter hätten die Kinder zur Schule begleitet. Dass ihm da nicht der Sinn nach Fußballspielen in Südamerika stand, erscheint plausibel.

Ohne Cruyff hatte sich bei der *Elftal* auch der Zauber des *totalen Fußballs* verflüchtigt. Ein Kader mit vielen gealterten Spielern und einigen Neulingen, das schien nicht zusammenzugehen, es fehlte der Kitt. Und auch der in den Niederlanden sehr verehrte Ernst Happel, der schon als Klubtrainer bei Feyenoord Rotterdam große Erfolge gefeiert hatte, tat sich schwer. Nach der Vorrunde, die Team Oranje nur dank der besseren Tordifferenz gegenüber Schottland überstand, kam es zur Revolte von oben. Der Verband entmachtete Happel. Der durfte zwar weiter als Cheftrainer auf der Bank sitzen, das Training aber leitete sein Vorgänger und Co-Trainer Jan Zwartkruis, ein früherer Luftwaffenoffizier der niederländischen Armee, mehr so der Typ Grasfresser.

Prompt überrollte Käpt'n Krol & Co. zum Zwischenrundenauftakt das Überraschungsteam aus Österreich, das in einer Gruppe mit Brasilien, Spanien und Schweden Platz 1 belegt hatte, mit 5:1. So wurde das 74er-Reloaded-Finale gegen Deutschland ein sehr unterhaltsames Spielchen, das frühe 1:0 durch Abramcziks Kopfball glich Haan mit einem sagenhaften 30-Meter-Schuss aus. Nach der erneuten Führung durch Dieter Müller, wieder per Kopf, sorgte René van der Kerkhof nach schönem Solo mit dem Ausgleich kurz vor Ende für Ernüchterung. Für den Titelverteidiger gab es nur noch theoretische Chancen auf den Einzug ins Finale.

Erneut in Córdoba. Gegen Österreich, das bald ein halbes Jahrhundert nicht mehr gewonnen hatte gegen den großen Lieblingsrivalen, mit dem man eine so ambivalente Beziehung pflegte, mit den Piefkes, die man ja so gar nicht mochte, aber doch auch brauchte. Am Tag vor dem Spiel verschickte die Kurverwaltung Velden am Wörthersee noch ein Fernschreiben in Austrias WM-Quartier mit der dringenden Bitte, den »Gegner Deutschland nicht allzu hart zu bedrängen und fremdenverkehrsfreundlich zu spielen«. Schließlich sei Österreich ja »der Deutschen liebstes Reiseziel«.

Und auch Edi Finger, der als Zeitzeuge schon bei der WM 1954 von Österreichs 1:6-Debakel gegen die Deutschen live berichtet hatte, bat zu Beginn seiner epochalen Radioreportage »die deutschen Urlauber« vor den Rundfunkgeräten in den Feriengebieten zwischen Vorarlberg und Burgenland um Nachsicht für etwaige Emotionsausbrüche. »Aber unser Herz schlägt für Österreich.«

Anfangs nahm alles seinen erwarteten Gang, nach Doppelpass mit Hansi Müller erzielte Rummenigge das 1:0, einmal mehr eine famose Koproduktion von Zimmer 172. Doch nach der Halbzeit ging es Schlag auf Schlag, und immer mehr steigerte sich Edi Finger in einen Rausch hinein. Als nach einem Eigentor von Berti Vogts dann auch noch Hans Krankl mit einem phänomenalen Volleyschuss in den Winkel auf 2:1 stellte, überschlug sich des Reporters Stimme vor Enthusiasmus über den *Hansi Burli*. Auch der in unmittelbarer Nähe

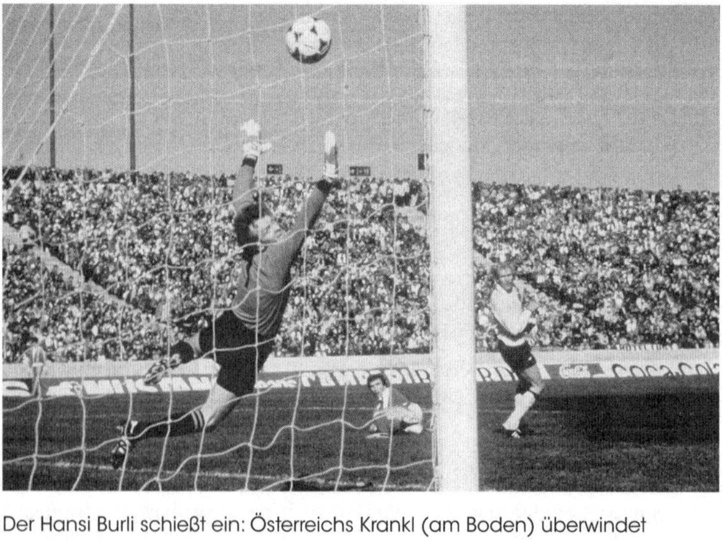

Der Hansi Burli schießt ein: Österreichs Krankl (am Boden) überwindet Sepp Maier zum 2:1. Später erzielte er noch das entscheidende 3:2. Deutschland erlebte sein Córdoba.

sitzende *Bild*-Chefreporter Klaus Müller unterbrach ein Telefonat mit der Hamburger Heimatredaktion mit den Worten: »Ich höre jetzt auf, Leute. Ich muss mir die Reportage vom Österreicher Finger anhören. So was habe ich noch nicht erlebt.« Kam aber noch besser.

Nach Hölzenbeins Kopfballausgleich zum 2:2 folgte dann Minute 88, als Rolf Rüssmann unter einer weiten Flanke von ÖFB-Kapitän Robert Sara hindurchsegelte, sich Krankl Richtung Tor von Sepp Maier aufmachte und flach zum 3:2 einschob. Und Edi Finger die berühmtesten Sätze seines Reporterlebens sprach. Die da lauteten:

»I wer' narrisch! Krankl schießt ein – 3:2 für Österreich! Meine Damen und Herren, wir fallen uns um den Hals; der Kollege Riepl, der Diplomingenieur Posch – wir busseln uns ab. 3:2 für Österreich durch ein großartiges Tor unseres Krankl. Er hat olles überspielt, meine Damen und Herren. Und wartens noch ein bisserl, wartens no a bisserl; dann können wir uns vielleicht ein Vierterl genehmigen.«

Doch das Spiel war noch nicht vorbei, eine Chance hatten die Deutschen noch, was Finger fast dem Wahnsinn nahebrachte. »Eine Möglichkeit für Abramczik. Und!? Daneben! Also der Abramczik – obbusseln möcht i den Abramczik dafür. Jetzt hat er uns gehooolfn. Allein vor dem Tor stehend. Der brave Abramczik hod danebn gschossn. Da Oame wird si ärgern.« Kurz darauf war Abpfiff, und Finger exklamierte: »Und jetzt ist auuus! Ende! Schluss! Vorbei! Aus! Deutschland geschlagen!«

Sätze, die WM-Geschichte schrieben wie einst von Herbert Zimmermann und Kenneth Wolstenholme. Dass das »I wer' narrisch« dabei gar nicht in Córdoba seine Premiere gefeiert hatte, sondern schon gut zwei Monate zuvor im Wiener Praterstadion, als Austria Wien gegen Dynamo Moskau im Elfmeterschießen das Europacup-Finale der Pokalsieger erreichte und Finger mit genau jenen Worten den von Austria-Torwart Baumgartner letzten gehaltenen Elfmeter bejubelte? Geh hearst. Und auch dass der verewigte Kollege Peter Riepl später einräumte, es sei gar nicht zu innigen Liebkosungen gekommen: »Der Edi wäre fast über die Bank hinuntergefallen, hätte ich ihn nicht gehalten. Umarmt oder gar abgebusselt haben wir uns nicht.« Bist deppert, das alles schmälerte den Legendenstatus der Reportage, die Finger 1979 gar als Langspielplatte mit dem Titel »I werd' narrisch« auf Vinyl pressen ließ, nicht im Geringsten.

Obenauf war in Córdoba neben Edi Finger natürlich auch der zweifache Torschütze Krankl, der nach Abpfiff den deutschen Journalisten hämisch in den Notizblock diktierte: »Ihr habt's a Mordsglück g'habt, dass i ned in Form war.« Einen gscheiten Schmäh hatte er eben schon immer, der Hansi, der Sohn eines Wiener Straßenbahners aus dem sechsten Bezirk Mariahilf.

Sosehr sich Österreich an diesem Ereignis danach labte, sosehr allein der Ortsname einer argentinischen Provinzstadt zum Inbegriff einer sportlichen Sternstunde in Rot-Weiß-Rot wurde – vergleichbar etwa mit Franz Klammers Olympia-Gold 1976 in Innsbruck oder Niki Laudas WM-Titel 1977, ein Jahr nach seinem Feuerinferno am Nürburgring –, so gab es auch Protagonisten, die Córdoba in seiner Folgewirkung weniger als Wunder rezipierten als vielmehr als Fluch. Der damalige Spieler und spätere Bundestrainer Josef Hickersberger nannte das 3:2 einmal »eine Katastrophe für den österreichischen Fußball«. Zu lange habe man sich an diesem einen Spiel ergötzt, weshalb man vor lauter Überhöhung des Ereignisses in den folgenden Jahren eine gezielte Nachwuchsarbeit versäumt habe und die Förderung und Entwicklung bei den Junioren daher stagniert sei.

Den bilateralen Beziehungen beider Länder schadete Córdoba übrigens nicht, die deutschen Urlauber reisten auch weiterhin nach Velden an den Wörthersee.

Mit der Blamage gegen Österreich war nicht nur das Turnier für die DFB-Auswahl vorbei, sondern nach 14 Jahren und vier WM-Endrunden auch die Amtszeit von Helmut Schön, der zwischen 1966 und 1974 die erfolgreichste Phase des deutschen Fußballs geprägt hatte. Zweiter, Dritter, Erster bei Weltmeisterschaften, dazwischen Europameister, so etwas gab es davor nicht und danach auch nicht mehr. Und doch blieb mit dem kollektiv kläglichen Auftritt der

Mannschaft in Argentinien ein Makel hängen. Wie 40 Jahre nach ihm Jogi Löw hatte auch Helmut Schön den richtigen Moment für den Abschied verpasst. Wie nach 2014 war auch nach 1974 eine Mannschaft auseinandergebrochen, es fehlten auch damals vier Jahre später nicht nur viele Stars, sondern außerdem die Inspiration, die Motivation und die Vision. Wie Löw hatte auch der stets zaudernde Schön seinen Laden nicht mehr im Griff.

Ohne wirkliches Konzept klammerte sich Schön an die Überzeugung, es werde nach den Erfolgen der Vergangenheit auch in Argentinien irgendwie laufen.

Immerhin gab es zum Abschied noch ein Ständchen. Udo Jürgens sang »Der Mann mit der Mütze geht nach Haus«. Jürgens sang diese Hommage auch einmal live in einer TV-Show nach der WM, Helmut Schön saß im Publikum in der ersten Reihe, er wirkte verunsichert, nervös, unangenehm berührt. Schweiß stand ihm auf der Stirn, er schien erleichtert, als der letzte Akkord erklungen war und er auch die innige Umarmung von Udo Jürgens hinter sich gebracht hatte.

18 Jahre später sang Jürgens das Lied noch einmal. Im Staatstheater Wiesbaden bei der Trauerfeier für Helmut Schön, der am 23. Februar 1996 in einem Pflegeheim im Alter von 80 Jahren nach langer Demenzerkrankung gestorben war. Noch einmal hörte man die Liedzeile: »Die lange Zeit des Langen, sie ist aus.«

Nein, 1978 war nicht die WM des Langen gewesen. Dafür die des Dünnen. *El Flaco*, so nannten sie César Luis Menotti, den Nationaltrainer der Argentinier. Menotti hatte noch viele weitere Beinamen. Der Intellektuelle, der Fußballphilosoph, der Kommunist, der in den Jahren und Jahrzehnten danach bis heute als Symbolfigur des Widerstands gegen die Junta verklärt wird. Der Mann, der nach der WM 1974 die Himmelblauen, die *Albiceleste*, übernommen hatte und der während des Militärputschs gerade in der Sowjetunion weilte. Der Fußball als ein Spiel des einfachen Volks und der Arbeiterklasse definierte, der wie die Politik auch den Fußball in rechts und links unterteilte. Im rechten Fußball sei der Spieler einzig »ein Werkzeug für den Sieg, ein Söldner des Punktgewinns«, so Menotti. Beim »Fußball der Linken« hingegen gehe es nicht um den Erfolg, sondern vor allem darum, »besser zu werden, um Freude zu empfinden, um ein Fest zu erleben, um als Menschen zu wachsen«. Dass so ein Typ unter der Herrschaft der Generäle sein Amt behalten durfte, mag im Nachhinein erstaunen. Der 1970 vor der WM vom brasilianischen Regime geschasste *Seleção*-Trainer João Saldanha erklärte es einmal damit, die argentinischen Machthaber hätten Menotti nur als Feigenblatt benutzt, um der Weltöffentlichkeit ein falsches Klima bunter Meinungsvielfalt im eigenen Land vorzugaukeln.

Menotti wollte ein Spiel »der Kreativität, der Fantasie«, er wollte Argentiniens Fußball befreien vom Image des Brutalokicks. Spiele gegen argentinische Mannschaften waren bis dahin oft mit Risiken für Leib und Leben verbunden. Das üble Auftreten bei der WM 1966, vor allem aber das Weltpokalfinale 1969 zwischen Estudiantes de la Plata und dem AC Mailand, das zu einer 90-minütigen Treibjagd mit vielen schwer verletzten Milan-Spielern wurde und heute als hässlichstes Spiel in der Geschichte des Vereinsfußballs gilt, sorgten für den miserablen Ruf des argentinischen Fußballs.

Allerdings zeigte Menottis Mannschaft zu Beginn der Heim-WM 1978 nicht wie erhofft den freigeistigen linken Fußball, sondern eher einen verkrampften Durchschnittskick. Zwei knappe Siege in der Vorrunde gegen Ungarn und Frankreich, ein lausiges 0:1 gegen Italien. Als Gruppenzweiter ging es in die Zwischenrunde, einem schmucklosen 2:0 gegen Polen folgte das Duell mit dem Erzrivalen aus Brasilien. Doch statt der erhofften Gala sahen die 37 000 Zuschauer im Stadion von Rosario beim 0:0 keine Tore, stattdessen nur ein übles Getrete – ein Rückfall in alte Zeiten.

Was danach kam, war aber noch viel unschöner. Ohne sichtlichen Grund wurde das Spiel zwischen Brasilien und Polen, das bis dahin am letzten Gruppenspieltag zeitgleich zum Duell Argentinien gegen Peru angesetzt war, um zweieinhalb Stunden vorverlegt. Die Folge: Nach dem 3:1 Brasiliens war klar, dass Argentinien für den Einzug ins Finale gegen Peru einen Sieg mit mindestens vier Toren bräuchte.

Argentinien gewann 6:0.

Bis heute gibt es zahlreiche Indizien, dass es damals nicht sauber zuging. In einer TV-Dokumentation berichteten peruanische Nationalspieler, sie hätten vor Anpfiff einen Anruf ihres Staatschefs Francisco Bermúdez erhalten, nicht allzu viel Widerstand zu leisten. Vorangegangen sein soll ein Telefonat zwischen Bermúdez und Amtskollege Videla, in dem der argentinische General neben dem Erlass von 50 Millionen Dollar Schulden die Lieferung von 35 000 Tonnen Getreide und die Freilassung von inhaftierten peruanischen Staatsbürgern in Aussicht gestellt habe – für den Fall, Peru lasse Argentinien hoch genug gewinnen.

Um den Druck zu erhöhen, soll Videla zusammen mit dem damals in Argentinien weilenden Ex-US-Außenminister und Junta-Sympathisanten Henry Kissinger vor Spielbeginn die peruanische Kabine besucht haben. Einige Spieler, so heißt es, hätten sogar ein Handgeld von 20 000 Dollar genommen, um sich wehrlos in ein Debakel zu fügen. Der Verlauf des Spiels, die Art und Weise, wie leicht Argentinien zu seinen sechs Toren kam, all das nährt seit Jahrzehnten die These vom verkauften und verschobenen Spiel.

Gleichzeitig gibt es aber auch die Geschichten von vorausgegangenen brasilianischen Avancen, die peruanischen Nationalspieler für den Fall einer erfolgreichen Gegenwehr fürstlich zu honorieren. Am Ende, so heißt es, hätten die Argentinier einfach besser bezahlt.

Im Finale traf Argentinien also auf die Niederlande, die nach 1974 zum zweiten Mal in Folge im Endspiel standen und die Schmach von München tilgen wollten. Argentinien gegen die Niederlande, das war für die Südamerikaner die Revanche für das 0:4-Debakel bei der WM in Deutschland, als man von der *Naranja Mecánica* überrollt wurde, anders formuliert, dem *Clockwork Orange.* Es war aber auch das Duell der Kettenraucher Menotti und Happel, bei keinem anderen Finale in der WM-Historie war die Luft auf den Trainerbänken nikotinhaltiger als hier.

Begann das Spiel nach ersten Psychoscharmützeln mit zehnminütiger Verzögerung, als Kapitän Daniel Passarella bei Schiedsrichter Sergio Gonella die Manschette monierte, die der Niederländer René van de Kerkhof wegen einer Handverletzung trug, so entwickelte sich ein faszinierendes Hin und Her und eines der besten Spiele der gesamten WM. Die Führung durch Mario Kempes (38.) glich Dick Nanninga, der Joker der Niederlande, acht Minuten vor Schluss per Kopf aus.

Hätte Rob Rensenbrink gegen die taumelnden Argentinier Sekunden vor Abpfiff nicht die Latte, sondern ins Tor getroffen, wäre Oranje Weltmeister gewesen. So kam es zur Verlängerung, in der Kempes mit seinem Tor zum 2:1 für die Vorentscheidung sorgte (105.). *El Matador*, wie sie den damals erst 23-jährigen Stürmer nannten, war damit mit sechs Treffern auch Torschützenkönig und schon früh am Höhepunkt seiner Karriere, die später wenig illuster enden

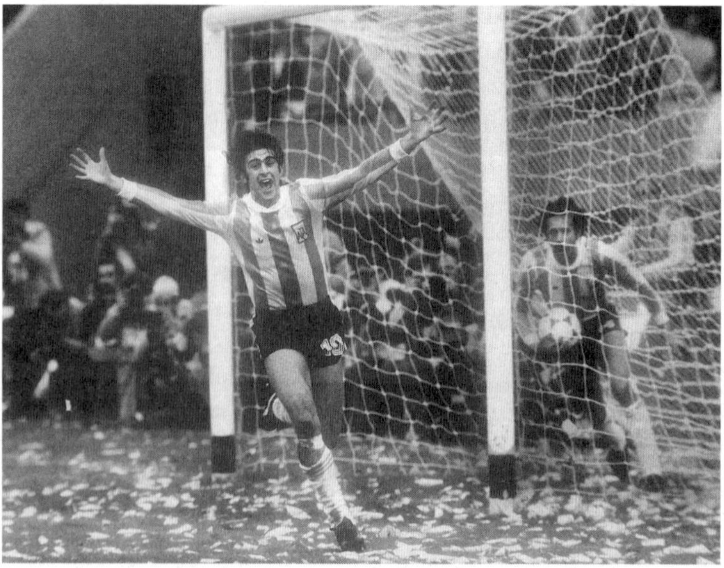

Seine Tore versetzten das Land in Ekstase – und verhalfen Argentinien zum ersten WM-Titel: Torschützenkönig Mario Kempes nach seinem Treffer zum 1:0 im Finale gegen Holland.

sollte, als er Mitte der Achtzigerjahre in Österreichs Provinz kickte, für Klubs wie St. Pölten und Krems, als er hoch verschuldet und abgebrannt mit Anfang 40 noch als Spielertrainer bei einem Klub namens Pelita Jaya in Indonesien anheuerte. Er war alt und brauchte das Geld. Später unterschrieb er beim albanischen Aufsteiger KS Lushnja, wo er den üppigen Versprechungen eines zwielichtigen Klubmäzens auf den Leim ging. Der Hochstapler war bald im Knast und Kempes pleite.

Nach dem 3:1 durch Daniel Bertoni war Argentinien Weltmeister – und Menotti, der vor dem Spiel bei der Kabinenansprache an die Mannschaft appelliert habe, sie möge den Titel nicht für das Regime gewinnen, sondern für die »Stahlarbeiter, Metzger, Bäcker und Taxifahrer«, endgültig ein Volksheld. Menotti, dessen Aussage nach dem Finale (»Meine Spieler haben die Diktatur der Taktik und den Terror der Systeme besiegt«) als klare Kritik an den Machthabern interpretiert wurde, pflegte jedenfalls in der Folgezeit sein Image als Rebell und Widerstandskämpfer. Dass er damals bei der Siegerehrung General Videla den Handschlag bewusst verweigert habe, ist bis heute umstritten, gut möglich auch, dass er in dem unübersichtlich chaotischen Getümmel gar nicht so weit nach vorne kam. Auch die Aussage von Spieler Alberto Tarantini, sich vor dem Shakehand mit Videla absichtlich im Schritt gekratzt zu haben, wurde immer wieder angezweifelt, zur Richtigkeit der Behauptung fehlt der finale Videobeweis.

Menotti verwahrte sich später immer wieder gegen Vorwürfe, er habe sich von den Mächtigen einspannen und instrumentalisieren lassen und sich selbst später zum Vorzeigerebellen stilisiert. Gern erzählt wird in Argentinien auch bis heute noch die Anekdote rund um Menotti, in der es um einen Besuch der Militärs im Teamquartier kurz vor der Kadernominierung zur WM ging. Dabei soll ein Vizeadmiral namens Carlos Alberto Lacoste als glühender Fan des Hauptstadt-Klubs River Plate bei Menotti darauf gedrängt haben, den Wackelkandidaten Norberto Alonso von River Plate unbedingt in den WM-Kader einzuberufen – weshalb Menotti laut dieser Er-

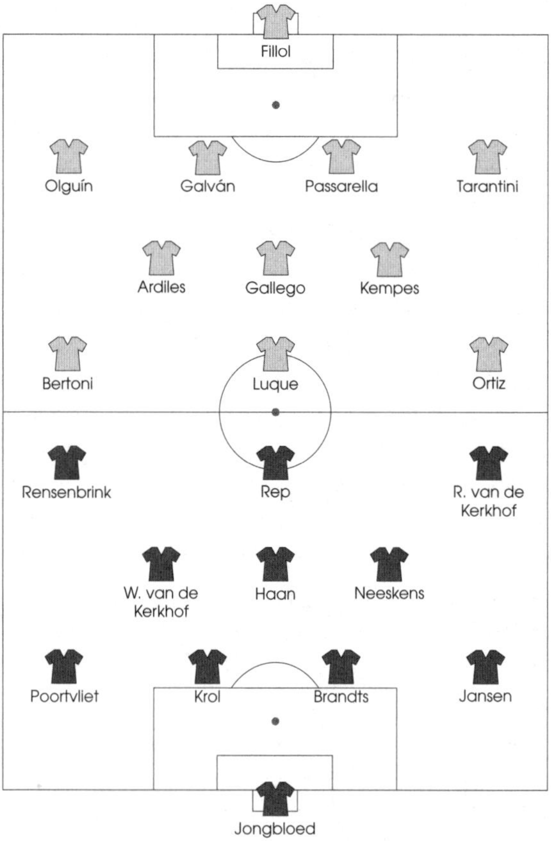

Startaufstellung Argentinien (oben) gegen Holland (unten), WM-Finale 1978

zählung unter Druck ein 17-jähriges Talent von seiner Liste streichen musste. Ein Spieler, der bereits im Februar 1977 mit 16 Jahren als bis heute jüngster Spieler sein umjubeltes Debüt in der argentinischen A-Nationalmannschaft gab, der nun unter Tränen von seiner Nichtnominierung erfuhr und schließlich die WM im Elternhaus im Arbeiterviertel Villa Fiorito von Buenos Aires am Bildschirm verfolgen musste.

Sie kam erst später, die Zeit von Diego Armando Maradona.

AUCH DAS NOCH WAS SIE SONST ÜBER DIE WM 1978 UNBEDINGT WISSEN MÜSSEN

1 Tag nach dem sensationellen 3:2 gegen Deutschland in Córdoba, das Italien immerhin noch zum Spiel um Platz 3 verhalf, sagte Hollands österreichischer Nationaltrainer Ernst Happel: »Aus Dank muss uns Italien jetzt Südtirol zurückgeben.«

2 Sekunden, bevor Brasiliens Zico in der Nachspielzeit beim Stand von 1:1 nach einer Ecke den Ball ins schwedische Tor köpfte, pfiff Schiedsrichter Clive Thomas die Begegnung ab. Der Treffer zählte nicht.

5 war die ungewöhnliche Rückennummer des argentinischen Torhüters Fillol. Die 22 Spieler des WM-Gastgebers waren alphabetisch durchnummeriert. Die 1 trug Norberto Alonso, die 22 Ricardo Villa.

12 Stunden nach Abpfiff des Endspiels erschien in Graz bereits das erste Buch nach der WM. Titel: »Österreich unter den besten Acht.«

18 Jahre nach seinem Traumtor zum 3:1 gegen die Niederlande (Endstand: 3:2) wurde ein schottischer Stürmer 1996 in Danny Boyles Kultstreifen *Trainspotting* verewigt. Zitat des von Ewan McGregor gespielten Hauptprotagonisten Mark Renton nach einer leidenschaftlichen Sexszene: »I haven't felt that good since Archie Gemmill scored against Holland in 1978.«

26 Jahre alt waren die Niederländer René und Willy van de Kerkhof im Endspiel 1978. Bis heute die einzigen Zwillingsbrüder, die je ein WM-Finale erreichten.

37 Sekunden waren zwischen Frankreich und Italien (1:2) gespielt, als Bernard Lacombe das 1:0 für die Équipe Tricolore erzielte. Nach dem 0:0 zwischen Deutschland und Polen war es nicht nur das erste Tor des Turniers, sondern auch das schnellste der WM.

38° 1′ S, 57° 34′ W, die Koordinaten des *Estadio José María Minella* in Mar del Plata, in dem sechs Spiele stattfanden. Es ist bis heute der südlichste Spielort bei einer WM.

1000 Tore waren in der WM-Geschichte seit 1930 erzielt, als Rob Rensenbrink in der Vorrunde per Elfmeter zum 1:0 gegen Schottland traf.

3455 neugeborene Jungen wurden 1978 in Argentinien auf *Mario Alberto*, die Vornamen des Torschützenkönigs Kempes, getauft. Platz zwei in der Liste der beliebtesten Jungennamen belegten Kapitän Pasarellas Vornamen *Daniel Alberto* (1134) vor Menottis *César Luis* (559).

1982 IN SPANIEN

Das Trainingslager am Schlucksee, die Schande von Gijón, Schumachers Attentat gegen Battiston: Wie die DFB-Auswahl sehr konsequent das Image vom hässlichen Deutschen pflegt, Paolo Rossi und seine Italiener glücklicherweise den Triumph der Derwall-Truppe verhindern und Karl-Heinz Rummenigge François Mitterrand verängstigt. Von saufenden Kosaken, silbernen Häuptlingen und einem unvollendeten Zauber.

In Madrid feierten sie bis früh am Morgen. Auf dem *Paseo de la Castellana*, der vielspurigen Hauptstraße neben dem Bernabéu-Stadion, erklangen gleich nach Abpfiff die ersten polykakofonen Takte konzertanter Hupsinfonien. Erster Satz: *allegro con automoto.* In der Innenstadt lagen sich wildfremde Menschen ausgelassen in den Armen, nationenübergreifend als Demonstration einer globalen Völkerverständigung. Sie alle bejubelten den Ausgang des Weltmeisterschafts-Endspiels, Italiener, Spanier, auch Franzosen und vor allem natürlich Algerier, so schilderte der spanische Schriftsteller Javier Marías einmal jene *noche madrileña.* Die ganze Welt, so schien es, raste hinein in einen beseelten Freudentaumel, und sieht man ab von den überschwänglichen Feierlichkeiten der Tifosi in der Heimat zwischen Brenner und Sizilien, ging es den meisten gar nicht darum, dass die italienische *Squadra Azzurra* gerade eben den dritten Titel nach 1934 und 1938 gewonnen hatte. Das war völlig egal, die meisten Menschen auf diesem Fußballplaneten hätten sich auch genauso gefreut über einen WM-Erfolg von Barfuß Bethlehem oder Lok Lummerland.

Hauptsache, und das war das Allerwichtigste an diesem Sommerabend, die Deutschen hatten verloren. Die bei dieser WM so hässlichen Deutschen.

Der große SZ-Autor Peter Sartorius schrieb am Tag nach dem Finale in seinem Leitartikel als sehr treffendes Fazit, dass bei jener WM Spieler, Trainer und Betreuer »zu den miserabelsten Repräsentanten gehörten, welche die Bundesrepublik Deutschland in der jüngeren Geschichte auf internationalem Parkett vertreten haben«. Widersprechen wollte ihm da kaum jemand.

Dabei hatte sich die deutsche Mannschaft nach ihrem Córdoba 1978 sehr schnell erholt. 23 Spiele in Folge blieb man nach der WM in Argentinien unbesiegt, bis heute unerreicht, und erstmals in der Geschichte beendete man zudem 1979 und 1980 zwei aufeinanderfolgende Kalenderjahre ohne Niederlage. Höhepunkt dabei: die Europameisterschaft in Italien, als der 19-jährige Lothar Matthäus sein erstes von 150 Länderspielen bestritt, als Horst Hrubeschs Doppelpack im Endspiel gegen Belgien den zweiten EM-Titel nach 1972 bedeutete. Lief doch alles bestens unter dem Nachfolger von Helmut Schön. Unter dem neuen Bundestrainer Jupp Derwall. Unter *Häuptling Ondulierte Silberlocke,* wie man ihn auch nannte.

Der Fußballlehrer aus Würselen, der als Sohn eines Bundesbahn-Obersekretärs so gern Karriere als Arzt oder Architekt gemacht hätte, der dann aber doch beim Fußball hängen blieb. Als Stürmer von Fortuna Düsseldorf hatte er im Frühjahr 1954 bei Sepp Herberger gar zum erweiterten WM-Kader gehört, kurz nach dem Berner Wunder kam er auf zwei Länderspiele. Ab 1970 saß er dann acht Jahre neben Helmut Schön als Assistent auf der Bank, doch anders als sein Vorgänger, der trotz seines Hangs zum Zögern, Zweifeln, Zaudern zwischendrin auch mal zu einem deutlichen Machtwort gegenüber den Spielern imstande war, pflegte Derwall einen von jeglichem Autoritätsgehabe befreiten Führungsstil. Der gemütliche Rheinländer, zu dessen Lieblingslektüre Arztromane zählten, machte auf jovialen Kumpeltyp, auch gegenüber den Sportreportern, die er bei Presserunden gerne mal beim Pils mit einem »Prösterchen« begrüßte, bevor er in der Medienrunde für Angst und Schrecken sorgte, wenn er zur Gitarre griff und klampfend Volkslieder anstimmte.

Als »der Liberale mit der langen Leine«, wie er einmal bezeichnet wurde, schien ihm angesichts der anfänglichen Erfolge die tolerante Interpretation seiner Chefrolle zunächst recht zu geben. Bis ihm ab Anfang 1981 alles aus dem Ruder lief. Und er die Mannschaft nicht mehr im Griff hatte.

Zu einer kurzen Stippvisite reiste die DFB-Delegation zu Jahresbeginn 1981 zur *Mundialito* nach Uruguay, einer Mini-WM im *Estadio Centenario* von Montevideo anlässlich der nachgeholten 50-Jahr-Feier der WM-Premiere 1930. Ein Turnier, das für die deutsche Mannschaft ziemlich blamabel nach den beiden Gruppenspielen schon wieder zu Ende war, nach einem 1:2 gegen Argentinien und einem verheerenden 1:4 gegen Brasilien.

Dass man sich nach dem EM-Titel in einem spielerisch eher schwachen Turnier und der Siegesserie gegen meist unterklassige Nationen in anmaßender Selbstgefälligkeit die eigene Stärke nur eingeredet habe, lautete der Tenor der Kommentatoren danach. Für die eigentlichen Schlagzeilen aber sorgten vor allem die Eskapaden der Nationalspieler, die sich während des Turniers immer wieder nachts aus dem *Hotel Columbia Palace* geschlichen hatten, um mit dem Taxi die Animierbar *Go-Go-Girls* anzusteuern, in der ebensolche zu sehen waren. Die argentinische *Clarin* schrieb genüsslich süffisant über »das süße Leben der Deutschen«, die sich dazu in arroganter Überheblichkeit mit tumben Äußerungen über ihre Gegenspieler wenig Freunde gemacht hatten. Co-Trainer Erich Ribbeck etwa, der über den so unvergleichlich eleganten und feinsinnig intellektuellen Brasilianer Sócrates hämisch lästerte: »Der ideale Mann für Basketball.« Oder Jupp Derwall, der über den jungen Diego Maradona spottete, er solle »doch besser im Zirkus auftreten«.

Gegenüber den eigenen Spielern wollte Derwall, dem der *Spiegel* ein »geradezu selbstmörderisches Harmoniebedürfnis« attestierte, aber auch nach der Nachtklubaffäre wenig austeilen. Zwar machte er etwas auf empört, sprach indiginiert von einem »Vertrauensbruch« und erklärte, dass er mit seinen Spielern kein Mitleid habe, wenn sie sich nach der Rückkehr ihren Partnerinnen erklären müssten: »Mir tun nur die Frauen und Mädchen zu Hause leid.« Die Ankündigung, »die Leine wieder fester anzuziehen«, machte er aber nicht wahr. Weshalb ihn seine Nationalspieler ab sofort noch weniger ernst nahmen als zuvor.

Zu sehen war das eineinhalb Jahre später bei der noch heute berüchtigten WM-Vorbereitung am badischen Schluchsee. »Am Schluchsee in würziger Schwarzwaldluft«, flötete der immer sehr nette *Sportstudio*-Mann Dieter Kürten nach dem Trainingslager in die ZDF-Kamera, »tankten die Spieler frische Kräfte.« Dass sie dabei vor allem etwas anderes tankten, erfuhr die Öffentlichkeit fünf Jahre später, als Toni Schumacher in seinem Buch *Anpfiff* mal so richtig auspackte. »Es gab keine Disziplin«, schrieb der Kölsche *Tünn*, »manche benahmen sich schlimmer als der berühmte Kegelbruder auf dem Mallorca-Ausflug.«

Dass einige Spieler im Hotel beim Kartenspielen dicke Geldstapel von bis zu 30 000 Mark auf den Tisch legten, dass andere sich mit Damenbesuch auf ihrem Zimmer bis zum Morgengrauen so sehr vergnügten, dass sie am nächsten Tag »wie nasse Lappen zum Training gekrochen« kamen, all das stand da zu lesen. Dass gequalmt, aber vor allem gebechert wurde bis zum Abwinken. Deswegen bekam das Quartier später ja auch den Namen *Schlucksee.*

Auffällig war laut Schumachers Enthüllungswerk ein Führungsspieler, der »rauchte wie ein Schlot und soff wie ein Kosake«, der aber im Gegensatz zu allen anderen Spielern am nächsten Morgen frisch und dynamisch über den Trainingsplatz wirbelte – womit Paul Breitner ein wenig an Franz Josef Strauß erinnerte, über den alte Weggefährten ja auch heute noch erzählen, wie er einmal noch um vier Uhr morgens sternhagelvoll auf einem Münchner Faschingsball herumwankte, bevor er um halb zehn am Vormittag im Bonner Bundestag eine messerscharf geschliffene Rede hielt, ohne Versprecher und aus dem Stegreif.

Dass Paul Breitner einiges vertragen konnte, war nichts Neues, in Zeitungen durfte man nachlesen, dass er in seiner Zeit bei Real Madrid vor den Spielen zusammen mit Günter Netzer sehr gerne noch einen *Caranjillo* trank, einen Kaffee mit Cognac, was Netzer übrigens nach eigenen Angaben besser verkraftete als ein bayerisches Weißwurstfrühstück bei Breitners Frau Hilde.

Paul Breitner war also wieder da, der Weltmeister, der nach seinem Abschied 1974 im Dauerzoff mit dem DFB gelegen hatte und vor allem in seiner Zeit bei Real Madrid unentwegt Salven an verbalen Breitseiten gegen Funktionäre und Trainer abfeuerte, unter anderem nannte er Derwall mal einen *Linkmichel*. Und trotzdem holte der neue Bundestrainer den ewigen Stänkerer 1981 in die Nationalmannschaft zurück, in der völlig absurden Überzeugung, er könne mit ihm ein Erfolgsgespann kreieren wie einst Herberger mit Walter oder wie Schön mit Beckenbauer. Derwall und Breitner, der nach seiner Rückkehr aus Madrid und einer lustigen Kurzepisode in Braunschweig wieder beim FC Bayern kickte: Das ging einfach nicht gut.

Wirklich zu fassen war der auch in sich gerne widersprüchliche »Salon-Maoist« *(Spiegel)* ja nie gewesen. Er, der sich gern als Vorzeigelinker mit Che-Guevara-Poster präsentierte und gleichzeitig das prall kapitalistische Leben eines Profis genoss, zwischen Mao-Bibel und Maserati. Der sich für viel Geld eines Rasierwasserkonzerns vor der WM in Spanien noch werbeträchtig den Vollbart abschnitt und selbst gerne über sich sagte: »Ich werde mich nie so präsentieren, dass man mich einkatalogisieren kann.«

Ihn einordnen, das konnte man zumindest zum WM-Auftakt ganz gut. Da gab es keine zwei Meinungen. Breitner war einfach entsetzlich schlecht bei der 1:2-Pleite gegen die Mannschaft Algeriens, ein Spiel, das man getrost in die größten WM-Sensationen einreihen konnte. Englands Blamage gegen die USA 1950, Italiens Schmach gegen Nordkorea 1966. Rabah Madjer, der drei Jahre später seinen FC Porto mit dem berühmten Hackentor gegen den FC Bayern auch noch zum Europapokalsieg ferselte, und Lakhdar Belloumi widmeten ihre Tore in großem Nationalpathos den Freiheitskämpfern, die das Land 20 Jahre zuvor in die Unabhängigkeit geführt hatten, während viele in der Fußballwelt die Blamage des selbst ernannten Turnierfavoriten nach dem vorab hochnäsigen Gebaren deutscher Funktionäre mit wohlwollender Genugtuung aufnahmen. Hatte doch etwa DFB-Präsident Neuberger über das von 16 auf 24 Mannschaften mit Ländern wie Algerien, Kamerun oder Honduras aufgestockte Teilnehmerfeld herablassend als »künstliche Aufblähung« und »Verwässerung des Niveaus« gewettert.

Man lachte nach diesem Debakel also herzlich über die deutsche Mannschaft. Neun Tage später verachtete man sie.

Nach einem 4:1 im zweiten Spiel gegen Chile durch drei Tore von Karl-Heinz Rummenigge, als zweifacher *Europas Fußballer des Jahres* einer der weltbesten Stürmer seiner Zeit, und einen Treffer von Kettenraucher Uwe Reinders (»Solange ich im Training den Nichtrauchern davonlaufe, qualme ich weiter«) kam es im letzten Vorrundenspiel zum Showdown gegen Österreich. Da tags zuvor Algerien Chile mit 3:2 bezwungen hatte, wusste man aufgrund der Tabellenkonstellation und der Torverhältnisse bereits vorab, ein knapper deutscher Sieg würde beiden Mannschaften zum Einzug in die Zwischenrunde reichen.

Und so kam es dann auch. Nach rund 20 Minuten, als die Derwall-Elf dank Hrubeschs Knie 1:0 führte, stellten beide Teams den Spielbetrieb und jegliche Angriffsbemühung ein. Man schob sich den Ball zu und verweigerte sich jeglicher Offensivambition. Um zu dokumentieren, dass das Spiel gekauft sei, wedelten auf den Rängen vor allem algerische Fans wütend mit spanischen Geldscheinen. Beliebt war hierbei vor allem die 100-Peseten-Banknote mit dem Porträt des Komponisten Manuel de Falla. Viele nordafrikanische Fans waren nach dem Sieg gegen Chile am Vortag gekommen, um auf den Rängen das Weiterkommen ihrer Nation zu feiern, doch als sich abzeichnete, dass sich Deutsche wie Österreicher auf einen Nichtangriffspakt verständigt hatten, skandierten sie von der Tribüne: »Küsst euch! Küsst euch!«

Das taten die Spieler nicht. So wie sie bis zum Abpfiff gar nichts

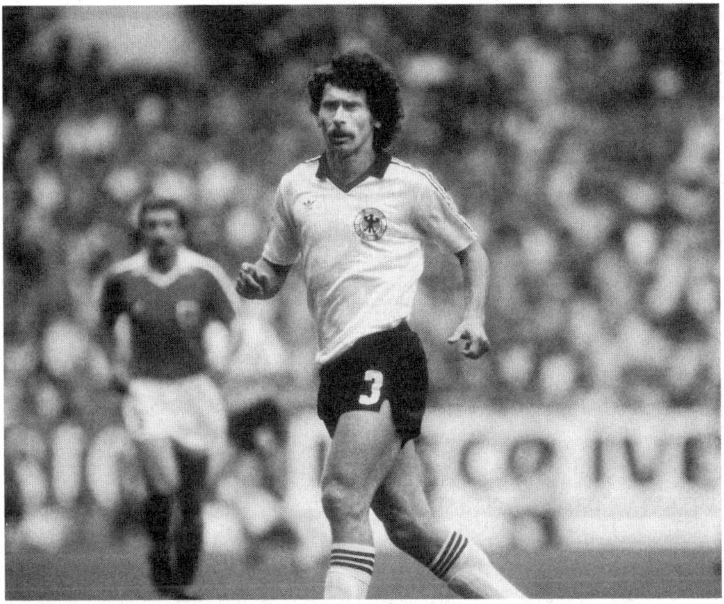

Einer der Mitverantwortlichen für die Schande von Gijón: Rückkehrer Paul Breitner beim Skandalspiel gegen Österreich. Nach Abpfiff beschimpfte er auch noch das Publikum.

taten. Mit Ausnahme noch von Walter *Schoko* Schachner, der noch lange unbeirrt als Österreichs Einzelkämpfer aggressives Forechecking betrieb, Abschlüsse aufs deutsche Tor wagte und spielte, wie man es von einem Fußballspieler erwartet. Bis ihn nach einem Weitschuss der gereizte Teamkollege Hans Krankl der Überlieferung nach drohend zur Räson brachte: »Schoko, wann's des no aamoi machst ...« Dann hielt auch Schachner still.

Bei dem Spiel, das man fortan nur noch *Schande von Gijón* nannte.

Genauso, als »Schande«, bezeichnete das Ereignis auch der sonore ARD-Sportreporter Eberhard Stanjek, der aus stillem Protest in der zweiten Hälfte minutenlang schwieg. ORF-Kommentator Robert Seeger empfahl den Zusehern gar das »Abschalten«. Noch deutlicher wurden tags darauf die internationalen Pressestimmen, als eine »elende Farce« bezeichnete die *Gazzetta deólo Sport* das denkwürdig unwürdige Geschehen, der *Telegraaf* aus den Niederlanden wähnte sich gar als Betrachter eines »schmutzigen Stücks Fußball-Porno, das in die Geschichte eingehen wird«. Die Lokalzeitung *El Comercio* titelte in Erinnerung an 1938: »El Anschluss.«

Dass es bewusst schon vor Anpfiff Absprachen zur Mauschelei gegeben habe, verneinen die Beteiligten bis heute. »Das hat sich irgendwie verselbstständigt, alle haben nur noch daran gedacht, dass man weiterkommen wollte«, sagte mehr als drei Jahrzehnte später

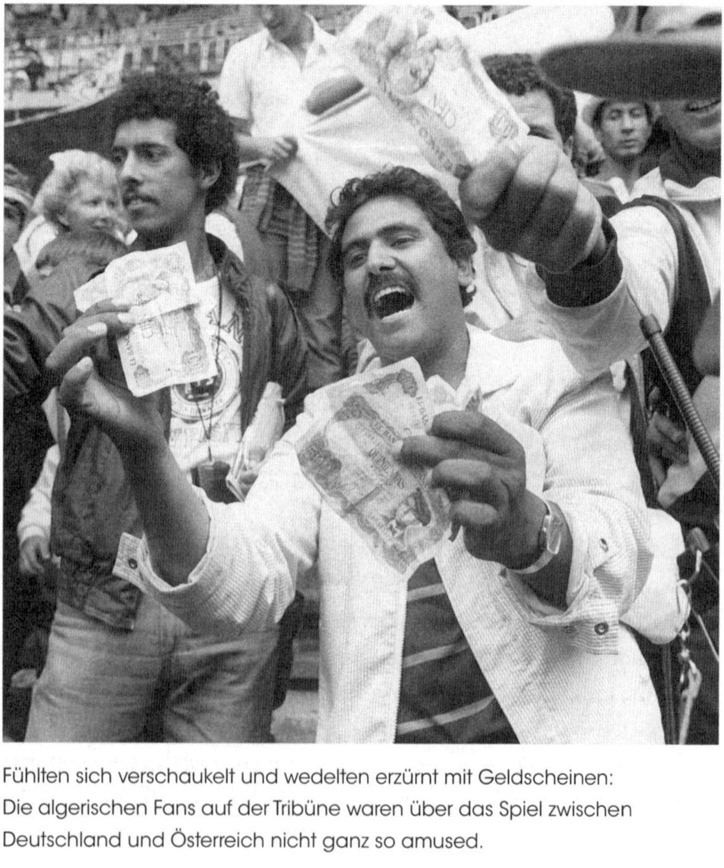

Fühlten sich verschaukelt und wedelten erzürnt mit Geldscheinen: Die algerischen Fans auf der Tribüne waren über das Spiel zwischen Deutschland und Österreich nicht ganz so amused.

der Österreicher Reinhold Hintermaier, damals Profi beim 1. FC Nürnberg. Mit der Fortdauer des Spiels habe man sich untereinander aber doch zugeraunt: »Lasst uns das nach Hause schaukeln.« Gelang ihnen dann ja auch.

Kritik an der Partie konnten Spieler, Trainer, Funktionäre nach Abpfiff überhaupt nicht nachvollziehen. »Das Publikum ist dumm, wenn es nicht begreift, dass es hier nur ums Weiterkommen ging«, polterte Breitner, und der österreichische Delegationsleiter Hans Tschak pöbelte: »Wenn jetzt deswegen hier 10 000 Wüstensöhne im Stadion einen Skandal entfachen wollen, zeigt das doch nur, dass die zu wenig Schulen haben. Da kommt so ein Scheich aus einer Oase, darf nach 300 Jahren mal WM-Luft schnuppern und glaubt, jetzt die Klappe aufreißen zu können.« Weitere Äußerungen vom Herrn Tschak zu anderen Anlässen sind nicht überliefert, es ist wohl auch besser so.

Einen Protest Algeriens lehnte die FIFA ab, die als Konsequenz aus dem Schandspiel danach immerhin die – auch nach den dubiosen Umständen von Argentiniens 6:0 gegen Peru 1978 – längst überfällige Regelung einführte, die letzten beiden Spiele einer Gruppe immer zeitgleich stattfinden zu lassen.

In Algerien, wo sie die Mannschaft als moralische Sieger der Herzen nach ihrer Rückkehr triumphal in Empfang nahmen, hofften sie ab sofort auf vernichtende Niederlagen für die beiden Fußballschänder von Gijón. Doch nur Österreich flog nach der Zwischenrunde wieder nach Hause. Deutschland quälte sich mit einem 0:0 gegen England und einem 2:1-Sieg über Spanien ins Halbfinale.

Nach Sevilla. Gegen Frankreich. Zu einem Spiel für die Ewigkeit. Ein Spiel des Kollektivs gegen die Kunst.

Die *Équipe Tricolore* hatte sich als kaum beachtenswerter Außenseiter nur knapp überhaupt für Spanien qualifiziert, war dort in der Vorrunde als Gruppenzweiter gerade noch so in die nächste Runde gerutscht. Dort gab es ein 1:0 gegen Österreich, ein 4:1 über Nordirland, gerade das Mittelfeld fand immer besser zusammen, Platini, Tigana, Giresse, Genghini. *Quelle carré magique.*

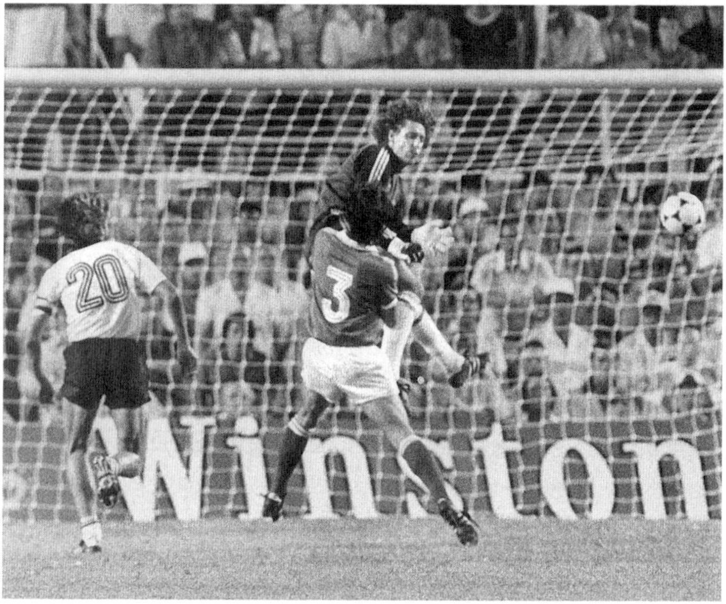

Das wohl übelste Foul der WM-Geschichte: Toni Schumacher streckt in vollem Lauf Patrick Battiston nieder. Der Franzose spürt die körperlichen Folgen bis heute.

1:1 stand es nach Toren von Littbarski und Platini, als es nach 68 Minuten zu jener Szene kam, die zum abstoßenden Sinnbild der hässlichen deutschen Mannschaft von 1982 wurde – und die das Leben eines französischen Nationalspielers für immer verändern sollte. Nach einem weiten Ball von Platini stürmte Patrick Battiston allein auf das deutsche Tor zu, er spitzelte den Ball Richtung rechtes Eck – als ihm Toni Schumacher wie ein Berserker entgegensprang und ihn in einem der grausigsten Fouls der Geschichte mit Hüfte und Ellbogen zu Boden streckte.

Es ist noch heute vieles schwer zu verstehen. Warum Schumacher damals nicht vom Platz flog. Warum Schiedsrichter Corver aus den Niederlanden keinen Elfmeter gab. Warum Schumacher nur gelangweilt Kaugummi kauend am Fünfmeterraum auf und ab ging, während Battiston bewusstlos und regungslos am Boden lag. Mit einem gebrochenen Halswirbel, zwei ausgeschlagenen Zähnen, einer schweren Gehirnerschütterung. Frankreichs Team-Doc Maurice Vrillac sagte später: »Ich dachte, er ist tot. Ich habe zwei Minuten keinen Puls mehr gespürt.« Schumacher sagte nach Abpfiff nur: »Ich stecke ein und teile aus. Wenn es nur die Jacketkronen sind, die zahle ich ihm gerne.«

In dem sehr lesenswerten Buch *Die Nacht von Sevilla* erzählt Schumacher dem Autor Stephan Klemm, dass die Reaktion auf dem Spielfeld »Verlegenheit« gewesen sei. »Und Feigheit.« Dass er es bis heute aber nicht als Foul bewerten würde, sondern immer noch nur »als schlimmen Zusammenprall«. Man kann sich diese üblen Sekunden immer und immer wieder anschauen – und muss sich fragen, auf welchem Planeten Schumacher eigentlich lebt, wenn das kein Foul sein soll.

In Frankreich wurde Schumacher zur Persona non grata, man nannte ihn *Mörder, Monster, Schumacher SS* und verglich ihn mit einem Wärter in Auschwitz. Bei einer Umfrage wählten ihn die Franzosen zur meistgehassten Person der Geschichte. Auf Platz 2: Adolf Hitler.

Dass Schumacher auf Betreiben seines Managers Battiston genau eine Woche später zu einem versöhnlichen Gespräch in Metz traf, änderte nichts an seinem Ansehen. Erst nach einem Länderspiel 1984 in Straßburg, als die Zuschauer den deutschen Torwart zunächst noch mit Tomaten bewarfen, Battiston und Schumacher nach Abpfiff aber Trikots tauschten und sich endgültig versöhnten, legte sich der Hass. Die Spätfolgen aber spürt Battiston bis heute. Sechsmal musste man ihm die Vorderzähne wechseln, 2008 noch einmal den Kiefer operieren. Probleme mit dem Körper hat er immer noch. Mit dem Rücken, mit dem Hals, mit den Augen.

Mannschaftskollegen von Patrick Battiston haben dagegen mit anderen Problemen zu kämpfen. Sie leiden bis heute unter dem weiteren Verlauf des Spiels, das sie zu dominieren begannen und in dem sie in der Verlängerung durch Tore des wuchtigen Marius Trésor und von Alain Giresse nach 98 Minuten 3:1 führten – bevor sie den unverzeihlichen Fehler begingen, das Spiel nicht entspannt zu Ende zu spielen, sondern ihren Gegner demütigen wollten und so offensiv weiterwirbelten, als wollten sie 8:1 gewinnen. Oder 9:1.

Dann kam Rummenigge. Der Stürmer, den seit dem Spanien-Spiel in der Zwischenrunde ein lädierter Oberschenkel plagte und der erst in der Verlängerung eingewechselt wurde, was oben auf der Tribüne Staatspräsident François Mitterrand mit den berühmten Worten kommentierte: »Mon dieu, Rümmenisch.« Und mein Gott, wie er kam. Sein Anschlusstor zum 2:3, wenig später der Ausgleich durch Klaus Fischer, natürlich durch einen Fallrückzieher, wie auch sonst bei ihm. Als Uli Stielike im Elferschießen an Torwart Ettori scheiterte, war Frankreich wieder im Vorteil. Doch dann hielt Schumacher gegen Didier Six, Maxime Bossis. Hrubesch jagte Deutschland ins Finale.

Alain Giresse sagte in Klemms Buch auch 40 Jahre später noch: »Diese Niederlage ist vorhanden. Sie ist da wie etwas, das dich belästigt und du nicht los wirst. Eine Glut, die nicht verschwindet und die immer wieder zu brennen beginnt.«

Nur eine Mannschaft gab es noch, auf der weltweit die Hoffnungen ruhten, einen deutschen Triumph zu verhindern. Italien, das sich mit traditionellem Gruselfußball durch die Vorrunde gewürgt hatte und ohne Sieg bei drei Unentschieden nur wegen eines mehr erzielten Tores gegenüber Kamerun weitergekommen war. Die *Azzurri* waren klare Außenseiter in der nun anstehenden Dreiergruppe mit dem hohen Turnierfavoriten Brasilien und Weltmeister Argentinien. Doch schon beim 2:1 gegen den Titelverteidiger überraschte die *Squadra* von Trainer Enzo Bearzot, dem *Schweiger aus dem Friaul.* Schlüsselspieler war der beinharte Claudio Gentile, der den jungen Diego Maradona konsequent geradlinig aus dem Weg grätschte und trotz einer Gelben Karte in der ersten Spielminute ungestraft bis zum Ende weitertreten durfte. »Ich verbrachte die 90 Minuten damit, seinen Schlägen auszuweichen«, klagte Maradona nach Abpfiff, während sich Gentile rechtfertigte: »Ich spiele männlich hart, weil ich es gewohnt bin, dass beim Gegner Männer und keine Püppchen spielen.« Markige Worte.

So hoch die Erwartungen an Maradona gewesen waren, es war noch nicht sein Turnier. Zu eigensinnig, zu verspielt, zu unreif, so lauteten die Kommentare nach dem folgenden 1:3 gegen Brasilien, das für Maradona wegen eines Tritts in den Magen von Gegenspieler Batista mit einem Platzverweis vorzeitig zu Ende ging.

Die *Seleção* war vor dem entscheidenden Spiel um den Einzug ins Halbfinale gegen Italien gewarnt. Aber sie schienen doch so überlegen. Mit Spielern wie Zico, dem weiße Pelé. Mit Éder, Falcão, Cerezo und natürlich dem einzigartigen Sócrates, der Fußballspiele auch für politische Botschaften nutzte, wenn er, der später als Kinderarzt arbeitete, als Künstler, Maler und auch als Dramaturg am Theater, gegen die Militärdiktatur aufbegehrte und sich für die Demokratiebewegung engagierte. Dieser Ästhet, der sich später mit Zigaretten und Alkohol zugrunde richtete und mit nur 57 Jahren im Dezember 2011 an seiner Leberzirrhose starb.

Die große Bühne, das große Schauspiel, das sollte für ihn, das sollte für Brasilien die WM 1982 sein, bei der nach zwei unansehnlichen Turnieren in der Post-Pelé-Ära 1974 und 1978 die Nation auf den vierten Titel hoffte. Doch Brasilien blieb 1982 erneut unvollendet und ging als zweifelsfrei schönste Mannschaft, die ein Turnier nicht als Weltmeister beendete, in die Geschichte ein. Natürlich neben Ungarn '54 und Holland '74.

Alle drei Tore beim 3:2 für Italien gegen die *Seleção* schoss Paolo Rossi, der eigentlich gar nicht bei der WM dabei sein sollte. 1980 war er als Randfigur beim AC Perugia in den *Totonero-Skandal* um verschobene Spiele verwickelt, aufgrund von Indizien sperrte man ihn drei Jahre. Erst im April 1982 wurde der Arbeitersohn aus der Toskana begnadigt, seine Nominierung durch den *Commissario Tecnico* Bearzot stieß auf viel Widerstand, und die Kritiker sahen sich bestätigt, als Rossi in den ersten vier Spielen kein einziges Tor schoss. Dann kam sein Spiel. Sein Turnier. Die drei Tore gegen Brasilien, die beiden Treffer beim 2:0 im Halbfinale gegen Polen. Und dann das Führungstor im Finale gegen Deutschland, per Kopf kurz nach der Halbzeit. Als Italien jubelte und auch der Rest der Welt.

»Uno splendido gol«, brüllte der italienische TV-Reporter ins Mikrofon, als Marco Tardelli im Fallen von der Strafraumgrenze zum 2:0 traf und zu diesem entfesseltsten aller Jubelläufe ansetzte, die man je in einem WM-Endspiel gesehen hatte. Als dann Alessandro Altobelli traf, schrie der Fernsehmann: »Ci sono tre.« Dann waren es drei. Der Ehrentreffer durch den Elfmeter des nicht einzukatalogisierenden Kosaken Breitner – belanglos.

Italien versank im Taumel, das ganze Land drehte durch wie Tardelli nach seinem Tor. Überall feierten sie, auf den Plätzen, auf den Straßen, in den Bars. Als die Kunde vom Titel während einer *Otello*-Aufführung in der Arena von Verona durchsickerte, brandete spontan Applaus auf. Das Orchester unterbrach das Stück und spielte die Nationalhymne. Ein besonderer Abend wurde es auch für Sandro Pertini, der in Madrid oben auf der Tribüne neben seinem Freund Helmut Schmidt gejubelt hatte. Der 85-jährige Staatspräsident, der in den 1930er-Jahren im antifaschistischen Widerstand gekämpft hatte und sich nun wie ein kleiner Bub freute über Italiens WM-Titel, den ersten seit Mussolini.

Die Karriere von Paolo Rossi lief durchwachsen weiter. 1986 blieb er im WM-Kader in Mexiko ohne Einsatz. Mit 30 beendete er seine Laufbahn, man sah ihn noch als TV-Experten, dann zog er sich in seine geliebte Toskana zurück, kaufte sich ein Stück Grund hinter Arezzo und richtete über dem Val d'Ambra ein kleines, liebliches Feriendorf als Agriturismo ein, mit Blick über Obstbäume und Olivenhaine in die Weinberge des südlichen Chianti.

Im Dezember 2020 starb er, ganz plötzlich, an Lungenkrebs, den man nur zufällig entdeckt hatte, bei einer Routineuntersuchung. Rossi hatte Rückenschmerzen, er dachte an muskuläre Verspannungen, vielleicht Verschleißfolgen aus seiner Fußballerzeit. Als er deswegen zum Arzt ging, fand der einen Tumor. Danach ging es ganz schnell.

Paolo Rossi, ein ganz großer Fußballer, seine Memoiren betitelte er: *Ich habe Brasilien zum Weinen gebracht*. Und die Welt zum Jubeln, am Ende gegen Deutschland.

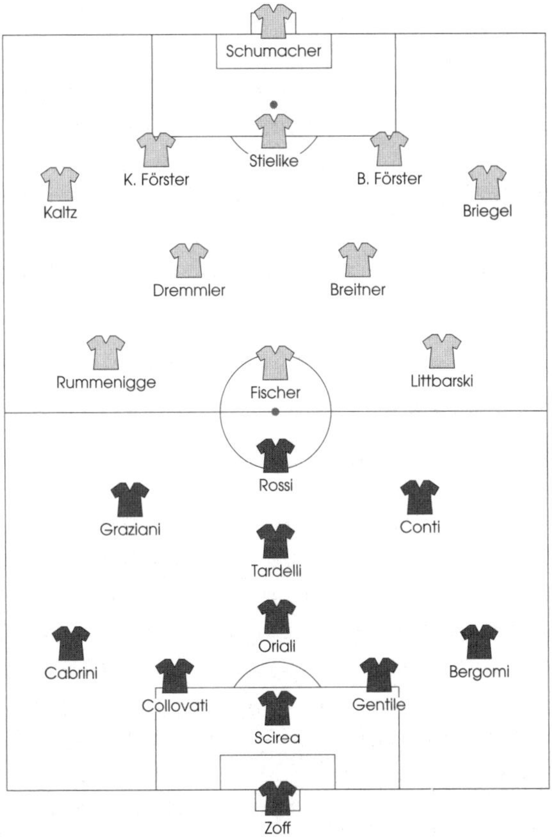

Startaufstellung Italien (unten) gegen Deutschland (oben), WM-Finale 1982

Es passte nach dem Finale als Abbild der wenig harmonischen Stimmung ganz gut, dass Uli Stielike gegen Derwall stichelte, ihn für die frühe Auswechslung von Wolfgang Dremmler kritisierte (»Einen, der die Dreckarbeit macht, der ackert, der die Löcher stopft«) und stänkerte, warum der angeschlagene Rummenigge im Spiel geblieben sei. Worauf der Bayern-Stürmer angefressen konterte: »Was interessiert mich das Gerede vom Stielike, der war doch am zweiten und dritten Tor mit schuld.« Es war ein zerrissener Haufen an Individualisten und Egoisten, der am Ende nicht Weltmeister wurde, glücklicherweise. Manchmal ist der Fußball eben doch gerecht.

Zurück in der Heimat folgte der schon obligate, diesmal nicht allzu euphorische Empfang am Frankfurter Römer vor gerade einmal 5000 Menschen. Für den führungslosen Jupp Derwall war der Auftritt am Rathausbalkon der erste als Bundestrainer nach einer Weltmeisterschaft. Und auch schon wieder der letzte.

Denn auf den Jupp folgte bald der Franz. Nach dem Häuptling kam der Kaiser.

AUCH DAS NOCH WAS SIE SONST ÜBER DIE WM 1982 UNBEDINGT WISSEN MÜSSEN

1 Woche nach dem Finale ging der Präsident der *Gesellschaft Public Relation-Agenturen* Dietrich Schulze van Loon mit Deutschlands Fußballern hart ins Gericht. Das Auftreten der Auswahl in Spanien sei die größte »antideutsche Aktion seit dem Zweiten Weltkrieg« gewesen. Der PR-Mann störte sich an Breitners Aussage nach Gijón, es störe ihn nicht, wenn man von Betrug rede, und an Toni Schumacher, der nach dem Anschlag auf Battiston erklärte, es gebe im Profifußball keine Menschlichkeit: »Das sind völlig instinktlose Repräsentanten«, so Schulze, »psychologische Nullen.«

3 Weltmeisterschaften erlebte Helmut Schmidt als Bundeskanzler. Vier Wochen nach seinem Amtsantritt im Mai 1974 stieg die Heim-WM in Deutschland. Keine drei Monate nach dem Finale 1982 übergab er sein Amt nach einem Misstrauensvotum an Helmut Kohl.

5 italienische Feldspieler blieben beim WM-Triumph der *Squadra Azzurra* ohne Einsatzminute: Baresi, Vierchowod, Dossena, Massaro, Selvaggi.

10 Minuten vor Ende des Spiels zwischen Frankreich und Kuwait (4:1) stürmte Scheich Fahd Al-Ahmad Al-Jaber Al-Sabah wütend aufs Spielfeld. Weil er als Präsident des kuwaitischen Fußballverbands den vierten Treffer durch Alain Giresse als irregulär erachtete, bedrängte er den russischen Schiri Stupar, der unter dem massiven Druck des Scheichs das Tor tatsächlich aberkannte. Bossis erzielte wenig später den 4:1-Endstand. Tags darauf sperrte die FIFA Stupar lebenslang.

11 Tore fielen beim 10:1 Ungarns gegen El Salvador. Bis heute der einzige zweistellige Sieg der WM-Geschichte.

14 Städte waren Austragungsorte der WM-Spiele, mehr als bei jeder anderen Endrunde.

17 Jahre und 41 Tage war der Nordire Norman Whiteside im Spiel gegen Jugoslawien (0:0). Bis heute der jüngste Spieler der WM-Geschichte.

40 Jahre und 133 Tage war Torwart Dino Zoff beim WM-Finale. Bis heute der älteste Spieler, der Weltmeister wurde.

84 Dollar kassierte ein Postbeamter in Daressalam von Rudi Gutendorf. Als damaliger Nationaltrainer von Tansania wollte Gutendorf in einem Telegramm an Kameruns Fußballverband die Anfrage bejahen, die Mannschaft bei der WM als Trainer zu übernehmen. Das Telegramm wurde aber nie abgeschickt. So betreute statt Gutendorf der Franzose Jean Vincent die Unbezähmbaren Löwen bei deren WM-Premiere.

100 polnische Fans reisten mit dem Schiff an. Von Danzig aus ging es über Ost- und Nordsee nach Vigo an der Atlantikküste, dem Ort des Auftaktspiels gegen Italien (0:0).

DIE PANINI-ALBEN

Kommt seit 1961 in die Tüte. Wie Halbwaisen aus Modena das Imperium der Klebebilder begründen, welcher Spieler das wertvollste Motiv ziert und wie viele Päckchen man statistisch für eine komplette Kollektion braucht. Von sammelwütigen Politikern, dreisten Diebesbanden und der mathematisch perfekten Panini-Formel.

Hrubesch. Warum eigentlich immer der klobige Hrubesch? Das Kopfballungeheuer. Immer wieder. Einer nach dem anderen. Freilich, in den Päckchen mit dabei waren ja auch andere Spieler. Der schnurrbärtige Zungenbrecher Młynarczyk, der Torwart der Polen. N'Kono und Kaham auch mal, die beiden Kameruner, wobei man sich ja schon fragte, warum sich bei Außenseiternationen immer zwei Spieler ein Bild teilen mussten. Hatten es die Spieler der wackeren Exoten vielleicht nicht verdient, das Recht auf einen eigenen Aufkleber? Immerhin, beim siebten Aufriss kam damals mit Zico wenigstens der erste Brasilianer, wobei einem der so edel erhabene Sócrates schon lieber gewesen wäre. Ansonsten waren in den ersten zehn Packs vier Hrubeschs drin. Im elften kam dann auch Danny McGrain, Schottlands rauer Highlander, torfig wie ein Single Malt. Dann kam noch ein Kaltz. Machte es nicht besser. Fühlte sich auch an wie Hrubesch.

Maradona kam nie.

Das Panini-Sammelalbum gehörte seit damals, seit 1982, wie natürlich auch das *Kicker*-Sonderheft, in der Vita des Autors zum unverzichtbaren Repertoire einer WM, wobei man das *Kicker*-Sonderheft immer sehr schnell durchhatte. Das Panini-Album hingegen konnte man sich endlos anschauen, sich freuen, wenn sich die Seiten allmählich zu einem Drittel füllten und man mit viel Fantasie auch noch die freien Flecken betrachtete und sich fragte, wer da noch alles reinkommt, die Typen aus Peru, El Salvador, Kuwait, die

Vorstellung, wie es bei denen überhaupt daheim aussieht, wo sie spielen, die Stadien, die Menschen, die Städte, das war eine fantasievolle Reise, in vielen Bildern um die Welt.

Wirklich viel gedealt wurde am Schulhof nicht, einen Macker zwei Jahrgänge über uns gab es, ein großkopferter Unsympath aus Bogenhausen, der rückte immer mit einem fetten Stapel an. Der hatte den Maradona natürlich, mehrfach, aber selbstverständlich rückte er ihn nicht raus. Auch nicht gegen vier Kameruner auf zwei Bildern und einen Kaltz.

Die Sammelbilder waren mit den Jahrzehnten auch immer ein Spiegelbild der jeweiligen Zeit und ihrer Gesellschaft. Die Vokuhilas der Achtziger, die bunten Trikots der Neunziger, danach ab den Zeiten der Beckhams und Ronaldos die smart kommerziell durchgestylte Veraalglattisierung des Fußballs und seiner Stars. Schon 2006 waren die Bilder nicht mehr so lustig, wirkte alles gleichgeschaltet, nur dass sie Ghanaer, Angolaner und die arabischen Saudis wieder zu zweit auf ein Bild pressten. Es gab dann bald auch noch Glitzerversionen mit Landeswappen, mit Logo und Maskottchen und viel Schnickschnack, vor allem gab es perfekt von Profifotografen vor neutralem Hintergrund in Szene gesetzte Fußballprofis. Früher schien es, als hätten sie für das Bild irgendwelche Ausschnitte aus Mannschaftsfotos genommen, auf denen grimmige Typen mit fetten Matten wahlweise vor Bäumen, Bergen oder leeren Tribünen schräg an der Kamera vorbeischielten. Schaut man sich im Internet alte Sammelbilder aus den Siebzigern an, dann erinnern manche Spieler an Woodstock-Hippies, andere an die RAF-Fahndungsliste. In all den Jahrzehnten waren phänomenale Charaktere dabei. Der wilde Cuéllar, Mexikos Monsterpuschel. Peter Dísztl, Ungarns Räuber Hotzenplotz. Natürlich, der herrlich finstere und 2016 viel zu früh verstorbene Bulgare Trifon Iwanow, ein Typ, bei dem man lieber die Straßenseite wechselte.

Die Sammelleidenschaft in Deutschland begann 1966 mit dem Album von ARAL. Das Album und die Bilder gab es an jeder Tankstelle, ganz umsonst. Sie pappten noch nicht von alleine im Heft, man brauchte dafür einen Uhu oder einen anderen Kleber. Auf jede Seite passten zwei Bilder, Helmut Schön wirkte dabei mit seiner Sonnenbrille so tiefenentspannt wie Jogi Löw 2018 am Strand von Sotschi. Eusébio zog sich auf einer Parkbank den rechten Socken aus, Günter Netzer jonglierte den Ball in einem bemerkenswert dunkelroten Trikot von Borussia Mönchengladbach.

Vier Jahre später gab es dann schon das erste Panini-Album. Die Geschichte, wie das Unternehmen sich entwickelte, liest sich wirklich märchenhaft. Die Erzählung von den acht Kindern der Familie Panini aus Modena, vier Buben, vier Mädchen. Der Vater starb 1941, die Mutter arbeitete als Schneiderin und zog die Kinder alleine groß. Um etwas dazuzuverdienen übernahm 1945 eine Tochter, Veronica, direkt neben dem Dom im Zentrum Modenas einen geschlossenen Zeitungskiosk, in dem nach dem Krieg dann die Mama und die Brüder Benito, Umberto und Franco Cosimo arbeiten. Das Geschäft lief, ab 1954 hieß der Kiosk *Agenzia Distribuzione Giornali Fratelli Panini*. Man verkaufte schon da Sammelbilder, aber noch keine eigenen, vielmehr Restbestände anderer Produzenten.

Der Durchbruch gelang den Paninis 1960, als sie aus einer Charge unverkaufter Fußballbilder zwei Karten in ein Tütchen packten und diese für je 10 Lire verkauften. Die Nachfrage war so enorm, dass sie bald eine eigene Kollektion entwickelten und bei Druckereien der Region ihre ersten farbigen Sammelbilder produzieren ließen. Als Musterfoto hatten sie dabei immer das Porträt von Bruno Bolchi dabei, der heute weniger wegen seiner Karriere als Mittelfeldspieler von Inter Mailand in Erinnerung blieb, als vielmehr als Prototyp von Paninis Posterboys. Das erste Sammelalbum mit Spielern der Serie A trug 1961 den Titel *Grande Raccolta Figurine Calciatori*. Darunter befand sich unter anderem auch Giovanni Trapattoni.

Ab da starteten die Alben richtig durch, inzwischen sind die Sammelalben samt Bildern zu den Weltmeisterschaften in mehr als 100 Ländern weltweit Kult und sehr begehrt, sogar als Diebesgut. Während des Sommermärchens 2006 etwa versetzte eine üble Bande krimineller Jugendlicher das westliche Münchner Umland in

Angst und Schrecken. Am S-Bahnhof Neugilching überfielen die fiesen Täter im Alter von 14 bis 17 Jahren immer wieder arglose, meist jüngere Schüler und entrissen ihnen ihre Sammelbilder. Bevor der organisierte Bilderraub ein Fall für *Aktenzeichen XY* wurde, legten sich eines Tages Polizeibeamte auf die Lauer und stellten die Räuber in flagranti. Das Beutegut lieferten sie dann laut Polizeibericht bei der Inspektion in Germering ab. Ob sie daheim von den Eltern eine geklebt bekamen, ist nicht überliefert.

Weitaus ungemütlicher wurde da eine schwer bewaffnete Bande in Brasilien, die zur WM in Südafrika bei einem Großhändler nahe São Paulo 30 Menschen kurzzeitig gefangen nahm und 135 000 Bildchen erbeutete. Die Geiseln blieben unversehrt, von Tätern und Bildern fehlt bis heute jede Spur. Dass die Sammelleidenschaft auch vor der Politik nicht Halt macht, zeigte 2006 der nordrhein-westfälische Bauminister Oliver Wittke, als er während einer Debatte zur Arbeitsmarktpolitik im Düsseldorfer Landtag von einer TV-Kamera beim vergnügten Durchblättern des WM-Panini-Albums ertappt wurde. Die Grünen rügten das Verhalten des CDU-Politikers, in einer Kleinen Anfrage an Ministerpräsident Jürgen Rüttgers sagte Grünen-Fraktionschefin Sylvia Löhrmann dazu, dass angesichts der bevorstehenden Fußball-WM »Wesen männlichen Geschlechts offensichtlich zu ungewöhnlichen Verhaltensweisen neigen«.

Genderunspezifisch blieb hingegen Werner Ellwanger, der Direktor der Silcher-Grundschule im schwäbischen Ellwangen, als er das Tauschen von Panini-Bildern in der Schule und auf dem Pausenhof strikt untersagte. Das habe nicht nur zu massiven Störungen des Unterrichts geführt, zu Unruhe und Unkonzentriertheit, sondern sogar dazu, dass Schüler sich untereinander erpressten. »Wir wollten das Problem im Ansatz ersticken«, so Schuldirektor Ellwanger.

Übrigens stoppte auch Panini selbst einmal den Handel. Als Italien 2002 bei der WM in Südkorea aus dem Turnier verpfiffen wurde, stellte man aus Protest gegen die fatalen Schiedsrichterfehlentscheidungen die Auslieferung weiterer Bilder ein. Die WM? Kam nicht mehr in die Tüte.

Alle Weltmeisterschaften wieder erhitzt auch jene große Streitfrage die Gemüter, ob denn wirklich von jedem Spieler gleich viel Bildchen gedruckt werden, was die Hersteller in Modena dann immer bejahen. Dort verweist man in diesem Zusammenhang außerdem auch gerne auf die 1964 patentierte Misch- und Eintütmaschine *Fifimatic*, die mit einem besonderen Sortiersystem dafür sorge, dass niemals zwei gleiche Bilder in eine Packung kommen.

Was freilich nichts daran ändert, dass man sehr viel Geld loswird, bis man das Album voll hat. Daher entschlüsseln kluge Menschen mit der sogenannten Panini-Formel immer wieder gerne, wie viele Tüten man ohne Tauschaktionen oder gezielte Nachbestellung rein statistisch für die komplette Kollektion kaufen müsste. 2014 etwa ermittelten Sylvain Sardy und Yvan Velenik von der Universität Genf anhand der insgesamt 660 Bilder des Albums nach einer sehr langen Rechnung, dass man statistisch 931 Päckchen kaufen müsste. Bei einem Tütchenpreis von 60 Cent ergäbe das 558,60 Euro. Allein die letzten drei Bilder kosten dabei rein rechnerisch 160 Euro. Ein Sticker für 53 Euro – ordentlich!

Ist aber freilich immer noch ein Schnäppchen gegen den Preis, den ein Maradona-Sticker bei einer Auktion von *Sports Memorabilia and Collectibles* im April 2021 aufwarf, ein Sammelbild des jungen Diego für das Album *Panini Calciatori* von 1979. Das Motiv wechselte für 555 960 Dollar den Besitzer.

Sicher mehr wert als vier Hrubeschs.

1986 IN MEXIKO

Argentinisches Ein-Mann-Spektakel und der Furor des Franz. Wie Diego Maradona sein Land ganz allein zum Titel führt, Teamchef Beckenbauer wochenlang wild wütet und die eckigen Deutschen plötzlich an ihrem offensiven Übermut scheitern. Von zwei Toren für die Ewigkeit, einer gut intrigierten Truppe und dem empörten Brief eines Kindergartens an den Kaiser.

José Carreras war überwältigt vom Zauber des Augenblicks. Gerade eben hatte er in der Wiener Staatsoper als Don José den zweiten von vier Akten der *Carmen* und damit die erste Halbzeit hinter sich gebracht, als er an diesem 22. Juni die kurze Pause in der Garderobe zum Fußballschauen nutzte.

Ein Kamerateam des ORF fing damals ein, wie Carreras auf einen winzig kleinen Bildschirm starrte und dort ein Meisterwerk von erschütternder Schönheit sah. Wie Diego Maradona den Ball in der eigenen Hälfte annahm, wie er die ersten beiden Gegenspieler narrte, wie er einen Engländer nach dem anderen umtänzelte. Beardsley, Reid, Butcher, Fenwick, noch mal Butcher, am Ende Shilton, den Torwart, wie er den Ball einschob ins Tor.

Als Maradona dann jubelnd zur Eckfahne lief, rief Carreras nur noch fassungslos: »I can't believe it. What a goal. What a goal.« Und dann sagte er noch: »Unbelievable. He's fantastic.« Dann machte sich der Tenor bereit für den Wiederanpfiff zur zweiten Halbzeit, dritter Akt, berührt von einem einzigartig ästhetischen Moment, den er vielleicht selbst so berührend empfand wie die Magie einer ergreifenden Arie. Ein Moment, der auch Menschen im Stadion zum Weinen brachte. Ein musischer Moment für die Ewigkeit, dieses Tor des Jahrhunderts.

Mexiko 1986, das war die große Soloshow des Diego Maradona, nicht nur wegen dieser Aktion, die seitdem alle Charts der großartigsten Tore seit der Kreidezeit souverän anführt. Und auch nicht nur wegen seines anderen Tores in diesem unvergessenen Viertelfinale gegen England, *die Hand Gottes*. Maradona ganz allein führte Argentinien zum zweiten WM-Titel, niemals sonst stand ein Turnier, stand eine Weltmeistermannschaft so im Zeichen eines einzigen Spielers wie dieses. Höchstens noch 1962 in Chile, mit Brasilien und seinem krummbeinig windigen Wirbler Garrincha.

César Luis Menotti, der Weltmeistertrainer von 1978, untertrieb um etwa zehn Prozent, als er sagte, Argentinien sei 1986 zu »90 Prozent Maradona« gewesen. Peter Beardsley, der beim Jahrhunderttor als Zuschauer aus nächster Nähe einen der besseren Plätze mit freier Sicht ergattert hatte, traf es ganz gut, als er einmal meinte, wäre Maradona in Toronto auf die Welt gekommen, dann wäre eben Kanada Weltmeister geworden. In diesem Turnier, das man neben der WM 1970 auch, aber dann doch nicht nur wegen Maradona zum spielerisch brillantesten der Geschichte zählen darf. Vielleicht sollte die WM nur noch in Mexiko stattfinden.

Dass das Land nur 16 Jahre nach 1970 ein zweites Mal eine WM ausrichten durfte, lag am Verzicht Kolumbiens, das von der FIFA 1978 den fixen Zuschlag erhalten hatte, sich aber wegen innerer Unruhen, Drogenkriegen, Wirtschaftskrisen und klammer Kassen nicht imstande sah, das Turnier zu stemmen. Also sprang Mexiko ein, das nach einem erbitterten Kampf gegen die ebenfalls interessierten USA von der FIFA zum neuen Gastgeber bestimmt wurde.

Die Vorzeichen für eine fröhlich-freudige WM freilich standen in dieser Zeit aus den verschiedensten Gründen denkbar schlecht. Das verheerende Erdbeben von Mexiko-Stadt, das im September 1985 mehr als 10 000 Menschen tötete und auch den Sinn einer Weltmeisterschaft im folgenden Sommer infrage stellte. Zuvor noch die Katastrophe im Heysel-Stadion, als beim Europacup-Endspiel zwischen Liverpool und Juventus in Brüssel 39 Fans starben. Dann Ende April 1986: Tschernobyl. In Deutschland die aufgeheizte Lage rund um die Wiederaufbereitungsanlage im bayerischen Wackersdorf, die bürgerkriegsähnlichen Eskalationen rund um den Bauzaun. Alles zusammen in der Großwetter-Gemengelage keine optimalen Bedingungen für eine restlos unbeschwerte Vorfreude auf diese WM.

Und da war ja noch Franz Beckenbauer. Denn auch der verbreitete ziemlich schlechte Stimmung.

Nach einem blamablen Vorrunden-Aus bei der EM 1984 war Jupp Derwall nicht mehr zu halten gewesen. Dann kam Franz Beckenbauer. Der große Beckenbauer, der Kaiser, der 74er-Weltmeister, der noch bis 1982 beim Hamburger SV gespielt hatte und 1983 seine schillernde Karriere mit einem Kurz-Comeback bei Cosmos New York ausklingen ließ, suchte wieder nach einer Herausforderung, nur noch Golfspielen in den Kitzbüheler Alpen war ihm dann doch zu fad. In einem sehr effektiven Doppelpass mit der ihm eng verbandelten *Bild* erlegte er nach dem Derwall-Aus auf Nachfrage eines Reporters erst einmal alle anderen möglichen Kandidaten wie Berti Vogts (»Bist wahnsinnig«), Erich Ribbeck (»A geh«) oder Helmut Benthaus (»Da machen's alle Abitur, nur Fußball spuin's ned«), bevor er sich selbst in Stellung brachte: »Ich bin bereit.«

Dass sich Beckenbauer standhaft weigerte, an der Sporthochschule Köln die nötige Trainerlizenz zu erlangen (»Was sollen's mir da scho beibringen«), störte den schmerzfreien DFB-Boss Neuberger genauso wenig wie der Umstand, dass ihn der Franz auch schon mal einen »Pharisäer und Denunzianten« geheißen hatte.

Also war Beckenbauer ab sofort nicht Bundestrainer, sondern Teamchef. Und damit begann eine wunderbare Phase, in der man sich vor jedem Interview im Fernsehen schon freudigst fragen konnte, was er jetzt wieder für einen raushauen würde. Beckenbauer polterte und wütete nach Herzenslust, ob er gleich nach Amtsantritt Journalisten anblaffte (»Wer Wunderdinge von mir erwartet, der soll sich einen vom Zirkus Krone holen«), ob er eigene Nationalspieler bloßstellte (»Sicherlich, ein Felix Magath hat nicht annähernd die Genialität eines Netzer oder Overath«), ob er Reporter als »Blinde« titulierte oder manchmal auch Stammkräfte aus seiner Elf.

Es lief dann auch recht durchwachsen, in den ersten 14 Spielen unter kaiserlicher Ägide folgten nur sechs Siege, von April 1985 bis Februar 1986 gewann man in sechs Spielen kein einziges Mal, die längste Sieglos-Serie einer deutschen Nationalmannschaft seit 1920. Viel an hoffnungsvollen Nachwuchstalenten war nicht in Sicht, und als Beckenbauer seinen Kader für Mexiko doch weitgehend mit rustikalen Routiniers bestückte, raunte er nach der Ankunft im Quartier *Mansión Galindo* in Querétaro angesichts der Kritik, keinen wirklichen Neuanfang gewagt und auf hoffnungsvolle Spieler verzichtet zu haben wie Kögl, Waas, Frontzeck, Falkenmayer, Kroth: »Mir hamm's ja alle probiert. Und was is übrig geblieben? Da hast den Thon und den Berthold. Mit den anderen kannst ja ned amal Jugendweltmeister werden.« Einmal in Fahrt teilte er bei gleicher Gelegenheit auch noch gegen die fehlende Unterstützung der Nationalmannschaft durch die Klubtrainer zu Hause aus (»Sollen's ihren Mist doch alleine machen und weiterwurschteln«) sowie gleich gegen die Bundesliga an sich (»18 Vereine, da ist so viel Schrott dabei, da gehört ausgemistet. Das Beste wären 14«). Beckenbauers Fazit: »Weltmeister werma eh ned. Das kannst vergessen.« Das war er, der Furor des Franz, der übrigens subsumierend meinte: »Die ganze WM ist doch ein echter Scheiß.«

Wie wenig er sich im Griff hatte, zeigte vor allem der Eklat um den mexikanischen Journalisten Miguel Hirsch, dem Beckenbauer vorwarf, mit zweideutigen Berichten Gerüchte um Frauenbesuche im Quartier geschürt zu haben, die schließlich in der *Bild*-Schlagzeile mündeten: »Sex, 5 Frauen bei unserer Elf?« – »Was geht in so einem Menschen vor«, schnarrte Beckenbauer bei Dieter Kürten am Mikrofon, »was will er, wird er geschickt von anderen oder hat er schlecht geträumt. Und dieser kleine Mexikaner, den sieht man gar nicht mit bloßem Auge, weil er so klein ist.« Auf Kürtens Einwand, »aber Franz«, das sei jetzt doch diskriminierend, und warum er das

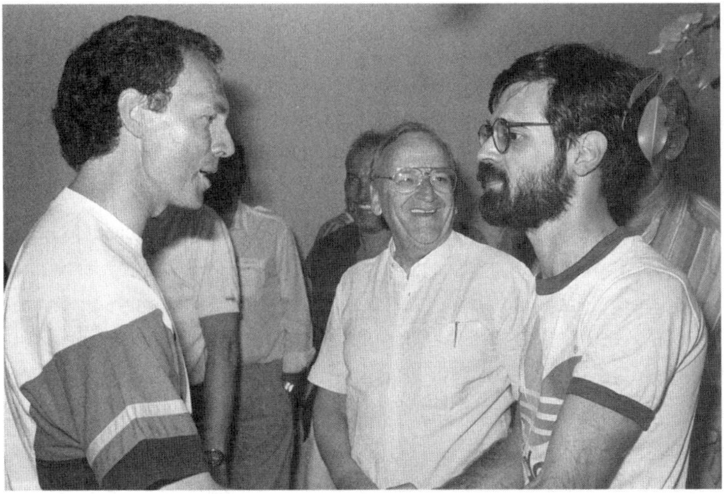

»Da braucht man nur kurz zudrücken, dann gibt's ihn nicht mehr«: Franz Beckenbauer bei der Aussprache mit dem Journalisten Miguel Hirsch – in der Mitte hat DFB-Boss Egidius Braun gute Laune..

mit dem Reporter nicht selbst ausmache, erwiderte Beckenbauer: »Dann wär' er jetzt tot. Da braucht man nur kurz zudrücken, dann gibt's ihn nicht mehr.«

Angesichts der hohen Wellen der Empörung im Gastgeberland musste Beckenbauer unter Druck der DFB-Delegation zurückrudern und sich in einem offenen Brief an Hirschs Zeitung *Excelsior* entschuldigen: »Ich wollte ihn nicht verletzen«, schrieb er und begründete seinen Aussetzer mit den Worten: »Die Mexikaner wissen vielleicht nicht, dass ich ein Bayer bin. Bayern ist ein Staat im Süden Deutschlands. Wir Bayern sind ein raues, aber herzliches Volk. Als ich mich auf Herrn Hirsch bezog, habe ich das in bayerischem Dialekt getan, und auf bayerisch klingen manche Worte härter.« Damit war die mexikanische Volksseele ganz sicher wieder beruhigt.

Beckenbauer irrlichterte zu Beginn dieser WM in seiner Rage dem Wahnsinn entgegen, man hätte ihn sich auch als Besetzung in einem dieser so lustigen Filme des abgedrehten Exzentriker-Gespanns um Werner Herzog und Klaus Kinski vorstellen können. *Franzcarraldo* oder so.

Intern knirschte es freilich weiter, als er etwa dem damals in der Form seines Lebens befindlichen Uli Stein kurz und knapp mitteilte: »Du spielst bei der WM ned.« Am Kantinentisch beim Mittagessen nannte der ausgebootete Stein im Kreise von Mitspielern den Teamchef grummelnd einen Suppenkasper, in Anlehnung an dessen Knorr-Werbespot aus den Sechzigerjahren. Der Suppenkasper erreichte sehr schnell die Zeitungsseiten, und als Stein dann auch noch mit Dieter Hoeneß, Ditmar Jakobs und Klaus Augenthaler um die Häuser der Millionenstadt Querétaro zog und erst drei Stunden nach Zapfenstreich zurückkehrte, flog er zurück nach Deutschland. Die drei übrigen Spätheimkehrer durften bleiben. Beckenbauer beschimpfte sie aber zur Sicherheit noch als »Idioten«.

Doch auch ohne Beckenbauers Zutun rumorte es, die Mannschaft zerfiel in einzelne Grüppchen. Das Stuttgarter Duo Karlheinz Förster und Karl Allgöwer beklagte eine fehlende Lobby und eine zu große Anti-Schwaben-Fraktion, Karl-Heinz Rummenigge hingegen, der sich nach seiner Verletzung während der WM 1982 diesmal schon vor Turnierbeginn mit einem lädierten Oberschenkel herumplagte, witterte Mobbing durch eine »Kölner Mafia«, rund um Toni Schumacher, Klaus Allofs und Pierre Littbarski. Irgendwann schimpfte Beckenbauer: »Ein Kindergarten ist ein Dreck dagegen«, was wiederum die Kinder der Caritas-Tagesstätte München-Pasing auf den Plan rief, die mit ihrer Leiterin Sylvia in einem Brief an die *Süddeutsche Zeitung* schrieben: »Franz, mia san stinksauer auf Dich. Ja schamst Dich Du gar ned. So wie Deine Burschen führn wir uns ned auf.«

Dieter Hoeneß sagte einmal im Rückblick: »Diese Weltmeisterschaft war das reinste Chaos.«

Lothar Matthäus über 1986: »Eine gut intrigierte Truppe.«

Entsprechend mühsam ging es auch durch die Vorrunde. Nach einem kapitalen Matthäus-Schnitzer lag man zum Auftakt gegen Uruguay 80 Minuten im Rückstand – bevor Allofs noch zum Ausgleich traf. Und auch gegen Schottland war es der Kölner Stürmer, der das entscheidende Tor zum 2:1-Sieg erzielte und der damit gegenüber dem angeschlagenen und in beiden Spielen spät eingewechselten Rummenigge respektable Argumente für weitere Startelf-Einsätze sammelte.

Dank des neuen Turnierformats, bei dem sich neben den Ersten und Zweiten jeder Gruppe auch die vier besten Gruppendritten fürs Achtelfinale qualifizierten, war die deutsche Mannschaft bereits weiter. Ob sich die Beckenbauer-Elf trotz aller Beteuerungen im Nachhinein wirklich mit letzter Kraft gegen die 0:2-Niederlage im letzten Vorrundenspiel gegen Dänemark wehrte, darf man bezweifeln. »Sehr arm«, klagte etwa Dänen-Trainer Sepp Piontek, »sie wollten von vornherein verlieren.« Denn auf den Gruppensieger, das stand bereits fest, wartete in der nächsten Runde Mitfavorit Spanien. Und auf den Gruppenzweiten Außenseiter Marokko.

Dänemark ging gegen Spanien mit 1:5 unter. Deutschland wankte gegen die Nordafrikaner zu einem nüchternen 1:0. Ein Tor von Matthäus, der seinen Fehler aus dem Uruguay-Spiel wieder wettmachte, als er zwei Minuten vor Ende einen Freistoß durch eine Lücke in der marokkanischen Mauer jagte, das reichte. Und auch das Viertelfinale gegen Mexiko wurde ein Zitterspiel, vor dem der in diesen Wochen sehr grundaufgeregte Franz Beckenbauer bei Bekanntgabe der Schiedsrichteransetzung (»Wos, a Kolumbianer pfeift?«) bereits eine lateinamerikanische Verschwörung witterte. Nach 120 torlosen Minuten, in denen man nach Thomas Bertholds Platzverweis mehr als eine halbe Stunde in Unterzahl spielte, rettete man sich in ein Elfmeterschießen – in dem Toni Schumacher mit zwei gehaltenen Schüssen zum Matchwinner wurde.

Erleichtert nahm man zur Kenntnis, dass sich vor dem Mexiko-Spiel die beiden Streithammel Schumacher und Rummenigge auf einer Parkbank der Hotelanlage zum Friedensgipfel getroffen hatten. Doch wie weit es mit der Versöhnung wirklich her war, las man, als Schumacher in seinem Buch *Anpfiff* ein Jahr später über Rummenigge in Mexiko schrieb: »Er litt offensichtlich an Verfolgungswahn.«

Nein, an der Auswahl des DFB lag es gewiss nicht, warum dieser WM noch heute als so famoses Turnier gehuldigt wird. Es lag an Teams wie den wilden Belgiern, die sich in einem Sieben-Tore-Drama in der Achtelfinal-Verlängerung mit 4:3 gegen die Sowjets durchsetzten, die ein Jahr nach der Machtübernahme von Michail Gorbatschow in Moskau ihrerseits die Welt in ihrer herzerfrischenden Offensive mit einem Hauch von Glasnost-und-Perestroika-Fußball begeisterten.

Es lag an den Brasilianern, die zwar mit gealterten Stars anreisten, mit Zico, Sócrates, Falcão, Júnior, Edinho, alle jenseits der 30 – die aber nach einer souveränen Vorrunde Polen im Achtelfinale mit 4:0 demütigten und dann im besten Spiel des Turniers und einem der furiosesten in der gesamten WM-Historie auf das große Frankreich trafen, das wieder mit seinem sagenhaften Mittelfeld um Platini, Tigana und Giresse unterwegs war. Ein Spektakel von solch intensiver Schlagzahl, wie man es sonst selten bewundern konnte. Ein berauschendes Auf und Ab voller Spielfreude und Kreativkunst, das nach einem 1:1 durch Tore von Careca und Platini im Elfmeterschießen entschieden wurde und das Frankreich mit 4:3 gewann, auch weil dabei nach einem Pfostenschuss von Bellone der Ball vom Rücken von Brasiliens Torwart Carlos ins Tor prallte.

Für Brasilien bedeutete das Scheitern das Ende einer wundervollen, aber unvollendeten Generation. Und für die *Seleção*, vielleicht gar für den gesamten Fußball überhaupt das Ende einer einzigartigen Ära. Man könnte dieses Viertelfinale zwischen Frankreich und Brasilien womöglich sinnbildlich als Zäsur sehen für das Ende einer Zeit, in der ein Spiel noch von individuell ungehemmter und anarchischer Entfaltungsfreude schlaksig dürrer Techniker geprägt werden konnte, bevor die bald anstehende Transformation zum körperbetont physischen Athletensport einsetzte, in der die Taktik künstlerischen Freiheitsdrang immer mehr in ein Korsett zwängte.

Zumindest bei Brasilien war es so, das 1994 und 2002 noch die Weltmeistertitel vier und fünf holte, das aber nie mehr so schön spielen sollte wie 1982 und 1986.

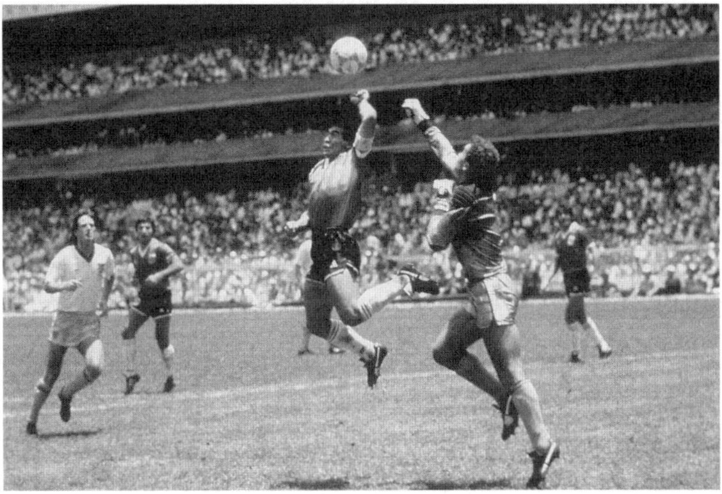

Die Hand Gottes – oder traf er mit dem Heiligenschein? Diego Maradona bei seinem unvergessenen ersten Tor gegen England. Den zweiten Treffer für die Ewigkeit schoss er vier Minuten später.

Nun also wieder Frankreich, das Halbfinale gegen Deutschland, die Erinnerung an den *Thriller von Sevilla* vier Jahre zuvor. Doch so hoch die Erwartung und so ausgeprägt das Revanchegelüst der favorisierten Franzosen auch waren, so ernüchternd verlief das Spiel für die *Équipe Tricolore*. Müde und überaltert schleppte sich das Starensemble über den Platz. Dass rückblickend im Schlüsselduell im Mittelfeld der große Maître Platini beim gewohnt knurrenden Wadlbeißer Wolfgang Rolff völlig abgemeldet war, mag einen Fußballästheten noch heute mit Schaudern befremden. War aber so, und schließlich war es auch verdient, dass Beckenbauers Truppe durch das frühe Tor von Andi Brehme und das späte von Rudi Völler wie schon 1982 ins Endspiel einzog.

Gegen Argentinien. Gegen Diego Maradona, der als 17-Jähriger 1978 noch tieftraurig ob seiner Nichtnominierung zusehen musste und dem vier Jahre später die Reife fehlte, als er gegen Brasilien vom Platz flog, zermürbt vom Spiel zuvor, von den Tritten von Claudio

Gentile, der ihn so konsequent rücksichtslos umtrat, wie es von kaum einem anderen Duell der WM-Geschichte überliefert ist. Höchstens noch von 1954. Liebrich gegen Puskás.

1982 scheiterte Maradona auch am eigenen Hochmut, zu einer Zeit, als er dank seines findigen Beraters Jorge Cyterszpiler 5000 Dollar für ein Interview kassierte und für Autogrammstunden 40 000. Als es 1982 zur WM nach Spanien ging, reservierte Maradona in einem Hotel in Barcelona 39 Zimmer für 51 Personen, seinen engsten Zirkel aus Familie und Freunden. Für *El Pibe de Oro*, den Goldjungen, war es irgendwie zu schnell nach oben gegangen.

Nun aber, 1986, war Maradona endlich angekommen, auch weil er selbst sein Glück gefunden hatte. In Italien, in Neapel. Nach der WM 1982 war er von seinen Boca Juniors aus Buenos Aires zum FC Barcelona gewechselt, eine sehr glücklose Zeit. Erst plagte ihn eine rätselhafte Hepatitiserkrankung, die in wilden Spekulationen auch einem freizügigen Liebesleben angedichtet wurde. Dann streckte ihn in einem Liga-Spiel das Fallbeil von Andoni Goikoetxea nieder, den man auch den *Schlächter von Bilbao* nannte. Über diesen Moment, in dem sein Wadenbein zertrümmert wurde, sagte Maradona später, es habe sich angehört wie splitterndes Holz. Vielleicht sehnte er sich damals auch zurück nach Claudio Gentile.

Es folgten fünf Monate Verletzungspause, eine Zeit, in der er so richtig den Boden unter seinem noch gesunden Bein verlor und Kokain zu dem Stoff wurde, der ihn später an den Rand des Abgrunds führen sollte und noch darüber hinaus. 1984 dann der überraschende Wechsel zum SSC Neapel, dem Außenseiter aus Süditalien, was gut passte zum Burschen aus den ärmlichen Verhältnissen. Diego ging nicht zum Establishment im reichen Norden, zu Juve, Inter, Milan. Er ging zu Napoli, das so viel gemeinsam hatte mit der Villa Fiorito, der Arbeitersiedlung seiner Kindheit in Buenos Aires. Maradona, so schien es, war wieder bei sich, er wurde zum Volkshelden, allein bei seiner Präsentation vor der Saison jubelten ihm 75 000 Menschen im *Stadio San Paolo* zu.

Und dann endlich kam seine WM, als er schon in der Vorrunde

beim 1:1 gegen Weltmeister Italien glänzte, als Spielgestalter beim Achtelfinale, dem 1:0 gegen Uruguay, brillierte. Und als dann England wartete, in diesem brisanten Duell vier Jahre nach dem Krieg um die Falklandinseln. Viele Jahre später sagte Maradona, es sei natürlich Rache dafür gewesen. »Wir wussten, wie viele Argentinier auf den Inseln starben, abgeschossen wie Vögel. Es war nun, als würden wir ein Stück Falkland zurückgewinnen. Dass mein Tor Betrug war, machte die Sache nur noch schöner.« Sein Tor mit der Hand zum 1:0, als eine verunglückte Bogenlampe von Steve Hodge in den Strafraum segelte und Maradona vor dem herauseilenden Peter Shilton ins Tor faustete – als es noch keinen Videobeweis gab und der tunesische Schiedsrichter Ali Bennaceur sich auch durch die wilden Proteste der Engländer nicht umstimmen ließ.

Der heute so geläufige Name dieses Tores entstand, als Maradona auf die Frage eines italienischen Reporters antwortete: »Es war ein bisschen Gottes Hand und ein bisschen Maradonas Kopf.« In Neapel gibt es bis heute einige, die dieser Darstellung weiterhin vehement widersprechen. Für sie erzielte San Diego das Tor mit seinem Heiligenschein. Der uruguayische Schriftsteller Mario Benedetti hingegen erklärte einmal, dieser Treffer sei der finale und einzig wahrhaft gültige Beweis für die Existenz Gottes.

Als Maradona im November 2020 vom Leben schwer gezeichnet starb, schrieb Peter Shilton in der *Daily Mail* einen Nachruf. Er würdigte ihn als den »größten Spieler, dem ich je gegenüberstand«. Und zeigte sich aber gleichzeitig auch 34 Jahre nach 1986 noch verbittert, dass er »keinen Sportsgeist hatte und sich nie entschuldigte«.

Keiner konnte nach diesem ersten Treffer ahnen, dass Maradona nur vier Minuten später ein weiteres Tor für die Unendlichkeit erzielen würde, mit diesem betörenden Solo durch englische Slalomstangen. Es war der Kommentator Victor Hugo Morales, der bei seiner Live-Reportage im argentinischen Radio genau die richtigen Worte dafür fand. »Genie, Genie, Genie!«, rief er, als Maradona in den Strafraum lief. »Ta-ta-ta-ta-ta-ta.« Für jedes Ta ein Gegenspieler. Als Maradona getroffen hatte, schrie Morales schluchzend: »Entschuldigt, ich möchte weinen. Du kosmischer Drachen, von welchem Planeten kommst du. Danke, Gott, für Fußball, für Maradona, für die Tränen.« Treffender hätte man diesen Moment nicht beschreiben können.

Der Dirigent Daniel Barenboim sagte in einem SZ-Interview einmal zu diesem Tor: »Das war für mich, wie einem Pianisten zuzusehen, der viel schneller, mit viel größerer Energie, mit strahlenderen Farben spielt als alle anderen.« Maradona, der als virtuoser Interpret seiner eigenen elegischen Sonate im Halbfinale gegen Belgien eine weitere hinreißende Komposition schuf, mit seinen beiden so anmutigen Toren, einem Lupfer ins linke Eck und nach einem erneuten Solo, diesmal gegen vier Belgier.

Nun also das Endspiel gegen die Deutschen.

Es wurde auch das Finale von Carlos Bilardo, dem Nationaltrainer, der einen viel sachlicheren Fußball spielen ließ als acht Jahre

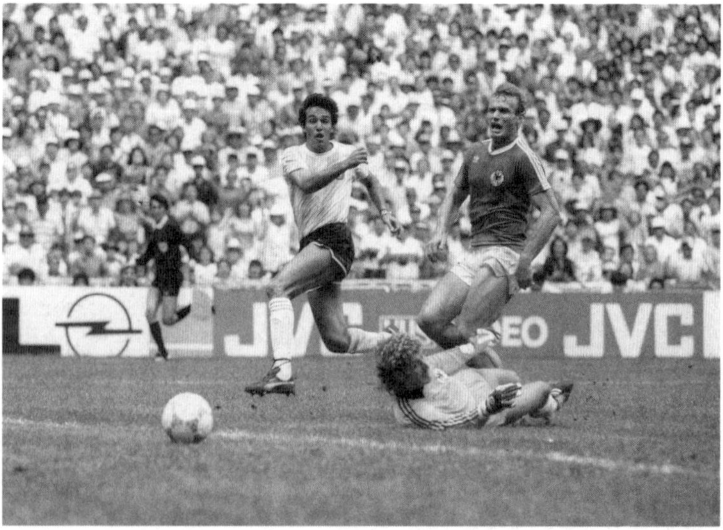

Briegel walzte vergeblich hinterher – und der Toni hielt ihn nicht: Burruchaga trifft kurz vor Schluss zum entscheidenden 3:2 im Finale und schießt Argentinien zum zweiten WM-Titel.

zuvor César Luis Menotti mit seiner Philosophie vom Spektakel des fortschrittlich linken Kreativfußballs gegenüber dem nüchternen, politisch rechten Ergebniskick. Bilardo war in seiner Spielidee wesentlich pragmatischer als Menotti, sachlicher und auch strategischer. Dass er in diesem Endspiel nun Maradona nicht ins Mittelfeld, sondern in die Angriffsspitze stellte, war die wohl größte taktische Leistung in seinen sieben Jahren als Nationaltrainer. Damit drängte Maradona den ihm zugeordneten Matthäus in die Defensive, degradierte ihn, hebelte ihn aus dem Spiel, ließ ihn im Mittelfeld als Spielmacher nicht zur Entfaltung kommen.

Und es war dann auch ein Foul des entnervten Matthäus an Maradona, hart von hinten in die Wade, das zur Entstehung des ersten Tors führte – als Toni Schumacher nach dem Freistoß durch Burruchaga ohne Kompass durch den Strafraum segelte, José Luis Brown zur Führung köpfte und der bis dahin so überragende Torwart zu einer ähnlich tragischen Gestalt wurde wie 16 Jahre später Oliver Kahn im Finale von Yokohama. Als Schumacher auch vor dem 0:2 im Stellungsspiel gegen den heranstürmenden Jorge Valdano unentschlossen wirkte, fragte Rolf Kramer in seiner ZDF-Live-Reportage: »Ist das die Entscheidung? Ist sie das?« Sie war es nicht, denn nun begann die aufregendste halbe Stunde einer deutschen Nationalmannschaft der ganzen Achtzigerjahre. Nach zwei Ecken von Brehme von links traf erst Rummenigge, dann Völler. Ausgleich nach 81 Minuten, und Rolf Kramer stellte wieder eine Frage: »Ist das denn die Möglichkeit?«

Was diesem begeisternden Comeback folgte, war ein Treppenwitz. Ausgerechnet diese so defensiv ausgerichtete Mannschaft, die aus so vielen kantigen Vorstoppern bestand, Jakobs, Briegel, Berthold, Förster, ausgerechnet diese Rumpeltruppe wollte nun zaubern. Und wähnte das Momentum bei sich, im Gefühl, die angezählten Argentinier zu überrollen und als erste Mannschaft seit 1954 ein WM-Finale nach einem 0:2 noch zu gewinnen. »Wir glaubten, wir können den Pott holen«, sagte Matthäus nach Abpfiff. »Wir haben einfach zu offensiv gespielt.« Deswegen waren sie in der

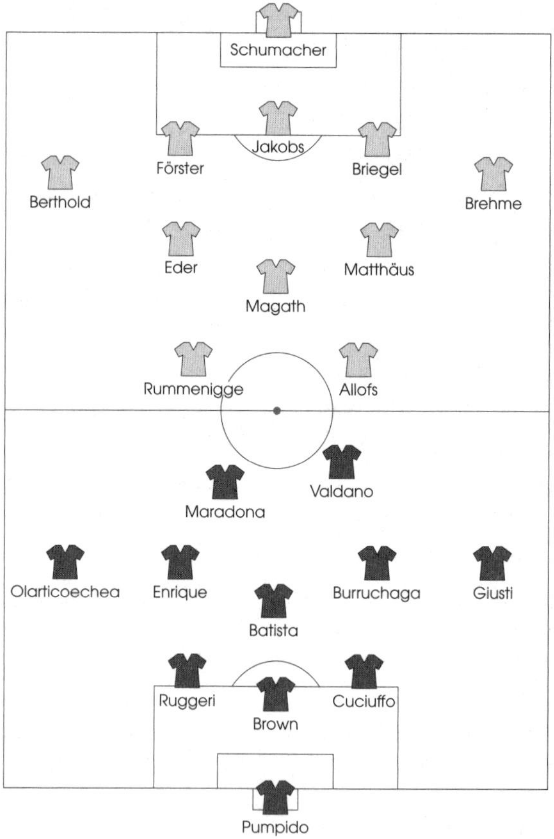

Startaufstellung Argentinien (unten) gegen Deutschland (oben), WM-Finale 1986

Abwehr auch völlig offen, als Maradona seinen genialen Pass auf Burruchaga spielte, als Briegel das Abseits aufhob und machtlos hinterhertrabte. Als Rolf Kramer rief: »Toni, halt den Ball!« Der Toni hielt ihn nicht.

Und so machte sich später nach dem 2:3, als der Trost von Kanzler Kohl auf der Tribüne auch nicht wirklich weiterhalf, nach der Rückkehr ins *Hotel Maria Isabelle* von Mexiko-Stadt bei manchem Spieler großer Frust breit. Als eine »persönliche Kränkung« etwa empfand ein schwer beleidigter Felix Magath seine Auswechslung im Finale nach einer Stunde und kündigte an, mit Beckenbauer nie mehr ein Wort zu sprechen. Der Teamchef selbst konterte, dass er bei 0:2 keinen Kreativzauberer mehr benötige – weshalb er dann dafür auch den eckigen Dieter Hoeneß brachte.

Überhaupt sagte Beckenbauer noch einiges an diesem Abend und nährte Spekulationen, wonach er seinen bis zur EM 1988 laufenden Vertrag womöglich nicht erfüllen und sogar bald zurücktreten werde. »Es müssen die nächsten zwei bis vier Jahre geplant werden«, räsonierte Beckenbauer. »Was dabei herauskommt und wie es mit mir aussieht, ist dabei eine andere Sache.« Beckenbauer machte dann aber doch weiter. Bis 1990. Als das Feuer des kosmischen Drachen allmählich verlosch. Und Beckenbauer in Rom über den Rasen spazierte.

AUCH DAS NOCH WAS SIE SONST ÜBER DIE WM 1986 UNBEDINGT WISSEN MÜSSEN

1 Tor nur erzielte José Luis Brown in den 36 Länderspielen für Argentinien, dafür ein sehr wichtiges: das 1:0 per Kopf im Finale gegen Deutschland. 2019 starb *Tata*, so sein Spitzname, mit nur 62 Jahren an den Folgen seiner Alzheimer-Erkrankung.

4 ehemalige Weltmeister während eines einzigen WM-Turniers hatte bis heute nur Argentinien 1986 zum Gegner: Italien, Uruguay, England, Deutschland.

20 Jahre war der Belgier Stéphane Demol, als er mit seinem Treffer zum 3:2 in der Verlängerung gegen die UdSSR (Endstand 4:3) zum jüngsten Torschützen des Turniers wurde. Es blieb in 38 Länderspielen das einzige Tor des Innenverteidigers.

23 WM-Spiele fanden 1970 und 1986 in Mexiko-City statt. 19 im Aztekenstadion, vier im Olympiastadion. Bis heute die Stadt mit den meisten WM-Begegnungen.

30 Minuten, nachdem er kurz vor Ende des vorentscheidenden Quali-Spiels in Wales am Spielfeldrand kollabierte, starb Schottlands Nationaltrainer Jock Stein mit nur 62 Jahren in der Umkleidekabine an einem Lungenödem. Mit dem 1:1 in Cardiff sicherten sich die Bravehearts ein Playoff-Finale gegen Australien (2:0 und 0:0), bei der WM in Mexiko betreute Steins einstiger Co-Trainer die Mannschaft: Alex Ferguson.

48 Jahre nach 1938 in Frankreich gab es erstmals wieder eine K.-o.-Runde ab dem Achtelfinale.

52 Sekunden dauerte es nur, bis Uruguays José Batista im Spiel gegen Schottland (0:0) die Rote Karte sah. Bis heute der schnellste Platzverweis der WM-Geschichte.

5000 D-Mark übergab Rudi Völler als erster Spender überhaupt der »Mexico-Hilfe«, die der damalige DFB-Schatzmeister Egidius Braun in Mexiko ins Leben gerufen hatte. Bis heute hat die nach dem späteren DFB-Boss benannte Stiftung mehr als fünf Millionen Euro für soziale Projekte gesammelt, unter anderem für den Bau und die Sanierung von Schulen und Kindergärten.

10 000 englische Pfund kostete den Buchmacher William Hill die Hand Gottes. Wegen des irregulären Treffers von Diego Maradona beim 2:1 im Viertelfinale gegen England zahlte das Wettbüro auch all jenen Tippern Gewinne aus, die auf ein Unentschieden getippt hatten.

11 000 D-Mark kostete ein Wochenendtrip nach Mexiko für Kurzentschlossene, ein Angebot von Air France für deutsche Fans nach dem gewonnenen Halbfinale. Darin enthalten: Hin- und Rückflug mit der Concorde, Bordverpflegung samt Kaviar, Transfer zum und vom Stadion – und natürlich eine Eintrittskarte fürs Finale.

1990
IN ITALIEN

Magische Nächte in einem italienischen Sommer und eine harmonische Pfadfindergruppe auf dem Weg zum dritten Titel: Wie Lothar Matthäus zum Weltstar aufsteigt, warum der geläuterte Franz Beckenbauer nur einmal seine Sanftmut verliert und wie Maradona an Diego scheitert. Von gelbem Rotz im lockigen Haar, einem Traumwandler auf römischem Rasen und Trüffel mit Rotwein am Lago di Como.

Der Mond war kugelrund, hoch oben im Himmel über Rom. Das Kamerabild hatte den Erdtrabanten hundertfach herangezoomt, so groß, so schön, man sah jeden Krater, jedes Staubloch, davor den Schattenriss eines kreuzenden Flugzeugs. Der Mond war so nah, man hätte vermutlich daheim im Wohnzimmer den alten Röhrenfernseher nur einfach umdrehen müssen, um die Rückseite zu sehen. *The Dark Side of the Moon.*

Dann schwenkte die Regie um. Und zeigte ein anderes Gestirn. Franz Beckenbauer, der über den Rasen des römischen Olympiastadions schlenderte, Medaille um den Hals, Hände in den Hosentaschen. Um ihn herum lärmender Wahnsinn, singende Spieler auf der Ehrenrunde, die Fans auf den Tribünen im kreischenden Delirium, Rudi Völler tanzend mit dem Pokal in der Hand. Alles lag sich in den Armen, während Beckenbauer nur in seiner körperlichen Hülle anwesend schien, ansonsten in seinem metaphysischen Zustand weit entrückt war, draußen, noch weit hinterm Mond. Irgendwo im zentralen Mittelfeld zwischen Saturn und Uranus.

Mit den Jahren kann man sich viel dazudichten, 2018 sagte Beckenbauer, in diesem Moment sei das ganze Leben an ihm vorbeigeflogen, er habe an seine Familie gedacht, an seine Mutter, an den WM-Titel 1974. Am ehrlichsten war vielleicht sein Bekenntnis nur wenige Tage nach der Nacht von Rom: »Ich weiß nur, dass ich auf dem Platz war, als würde mich jemand ziehen oder schieben. Was ich gedacht habe, weiß ich nicht mehr. Wahrscheinlich habe ich einfach nur geträumt.«

Es war auch alles wie im Traum, dieser WM-Triumph, das ganze Turnier, die Stimmung, das Jahr, die Zeit, alles. Der Mauerfall, das Ende des Kalten Krieges, in Südafrika mit Mandelas Freilassung das nahende Ende der Apartheid, nach den politisch nervösen Achtzigerjahren das Gefühl von Aufbruch in eine Epoche von Frieden und Glückseligkeit. Und dann diese WM. Dieser Gastgeber, die heitere Unbeschwertheit in einem Land, das unter Ministerpräsident Bettino Craxi kurz zuvor zur fünftgrößten Wirtschaftsnation der Welt aufgestiegen war und in dem man Silvio Berlusconi nur als schillernden Geschäftsmann und Präsidenten des AC Mailand wahrnahm, aber noch nicht als den giftspritzenden Populisten, der ab Mitte der Neunzigerjahre mit seiner *Forza Italia* das Binnenklima zu verätzen begann.

1990 stand *Forza Italia* noch unbelastet für den fröhlichen Anfeuerungsruf der Tifosi für ihre *Squadra Azzurra*.

Es reicht schon, wenn man noch heute die Hymne von Gianna Nannini und Edoardo Bennato hört, ihr *Un' estate italiana,* dieses wundervollste aller jemals geschriebenen WM-Lieder, oder wenn man zurückdenkt an den beschwingten Abend mit dem betörend tenörendem Dreigestirn Pavarotti, Carreras, Domingo, an ihren Auftritt am Tag vor dem Endspiel in den Caracalla-Thermen. War ja alles so schön damals, die Rahmenbedingungen, das Lebensgefühl, die Atmosphäre. Schlecht war nur der Fußball, aber es war ganz bezeichnend, dass nicht einmal das maue Niveau in einem der spielerisch schlechtesten Turniere der Geschichte die Stimmung wirklich trüben konnte.

Trüb war die Stimmung lange genug gewesen rund um die deutsche Nationalmannschaft.

Nach der WM 1986 hatte sich Franz Beckenbauer nach erbetener Bedenkzeit doch zum Weitermachen entschieden, die Rufe nach einem neuen Bundestrainer wurden allerdings gerade nach der Heim-EM 1988 immer lauter. Der *Spiegel* fällte unmittelbar nach dem Aus im Halbfinale gegen die Niederlande ein sehr vernichtendes Urteil über Teamchef Franz und fragte, »warum er nicht endlich den Kram hinschmeißt und wieder zum Golfschläger greift«. Am besten im Kreis seiner, wie zu lesen war, »Schischi-Freunde, die ihm nach dem Ausscheiden mit schwer parfümierter Süßlichkeit im Foyer des feinen Hotels Bachmair am Tegernsee mit Küsschen kondolierten«.

Die Kritik verschärfte sich nach der so mühsamen WM-Qualifikation, bei der erst Thomas Häßler im letzten Spiel gegen Wales das entscheidende Tor zum erzitterten 2:1 erzielte. Und hätte eine Minute vor Abpfiff Mark Hughes frei stehend das Tor getroffen, Deutschland wäre gar nicht erst nach Italien gefahren. Mit letzter Kraft schleppten sie sich also über den Brenner.

Mühsam auch die Vorbereitung, zwei zähe 1:0-Siege Ende Mai gegen die Tschechoslowakei und Dänemark, nicht nur der *Corriere della Sera* wähnte »ein enttäuschendes und unklares Deutschland« auf dem Weg nach Italien. Man fragte sich: Wird das was mit Beckenbauer, der bereits ein halbes Jahr zuvor angekündigt hatte, dass er nach der WM definitiv aufhört? Holt der Kaiser nun nach 1974 auch als Trainer den Titel? Mehr aber noch: Kann der Lothar Weltmeister?

Ob Lothar Matthäus als Kapitän der Richtige sei, daran gab es große Zweifel. Denn in den zehn Jahren seit seinem DFB-Debüt konnte er nie in irgendeinem Turnier wirklich überzeugen. 1980, bei der EM, mit 19 nur eine Randfigur. Bei der WM 1982 Statist, 1984 das EM-Fiasko in Spanien mit dem Aus in der Vorrunde, 1986 im Finale von Maradona düpiert, dann die Enttäuschung bei der EM 1988, als er bei einem Turnier erstmals als Kapitän die DFB-Auswahl anführte. Die hohen Erwartungen hatte er in zehn Jahren nie erfüllen können. Nicht in der Nationalmannschaft und nicht bei seinen Vereinen, in Gladbach, bei Bayern, ab 1988 in Mailand bei Inter, stattdessen belächelte man ihn gern, den Franken, den Provinzler. Den Loddar.

Als Matthäus mit Inter im UEFA-Cup 1989 trotz eines 2:0-Siegs im Münchner Olympiastadion zu Hause noch 1:3 verlor und aus dem Wettbewerb flog, lästerte Bayern-Libero Klaus Augenthaler hämisch: »Das war der Lothar, wie wir ihn kennen.« Der Matthäus, so die geläufige Meinung, der reißt doch nie was.

Aber dann kam der WM-Auftakt und das Spiel, das ein Wendepunkt in seiner Karriere wurde. Wenn der oft benutzte Begriff von der Initialzündung auf etwas zutrifft, dann auf diese Partie gegen Jugoslawien am 10. Juni. Matthäus' Tor zum 1:0 mit links aus 20 Metern, dann dieses immer wieder gezeigte Solo aus der eigenen Hälfte, sein Schuss außerhalb des Strafraums, ein Strich ins linke Eck zum 3:1, ein Schlüsselspiel für seine Karriere – und auch für die Mann-

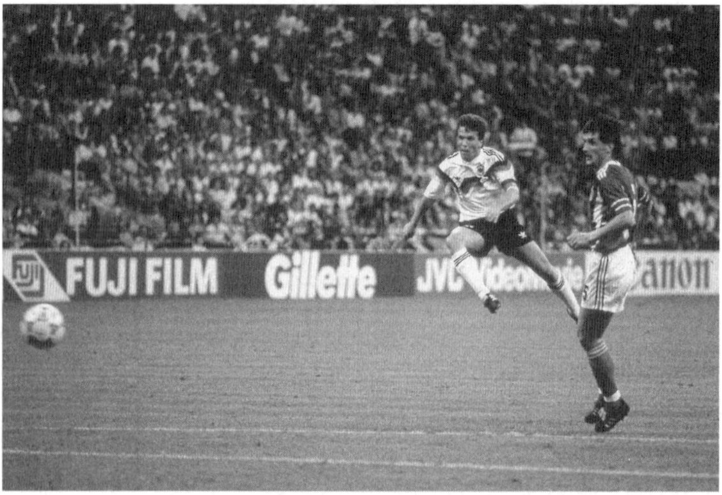

Lange traute man ihm nichts zu, bei der WM 1990 wurde er dann doch noch zum Weltstar: Lothar Matthäus bei seinem phänomenalen Tor im Vorrundenspiel gegen Jugoslawien.

schaft auf dem Weg zum Titel. »Wenn er so weiterspielt, gibt es auf der ganzen Welt keinen Besseren«, schwärmte Franz Beckenbauer nach dem 4:1-Sieg begeistert, und er sollte recht behalten. In dieser Zeit, in diesem Jahr, in dieser WM wuchs Matthäus zum Weltstar – weshalb ihn die FIFA 1991 zum bislang einzigen deutschen Weltfußballer kürte.

Euphorie machte sich breit nach diesem spektakulären Erfolg über die hoch angesehenen Jugoslawen. Wie oft hatte sich eine deutsche Elf gerade in Auftaktspielen durch die ersten 90 Minuten einer WM gerumpelt. Und wie mitreißend war nun diese Gala zum Turnierbeginn.

Der damalige Pressesprecher Wolfgang Niersbach, der als Medienmann beim DFB eine weitaus glücklichere Figur abgab als später in seiner kurzen Zeit als Verbandspräsident, sagte einmal über die kollektive Anspannung vor dem Spiel: »Wir hatten schon die Manschetten an. Aber das 4:1 war dann der Türöffner für das weitere Turnier.«

In der ersten der *Notti Magiche*.

Und magisch war noch etwas anderes, ganz anders als früher, und zwar die Laune im Quartier. Interner Krach während einer WM gehörte ja in den zwei Jahrzehnten davor schon zum Grundrauschen, von Malente bis Mexiko. Doch plötzlich herrschte ungetrübte Harmonie. Was sicher auch daran lag, dass die Journalisten aus der Heimat nicht mehr gemeinsam mit den Nationalspielern untergebracht waren, die unmittelbare Nähe zwischen den alles beobachtenden und recht hellhörigen Reportern und der Mannschaft hatte doch immer wieder für unruhige Schlagzeilen gesorgt.

Und es lag auch an Franz Beckenbauer.

Im Gegensatz zu Mexiko 1986, wo er als tobender Poltergeist alles niedergemäht hatte, was ihm in den Sinn kam, ob Medien, ob Mannschaft, ob große Bundesligatrainer oder kleine Mexikaner, erlebte die Welt nun einen gleichmütig geläuterten Teamchef, eine Art buddhistischen Zen-Mönch des Fußballs. Es war die Zeit, in der Beckenbauer seinen griesgrämigen Dauergrant abgelegt und die alte Lässigkeit als Spieler wiederentdeckt hatte, getreu seiner Ansage vor

Anpfiff in der Kabine: »Geht's raus und spuit's Fuasboi.« Lass sie einfach machen. Wird scho.

Als das Achtelfinale nach einem 5:1 gegen die Arabischen Emirate fix war, schickte er seine Mannschaft gar raus aus dem Quartier, rein ins richtige Leben. »Geht's zu euren Frauen oder amüsiert's euch woanders«, gab Beckenbauer mit auf den Weg, tags darauf titelte die *Bild*: »Danke, Franz, für diese Liebesnacht.«

Italien war damals für viele Stars des Teams zum Zuhause geworden, Lothar Matthäus, Andi Brehme, Jürgen Klinsmann kickten bei Inter, ihre Häuser lagen in unmittelbarer Nachbarschaft des Teamquartiers, dem mittelalterlichen *Castello di Casiglio* in Erba am Comer See. Rudi Völler und Thomas Berthold spielten beim AS Rom. Thomas Häßler hatte bereits bei Juventus unterschrieben, Karl-Heinz Riedle bei Lazio Rom. Wenn nach dem Vormittagstraining keine weitere Einheit mehr anstand, durften die Spieler ausschwärmen. Jürgen Klinsmann etwa schaute immer wieder in seinem Domizil in Cernobbio vorbei und besuchte seine Stuttgarter Kumpels, die sich dort für die Zeit der WM eingenistet hatten. Andere Legionäre machten in diesen Tagen auf Touri-Guide und zeigten den Kollegen die schönen Ecken am Lago di Como, man ging zum Wasserskifahren, auf Bootstour und natürlich in die angesagtesten Edelrestaurants mit dem besten Trüffel und dem teuersten Rotwein, etwa im *Gatto Nero*, nach vielen Serpentinen hoch über dem Westufer des Lago di Como.

Jürgen Kohler, der ungemütliche Vorstopper, der 1991 von den Bayern zu Juve nach Turin wechselte, meinte in einer Rückschau auf die Neunziger-WM einmal: »Es war die beste Stimmung, die ich mit der Nationalmannschaft je erlebt habe. Der Franz ist nicht wie ein Schießhund hinter uns hergerannt, um uns zu kontrollieren. Es war ihm egal, ob einer fünf Minuten früher oder später ins Bett ging oder mal ein, zwei Bierchen trank. Er hatte die nötige Lässigkeit, über den Dingen zu stehen.«

Lothar Matthäus hingegen wähnte sich auf Abenteuerexkursion wie bei einer »Pfadfindergruppe«, während Klaus Augenthaler die ungewohnte Eintracht während des Turniers eher ungläubig zur Kenntnis nahm: »Wir warten dauernd auf den ersten Krach«, raunte er, »aber es kommt keiner.« Der kam aber dann doch. Nicht intern. Sondern im Achtelfinale. Mit den Niederlanden.

Das Verhältnis zu den Holländern war damals recht toxisch, jenseits der Grenzen einer rein sportlichen Rivalität wie etwa noch 1974, als zwar einzelne Oranje-Spieler aus ihrer persönlichen Geschichte eine tiefe Verachtung gegen Deutschland verspürten, die großen Protagonisten wie Beckenbauer und Cruyff sich aber mit hoher Wertschätzung begegneten. Ein Respekt, von dem im Giuseppe-Meazza-Stadion nichts mehr übrig geblieben war. Eingesetzt hatte das Reizklima schon 1988 nach dem EM-Halbfinale, als sich Ronald Koeman nach Abpfiff mit dem getauschten Trikot von Olaf Thon feixend den Hintern abwischte. »In diesen Jahren war das Klima am Siedepunkt«, sagte Rudi Völler einmal, »da war sehr große Antipathie dabei.«

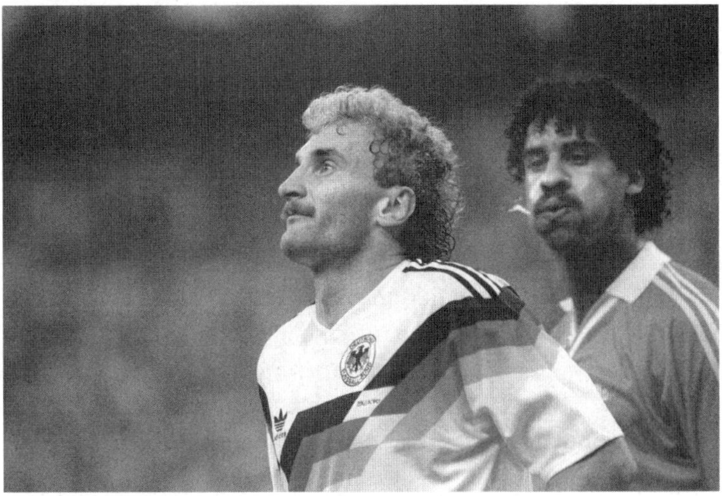

Gelber Rotz ins gelockte Haar: Frank Rijkaards Spuckattacke gegen Rudi Völler. Beide flogen vom Platz und versöhnten sich später bei der Werbung. Dann war wieder alles in Butter.

Was folgte, war die Eskalation von Mailand, als der niederländische Torwart Hans van Breukelen in seinem gewohnten Habitus des halbstarken Pausenhofprolls das Sturmduo um Klinsmann und Völler permanent provozierte. Überall wurde in den ersten 20 Minuten unentwegt getreten, Wouters gegen Matthäus, van Basten gegen Matthäus. Und Rijkaard gegen Völler, ein recht übles Foul vor der Strafraumgrenze. Kurz nach der Sense packte Frank Rijkaard dann den Schleim aus.

In Minute 21, als beide erneut aneinandergerieten, machte Rijkaard nämlich auf volle Backen und spuckte Völler an, ansatzlos, dann zog er ihn noch am Ohr – dass der argentinische Schiedsrichter Juan Carlos Loustau beiden Rot zeigte, sorgte für Empörung. »Ein Skandal«, schimpfte Co-Kommentator Karl-Heinz Rummenigge im Live-TV noch entrüstet, während der Niederländer sehr souverän bereits einen zweiten Schleimbatzen an Völlers Haupt schleuderte. Doppelt hält besser. Fast lyrisch die blumige Erinnerung von ARD-Reporter Onkel Heribert *(»Gutn Abnd allerseits«)* Faßbender: »Man sah so richtig diesen gelben Rotz sich drehend und bei Völler in dem längeren und gelockten Haar dann landen.« Sekret mit Effet. Die hohe Kunst des Top-Spin-Speibens.

Frank Rijkaard begründete seinen Ausraster später reumütig mit »persönlichen Problemen«, er sei schon »sehr gereizt ins Spiel gegangen. Das musste sich entladen, ich kann es leider nicht ungeschehen machen. Es tut mir leid.« Zur kitschigen wie auch lukrativen Versöhnung kam es sechs Jahre später, als beide im Werbespot einer holländischen Molkerei im Morgenmantel vor einem reich gedeckten Frühstückstisch beisammensaßen und sich bei Orangensaft und Marmelade Butter auf ein Croissant schmierten. Im Untertitel lief: »Met Echte Boter krijg je ze weer aan tafel.« Heißt: »Mit dieser Marke bekommen sie jeden zusammen an den Tisch.« Damit war zwischen den beiden wieder alles in Butter.

Tatsächlich verkraftete Beckenbauers Mannschaft den Ausfall Völlers für den Rest des Spiels wesentlich besser als das Team Oranje den Rauswurf ihres defensiven Mittelfeldstrategen Rijkaard. Es war nur gut, dass es bei den Deutschen nicht Buchwald erwischte. Guido Buchwald, der immer so hölzern hüftsteif wirkte, über den auch Franz Beckenbauer sagte, dass sie ihn im Training immer »gehänselt« hätten, denn: »Vom Bewegungsablauf war er ja nie so begünstigt.« Gegen die Niederlande aber begann er zu zaubern, als er mit seinem legendären doppelten Übersteiger Gegenspieler Winter narrte und das 1:0 durch Jürgen Klinsmann vorbereitete. Der ungelenke Manndecker als technischer Filigrankünstler, bald kannte man den Guido nur noch als *Schwaben-Diego*. Ein Spitzname, dessen Urheberrecht Klaus Augenthaler für sich reklamieren darf, so nannte er Buchwald mal, nachdem der ihn im Training getunnelt hatte.

Friede, Freude, Viertelfinale – in Erba herrschte weiter gute Laune, Pierre Littbarski, der so wichtige und in der Retrospektive auf 1990 im Schatten von Matthäus, Buchwald, Völler, Klinsmann oft unterschätzte, mit seinen O-Beinen meist über links säbelnde Flügelspieler, verbreitete weiter beste Laune, wenn er etwa mit Kumpel Häßler die Ratesendung *Dingsda* moderierte. Da erklärten die beiden den Begriff Weltmeisterschaft, dass das dann sei, wenn man ganz viele Hände schütteln muss von denen, die sonst nie dabei sind. Ein Seitenhieb auf Helmut Kohl, der sich damals wenige Monate vor der Bundestagswahl unentwegt medienwirksam trampelnd ranwanzte an die Mannschaft.

Nur war im nächsten Spiel Schluss mit lustig. Weil Beckenbauer wieder sein Temperament von 1986 einholte und er erneut zum Franz von Mexiko wurde. War er nach der Führung durch einen Matthäus-Elfer Mitte der ersten Hälfte anfangs noch ruhig geblieben, kippte die Stimmung nach dem Platzverweis gegen den Tschechen Moravčík zusehends. Der Grund, wie Beckenbauer später bei einem WM-Rückblick zu verstehen gab: »Wir hätten den Gegner in Überzahl müde spielen müssen, stattdessen haben wir uns in zu vielen Einzelaktionen verzettelt.« So sachlich analytisch das bei ihm aus zeitlich sicherer Entfernung klang, so tobsüchtig wütete er während des Spiels am Spielfeldrand. Gerade Jürgen Klinsmann, der mit einer seiner bekannten Flugshows immerhin den Elfmeter herausgeholt hatte, zog des Kaisers Zorn auf sich. »Du bist der Klinsmann, nicht der Pelé«, brüllte Beckenbauer aufs Spielfeld und warnte die übrigen Mitspieler. »Spielt's den blinden Klinsmann ned an, der is heut gegen uns.« Einmal ging er zu einem entgeisterten italienischen Balljungen und fragte ihn: »Wuist spuin? Ich wechsel dich ein.«

In der Kabine entlud sich die Wut dann auf die Spieler. »Ihr Blinden«, tobte der Teamchef, »ihr Topfenkicker, ihr seid's die größten Deppen!« Wie Zeitzeuge Matthäus einmal bestätigte, trat Beckenbauer dann noch einen Eiskübel in hohem Bogen durch die Kabine, viele Spieler flüchteten laut Überlieferung ins heiße Ermüdungsbecken, im Wissen, dass es ihrem Chef dort immer zu warm war.

Halbwegs beruhigt wurde Beckenbauer erst durch seinen Vertrauensmann Niersbach, der in seiner ruhigen Art auf dem Weg zur Pressekonferenz sagte: »Franz, schau mal, wir sind übrigens im Halbfinale.« Das war dann doch ein Argument.

Abends im Quartier war die Laune wieder fröhlich, im Castello von Erba schaute die Mannschaft das nächste Viertelfinale an, ein mitreißendes Spiel, bei dem die DFB-Kicker die 2:1-Führung Kameruns gegen England grölend bejubelten – bis Franz Beckenbauer den nächsten Rüffel des Tages erteilte und laut in die Runde rief: »Was freut's euch so? Wollt's ihr wirklich gegen Kamerun spielen?« Dann wurde es plötzlich still.

Kamerun war die Sensationsmannschaft des Turniers. Schon im Eröffnungsspiel entzauberte die Mannschaft des russischen Trainers Valeri Nepomniachi Argentinien, den Weltmeister, beim 1:0. Ein Spiel, das gleich einmal in die großen WM-Sensationen eingeordnet wurde. USA – England 1950, Nordkorea – Italien 1966, Algerien – Deutschland 1982. Es war der Triumph eines ganzen Landes, eines ganzen Kontinents, in dem viele Staaten noch immer im Posttrauma kolonialer Unterdrückung auf der Suche nach Identität und Anerkennung in den Jugendjahren ihrer souveränen Unabhängigkeit steckten. Wie sehr man das Gefühl hatte, vom Rest der Welt als rückständige und unterentwickelte Primitivlinge dritter Klasse betrachtet zu werden, las man nach dem Sieg über den Titelverteidiger aus dem Statement des Torschützen François Omam-Biyik heraus: »Wir hassen es, wenn uns europäische Reporter fragen, ob wir Affen essen und einen Hexendoktor haben. Wir wollen einfach nur richtige Fußballspieler sein.«

Das zeigten sie auch beim 2:1 gegen Rumänien mit den beiden Treffern ihres 38-jährigen Altmeisters Roger Milla, dem reaktivierten Rentner, der sich bereits auf der schönen Insel Réunion im Indischen Ozean zur Ruhe gesetzt hatte und von Staatspräsident Paul Biya persönlich in einem Telefonat für die WM zurückbeordert wurde.

Milla traf auch im Achtelfinale gegen Kolumbien beide Male, sein Torjubel wurde dabei zum sympathischen Sinnbild des fröhlichen Außenseiters vom Äquator. Der mit der Eckfahne tanzt.

Was Kameruns Kicker im Viertelfinale, im Löwenduell der *Lions indomptables* gegen die *Three Lions*, letztlich scheitern ließ, war die eigene Spielfreude, ein ähnlicher Übermut, den schon Frankreich im WM-Halbfinale 1982 nach der 3:1-Führung gegen Deutschland bitter bereute.

Nach dem 2:1 aufs dritte Tor zu stürmen und viele Chancen liegen zu lassen, rächte sich. Zwei Elfmeter durch Lineker brachten England nach Verlängerung weiter. Als die Engländer über Elfmeter noch jubeln konnten. Bevor im nächsten Spiel in Turin ein jahrzehntelanges Trauma begann, im Halbfinale gegen Deutschland.

Nach Toren von Brehme und Lineker ging dieses Halbfinale in die Verlängerung, als es nach 98 Minuten zur vielleicht spielentscheidenden Szene kam und der bis dahin überragende Paul Gascoigne nach einem Foul an Berthold seine zweite Gelbe Karte im Turnier sah. Mit dem Wissen, mit der folgenden Sperre bei einem Sieg Englands im Endspiel nur Zuschauer zu sein, versank der 23-jährige Jungstar von Tottenham im Tränenmeer und bekam sich für den Rest des Spiels nicht mehr ein, verweigerte vor lauter Gesuhle im Selbstmitleid auch die Verantwortung beim Elfmeterschießen.

Gazza's Tears, Gascoignes Tränen, rührten eine ganze Nation, so emotional, so menschlich – prompt wählte ihn die BBC Ende 1990 deswegen zur *Sports Personality of the Year*. Dieter Hamann, der später in der Bundesliga wie in der Premier League zu einem gefeierten Spieler wurde, schrieb in seiner Autobiografie *The Didi Man*, dass Gascoigne mit dieser weinerlichen Art in Deutschland zur Persona non grata geworden wäre. »Es ging ihm nur um sich selbst, nicht um die Mannschaft«, so Hamann, »in Deutschland würde man so einen am liebsten gleich rauswerfen.« Dass es auch anders geht, zeigte Michael Ballack zwölf Jahre später, als er im Halbfinale gegen Südkorea ebenfalls die zweite Gelbe Karte sah – und vier Minuten danach sein Siegtor zum 1:0 überschwänglich feierte. Dazu später mehr.

Paul Gascoigne gelang hinterher übrigens herzlich wenig. Nach seiner Karriere verfiel er dem Suff, durchlebte erfolglose Entziehungskuren und landete in der Psychiatrie, machte Schlagzeilen, weil er sich prügelte, pöbelte oder Frauen sexuell belästigte. Sein Leben war in den letzten Jahrzehnten wie die Verlängerung im Halbfinale '90. Nur noch zum Heulen.

Nur am Rande: Natürlich verlor England 1990 das Elfmeterschießen, weil Stuart Pearce an Torwart Bodo Illgner scheiterte, weil Chris Waddle drüberschoss, aber auch, weil der 40-jährige Peter Shilton bei seinem letzten Länderspiel im englischen Tor bei jedem Elfmeter umfiel wie ein Sack Reis – was ihm in der Kabine seitens der Mitspieler harsche Kritik einbrachte. Er hätte auch mal riskieren und früh auf ein Eck spekulieren sollen. »You should have bloody gambled«, schimpfte etwa Pearce.

Dass England seit 1990 bis 2021 von neun Elfmeterschießen nur zwei gewann, rief viele große Denker auf den Plan, Autoren wie Andrew Anthony, der sich in *On Penalties* dem englischen Elfmeter-Albtraum aus verschiedenen Perspektiven näherte. Warum versagen die Engländer immer? Warum die Deutschen nie? Anthony sprach mit tragisch gescheiterten Elfmeterschützen; weil es davon in England recht viele gibt, wurde das Buch auch ziemlich dick. Oder auch Wissenschaftler, Biomechaniker und Oxford-Studenten, die mit physikalischen Formeln den mathematisch perfekten Elfmeter errechneten, mit Zirkeln und Halbkreisen die für den Keeper unhaltbaren

Zonen ermittelten. Brachte nur alles nichts. Das EM-Finale 2021 verlor England gegen Italien natürlich im Elfmeterschießen.

Auf den WM-Titel hoffte Italien ja auch 1990, auf den Heimsieg. Dank Salvatore *Totò* Schillaci, der eine ganze Nation so lange verzückt hatte. Ein *Signore Nessuno*, ein Niemand, war er gewesen, ein *Terrone*, ein Provinzdepp, ein Bauernfünfer, wie man im reichen Norden die Menschen aus dem armen Süden des Landes gerne despektierlich nennt. Ein Straßenkicker aus einem Armenviertel aus Palermo, der im Jahr vor der WM aus der zweiten Liga zu Juve gekommen war und der erst als 22. und letzter Spieler in den Kader von Trainer Azeglio Vicini rutschte. Ohne wirkliche Chance auf einen Einsatz, so dachte man, bei der Konkurrenz, bei den Kalibern in der Offensive: Vialli, Mancini, Baggio, Carnevale, Serena.

Als die Sturmelite zum Auftakt gegen Österreich enttäuschte, brachte Vicini eine Viertelstunde vor Schluss in letzter Verzweiflung dann doch Schillaci. Es dauerte nur drei Minuten, dann schoss er das Tor des Tages. Und der Sizilianer traf weiter, immer erzielte er – mit Ausnahme des zweiten Vorrundenspiels gegen die USA – das so wichtige 1:0. Beim 2:0 gegen die Tschechen, im Achtelfinale beim 2:0 gegen Uruguay, beim 1:0 gegen Irland im Viertelfinale. Aus dem *Terrone* wurde *Totò Nazionale*, ein Volksheld.

Und auch im Halbfinale gegen Maradonas Argentinien schoss Schillaci das Führungstor, bevor Walter Zenga im eigenen Tor beim Uwe-Seeler-Gedächtnis-Hinterkopfball von Claudio Canniggia doch noch patzte und das erste Gegentor des Turniers überhaupt kassierte. Und bevor der Gastgeber im Elfmeterschießen rausflog. Italien weinte, Italien haderte und Italien schimpfte, auf das Publikum, das man wütend zum Sündenbock abstempelte.

Durfte Italien bis dahin alle Begegnungen in Rom austragen, spielte man nun in Neapel, ausgerechnet. Wo Maradona den SSC Napoli 1987 und 1990 zu zwei Meistertiteln und 1989 zum Sieg im UEFA-Pokal geführt hatte, wo er zum Gott geworden war für sie. Wo einmal jemand an eine Friedhofsmauer rund um die Gräber an die Verstorbenen schrieb: »Ihr wisst ja nicht, was ihr versäumt habt.« Und jemand darunter kritzelte: »Woher willst du wissen, dass wir es versäumt haben?« Man verzieh Maradona alles, dass er immer mehr abrutschte ins zwielichtige Umfeld der Camorra-Clans, die Koks-Exzesse, die Huren. Götter sind eben fehlbar.

Vor dem Halbfinale heizte Maradona die Stimmung noch einmal an, mit seinem Satz: »Napoli non è Italia.« Neapel sei kein Teil von Italien. Wie hin und her gerissen die Fans tatsächlich waren, verdeutlichte ein Spruchband im San Paolo: »Diego in unserem Herzen, Italien in unseren Gesängen.«

Dass natürlich das Publikum mit schuld gewesen sei, fluchte Kapitän Giuseppe Bergomi, der Mann mit den dicksten Augenbrauen seit Theo Waigel. Und auch Trainer Vicini beklagte die mangelnde Unterstützung der neapolitanischen Tifosi.

So fuhr also nicht Italien, sondern Diego mit seinen Argentiniern nach Rom. Wie 1986 ging es gegen Deutschland, das erste Mal, dass es in einem Endspiel zum zweiten Mal in Folge zum gleichen Duell kam. Der Unterschied: Argentinien hatte lange nicht mehr die Mannschaft von 1986. Und nicht mehr den Maradona, der sich mit einem lädierten Knöchel durchs Turnier plagen musste. Mehr noch: Außer Deutschland 1982 gab es keine andere Mannschaft, die wie nun die *Albiceleste* trotz solch miserabler Spiele ein Endspiel erreicht hatte, so glücklich und so unverdient. Nach dem 0:1 gegen Kamerun zum Auftakt hatte man nur als einer der besten Gruppendritten gerade so das Achtelfinale erreicht, dort folgten ein knappes 1:0 gegen Brasilien und ein Sieg im Elfmeterschießen nach einem armseligen 0:0 gegen Jugoslawien.

Argentinien und Maradona – der Zauber von 1986 war längst verflogen.

Und auch die Sympathien des römischen Publikums waren im Endspiel klar verteilt, das hörte man gleich beim bösen Pfeifkonzert während der Hymne Argentiniens. Maradona wirkte schon da gezeichnet, von den Rängen hießen sie ihn einen *figlio di puttana*, einen Hurensohn. Und besser wurde seine Laune auch im Finale selbst nicht, als der fulminante Guido Buchwald ihn komplett aus dem

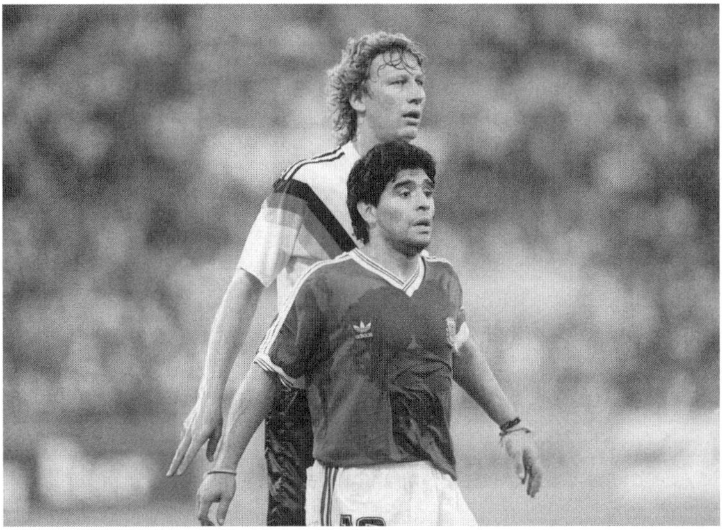

»Du schon wieder«: Restlos genervt wurde Diego Maradona im Finale von Guido Buchwald komplett abgemeldet. Den Stuttgarter Verteidiger nannte man auch »Schwaben-Diego«.

Spiel nahm und der echte Maradona scheiterte am schwäbischen Diego. »Tu otra vez!«, soll Maradona entnervt gerufen haben, als ihm der zermürbende Buchwald einmal mehr auf den Schuhen stand. Du schon wieder.

Das Spiel selbst wurde zum groben Grottenkick, das *Algemeen Dagblad* aus Rotterdam traf es ganz gut, als es urteilte: »Die am wenigsten schlechte Mannschaft des dürren und bösen Endspiels hatte etwas mehr Anspruch auf den Sieg.«

Argentinien dezimierte sich nach einer guten Stunde selbst mit einem Platzverweis, nachdem Pedro Monzón Klinsmann jäh umgemäht hatte. So klar die Rote Karte, so lachhaft der Elfmeter, der schließlich zum WM-Titel führte. Dass der mexikanische Schiri Méndez nach dem Zweikampf von Sensini gegen Völler auf den Punkt zeigte, war vermutlich nur eine Konzessionsentscheidung nach der klaren, nicht geahndeten Attacke von Keeper Goycoechea gegen Augenthaler zuvor. Es folgte die bekannte Geschichte, dass Stammschütze Matthäus deswegen nicht antrat, weil in der ersten Hälfte an seiner rechten Sohle ein Stollen abgebrochen war. Und mit den neuen in der Halbzeit angezogenen Schuhen (die alten hatte er zuvor vier Jahre getragen) traute er sich nicht. Also schoss Andi Brehme, 85. Minute, flach, hart, ins linke Eck, so oft gesehen. Deutschland war Weltmeister, zum dritten Mal nun.

Die Spieler jubelten, und Beckenbauer spazierte. Erst als ihn ein Funktionär des AS Rom freudig aus dem Traum schubste, war der Kaiser wieder ein Irdischer. Nach der Siegerehrung wurde es mal kurz eng in der Umkleide, als Helmut Kohl in die Kabine platzte und von Kameradschaft und Gemeinschaft faselte. Nachts um eins im Finalquartier der *Villa Borghesiana* bot Beckenbauer endlich all seinen Mannen das Du an, nach einer kurzen Nacht mit viel Alkohol und einem Weißbierfrühstück zum Ausnüchtern verließ der Tross vormittags um elf das Hotel in Richtung Flughafen. Nach der Ankunft mit der Boeing 707 *August Euler* in Frankfurt ging es traditionell zum Frankfurter Römer, zum Empfang vor 50 000 jubelnden Menschen. Auch Littbarski und Häßler nahmen ein Bad in der Menge und schüttelten erneut viele Hände von denen, die sonst nicht da sind.

Gleich danach trennte sich die Mannschaft, man flog zu sich nach Hause. Am Münchner Flughafen Riem machte Ministerpräsident Max Streibl den Grüßgott-August und drückte den sechs Weltmeistern vom FC Bayern Augenthaler, Thon, Reuter, Kohler, Pflügler, Aumann einen Bayerischen Löwen aus Hutschenreuther-Porzellan in die Hand, danach ging es zum *Käfer* in die Prinzregentenstraße, auf der Fahrt im Mannschaftsbus reichte Fahrer Dieter Fritz dem Sextett ein Sixpack kühles Weißbier: »Sekt habt's gnua ghabt.« Franz Beckenbauer aber war da nicht mehr dabei. Er war schon wieder auf dem Weg nach Kitzbühel, und vielleicht dachte er noch einmal nach, ob er seinem Nachfolger Berti Vogts wirklich einen Gefallen tat, als er noch im Olympiastadion von Rom mit seiner hanebüchenen Prognose ums Eck kam und sagte: »Wir sind die Nummer 1 in der Welt, jetzt kommen die Spieler aus Ostdeutschland noch dazu, ich glaube, dass die deutsche Mannschaft über Jahre hinaus nicht zu besiegen sein wird. Das tut mir leid für den Rest der Welt.« Vielleicht dachte Beckenbauer aber auf der Fahrt nach Kitzbühel einfach nur ans Golfspielen.

Dass Beckenbauer damit knapp drei Monate vor Vollzug des hastigen Zusammenwurfs der beiden deutschen Staaten in ein gemeinsames Gebilde die bereits weltweit latent vorhandenen Ängste vor einer Renaissance eines großdeutsch überheblichen Nationalstolzes schürte, befeuert von dumpfen Schlachtenbummlern, die mit tumbem »Sieg, Sieg«-Geröhre durch die römische Nacht zogen, das war das eine.

Viel schlimmer noch waren die Szenen, die sich in deutschen Städten rund um die Feierlichkeiten auf den Straßen abspielten und die noch einmal an die schrecklichen Ausschreitungen während der Vorrunde in Mailand erinnerten, als deutsche Hooligans in der Mailänder City wüteten, Geschäfte plünderten, als bei Straßenschlachten mit der Polizei 18 Beamte verletzt wurden. Der *Corriere della Sera* sprach von einer »Guerilla«, die die Straßen der Stadt heimgesucht hatte, im *Il Giorno* fühlte man sich an den Bürgerkrieg in Beirut erinnert.

Natürlich feierten Hunderttausende nach dem Finalsieg in der Heimat auch friedlich, die vielen, die sich erstmals zaghaft trauten, unbeschwert ein schwarz-rot-goldenes Fähnlein zu schwenken oder sich die bundesdeutsche Dreifarbigkeit ins Gesicht zu schmieren, ohne dass sie gleich als verkappte Neonazis durchgingen. Die Euphorie der Wir-sind-wieder-Weltmeister breitete sich in rasantem Tempo im ganzen Land aus und drang selbst in die Tiefkühlregale der Supermärkte ein, wo man Suppenhühner in schwarz-rot-goldene Folien einwickelte.

Im *Spiegel* erklärte ein Psychoanalytiker, der Gießener Professor Horst-Eberhard Richter, er sehe in dem neuen Patriotismus eine »Überkompensation latenter Minderwertigkeitskomplexe«. Schließlich hätten die Deutschen aufgrund ihrer düsteren Vergangenheit stets das Gefühl, »dass sie doch eigentlich Vorbestrafte sind«.

Manchen im Land war der neue Patriotismus eher unheimlich,

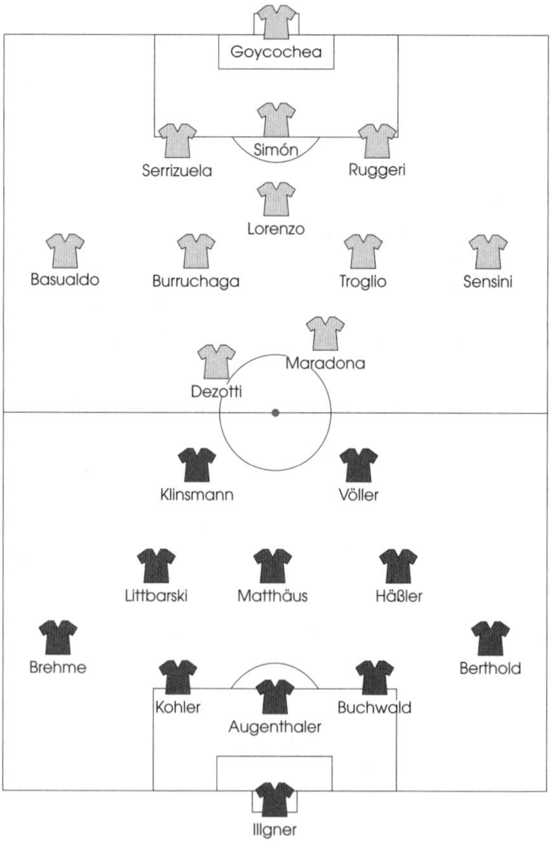

Startaufstellung Deutschland (unten) gegen Argentinien (oben), WM-Finale 1990

Michael Vesper, Fraktionsgeschäftsführer der Grünen im Düsseldorfer Landtag, raunte: »Hätte ich am Sonntag eine argentinische Fahne hochgehalten, wäre ich platt gemacht worden.« Von 2006 bis 2017 trug Vesper als Sportfunktionär dann übrigens ganz viel Schwarz-Rot-Gold, als Vorstandsvorsitzender des Deutschen Olympischen Sportbundes, nicht des argentinischen. Und auch sein Parteifreund Daniel Cohn-Bendit sagte als Frankfurter Dezernent für multikulturelle Angelegenheiten 1990 im Unbehagen vor zu viel Deutschtümelei schlicht: »Ich bin ein Kameruner.«

Wirklich schlimm waren die Bilder, die in der Nacht nach dem Endspiel an die Jagdszenen von Mailand erinnerten. Denn nun tobte der Mob auch in Deutschland. Auf der Reeperbahn prügelten sich 500 Skinheads stundenlang mit der Polizei und verletzten 54 Beamte, zwölf davon schwer. In Bielefeld marschierten 200 Rechtsradikale zum Krawall auf. Auf dem Alexanderplatz in Ost-Berlin randalierten laut Pressemeldung der Volkspolizei »Faschos, Skinheads und Hooligans«.

War dann also doch nicht alles so ungetrübt am Ende dieses so unbeschwerten *Estate Italiana*. Nach Abpfiff eines großen Fußballsommers. Nach dem Triumph der blinden Topfenkicker.

AUCH DAS NOCH WAS SIE SONST ÜBER DIE WM 1990 UNBEDINGT WISSEN MÜSSEN

0 Minuten spielten während der WM Paul Steiner, Günter Hermann, Frank Mill sowie die Torhüter Raimond Aumann und Andreas Köpke. Weltmeister ohne Einsatz.

2 Tore schoss Müller. Nicht Gerd, nicht Dieter, nicht Thomas. Einfach Müller. Der Brasilianer mit bürgerlichem Namen Luís Antônio Corrêa da Costa hatte sich den Künstlernamen in Anlehnung an sein großes deutsches Idol, den WM-Siegtorschützen von 1974, zugelegt. Müller erzielte die wichtigen Tore bei den beiden 1:0-Siegen in der Vorrunde gegen Costa Rica und Schottland.

2,21 Tore fielen pro Spiel im Durchschnitt. Ein bis heute gültiger Negativrekord.

3:16 sorgte auch in Italien wieder für große Rätsel, und zwar das Transparent, das mit der Aufschrift »John 3:16« in den Achtziger- und Neunzigerjahren immer wieder in Stadien zu sehen war. Dahinter steckte eine kleine Gruppe US-amerikanischer Christen, die auf das

Johannesevangelium Kapitel 3, Vers 16 hinwiesen: »Denn Gott hat die Welt so sehr geliebt, dass er seinen einzigen Sohn hingab, damit jeder, der an ihn glaubt, nicht verloren geht, sondern ewiges Leben hat.« Der Text hatte zwar keinen Bezug zum Sport, die Plakate wurden aber zum Symbol, die Menschen zum Lesen der Bibel zu animieren.

5 Sätze lang lieferten sich Stefan Edberg und Boris Becker am Tag des WM-Endspiels ein packendes Tennismatch. Der Schwede gewann das Wimbledon-Finale 6:2, 6:2, 3:6, 3:6, 6:4 und verhinderte damit Beckers vierten Titel an der Church Road. Für Edberg war es der zweite Titel in London SW 19.

7 Kilo Gewicht verlor Franz Beckenbauer nach eigenen Angaben vor lauter Stress während der WM – was seine Mutter in der Heimat Obergiesing recht beunruhigte. In einem Telefonat mit ARD-Reporter Gerd Rubenbauer kurz vor dem Finale klagte Antonie Beckenbauer: »Hamm's den Franz gesehen? Seine Hosen passen ihm schon gar nicht mehr. Er hat immer beide Hände in den Taschen und zieht sie hoch. So dünn ist er geworden. Bitte sagen Sie's ihm: Der Bua muss essen.«

9 Monate vor der WM starb Italiens Ex-Libero Gaetano Scirea bei einem Autounfall in Polen. Der Weltmeister von 1982 war als Co-Trainer von Juventus im September 1989 unterwegs zu einem Spiel von Gornik Zabrze, dem nächsten Gegner im UEFA-Pokal, als er mit seinem Polski Fiat 125p zwischen Warschau und Kattowitz mit einem Lkw kollidierte. Scirea wurde 36 Jahre alt. Im Turiner *Stadio delle Alpi* benannten sie ihm zu Ehren die Südkurve *Curva Scirea.*

136 Tage nach dem WM-Finale sollte die Bundesrepublik im November 1990 gegen die Auswahl der DDR spielen. Beide Mannschaften waren in die Qualifikationsgruppe 5 für die EM 1992 gelost worden. Weil sich die Wiedervereinigung schneller vollzog als gedacht, fiel das Spiel in Leipzig aus.

517 Minuten blieb Italiens Schlussmann Walter Zenga bis zum Treffer von Claudio Caniggia im Halbfinale gegen Argentinien ohne Gegentor. Damit überbot der Torwart von Inter Mailand den WM-Rekord von Peter Shilton (1982–1986) um 16 Minuten. Zengas Bestmarke steht bis heute.

1 Million Dollar bot der amerikanische Sender CTV Johannes Paul II. für ein Engagement als TV-Experte während der WM. Der Papst sollte in einem Sessel seiner Bibliothek die Spiele anschauen und immer wieder Kommentare abgeben. Der Vatikan lehnte das Angebot ab.

1994
IN DEN USA

Heimspiel für Coca-Cola und McDonald's, der hochkommerzialisierte Soccer World Cup wird endgültig zur großen Gelddruckmaschine. Wie sich die Spieler unter Berti Vogts nach Beckenbauer zurücksehnen, wie die Spielerfrauen Angela, Martina und Bianca für Ärger sorgen und sich Stefan Effenberg nach einem Fingerzeig früh verabschiedet. Von einem untröstlichen Buddhisten, einer Lottoziehung mit Salvador Dalí und einem Eigentor mit fürchterlichen Folgen.

Am Tag der Beerdigung versammelten sich auf den Straßen von Medellín 120 000 Menschen. Die Trauernden hatten kolumbianische Fahnen dabei, viele trugen das grüne Trikot von *Atlético Nacional*. Viele hielten das Bild von Andrés Escobar.

Es war der 3. Juli 1994. Drei Wochen zuvor war Andrés Escobar noch voller Zuversicht, genau an diesem Tag Fußball zu spielen. Im Achtelfinale der WM im Rose Bowl Stadium im kalifornischen Pasadena, als Sieger der Vorrundengruppe A. Kolumbien galt ja als einer der Mitfavoriten vor diesem Turnier. Nun aber stand Escobar, dieser immer so höfliche, zuvorkommende junge Mann, der »Gentleman« oder der »Beckenbauer des kolumbianischen Fußballs«, wie man ihn auch nannte, nicht auf dem Platz. Er lag in einem Sarg. Aufgebahrt im *Coliseo Iván de Bedout*, der Sporthalle von Medellín, gleich neben dem Stadion seines Klubs *Atlético Nacional*. Viele seiner Mitspieler kamen, der Bürgermeister, der Verteidigungsminister, Staatspräsident César Gaviria.

Kurz vor zwölf Uhr setzte sich der Konvoi mit dem Leichenwagen in Gang, über die Schnellstraßen 49 und 80 ging es zum Friedhof, dem *Cementerio Campos de Paz*. Hier fand er seine letzte Ruhe. Andrés Escobar. Ermordet, erschossen mit 27. Weil er bei der WM ein Eigentor geschossen hatte.

Andrés Escobar war nicht irgendein Spieler, er war ein Volksheld. 1989 war er die große Stütze von *Nacional* beim historischen ersten Triumph eines kolumbianischen Klubs in der *Copa Libertadores*, dem südamerikanischen Pendant zur Champions League. Eine Zeit, in der die großen Vereine des Landes in den Händen der mächtigen Drogenbarone waren. Um *Nacional* kümmerte sich etwa Pablo Escobar als Mäzen, der nicht verwandte Namensvetter des Abwehrspielers, der schillernde Boss des gefürchteten *Medellín-Kartells*.

Immer wieder begrüßte Pablo Escobar die ganze Mannschaft auf seiner Ranch – und später, als sie ihn eingebuchtet hatten, auch in *La Catedral*, seinem eigenen privaten Luxusknast mit drei Hektar Land, den er nach seinem Waffenstillstandsangebot mit der Regierung ausgehandelt hatte und von wo aus er weiterhin problemlos über seine lukrativen Drogengeschäfte schalten und walten konnte. Einmal besuchte ihn gar die ganze Nationalmannschaft im Gefängnis. Trainer Francisco Maturana sagte dazu: »Falls Don Vito Corleone mich zu einem Teller Pasta in ein Restaurant einlädt, gehe ich natürlich auch hin.« Dem Paten sagt man eben nicht ab.

Nach seiner Flucht 1992 wurde Pablo Escobar im Dezember 1993 von einer Eliteeinheit der Polizei aufgespürt und erschossen. Der Einfluss der Kokskartelle auf Klub und Nationalteam aber blieb. Die Euphorie war vor der WM 1994 also auch bei den Mafiabossen groß, Kolumbien war ein aussichtsreicher Titelkandidat. In der Qualifikation hatte man das letzte Spiel in Argentinien 5:0 gewonnen. Fünf! Null! Im *Estadio Monumental*, Argentiniens triumphalem Finalort von 1978. Welch Demütigung für den zweifachen Weltmeister. Selbst Pelé prognostizierte einen Erfolg Kolumbiens. Und auch die Klanchefs setzten viel Geld auf einen Triumph ihrer Mannschaft.

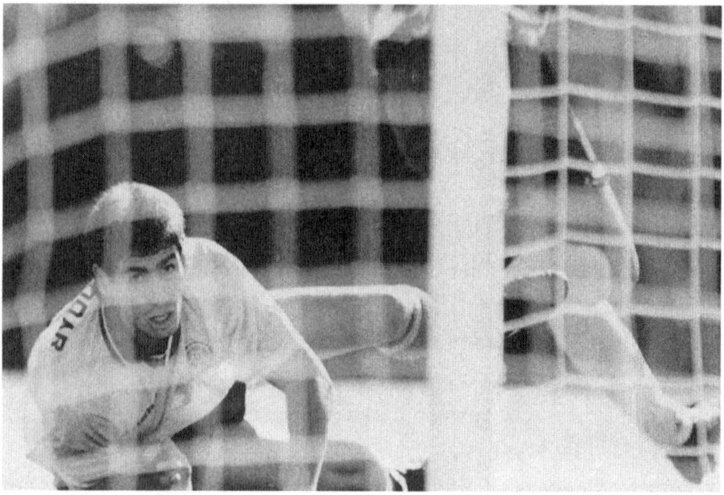

Im Vorrundenspiel gegen die USA traf er ins eigene Netz. Elf Tage später wurde der kolumbianische Verteidiger Andrés Escobar in seiner Heimat erschossen.

Doch der Erwartungsdruck war wohl zu hoch, gleich zum Auftakt gab es ein 1:3 gegen Rumänien. Im zweiten, schon vorentscheidenden Spiel gegen Gastgeber USA war eine gute halbe Stunde gespielt, als Andrés Escobar nach einer Flanke klären wollte – und dabei den Ball unglücklich ins eigene Tor grätschte. Kolumbien verlor 1:2 und schied als Gruppenletzter nach der Vorrunde aus.

Die Familie befürchtete Tumulte und Ausschreitungen nach der Rückkehr in die Heimat. Vergeblich mühten sich Vater Dario und Bruder Santiago, ihren Andrés von zwei Wochen Strandurlaub in Kalifornien zu überzeugen, bis sich die Gemüter zu Hause wieder beruhigt hätten. Doch Andrés wollte heim. Er freute sich auf die Hochzeit mit seiner Lebensgefährtin, er freute sich auf einen baldigen Umzug nach Europa – der AC Mailand hatte Interesse an einer Verpflichtung. In einer Kolumne für die Tageszeitung *El Tiempo* schrieb Escobar noch vor seiner Rückkehr: »Wir haben nur zwei Möglichkeiten: Entweder wir lassen uns lähmen von Wut und Gewalt. Oder wir überwinden uns und geben unser Bestes, um anderen zu helfen. Es ist unsere Wahl. Lasst uns bitte in Respekt miteinander umgehen! Das Leben ist noch nicht zu Ende.«

Sein eigenes Leben war es dann bald doch.

Am 2. Juli verbrachte Escobar mit seinen Kumpels einen entspannten Abend in Medellíns Kneipe *El Indio*, als er danach auf dem Parkplatz von drei Männern angepöbelt und auf das Eigentor angesprochen wurde. Plötzlich zog einer eine Waffe, zielte auf Escobar und drückte sechs Mal ab. »Danke für das Eigentor«, soll der Täter gerufen haben, andere Augenzeugen berichteten der Polizei, bei jedem Schuss habe der Mann »Goooool« gerufen, der Torschrei der südamerikanischen Fußballreporter.

Über die Motive gibt es bis heute unterschiedliche Versionen. Der Schütze, ein gewisser Humberto Muñoz Castro, arbeitete für Kartellbosse als Leibwächter und Fahrer. Ob er als Auftragskiller im Dienst der Mafia schoss und Escobar für die hohen Wettverluste der Drogenbosse mit seinem Leben bezahlen musste oder ob Castro in blinder Wut als enttäuschter Fan handelte, ist bis heute nicht restlos geklärt.

Die Schockwellen der Nachricht von der Ermordung Escobars erreichten sehr schnell auch das Turnier in Nordamerika. Gerade im US-Team, dem Gegner in jenem folgenschweren Spiel, reagierte man mit Entsetzen. Tom Dooley, Bundesligalegionär von Bayer Leverkusen, kommentierte: »Unfassbar, eine Katastrophe. Hätten wir geahnt, was sein Eigentor auslöst, hätten wir lieber verloren.«

Aber natürlich musste es weitergehen. Bei diesem sehr speziellen Turnier in der Neuen Welt. Der Neuen Fußballwelt.

Die 15. Fußball-Weltmeisterschaft war die erste, die nicht in Europa oder Lateinamerika stattfand. Die Hoffnung der FIFA war nach der Vergabe 1988 groß, nun den *soccer* auch in den USA als Major Sport zu etablieren, in einer Reihe mit den *Big 4* im Land, mit Baseball, Football, Basketball und Eishockey.

Dabei hatte Fußball in den USA durchaus Tradition. Mit einem Team aus britischen Einwanderern hatte man bei der Premiere 1930 gleich das WM-Halbfinale erreicht, 1950 in Brasilien gar England blamiert. Und dann gab es ja in den Siebzigerjahren noch die NASL, die *North American Soccer League*, als die Klubs ausrangierte Altstars aus Europa über den Atlantik köderten, als Cosmos New York etwa Pelé und Franz Beckenbauer engagierte oder die Fort Lauderdale Strikers den großen Gerd Müller, der nur im fremden Florida fürchterlich unglücklich wurde, bevor die Alkoholsucht die Macht über ihn gewann und er am Ende fast nur noch in seinem Steakhaus *The Ambry* am trostlosen Commercial Blvd, einer lauten, mehrspurigen Hauptstraße saß und am Tresen mit Gästen auf die guten alten Zeiten anstieß.

Das Interesse an der NASL blieb bei den Fans überschaubar, der Schnitt lag unter 15 000 Zuschauern, 1984 war die Liga Geschichte. So blieb Fußball ein Sport der Immigranten, der Europäer und der Latinos, der Kids und vor allem der Girls. Auf den Universitäten mauserte sich Fußball zur beliebtesten Sportart bei Frauen, 1991 holte das US-Nationalteam bei der erstmals ausgetragenen Weltmeisterschaft gleich einmal den Titel.

Half aber auch nichts, um vor der Heim-WM der Männer eine große Begeisterung zu entfachen.

Laut einer repräsentativen Umfrage wenige Tage vor Turnierbeginn wusste nur jeder fünfte US-Bürger von einem bald anstehenden Soccer World Cup im eigenen Land. Die ganzen USA von der Ost- bis zur Westküste, ein Tal der Ahnungslosen.

Und dass die *New York Times* kurz vor der Eröffnung mit einer »Awake, America – Let Soccer Ring« betitelten Beilage einen Weckruf startete, half wenig – befürchteten viele Amerikaner doch einen Albtraum, aus dem sie nicht erwachen würden.

Im gleichen Blatt schrieb der Kolumnist George Vecsey: »Die USA wurden gewählt, weil man hier gutes Geld generieren kann, nicht wegen seiner Fußballleidenschaft.« Dem wollte kaum jemand widersprechen. Als Sponsoren spülten die großen Platzhirsche wie *Coca-Cola* und *McDonald's*, *Budweiser* und *Mastercard* dreistellige Millionenbeträge in die Kassen der Veranstalter und vor allem der FIFA. *General Motors* angelte sich schon zuvor Pelé als Markenbotschafter, von der WM versprachen sich die Autobauer einen Aufmerksamkeitsschub, den sie »Publicity Bonanza« nannten. Deswegen wurde bereits die Gruppenauslosung im Dezember 1993 im schillernden Las Vegas eine glitzernde PR-Gala mit viel Showbiz-Tamtam, mit Entertainern von Stevie Wonder über Barry Manilow bis Julio Iglesias. Vielleicht auch wegen der absurd bunten Studio-Deko wähnte sich der große *ESPN*-Anchorman Bob Ley als Zeuge einer surrealen Veranstaltung: »Als würde Salvador Dalí eine Lottoziehung gestalten.«

Zum Sinn der ganzen Soccer-WM in den USA schrieb die *Las Vegas Review* noch am selben Tag, das passe so zusammen, wie den *Super Bowl* in Ecuador auszutragen oder das *Final Four* im College Basketball in Afghanistan.

Groß war die Sorge vor allem vor marodierenden Hooligans. US-Autor Bill Buford, der 1991 anhand seiner Recherchen in England mit seinem Buch *Among The Thugs* (deutscher Titel: *Geil auf Gewalt – Unter Hooligans*) für Aufsehen gesorgt hatte, skizzierte ein Horrorszenario: »Sie werden mit Charterflugzeugen kommen. Sie werden kein Geld haben, auf Straßen und in Parks schlafen. Sie werden stehlen, wo sie können. Und sie sind immer betrunken.« Es klang wie aus einem schlechten Science-Fiction-Film, ein B-Movie aus den Fünfzigern, eine Weltuntergangsvision unmittelbar vor der Invasion finsterer Aliens am Tag des Jüngsten Gerichts. Der World Cup als Event der finalen Apokalypse.

Sicherheitsdienste und Spezialkräfte der Polizei probten wochenlang den Ernstfall im Kampf gegen wütende Randalierer, manches geriet dabei außer Kontrolle. Bei einer Übung in Kalifornien starb ein Beamter durch die versehentlich gelöste Kugel eines Kollegen. Die Ermittler erklärten später lapidar, das Opfer habe bei dem tragischen Unglück die Rolle des Hooligans gespielt. »He was acting as the bad guy.« Bad Luck.

So viele böse Burschen kamen aber dann doch nicht über den Atlantik. Eigentlich gar keiner. Denn bei allen Bedenken und schlechten Vorzeichen, die WM in Amerika wurde am Ende zur großen Party. Heiter und beschwingt, *just easy*. Die Resonanz war auch dank der vielen WM-Touristen aus aller Welt überwältigend, mit mehr als 3,58 Millionen Zuschauern bei den 52 Spielen verzeichnet das Turnier bis heute unter allen Weltmeisterschaften den absoluten Besucherrekord. Und das, obwohl ab Frankreich 1998 dank der höheren Teilnehmerzahl 64 Partien stattfanden. Stumm waren die Kritiker, die trotz schon im Vorfeld lange ausverkaufter Arenen gemunkelt hatten, die Spiele würden in nur viertelvollen Stadien stimmungsarm dahindümpeln, da FIFA, VIPs und Sponsoren die Tickets unter sich aufgeteilt hätten und viele Karten in dunklen Kanälen versickern würden. Nix da. Der World Cup war *lots of fun*, und die US of A waren letztlich ein sehr ehrlicher Schauplatz für die neue Epoche, in die der Fußball endgültig aufgebrochen war. Weg vom schäbigen Proletariersport, weg vom Schweißodeur des Malocherkickers, hin zum parfümiert hochgeschminkten, aalglatten Show-Event und PR-Produkt. Der Fußball war da in dieser neuen Zeitrechnung natürlich längst angekommen. Das Turnier in den USA machte es nur noch einmal recht deutlich.

Im *Spiegel* sagte der Philosoph Peter Sloterdijk 1994, gerade diese WM führe vor Augen, wie sehr der Fußball seinen »volkskulturellen Habitus als ausschließlicher Arbeitersport« verloren habe: »Die Popularkultur hat gesiegt.«

Amazingly durchgestylt und choreografiert war auch die Eröffnungsfeier, die einen sehr amüsanten Höhepunkt lieferte, als Soul-Größe Diana Ross einen Ball frei stehend aus drei Metern kläglich am linken Pfosten vorbeischoss und das Tor vor lauter Schreck daraufhin gleich in sich zusammenkrachte. Der Clip steht heute noch auf YouTube, sehr lustig.

Für den Titelverteidiger wurde die Amerika-Reise nicht ganz so erfreulich.

Berti Vogts hatte mit dem Nachlass von Franz Beckenbauer schwer zu kämpfen, der als Orakel von Obergiesing mit seiner Prophezeiung einer auf Jahre unbesiegbaren deutschen Mannschaft reichlich Unfug verzapft und seinem Nachfolger mächtig Druck aufgebürdet hatte. Druck hatte der stille, brave und immer in sich hineingekauerte Vogts ja schon genug. Nicht nur wegen des WM-Titels, sondern auch, weil ihm jegliche Aura fehlte, das Charisma seines Vorgängers, dessen Wurschtigkeit und Nonchalance. Und vor allem die Größe. Nicht nur körperlich. Der brave Berti schien sich immer noch kleiner zu machen, als er eh schon war. Bei Beckenbauer war es genau anders. Auch die Lebenswelten der beiden 74er-Weltmeister – Niederrhein und Nordtirol, Korschenbroich und Kitzbühel, der brave Bundes-Berti und der Bussi-Jetset-Franz – waren weit voneinander entfernte Planeten.

Mochte es 1990 nach der ersten zaghaften Integration ehemaliger DDR-Spieler wie Matthias Sammer und Andreas Thom immerhin ein Jahr bis zur ersten Niederlage (0:1 in Wales) dauern, begann schon bald das interne Rumoren. Führungsspieler schimpften anonym in Hintergrundgesprächen mit Journalisten, dass Vogts nicht nur das Flair fehle, sondern dass ihnen seine permanente theoretische Fachsimpelei vor Taktiktafeln in viel zu vielen Besprechungen schwer auf den Geist gehe. Beim Franz gingen sie raus und spielten Fußball. Beim Berti gingen sie in den Seminarraum.

Auch bei der EM 1992, als man sich mühsam ins Endspiel stolperte und dort den fröhlichen Dänen unterlag, die nach dem Rauswurf des vom Bürgerkrieg zerrütteten Jugoslawien kurzfristig vom Urlaub direkt ins Turnier gerutscht waren, fehlte die alte Souveränität, die kreative Leichtigkeit, mit der man 1990 noch Weltmeister geworden war. Andi Brehme stänkerte während der Vorrunde: »Beim Franz Beckenbauer hatten die Gegner noch von vornherein Angst vor uns.« Der *Spiegel* brachte es auf den Punkt, als er von einem Rückfall »wie zu Derwalls Zeiten« schrieb. Der Berti und der Jupp, die waren sich schon ähnlicher als der Berti und der Franz.

Dabei war der nüchterne Blick auf den Kader, den Vogts für den US-Trip zusammenstellte, recht vielversprechend. Immerhin ein Dutzend Weltmeister war noch mit dabei, darunter neun Spieler aus der Final-Startelf von Rom. Illgner, Berthold, Buchwald, Kohler, Brehme, Matthäus, Häßler, Klinsmann, Völler. Dazu: Köpke, Möller, Riedle. Doch die Hoffnung, dem *Estate Italiana* möge nun ein *magic summer* folgen, erfüllte sich nicht. Zu fragil war das Gebilde, zu gereizt die Stimmung intern. Nichts mehr war zu spüren vom fröhlichen Ambiente in Erba, als man gemeinsam einen schönen Italien-Urlaub durchlebte und alle paar Tage nebenher mal eben ein Fußballspiel hatte. Es kam recht schnell zu einzelnen Befindlichkeiten wie etwa bei Rudi Völler, der über seine Reservistenrolle beim Auftaktspiel, einem komplizierten 1:0 über Bolivien, murrte. Vor allem aber bildeten sich wieder wie schon 1986 in Mexiko gerade nach dem zerfahrenen 1:1 im zweiten Spiel gegen Spanien einzelne Grüppchen. Nicht wie damals aufgeteilt in Klubs, hier die Münchner, da die Kölner, dort die Hamburger. Dafür weiter separiert in Spieler und Trainer wie auch in Jung und Alt. Und dann ging es auch um die Frauen.

Während Thomas Berthold nach dem Auftakt über Berti Vogts (»Es war ein gutes Spiel«) grummelte, der Trainer betreibe unproduktive Schönrednerei, klagten Haudegen wie Matthäus und Brehme über taktische Undiszipliniertheiten der jungen WM-Debütanten Matthias Sammer oder Stefan Effenberg.

Mit Sammer, den Brehme beim 3:2 gegen Südkorea zum Vorrundenabschluss mitten im Spiel einfach mal anbrüllte, hatten sie noch weiter zu tun. Effenberg aber waren sie dafür bald los – wegen seines Fingerzeigs.

Der immer schon sehr selbstbewusste und von sich sehr überzeugte gelernte Postangestellte hatte bei seiner Auswechslung eine Viertelstunde vor Schluss als böser Bube nämlich den »Effe raus!« rufenden Fans auf der Haupttribüne hämisch den Mittelfinger entgegengestreckt. Einmal und dann gleich noch ein zweites Mal. Für Vogts und den damaligen DFB-Präsidenten Egidius Braun ein inakzeptables No-Go. »Da geht so ein Mensch hin und erlaubt sich solche Obszönitäten«, klagte der DFB-Boss, Spitzname: Pater Braun, pastoral, »ich schäme mich aus tiefster Seele. Da reisen Menschen Tausende von Kilometer, um sich so etwas bieten lassen zu müssen. So einer hat in der Nationalmannschaft nichts mehr verloren.« Effenberg flog also heim, so wie Uli Stein 1986, nach dem Suppenkasper nun der Stinkefinger.

Letzteren packte Effenberg übrigens in seinem weiteren Leben zumindest verbal noch sehr gerne und oft aus. Als er erklärte, man solle bei Arbeitslosen die Stütze auf ein Minimum reduzieren, als ihn ein Gericht wegen der Beleidigung eines Polizisten (»Arschloch«) zu 100 000 Euro Strafe verurteilte. Als er in seiner nicht sehr lesenswerten Autobiografie »Ich hab's allen gezeigt« zum Rundumschlag ausholte und unter anderem Lothar Matthäus einen »echten Verpisser« nannte.

Effenbergs Ehefrau Martina zeigte übrigens zwei Finger, als sie sich bei der gemeinsamen Abreise aus Chicago mit Victory-Zeichen in Richtung Kameras bei Berti Vogts für den vorzeitigen Urlaub erkenntlich zeigte: »Danke, Berti.« In einem *Spiegel*-Interview sagte die Martina einmal, ihr Mann sei eben keiner, der wie viele andere »sich verbiegen und den Nicke-Dackel machen will, den es an der Tankstelle für die Hutablage zu kaufen gibt«.

Frau Effenberg stand dabei symbolisch für eine ganze neue Spezies, die sich damals im deutschen Fußball etabliert hatte: die Gattung der Spielerfrau als Gemahlin und Managerin in selbstbewusster Personalunion. Bis dahin hatten die Partnerinnen herzlich wenig zu melden. Unter Herberger am allerwenigsten, als die Ehefrau dem kickenden Ehemann als Hüterin von Heim und Herd zu dienen hatte. Oder 1974 beim Banketteklat nach dem Finale. Und selbst 1990 noch, als der DFB die Frauen in einem trostlosen Hotel in der lombardischen Provinz einquartierte, das so weit ab vom Schuss war, dass manche fragten, wo sie da die Milch für die Kleinkinder herbekämen. Doch dann kamen Frauen wie Angela Häßler, Bianca Illgner, Martina Effenberg, Gaby Schuster natürlich auch, die vom blonden Bernd, die bei Bundesligaklubs für ihre knallhart kompromisslose Verhandlungsstrategie gefürchtet waren.

In den USA war es gerade das Trio Infernale Angela, Bianca und Martina, das für großen Wirbel sorgte, als es etwa die gemeinsame Unterbringung und zumindest regelmäßige Besuchszeiten forderte. Das ließ die Stimmung in den Keller sacken. Lothar Matthäus, im Lauf der Jahre selbst eine routinierte Eheschließungsfachkraft,

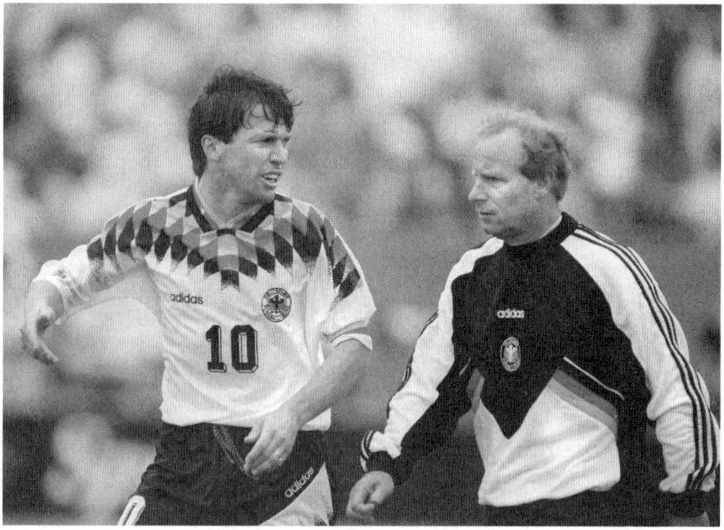

Vier Jahre nach dem Triumph von Italien blieben Deutschlands Kicker in den USA ohne Erfolg: Lothar Matthäus und Berti Vogts. Viel Unruhe stifteten vor allem die Spielerfrauen.

schimpfte: »Wir wollen kein Theater. Wir wollen Weltmeister werden.« Wurden sie aber nicht. In der *Zeit* gab Andreas Möller 2010 dem Einfluss des mächtigen Anhangs die Mitschuld am Scheitern 1994. »Die Stimmung war schlecht, es gab zu viele Konflikte«, klagte Möller im Rückblick. »Es ging immer nur um die Spielerfrauen.«

Wobei: Nach Effes Rauswurf machten die Noch-Weltmeister ihr bestes Spiel des Turniers, im Achtelfinale beim 3:2 gegen Belgien. Zweimal Völler, einmal Klinsmann, das alte Sturmduo schien wieder rechtzeitig in Form für die nächsten drei Spiele. Bis zur erfolgreichen Titelverteidigung, es schien ja wieder so ein typisches Turnier zu werden, bei dem man sich zu Hause am Bildschirm wochenlang an einer uninspirierten deutschen Mannschaft freudlos abarbeitet und erstaunt feststellt, dass sie plötzlich im Finale steht.

Was sollte also schiefgehen im Viertelfinale gegen die Bulgaren? Nach der Führung durch einen Matthäus-Elfer? Die weiteren Großchancen: der Pfostenschuss von Möller, das knappe Abseitstor von Völler. Dann stand es auf einmal 1:2. Der Freistoß von Christo Stoitschkow, der Kopfball von Jordan Letschkow gegen den kleinen Thomas Häßler, ein Zweikampf, über den Marcel Reif bei seinem Live-Kommentar im ZDF während der Zeitlupenwiederholung sagte: »Da stimmt die Gewichtsklasse nicht.« Und so waren die Deutschen plötzlich draußen. Aus, aus, aus, die WM war aus.

Selbstverständlich begann sofort ein großes Hauen und Stechen, nicht nur medial wie durch die *Bild*-Zeitung, die gleich einmal das Formular eines Kündigungsgesuchs auf Seite 1 gesetzt hatte und an der Signaturzeile vermerkte: »Herr Vogts, bitte unterschreiben Sie hier.« Auch intern krachte es nun richtig. Kapitän Matthäus, der sich vor dem Turnier in der Rolle als Berater von Vogts gesehen hatte, in seinen Einflussmöglichkeiten am Ende aber sehr limitiert war, beklagte taktische Fehler bei Auswechslungen, die viel zu lange vierwöchige Dauer der Vorbereitung und meinte aufgrund seiner internen Machtlosigkeit: »Ich hätte manchmal schon über die Medien auf den Tisch hauen sollen.« Berti Vogts hingegen, der sich in den Urlaub nach Florida abgesetzt hatte, übte Kritik an sich selbst wie auch an seinem eher indisponierten Stammtorwart: »Es war ein Fehler, Bodo Illgner spielen zu lassen.« Vogts hätte ja auch gute Alternativen dabei gehabt. Andreas Köpke vom 1. FC Nürnberg. Oder einen jungen Torwart vom Karlsruher SC, Oliver Kahn.

Und als mit Völler, Brehme, Buchwald drei Protagonisten von 1990 ihren Rücktritt erklärten, meinte Vogts, er sei froh, »nicht mehr Artenschutzbeauftragter für ehemalige Weltmeister« sein zu müssen. Von einer Einheit wie vier Jahre zuvor war nichts mehr übrig. Die Denkmäler bröselten auseinander. *Dust in the Wind*.

Doch es gab ein noch viel größeres Denkmal, das 1994 zerbrach. Maradona.

Nach der WM 1990 nahm seine persönliche Talfahrt noch einmal rasant an Tempo auf. Seine Beziehungen zur Camorra, seine Weigerungen, für den SSC Napoli zu trainieren oder zu spielen, eine Vaterschaftsklage wegen eines unehelichen Sohns, Vorwürfe gar, er arbeite als Dealer. Schließlich seine Drogensucht. Im März 1991 fiel eine Dopingprobe positiv aus, nachgewiesen wurden Spuren von Kokain. Nach einer 15-monatigen Sperre verließ er 1992 Neapel, ging zum FC Sevilla zu Weltmeistertrainer Carlos Bilardo, doch sein Verfall war nicht mehr zu stoppen. Zahlreiche Eskapaden führten zur Auflösung des Vertrags nach nur einer Saison. Zurück in Argentinien schoss er vor seinem Haus mit einem Luftgewehr auf Reporter, es war alles ein Trauerspiel.

Doch für seine Nationalmannschaft, die *Albiceleste*, legte sich der gealterte Goldjunge, der *Pibe d'Oro,* noch mal ins Zeug. Für die Qualifikations-Play-offs gegen Australien reaktivierte Trainer Alfio Basilie den 33-Jährigen noch einmal, der sich mit einem speziellen Fitnessprogramm für die WM erstaunlich in Form brachte.

Das war auch für die FIFA eine prima Sache, großflächig konnte man nach der märchenhaften Rückkehr des bekehrten Sünders nun mit seinem Konterfei für das Turnier werben. Man staunte, als man beim 4:0 gegen Griechenland einen Maradona sah, der natürlich nicht so zauberte wie einst in Mexiko, aber weit besser spielte als vier Jahre zuvor in Italien. Maradona rangierte irgendwo zwischen 1986 und 1990.

Nach einer Stunde schoss er den Ball von der Strafraumgrenze in den linken Winkel, danach stürmte Maradona auf eine Kamera an der Seitenlinie und brüllte mit bizarr verzerrter Fratze in die Linse. Es war das letzte Mal, dass er bei der WM ein eigenes Tor bejubelte, und man fragte sich schon da, was er sich wohl eingeschmissen hatte. Nach dem 2:1 gegen Nigeria durch zwei Treffer von Caniggia fiel ein Dopingtest erneut positiv aus, man fand das auf der verbotenen Liste verzeichnete Stimulanzium Ephedrin. Maradonas Version lautete, er habe ein verunreinigtes Nahrungsergänzungsmittel genommen, das er von einem Betreuer erhalten habe. Dem widersprach die FIFA mit ihrem Chef der Medizinischen Kommission Michel D'Hooghe, der anhand fünf unterschiedlicher Ephedrin-Spuren erklärte: »Er muss einen Cocktail genommen haben, denn die fünf nachgewiesenen Substanzen finden sich in keinem einzigen

Medikament wieder.« Die argentinische *El Diario* schrieb anhand der recherchierten Laborwerte: »Mit der Riesendosis könnte man sechs Monate Schnupfen behandeln.«

Maradona hingegen bastelte eifrig an einer Verschwörungsthese, man habe ihn absichtlich aus dem Fußball rauswerfen wollen. »Sie haben mich abgesägt«, klagte das gefallene Idol. »Sie haben mir die Beine abgeschnitten.« Die Maradona-Plakate hängte die FIFA übrigens schnell wieder ab.

Maradona sah dann als klagender Co-Kommentator des Senders *Canal 13*, wie Argentinien im Achtelfinale gegen die damals große Generation Rumäniens um Gheorghe Hagi, den »Maradona der Karpaten«, im atemberaubendsten Spiel der gesamten WM 2:3 verlor.

So packend tatsächlich einige der Spiele der K.-o.-Phase waren, sosehr sich die neue Regel bewährte, wonach der Torwart zugunsten eines offensiveren Spiels einen Rückpass nicht mehr mit der Hand aufnehmen durfte, so faszinierend sich gerade die zweite Halbzeit mit Brasiliens 3:2 im Viertelfinale gegen die Niederlande entwickelte, mit fünf Toren in 30 Minuten: Das Endspiel selbst wurde zum schlimmen Langweiler. Der Kick zwischen Brasilien und Italien.

Das trostlose 0:0 vor 94 000 ermüdeten Zuschauern in der Rose Bowl von Pasadena und rund drei Milliarden Menschen an den Bildschirmen weltweit endete im ersten Elfmeterschießen eines WM-Endspiels. Als tragische Figur blieb den Menschen aber nicht Franco Baresi im Gedächtnis, der den ersten Elfer übers Tor setzte, und auch nicht Daniele Massaro, der an Claudio Taffarel scheiterte, nachdem Gianluca Pagliuca einen Schuss von Marcio Santos gehalten hatte. Die Rolle des entscheidenden Fehlschützen blieb Roberto Baggio vorbehalten, ausgerechnet Baggio. Dem überragenden Mann der Azzurri, der mit seinen Toren Italien fast allein ins Finale geschossen hatte. Zwei Treffer im Achtelfinale beim 2:1 gegen Nigeria, der Ausgleich erst in der 89. Minute, dann das Tor in der Verlängerung. Der Siegtreffer zum 2:1 im Viertelfinale gegen Spanien in Minute 88. Beide Tore dann beim 2:1 gegen Deutschland-Bezwinger Bulgarien. Und dann der Schuss übers Tor.

Es half Baggio auch nichts, dass Brasilien mit dem letzten Schuss den Titel hätte holen können, selbst wenn er getroffen hätte. Der Makel hing nun an ihm, und er wurde ihn lange nicht los. In seiner Autobiografie schrieb der praktizierende Buddhist, ohne seinen Glauben wäre er danach zerbrochen. »Es war der schlimmste Moment meiner Karriere. Wenn ich einen Augenblick meiner Laufbahn löschen könnte, dann diesen.« Das Buch hieß übrigens *Una porta nel cielo*. Wäre das Tor wirklich im kalifornischen Himmel gestanden, in den Baggio seinen Elfer schoss, vielleicht wäre es noch etwas geworden mit dem Titel.

So nun Brasilien zum Vierten. Anders als bei den drei Triumphen zwischen 1958 und 1970 tat sich die Nation aber schwer mit einer grenzenlosen Begeisterung. So zweckmäßig ergebnisorientiert Trainer Carlos Alberto Parreira nur maximale Effizienz im Sinn hatte, und so wenig glanzvolles *Jogo Bonito* die Mannschaft versprühte, so erlebte das Volk zu Hause den emotionalsten Moment, als die frisch gekürten Weltmeister den Titel dem dreimaligen Formel-1-Champion Ayrton Senna widmeten, dessen Tod Anfang Mai in Imola das ganze Land in Schockstarre versetzt hatte. »Senna, o tetra é nosso«, stand auf einem Plakat, das die Spieler der *Seleção* hochhielten. Der vierte Titel gehört uns gemeinsam.

Der vierte Titel gehörte vor allem aber Romário, der auch den Goldenen Ball als bester Spieler des Turniers erhielt, der gerne aber auch durch Eskapaden auffiel oder aus dem Teamhotel ausbüxte, um sich mit einer Geliebten zu vergnügen. »Fußball und Sex« nannte er einmal seine beiden großen Hobbys. Die Einberufung zur Copa America 1991 etwa lehnte er ab mit der Begründung, er mache lieber Urlaub. Manchmal ließ er sich mit dem Hubschrauber zum Training einfliegen, nächtliche Exzesse sah er als Motivation für gute Leistungen. Und meistens waren die Argumente auf seiner Seite, noch im Jahr des WM-Titels wurde der damalige Star des FC Barcelona zum Weltfußballer gewählt. Bis 2005 spielte er noch in der Nationalmannschaft, mit 55 Toren in 71 Spielen wurde er zweitbester Torschütze der *Seleção* nach Pelé.

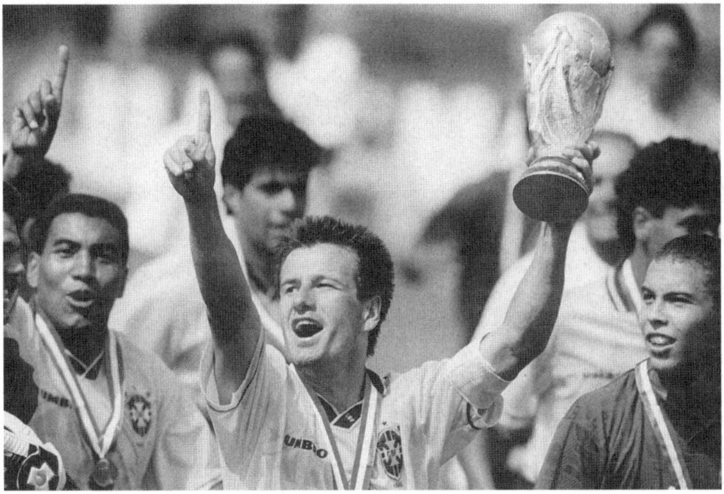

Mit pragmatischem Zweckfußball glücklich zum vierten Titel: Brasiliens Kapitän Dunga nach dem Finalsieg über Italien mit dem WM-Pokal. Rechts der noch junge Ronaldo.

2010 zog Romário für Brasiliens Sozialisten in den Nationalkongress ein und wetterte mit Freuden gegen die FIFA und deren Boss Sepp Blatter: »Dieb, Korrupter, Hurensohn.« Unschönes gab es aber auch über ihn zu hören. Der spätere Weltmeister von 2002, Ronaldo (der mit der Zahnlücke), klagte in einer Talkshow 2022, als junger Spieler sei er von dem alten Routinier immer genötigt worden, ihm Kaffee zu holen oder die Schuhe zu putzen. »Romário was a motherfucker.« Die Beliebtheit des WM-Stars im Kreise seiner Mitspieler war also überschaubar.

Und wie ging es weiter? Der erhoffte Boom im US-Fußball blieb zunächst aus, nach jahrelangen wirtschaftlichen Krisen etablierte sich die Major League Soccer (MLS) immerhin so langsam im US-Profisport, Zugpferde waren weiterhin altgediente Topstars aus Europa, die auf ihre letzten Karrierejahre noch einmal gut dotierte Verträge unterzeichneten. David Beckham, Wayne Rooney, Bastian Schweinsteiger. Um das Image einer Altherren-Liga abzustreifen, in-

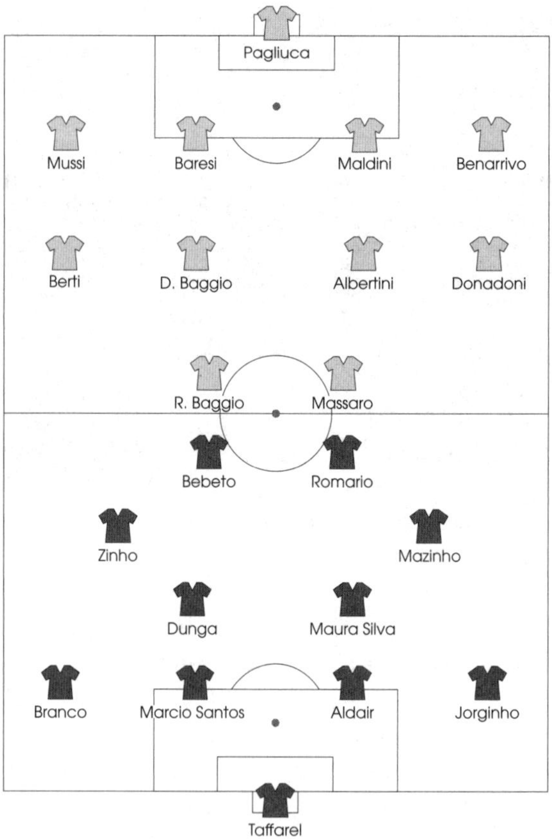

Startaufstellung Brasilien (unten) gegen Italien (oben), WM-Finale 1994

vestierten die Klubbosse nun vermehrt in Nachwuchsleistungszentren zur Förderung eigener Talente, gerade im Hinblick auf die WM 2026, die erstmals in drei Ländern ausgetragen wird: in Kanada, Mexiko und den USA.

In Kolumbien gedenken die Menschen bis heute Andrés Escobar. Bei Heimspielen seines Klubs *Nacional* zeigen Fans noch immer Bilder ihres ermordeten Idols, 2002 errichtete die Stadt Medellín ihm zu Ehren ein Denkmal. Was aber auch blieb, waren die Verbindungen der Kartelle in den Fußball, in die Behörden, in die Politik.

Escobars Mörder Humberto Muñoz Castro wurde 1994 zu 43 Jahren Haft verurteilt. Bereits 2005, nach gerade einem Viertel der Strafe, wurde er entlassen. Wegen guter Führung.

AUCH DAS NOCH WAS SIE SONST ÜBER DIE WM 1994 UNBEDINGT WISSEN MÜSSEN

2 Mannschaften betreute Bora Milutinović als bislang einziger Trainer bei einer Heim-WM: 1986 Mexiko, 1994 die USA.

5 Tore erzielte Russlands Oleg Salenko beim 6:1 gegen Kamerun. Bis heute die meisten Tore eines Spielers in einer WM-Partie. Er ist zudem der einzige Spieler, der trotz eines Vorrunden-Aus seiner Mannschaft WM-Torschützenkönig wurde.

13 Stunden Zeitunterschied liegen zwischen Peking und New York, 16 sind es bis Los Angeles. Aufgrund der Zeitverschiebung bat das chinesische Parteiorgan *Renmin Ribao* das Volk, bei nächtlichen Live-Übertragungen den Fernseher leise zu stellen und auf Torschreie zu verzichten. Am wichtigsten sei es, am nächsten Tag ausgeschlafen zur Arbeit zu erscheinen.

17 aufeinanderfolgende WM-Spiele konnte Bulgarien zwischen 1962 und 1994 nicht gewinnen. Bis heute die längste Serie ohne Sieg, die mit dem 4:0 gegen Griechenland endete.

37° 26′ N 122° 8′ W, die Koordinaten von Palo Alto in Kalifornien. Mit sechs Spielen im Stanford Stadium der bis heute am weitesten westlich gelegene Spielort der WM-Geschichte.

42 Jahre und 39 Tage war Kameruns Roger Milla bei seinem Tor im Spiel gegen Russland (1:6). Bis heute der älteste Torschütze der WM-Geschichte.

93 Jahre alt war der argentinische Journalist Diego Lucero, der schon von der WM 1930 in Uruguay berichtet hatte und seitdem kein Turnier versäumte. 1994 war sein 15. Einsatz als WM-Reporter.

1500 Tore in der WM-Geschichte waren gefallen, als Argentiniens Claudio Caniggia beim 2:1 gegen Nigeria nach 21 Minuten den 1:1-Ausgleich erzielte.

70 000 Mützen in den brasilianischen Farben ließ der US-Sportgigant Nike samt Logo am Finaltag vor dem Stadion verteilen. Astreines Ambush-Marketing. Ausrüster der *Seleção* war damals Umbro, offizieller WM-Sponsor Adidas.

80 000 Zuschauer fasste der Silverdome in Pontiac nahe Detroit. Mit vier Spielen in der Vorrunde war es die erste überdachte Halle in der WM-Geschichte. Durch den Einsturz des Daches und einen verheerenden Sturm wenig später wurde die seit 2011 nicht mehr genutzte Arena 2013 schwer beschädigt, 2017 folgte der Abriss.

1998 IN FRANKREICH

Die Grande Nation feiert den Heimsieg der Multikulti-Truppe und huldigt dem Black, Blanc, Beur. Wie Berti Vogts nach dem erneuten Viertelfinal-Aus an Dolchstoßlegenden bastelt, deutsche Schlägertruppen einen Polizisten halb tot prügeln und Brasiliens Ronaldo Stunden vor dem Finale kollabiert. Vom grauen Fußball alter Seniorenkicker, marodierenden Hooligans und Schokokuchen als Mitternachtssnack.

Im Jahr 2015 gab Emanuel Petit ein TV-Interview. Petit war ein großartiger Spieler, mit Eleganz und viel Übersicht, einer der Hauptdarsteller der *magnifique Équipe Tricolore* bei der WM 1998. Petit, Zidane, Deschamps, Karembeu, was ein Mittelfeld! Im Endspiel sorgte Petit damals für den Schlusspunkt, mit seinem Tor zum 3:0 nach einem Konter in der Nachspielzeit, fein spitzelte er den Ball vorbei an Claudio Taffarel. Der finale Auftakt für viel Ekstase unter den 80 000 im *Stade de France,* darunter Jacques Chirac, der französische Präsident mit seinem blau-weiß-roten Fanschal.

17 Jahre später gab Petit für eine Dokumentation des Bayerischen Rundfunks und Arte ein irritierendes Interview: »Haben wir die WM wirklich gewonnen? Oder gab es Absprachen?«, sagte er darin. »Mir kommen Zweifel. Manchmal frage ich mich, ob ich paranoid bin. Ob wir Marionetten waren.« Was er genau damit meinte, blieb wegen fehlender Nachfragen leider im Vagen, und Petit hatte nach seiner Karriere ja gerne krudes Zeug erzählt. Mal witterte er Verschwörungen und abgesprochene Meisterschaften im Klubfußball,

mal rückte er Zinédine Zidane in die Nähe von Mafiapaten, mal faselte er, Frankreich wäre besser dran, hätten die Deutschen das Land im Zweiten Weltkrieg überrollt und wären heute noch an der Macht.

War der Triumph 1998 also verschoben? Ging es mit rechten Dingen zu? Das ganze Turnier eine Farce? Oder meinte er nur das Endspiel? Mochte Petit auch im Diffusen herumfabulieren, so gibt es rund um dieses Finale bis heute tatsächlich ein ungeklärtes Rätsel.

Warum spielte Ronaldo?

War er doch keine sieben Stunden vor Anpfiff des Endspiels im Mannschaftshotel kollabiert, hatte gekrampft, mit Schaum vor dem Mund, fürchteten Mitspieler um sein Leben. Und dann stand er in der Startelf? Ein Rätsel, das bis heute viel Stoff für Spekulationen und wilde Theorien bietet, rund um diese WM, die mit dem Triumph der bunt gemischten Multi-Ethno-Truppe so viel Freude brachte. Und so viel Leid mit den folgenschweren Ausschreitungen deutscher Hooligans. Ein Turnier, das den Auftakt für eine erfolgreiche Kurzepoche des französischen Fußballs markierte. Und das unausweichliche Ende der Amtszeit von Berti Vogts.

Die vier Jahre seit der WM in den USA waren recht turbulent verlaufen, gerade die Debatten um Lothar Matthäus und natürlich auch dessen Aussagen erzeugten ordentlich Unruhe. Der WM-Kapitän von 1990, der 1995 lange mit einem Achillessehnenriss ausgefallen war, *was not amused*, dass ihn Berti Vogts für die Europameisterschaft 1996 in England ausgemustert hatte, weshalb er in der *Sport Bild* kurz vor Beginn der EM kräftig gegen Vogts und vor allem gegen den neuen Kapitän Jürgen Klinsmann keilte, den er als hauptverantwortlichen Drahtzieher, als Oberintriganten bei seiner Ausbootung ausgemacht hatte. Sich selbst bezeichnete er dabei als »zu wenig egoistisch, sonst hätte ich vielleicht den einen oder anderen nicht gekillt, aber hätte Einfluss nehmen können, dass es ihm nicht gut geht. Da gehört auch Jürgen Klinsmann dazu.«

Aussagen, die auch den braven Bundes-Berti in Rage brachten, der mit aller Deutlichkeit polterte: »Es wird keinerlei Zusammenarbeit mit Matthäus mehr geben.« Und weiter: »Ich vergleiche sein

Verhalten immer mit einem Kind, das einen Ball gegen die Scheibe schießt. Zuerst sagt man sich: Lass es doch. Und dann splittert das Glas. Aber irgendwann geht es auch mal zu Bruch. Dann läuft das Fass über.« Der *Spiegel* titelte: »Lothars letzte Grätsche.«

Kaum einer fragte mehr nach Matthäus, als Oliver Bierhoffs Golden Goal im Finale von Wembley eine intern recht reibungsfreie Zeit mit dem EM-Titel in England krönte. Was wollte man noch mit Lothar?

Umso erstaunlicher die Kehrtwende kurz vor der WM 1998, als Vogts den Umfaller machte und Matthäus plötzlich doch wieder reaktivierte. Weil der 37-Jährige beim FC Bayern tatsächlich eine starke Saison gespielt hatte, aber auch, weil Stammlibero Sammer mehr als ein halbes Jahr ausgefallen war mit Meniskus- und Knorpelschaden, mit vielen Operationen, Infektionen, schließlich mit Problemen an der Schilddrüse und den Nieren. Vogts beratschlagte sich noch mit seinen Führungsspielern, dem *Triple K* Klinsmann, Kohler, Köpke, und als die grünes Licht gaben, war die Rückkehr des Altstars perfekt. Auf Nachfragen zu seinem Sinneswandel und seinen Äußerungen, Matthäus werde unter ihm nie mehr für Deutschland spielen, reagierte Vogts eher wirr. »Auf Lothar war das nicht gemünzt«, erklärte er. »Falls ich es doch gesagt habe, bin ich eben umgefallen. Mich interessiert nur, dass die Mannschaft gestärkt wird.« Außerdem sei der Kontakt ja nie abgerissen. »Ich habe Lothar immer zum Geburtstag gratuliert.« Ja dann.

Bei einem trübsinnigen 0:0 im Testspiel in Finnland gab Matthäus sein Comeback und traf sich mit Klinsmann im Teamhotel von Helsinki zu einem halbstündigen Friedensgipfel, nach dem man bei einem gemeinsamen Medientermin viel auf Schönwetter machte und phrasenreich die Einigkeit beschwor. In etwa so wie Schumacher und Rummenigge 1986 auf der Parkbank in Mexiko.

Wirklich zusammen wuchs die Mannschaft aber nie, dieser in die Jahre gekommene Kader. Immer noch waren sieben 90er-Weltmeister dabei, Matthäus, Kohler, Reuter, Häßler, Möller, Thon, Klinsmann. Eine sehr defensiv ausgerichtete Oldie-Truppe, der als Ergänzung jüngere Kreativspieler ganz gutgetan hätten. Wie Scholl, Basler, Ricken. Stattdessen nominierte Vogts schnörkellose Ballarbeiter: Freund, Tarnat, Wörns, Jeremies. Als der WM-Tross dann schließlich das Mannschaftsquartier *Le Mas d'Artigny* auf den Hügeln von St.-Paul-de-Vence mit pittoreskem Panoramablick auf das Mittelmeer bezog, betrug das Durchschnittsalter in der Mannschaft 30,5 Jahre. Der älteste Kader, den je ein Bundestrainer zu einer WM mitgenommen hatte.

Die Côte d'Azur, das mondäne Domizil der Schönen, der Reichen und der alten Nationalspieler.

So ruhig und beschaulich, fast schon langweilig ging es die ersten Tage dann auch zu, keine wilden Exzesse wie noch 1982, kein Wirbel um die Spielerfrauen, die Martinas und Biancas, wie 1994 in Amerika. Andererseits aber auch keine Gemeinschaft in überschwänglichem Frohsinn. War schon alles okay so.

Entsprechend verlief auch der Auftakt, das 2:0 gegen die USA durch Tore von Klinsmann und Möller, ein solider Einstand nach durchwachsenem Spiel, viel Zweckfußball, wenig Inspiration. Berti Vogts beklagte die fehlende Umsetzung seiner taktischen Vorgaben und sprach von »einem Durcheinander«, man habe während des Spiels »total die Ordnung verloren, warum auch immer. Aber na ja, der Start ist gelungen.«

Dass es im zweiten Spiel gegen Jugoslawien nach einem 0:2-Rückstand noch ein 2:2 gab, dass ein Eigentor und ein Bierhoff-Treffer den einen Punkt retteten, dass das Mittelfeld um Hamann, Möller und Ziege enttäuschte, all diese sportlichen Aspekte wurden an diesem 21. Juni völlig bedeutungslos. Angesichts des Horrors der deutschen Hooligans und des Mordversuchs am französischen Gendarmen Daniel Nivel.

Jahrelang schon hatten randalierende Schlägertrupps gerade bei Auswärtsspielen der deutschen Nationalmannschaft Angst und Schrecken verbreitet. Bereits bei der WM 1986 in Mexiko posierten Zuschauer mit Hitlergruß und Endsieg-Plakaten auf der Tribüne. Bei der WM 1990 wütete der Mob in Mailand, 1996 beim Länderspiel im polnischen Zabrze höhnten 300 Neonazis: »Wir sind wieder einmarschiert.« Und: »Schindler-Juden, wir grüßen euch.«

Zabrze liegt rund 60 Kilometer von Auschwitz entfernt.

Trotz aller Empörung und großer Proteste: Wirklich in den Griff bekam der DFB, bekamen die Behörden das Problem nicht. Zur WM in Frankreich machte sich ein ganz neuer Typus des Hooligans auf den Weg, der sich unterschied von den britischen Krawallos, die mit ihren Bierbäuchen sturzbesoffen im Dauerrausch dort herumprügelten, wo sie eben hinkamen, spontan und weitgehend unorganisiert. Die deutschen Hooligans hingegen waren junge Männer zwischen 20 und 40, überwiegend aus der Mittelschicht. Anwälte,

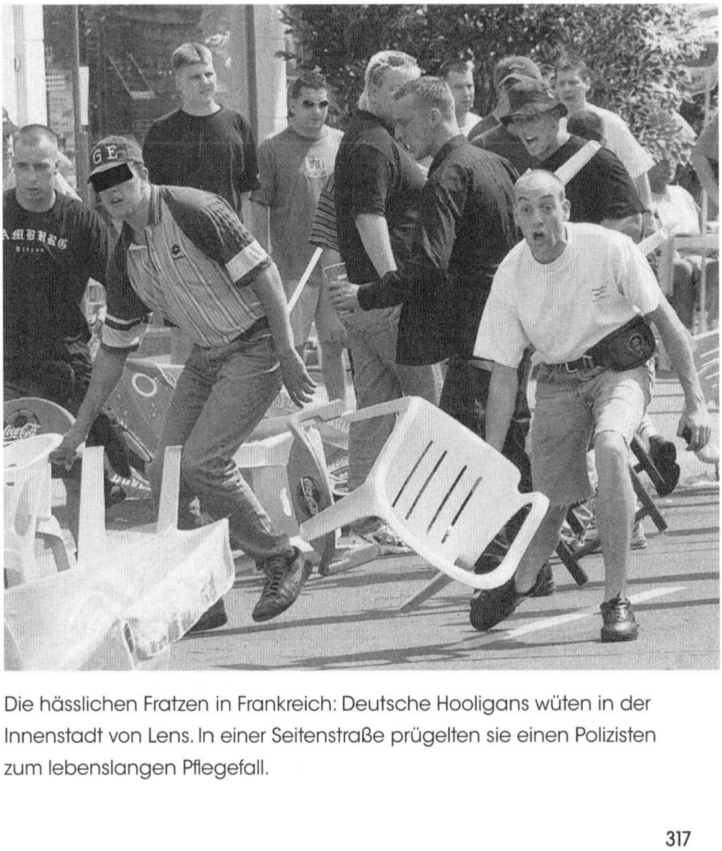

Die hässlichen Fratzen in Frankreich: Deutsche Hooligans wüten in der Innenstadt von Lens. In einer Seitenstraße prügelten sie einen Polizisten zum lebenslangen Pflegefall.

Ärzte, Studenten. Ein Mitglied der auch in Lens wütenden *Hamburg Ultras* sagte einmal: »Andere gehen eben zum Bungeejumping.« Man selbst würde sich den Kick des ultimativen Nervenkitzels durch Gewaltexzesse holen.

Damals verabredeten sich die Hooligans vorab über das noch recht neue Medium Internet zum »Überfall auf Frankreich« und trafen sich an diesem 21. Juni in den Cafés und Kneipen rund um den Bahnhof von Lens. Schon bald flogen die ersten Gläser und Bierkrüge, schnell kam es zu Gefechten mit der Polizei. Schläger verprügelten unbeteiligte Journalisten und Kameraleute, die sich nicht mehr rechtzeitig in Sicherheit bringen konnten.

Mit Knüppeln und Tränengas drängten die Bereitschaftspolizisten des Einsatzkommandos CRS, der *Compagnies Républicaines de Sécurité*, die Hooligans zurück, rund 100 von ihnen flüchteten dabei in eine enge Straße, die Rue Romuald Provost, in der vor dem hübschen Backsteinhaus mit der Nummer 74 drei Beamte standen, einer von ihnen war Daniel Nivel, ein 43-jähriger Familienvater, verheiratet, zwei Kinder.

Nivels Kollege André Delon erzählte einmal auf *Spiegel TV*, einer der Angreifer habe Nivel mit einer Reklametafel attackiert. »Sie zerschmetterten das Schild auf seinem Kopf. Sie waren bestialisch, einfach bestialisch.« Selbst als Nivel bereits bewusstlos am Boden lag und sich die Blutlache um seinen Kopf weiter vergrößerte, ließen die Hooligans nicht ab. Abwechselnd traten sie ihm auf den Kopf, an den Hals, in die Brust und prügelten ihn zum Krüppel. Dann erst kam die Verstärkung der Polizei und nahm die Schläger fest.

16 Monate später verurteilte das Essener Schwurgericht den Hauptangeklagten André Z. wegen versuchten Mordes und vorsätzlicher Körperverletzung zu zehn Jahren Haft. Der 28-Jährige habe mindestens einmal »mit Tötungswillen« mit einem metallenen Gewehraufsatz auf den Kopf des wehrlos am Boden liegenden Polizisten eingeschlagen, »sodass der Schädel brach«, so der Richter. Die drei Mitangeklagten bekamen dreieinhalb bis sechs Jahre.

Daniel Nivel bekam an diesem 21. Juni 1998 lebenslang. Als er nach sechs Wochen aus dem Koma erwachte, bestätigte sich die Befürchtung, dass die Hirnschäden, die er bei dem Attentat erlitten hatte, irreparabel waren. Bis heute ist Nivel ein Pflegefall, auf einem Auge blind, er kann kaum sprechen und riechen, er ist einseitig gelähmt. »Dieser Tag hat unser Leben zerstört«, sagte seine Frau Laurette 1999 nach der Urteilsverkündung.

2018 reiste Außenminister Heiko Maas nach Paris und verlieh dem schwer gezeichneten Opfer das Bundesverdienstkreuz.

Zwei Jahre zuvor, im Sommer 2016, saß Daniel Nivel während der Europameisterschaft in Frankreich in Lille auf der Tribüne und sah auf Einladung des DFB das Spiel der Elf von Jogi Löw gegen die Ukraine. Am selben Tag zogen deutsche Neonazis durch die Straßen von Lille und riefen »Heil!«. Dann machten sie Jagd auf ukrainische Fans. Dass die Nationalmannschaft noch immer ein Problem mit einem Teil der Gefolgschaft hat, zeigte sich auch 2017 beim Auswärtsspiel in Prag, als rund 200 Rechtsradikale mit Sieg-Heil-Gesängen und Ausländer-raus-Krakeele für den nächsten Eklat sorgten.

Bei der WM 1998 war die Bestürzung groß. Der tief erschütterte DFB-Präsident Egidius Braun erwog gar den kompletten Rückzug der deutschen Mannschaft und stellte noch dazu die deutsche Bewerbung für die WM 2006 infrage. Ziemlich daneben griff hingegen Berti Vogts in seiner Diktion, als er die Rechtsanwälte der Hooligans bei einem anstehenden Prozess schon einmal als »Rechtsverdreher« titulierte.

Und bald ging es wieder um den Sport. Nach dem schmucklosen 2:0-Pflichtsieg über Iran war man als Gruppenerster im Achtelfinale, doch allmählich begann die Stimmung zu kippen. Andy Möller, der zum Vorrundenabschluss nur auf der Bank gesessen hatte, stänkerte gegen Oliver Bierhoff, der seinerseits von der wunderbaren Partnerschaft mit Thomas Häßler auf dem Platz geschwärmt hatte, weil der ihm so viele Tore vorbereite – ein deutlicher Seitenhieb auf den oft sehr eigensinnigen Möller, welcher daraufhin seinerseits grollte: »Unmöglich, wenn ein Spieler so Politik macht. Diese Sache kann ich nicht stehen lassen. Ich fordere ja auch keinen läuferisch und technisch besseren Stürmer.« Die Schelte half nichts, in der Startelf im Achtelfinale standen wieder Häßler und Bierhoff. Möller nicht, der auch bei seinem fünften großen Turnier enttäuschte und vielen aus seiner DFB-Karriere nur in Erinnerung blieb, weil er nach seinem Elfmeter im EM-Halbfinale gegen England 1996 als stolzierender Pfau die heimischen Fans in Wembley provokant verhöhnte. Und natürlich wegen dieses Zitats, das ihn seit 1992 begleitet, als er von der Frankfurter Eintracht ins Ausland wechseln wollte: »Mailand oder Madrid, Hauptsache Italien.« Auch wenn er 20 Jahre später einmal erklärte, er könne sich nicht an so einen Spruch erinnern.

Im Achtelfinale gegen Mexiko schien sich lange Zeit die Hoffnung von César Luis Menotti zu erfüllen, dem argentinischen Weltmeistertrainer von 1978, den vorab schon der »kreative Wahnsinn« der Mittelamerikaner mehr entzückte als der »graue Fußball der Deutschen«. Kurz nach der Halbzeit tänzelte Luis Hernández die deutsche Abwehr aus, Tarnat, Babbel, Wörns, die lange blonde Mähne von *El Matador* wehte im mediterranen Lüftchen von Montpellier. Er hatte die Haare schön und traf zum 1:0.

Später stand Hernández noch einmal vor Köpke, fünf Meter, ganz allein, er schoss ihm in die Arme. Einmal lenkte der deutsche Torwart einen Ball noch an den Pfosten. Das Aus der grauen Deutschen war ganz nah. Doch nun schlug das »Werk des Horrors« (Menotti) zurück: ein Klinsmann-Abstauber nach 75 Minuten, dann vier Minuten vor dem Ende ein Bierhoff-Kopfball, diesmal nach Flanke von Ulf Kirsten, nicht von Häßler. 2:1, ein typisches Spiel einer deutschen Mannschaft, das man so oft bei Turnieren gesehen hatte. Ein Spielverlauf, bei dem man gern vom Sieg des Willens sprach.

Auf dem Weg durchs weitere Turnier wähnte man den nächsten Gegner, den man schon im EM-Viertelfinale zwei Jahre zuvor rausgeworfen hatte, als sehr lösbare Aufgabe. Doch Kroatien wurde das neue Bulgarien.

Über den entscheidenden Moment des Spiels sagte Christian Wörns später: »Ein Schlüsselerlebnis für mich. Von da an ging alles bergab, ich verlor meinen Stammplatz in der Nationalmannschaft.

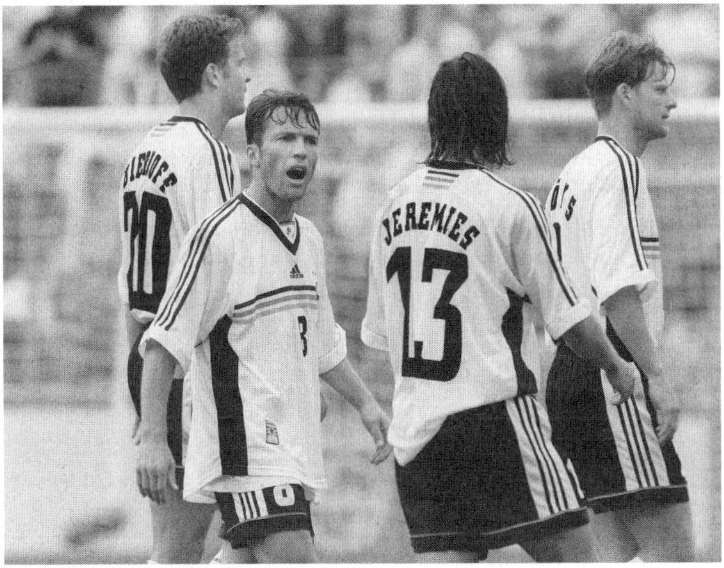

Ohne große Harmonie auf dem Platz kam das erneute Aus im Viertelfinale: Lothar Matthäus im Disput mit Jens Jeremies. Stille Zuhörer: Oliver Bierhoff (l.) und Christian Wörns.

Ich war praktisch ein Jahr weg vom Fenster.« Wörns war damals 26, im besten Fußballeralter, ein gestandener Verteidiger, der nach sieben Jahren in Leverkusen vor seinem Wechsel zu Paris St. Germain stand, ab 1999 spielte er noch neun Jahre in Dortmund. Bis heute vergeht kaum ein Interview, in dem er nicht auf diese eine Szene angesprochen wird, als er nach 40 Minuten bei einem Zweikampf zu spät kam und Davor Šuker umsäbelte. »Eindeutig«, sagte Live-Reporter Gerd Rubenbauer in der ARD zur glatt Roten Karte durch den norwegischen Schiri Rune Pedersen.

Christian Wörns sah das auch Jahre später noch anders, als er etwa 2010 von einer »üblen schauspielerischen Einlage« des Kroaten sprach, der mit sechs Treffern noch WM-Torschützenkönig wurde, und hier gegen die Deutschen nach den Treffern von Robert Jarni und Goran Vlaović selbst das Tor zum Endstand von 3:0 erzielte.

Später, nach seinem allerletzten Auftritt als deutscher Nationaltrainer bei einem Turnier, verspann sich Berti Vogts in sonderbare Dolchstoßmythen. »Vielleicht ist der deutsche Fußball zu erfolgreich«, schmollte er, »die anderen können beißen, kratzen, spucken, aber gegen uns werden gleich die Karten gezeigt. Ich weiß nicht, ob es eine Anordnung gibt.« Und er sagte auch noch: »Wir sind daran gehindert worden, im Wettbewerb zu bleiben.« Nach acht Jahren ein bizarrer Abschied von der großen Fußballbühne.

Ganz aufzuhören, daran dachte der Berti noch nicht. Egidius Braun stärkte ihm auch für die anstehende EM-Qualifikation den Rücken, doch nach peinlichen Auftritten im September gegen Malta (2:1) und Rumänien (1:1) trat Vogts von sich aus zurück. Den Neuanfang zu moderieren, nachdem nach der WM eine ganze Generation an Spielern aufgehört hatte, Köpke und Kohler, Reuter, Helmer, Thon, das traute er sich nicht mehr zu.

Dass nur drei Wochen später mit Helmut Kohl nach verlorener Bundestagswahl auch ein enger Freund von ihm nicht mehr im Amt war, hatte zwar mit Vogts' Rücktritt nichts zu tun, aber es passte dann doch wieder einmal in die manchmal signifikanten Parallelen zwischen Bundestrainer und Bundeskanzler, zwischen Fußball und Politik. Die alten Nachkriegsgranden Herberger und Adenauer, später dann die eineinhalb gemeinsamen Jahrzehnte von Löw und Merkel. Und in dieser Zeit in den Neunzigern eben Vogts und Kohl, zwei konservative Charaktere aus der Provinz, die sich beide immer verkannt und unterschätzt fühlten und sich gern in ihre eigene Welt flüchteten. Zwei Typen, die man gern belächelte und nicht ernst nahm. Berti & Birne. Korschenbroich & Oggersheim.

Berti Vogts erzählte einmal, dass ihn nur ein Anruf von Helmut Kohl nach der WM 1994 bewogen habe, seine Rücktrittsgedanken aufgrund der harten Medienkritik, die Vogts als »fast unmenschliche Hetzjagd« ansah, zu verwerfen und im Amt zu bleiben. »Glauben Sie nicht immer alles, was die Schreiberlinge schreiben«, unkte der Kanzler. In einem Doppelinterview mit der *Zeit* sagte Kohl später in hoher Wertschätzung: »An Berti Vogts gefällt mir, was wieder hochmodern wird: sein Sinn für die Pflicht.« Dass der Altkanzler es wenig später als seine Pflicht ansah, bei der CDU-Spendenaffäre zu schweigen, fand Vogts nicht so wild. Kohl bleibe sein »ganz großer politischer Freund«. Eng verbunden blieben sie bis zuletzt. Vogts nach Kohls Tod 2017: »Er hatte nicht nur politisch Weitblick, sondern auch vom Fußball richtig Ahnung.«

Noch mehr Ahnung davon hatte aber sicher TV-Experte Günter Netzer, der nach dem WM-Aus in einem *Spiegel*-Interview mächtig ausholte. »Die Fußballkultur, die wir einmal hatten«, erwiderte er auf die Frage, was in den acht Jahren nach dem Titel 1990 verloren gegangen sei. »Uns sind die Genies ausgegangen. Viele Profis können keine Mannschaft mehr führen, weil sie nie den Anspruch entwickelt haben, eine herausragende Rolle zu bekleiden. Wer schon als Mitläufer zum Superstar hochgejubelt wird, dem bleibt dieser Antrieb fremd.« Ziemlich dicke bekam es dann noch der besagte Andy Möller ab: »Der ist kritikunfähig und lebt in seiner eigenen Welt, an die er niemanden anklopfen lässt. Er kann alles, aber wenn ein Verteidiger aus Luxemburg daherkommt, lässt er sich ganz schnell den Schneid abkaufen.«

Möller hörte nach der WM in der Nationalmannschaft übrigens auch auf, war besser so.

Während man sich rund um den DFB also schon Gedanken über den nötigen Umbruch machte, ging im Land des Gastgebers die Euphorie erst richtig los. Wurde aber auch Zeit, bis dahin war die Begeisterung dort lange überschaubar.

Viel Kritik hatte es im Vorfeld gegeben, allein schon rund um das umgerechnet 400 Millionen Euro teure neue Nationalstadion, das *Stade de France* am Autobahnkreuz der A1 und der A86, in unmittelbarer Nachbarschaft zur Banlieue, dem Gettoviertel Franc-Moisin in Saint-Denis, einer Gegend voller Kriminalität, Drogenhandel, Plattenbauten, Hoffnungslosigkeit. »Gullivers Frisbeescheibe« nannten manche Franzosen den überdimensioniert anmutenden Stadionkoloss, der als Filmkulisse auch als in der Pariser Vorstadt gelandetes Ufo durchgegangen wäre. Auch die Mannschaft selbst tat mit mauen

Leistungen in der Vorbereitung wenig dazu, aus dem Sparflämmchen an Vorfreude feurige Leidenschaft zu entfachen. 3:3 gegen Norwegen, 0:0 gegen Schweden, 2:2 gegen Marokko, dazu ein 0:1 in Russland, einige der wenig inspirierenden Ergebnisse aus der ersten Jahreshälfte 1998.

Heftig in der Kritik stand vor allem Trainer Aimé Jacquet, der Sohn eines Metzgers aus Sail-sous-Couzan, einem 1300-Seelen-Nest bei Saint-Étienne, der unscheinbare Fußballdozent mit dem strengen Seitenscheitel, dem von vielen schon allein mit der sonderbaren Begründung die Kompetenz abgesprochen wurde, weil ihm als Provinzler der Glamour der Großstadt fehle. Da zudem Frankreichs Fußball in den Jahren zuvor am Boden lag, traute kaum einer der Mannschaft etwas zu. Nach den glorreichen 1980er-Jahren mit zwei WM-Halbfinals und dem EM-Titel 1984 scheiterte Frankreich 1990 und 1994 schon in der WM-Qualifikation. Manche meinten, wäre das Team als Gastgeber nicht automatisch spielberechtigt, wäre man gar nicht dabei. Adidas, damals Ausrüster von sechs der nunmehr 32 teilnehmenden Nationalmannschaften, klagte, in keinem anderen Land verkaufe man so wenige Fantrikots wie in Frankreich.

Hoffnung auf eine Rolle als prägende Figur machte allein Zinédine Zidane, der Sohn algerischer Einwanderer, der als Spross eines Lagerarbeiters im Problembezirk La Castellane von Marseille aufgewachsen war. Mit zehn ging der junge Zinédine aufs Fußballinternat des französischen Verbands, mit 16 folgte das Erstligadebüt für AS Cannes, mit 19 ging er nach Bordeaux, 1996 unterlag er im UEFA-Cup-Finale mit Girondins dem FC Bayern, auch weil er damals im Duell mit Ciriaco Sforza kein Land sah. Dann der Wechsel nach Turin, zu Juventus, wie einst Platini, das große Idol, den er als Balljunge 1984 im *Stade Vélodrome* von Marseille sah, wie er im EM-Halbfinale beim dramatischen 3:2 gegen Portugal in der 119. Minute das entscheidende Tor schoss.

Aber ob Zidane die *Équipe* wirklich zum WM-Triumph führen konnte? Nachdem er selbst drei Finalspiele in Folge verloren hatte? 1996 mit Bordeaux, 1997 und 1998 mit Juve in der Champions

League? Erst gegen Dortmund im Münchner Olympiastadion, dann gegen Real Madrid mit Trainer Jupp Heynckes. Kann Zidane Titel?

Ein 3:0 gegen Südafrika, ein vielversprechender Auftakt, doch schon beim 4:0 gegen Saudi-Arabien verlor Zidane die Nerven, nach einem Tritt in die Hüfte seines Gegenspielers flog er vom Platz, zwei Spiele Sperre.

So fehlte der Spielmacher im Achtelfinale, als Laurent Blanc erst mit dem ersten Golden Goal der WM-Geschichte nach 114 Minuten Frankreich vor der Blamage gegen Paraguay bewahrte. Doch auch wieder mit Zidane im Viertelfinale wurde es knapp, beim Nervenkrimi gegen Italien im Elfmeterschießen. Und erst nach dem 2:1 durch die beiden Thuram-Tore gegen die Kroaten im Halbfinale kippte die Stimmung endlich ins Euphorische. *Mon dieu,* die *Grande Nation* war allmählich berauscht und fieberte dem Traumfinale entgegen, gegen die starken Brasilianer, die unter Mário Zagallo wieder viel attraktiver spielten als noch beim Titelgewinn vier Jahre zuvor mit Vorgänger Parreira.

Mit Cafu und Roberto Carlos, mit Rivaldo, Bebeto und natürlich mit Ronaldo, dem damals zweifachen Weltfußballer, dem frischen UEFA-Cup-Sieger von Inter Mailand. *Il Fenomeno*, wie italienische Medien den erst 21-Jährigen nannten, der damals auch durch eigenwillige Ernährungsrituale auffiel, wenn er sich im WM-Quartier als Mitternachtssnack regelmäßig Schokokuchen samt Milchkaffee bringen ließ.

Daran lag es wohl nicht, was dann an jenem Finaltag, dem 12. Juli, geschah. Verbürgt ist, dass Ronaldo um 14 Uhr, sieben Stunden vor Anpfiff im Quartier, dem *Château de Grande Romaine* in Lesigny im Pariser Südosten plötzlich röchelnd zusammenbrach. Krampfend, mit Schaum vorm Mund, bis ihm sein Mitspieler César Sampaio die Zunge aus seinem Rachen holte. Zweieinhalb Stunden hielten die Mitspieler im Beisein von Teamarzt Toledo Wache; als Ronaldo aufwachte, konnte er sich an nichts erinnern.

Während das Team mit dem Bus in Richtung Stadion fuhr, brachte man Ronaldo zur Untersuchung ins Krankenhaus, fand aber

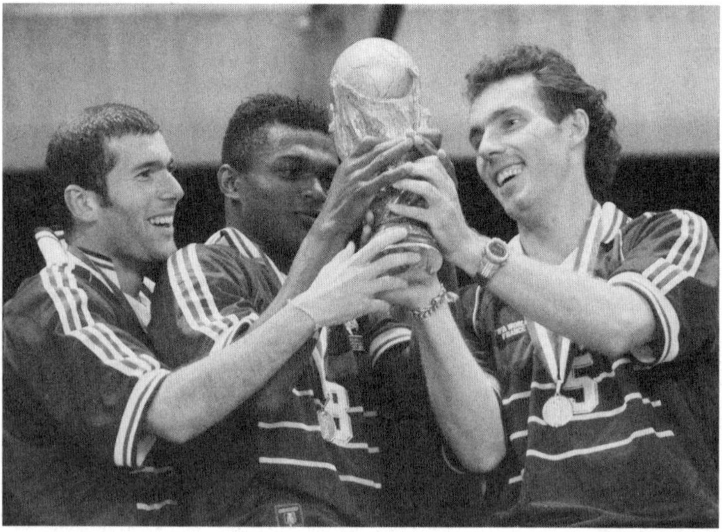

Beur, Black und tatsächlich Blanc: Zinedine Zidane, Marcel Desaiily und Laurent Blanc (v. l.) feiern nach dem Finalsieg über Brasilien den WM-Titel der bunten Equipe Tricolore.

keine Auffälligkeiten. Gegen den Rat der Ärzte verließ der Stürmerstar die Klinik und ließ sich ins *Stade de France* chauffieren, wo er 40 Minuten vor Anpfiff ankam und wo bereits die Mannschaftsaufstellungen verteilt waren. Hinter dem Namen Ronaldo stand nur: »n. a.«, not available, es kursierten erste Gerüchte von einer Sprunggelenksverletzung. Brasiliens damaliger Pressechef Ricardo Seyton sagte einmal im Fachmagazin *Rund*: »Ronaldo war weiß wie ein Stück Papier, trug Shorts, Tennisschuhe ohne Socken und eine kleine Tasche unterm Arm.«

Mário Zagallo erklärte später, wie Ronaldo auf einen Einsatz bestand: »Natürlich musste ich ihn spielen lassen, den besten Spieler in der Welt, wie hätte ich das sonst bei einer Niederlage in Brasilien erklären sollen.« Teamarzt Lidio Toledo: »Stellen Sie sich vor, ich hätte seinen Einsatz verboten und wir hätten verloren. Dann müsste ich heute am Nordpol leben.«

In einer immer noch gezeichneten *Seleção* taumelte Ronaldo schwerfällig über den Platz, zwischendrin rannte ihn auch noch Frankreichs Keeper Barthez über den Haufen. Zwei Tore durch Zidane, das *grande finale* durch Petit, das Endspiel wurde eine einseitige Machtdemonstration.

Im brasilianischen Nationalkongress führten die dubiosen Umstände um den Einsatz des Starspielers zu einem parlamentarischen Untersuchungsausschuss. Ob Ronaldo aufgrund einer allergischen Reaktion kollabierte, wegen des Schmerzmittels Xilocain, das er infolge seiner chronischen Kniebeschwerden immer wieder bekam? Ob Ausrüster Nike Druck machte, Ronaldo um jeden Preis spielen zu lassen – der Konzern hatte erst 1996 einen 160-Millionen-Deal mit dem brasilianischen Verband abgeschlossen? Restlos Klarheit ins schummrige Zwielicht brachte auch die Kommission nicht.

Für Frankreich war das alles damals völlig bedeutungslos. Der Triumph versetzte das Land in einen kollektiven Freudentaumel, rund eineinhalb Millionen Menschen feierten in der Nacht nach dem Finale auf den Champs-Élysées. »Seit Charles de Gaulle im August 1944 in das befreite Paris einzog, hat es kein solches Freudenfest mehr gegeben«, schrieb die *Süddeutsche Zeitung*. »Und kein solches Schauspiel nationaler Euphorie.« Man huldigte dem *Black-Blanc-Beur*, dem Miteinander aus Schwarzen, Weißen, Maghrebinern in dieser herrlich bunten Multikulti-Équipe. Zidane, den sie in *La Castellane* noch immer mit seinem arabischen Zweitnamen Yazid nannten, den Wachsenden. Youri Djorkaeff mit den armenischen und polnischen Wurzeln seiner Eltern. Der in Ghana geborene Marcel Desailly. Der Baske Bixente Lizarazu. Christian Karembeu aus Neukaledonien. Eine Truppe, die *Front-National*-Chef Jean-Marie Le Pen zuvor noch als für eine Nationalmannschaft unwürdig bezeichnet hatte. »Es ist unnatürlich, Spieler aus dem Ausland zu nehmen und das dann französische Mannschaft zu nennen«, schwadronierte er, bevor er nach dem WM-Titel herumschwurbelte, der Triumph sei deswegen zustande gekommen, weil sich alle Spieler »im Geiste lepenisiert« hätten.

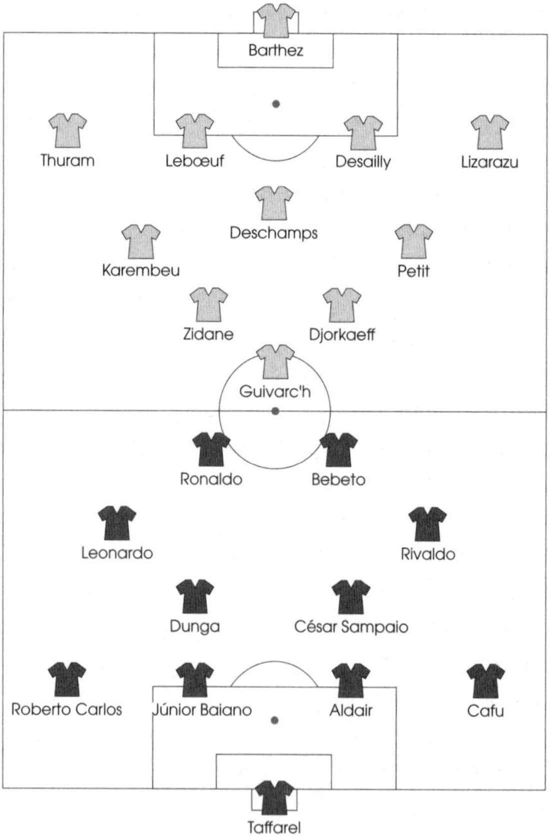

Startaufstellung Frankreich (oben) gegen Brasilien (unten), WM-Finale 1998

Le Pen wirkte in jener Nacht nur noch wie ein böser Geist der Vergangenheit, verflüchtigt im Nirgendwo, als Mannschaftskapitän Laurent Blanc freudig proklamierte: »Wir haben über politische, soziale und ethnische Unterschiede hinweg Freude gestiftet.« Dass Laurent Blanc Jahre später selbst als Nationaltrainer mit kruden Überlegungen zur Einführung einer Höchstquote für farbige Spieler die Spaltung in der Mannschaft wieder vorantrieb, war da noch nicht zu ahnen.

Die Hoffnung, mit dem Titel von 1998 könnte man als Initialzündung die Gesellschaft mit ihren unterschiedlichen Ethnien und Religionen einen, mit den Erfolgreichen und den Abgehängten, blieb eine *Grande Illusion*. Die politischen und sozialen Konflikte blieben, ebenso wie Fremdenfeindlichkeit und Rassismus, auch in den Banlieues gor es weiter. 2001 bat der Weltmeister in Paris Algerien zum ersten gemeinsamen Länderspiel seit der Unabhängigkeit 1962. Das historische Fest endete in einem bitteren Fiasko, als algerische Fans Premierminister Lionel Jospin mit Flaschen bewarfen und später den Platz stürmten. Das Spiel wurde nach 78 Minuten abgebrochen.

Ein halbes Jahr später erreichte Jean-Marie Le Pen bei der Präsidentschaftswahl mit den zweitmeisten Stimmen die Stichwahl gegen Jacques Chirac. 2005 brannte die Banlieue. Zuvor hatte Innenminister Nicolas Sarkozy nach Randalen in einer Trabantenstadt davon gefaselt, man solle »das Pack« beseitigen und das Viertel »mit dem Kärcher reinigen«. Einige Jahre nach dem WM-Erfolg sagte der Anti-Rassismus-Aktivist Mouloud Aounit: »1998 glaubten die Politiker, sie hätten alle Gesellschaftsprobleme mit dem Fußball gelöst. Das Miteinander hielt in Wahrheit nur so lange wie das Feuerwerk bei der Siegesfeier.«

20 Jahre später sollte Frankreich dann einen zweiten Versuch starten, mit dem Fußball Mauern einzureißen. Als es nicht mehr Black-Blanc-Beur hieß. Sondern Liberté, Égalité, Mbappé.

AUCH DAS NOCH WAS SIE SONST ÜBER DIE WM 1998 UNBEDINGT WISSEN MÜSSEN

3 Tore bei drei aufeinanderfolgenden Weltmeisterschaften zu erzielen, das gelang Jürgen Klinsmann (1990, 1994, 1998) als erstem Spieler der WM-Geschichte.

4 Vorrundenbegegnungen gab es zwischen Brasilien und Schottland in der WM-Geschichte (1974, 1982, 1990, 1998). Ein Rekord, der erst mit der fünften Vorrundenpartie zwischen Argentinien und Nigeria (1994, 2002, 2010, 2014, 2018) übertroffen wurde.

5 WM-Spiele nacheinander endeten für Belgien 1998 (3) und 2002 (2) remis. Bis heute die längste Unentschieden-Serie der WM-Geschichte.

8 Mal hatte sich Schottland für eine WM-Endrunde qualifiziert. 1998 flogen die Bravehearts zum achten Mal nach der Vorrunde schon wieder heim.

10 Treffer kassierte Brasilien im Lauf des Turniers. Das erste Mal, dass die Mannschaft mit den meisten Gegentoren Vizeweltmeister wurde.

25 WM-Spiele absolvierte Lothar Matthäus bei seinen fünf Teilnahmen zwischen 1982 und 1998. Damit ist er bis heute der Spieler mit den meisten Einsätzen bei einer WM-Endrunde.

26 Prozent der israelischen Bevölkerung erkannten in einer Umfrage in den WM-Übertragungen einen negativen Einfluss auf die Aktivitäten in ihrem Liebesleben. Lediglich neun Prozent der Befragten fühlten sich durch die Fernsehübertragungen der Spiele mehr stimuliert als zuvor.

32,34 Stundenkilometer betrug die Höchstgeschwindigkeit von Michael Owen, als er im Achtelfinale gegen Argentinien vom Mittelkreis aufs Tor zustürmte und mit dem Treffer zum 2:1 das schönste Tor des Turniers erzielte. England flog trotzdem raus. Natürlich im Elfmeterschießen.

36 D-Mark kostete umgerechnet ein in Plexiglas eingepacktes fünf Quadratzentimeter großes Stück des Finalrasens, den die Betreibergesellschaft des *Stade de France* nach der WM teilweise als Souvenir verkaufte.

54 000 D-Mark setzte umgerechnet der Engländer Adrian Fitzpatrick auf eine Kombiwette, nach der der FC Arsenal Englischer Meister wird und Brasilien den WM-Titel holt. Nach dem Premier-League-Triumph der Gunners war der 41-Jährige zunächst auf Kurs. Brasiliens Final-Niederlage aber brachte ihn um einen Gewinn von 1,6 Millionen Mark. Immerhin: Vier Jahre zuvor hatte sich Fitzpatrick mit einer ähnlichen Wette (Manchester United, Brasilien) 1,2 Millionen Mark gesichert.

2002 IN JAPAN UND SÜDKOREA

Beim Debüt in Asien wird die Vergabe an zwei verfeindete Länder zum faulen Kompromiss. Wie Rudis Rumpelkicker fröhlich ins Finale stolpern, Ballack und Kahn als tragische Figuren enden und die Fehlentscheidungen eines späteren Drogenkuriers Italien aus dem Turnier werfen. Von verschnupften Interviews, einem Bundestrainer für 17 Stunden und fehlenden Anschlüssen für die Playstation.

Rund um den Römer strömten 20 000 Menschen zusammen. Hier, wo sie nun schon seit 36 Jahren deutsche Nationalmannschaften nach der Rückkehr von großen Turnieren empfingen – zumindest immer dann, wenn es etwas zu feiern gab. Weshalb es ja kaum Empfänge gegeben hatte in den zehn Jahren zuvor, nur nach dem EM-Triumph in Wembley 1996 grüßte die DFB-Delegation vom Frankfurter Rathausbalkon. Ansonsten lieferte die Bilanz wenig Anlass zu Volksekstase. Raus im WM-Viertelfinale 1994 und 1998, dazu ein desaströses Scheitern in der EM-Vorrunde 2000. Die Spieler waren froh, wenn sie nach der Ankunft daheim schnell abtauchen konnten.

Nun aber durften sich die deutschen Fans vor Ort wieder freuen. »Ein' Rudi Völler«, skandierten sie zum Sound von *Guantanamera*, und weiter: »Es gibt nur ein' Rudi Völler.« Recht ergriffen blickte ein Rudi Völler, den es nur einmal gab, dann auf die Menschenmasse mit den vielen schwarz-rot-gold gewedelten Fahnen unter ihm, winkte mit einem Blumenstrauß zurück und fragte: »Was wäre eigentlich passiert, wenn wir gewonnen hätten?« Rechts von Völler stand Oliver Kahn, der Torwart, den es auch nur einmal gab, er hatte keine Blumen, sondern nur einen dicken weißen Verband an der rechten Hand, der kleine und der Ringfinger gemeinsam einbandagiert. Einige Tage später sollte DFB-Arzt Hans-Wilhelm Müller-Wohlfahrt einen Seitenbandriss mit Beteiligung der Gelenkkapsel diagnostizieren, sechs Wochen Pause. Halb so wild.

Die Seele tat ihm viel mehr weh.

»Mir fehlen die Worte«, sagte Kahn oben an der Brüstung sichtlich bewegt, Tränen flossen keine, geweint hatte er ja tags zuvor schon genug. Am Ende eines für ihn doch eigentlich so großartigen Turniers, seiner erstaunlicherweise einzig wirklichen Weltmeisterschaft in dieser so langen Karriere. 1994 und 1998 war Kahn zwar im Kader, spielte aber nicht, und die Ausbootung 2006, die kommt später noch. Nur 2002 war Kahn Stammkeeper in der DFB-Auswahl, und es gab wohl keine WM in der Geschichte, in der der Anteil eines Torwarts am Einzug ins Endspiel so hoch gewesen war wie hier 2002 – in diesem Turnier, das dann so bitter endete. Als er nach 67 Minuten einen zentralen Schuss von Rivaldo aus 17 Metern nach vorne abprallen ließ. Als Ronaldo abstaubte zum vorentscheidenden 1:0.

Als Oliver Kahn später noch das zweite Tor kassierte und nach Abpfiff minutenlang am Torpfosten lehnte, kamen Mitspieler zu ihm, Linke, Jeremies, Metzelder, selbst Pierluigi Collina, dieser wundervolle Schiedsrichter mit der glänzenden Glatze und den funkelnden Augen, der drei Jahre zuvor den Bayern-Torwart schon einmal vergeblich zu trösten versucht hatte, nach dem Drama gegen Manchester United im Finale der Champions League.

Viele Jahre später sagte Oliver Kahn über diese sitzenden Minuten am linken Torpfosten, über dieses Motiv, das in den Bilderstrecken zu seiner Karriere so wenig fehlen durfte wie die Aufnahmen, in denen er Gegenspieler anknabberte oder auch mal eine wehrlose Eckfahne erwürgte, Kahn also sagte aus der Distanz im Rückblick: »Gedanklich war ich damals in einer anderen Welt, nicht im Hier und Jetzt. Am liebsten hätte ich mich irgendwohin gebeamt.« In eine ferne Galaxie, weit weg.

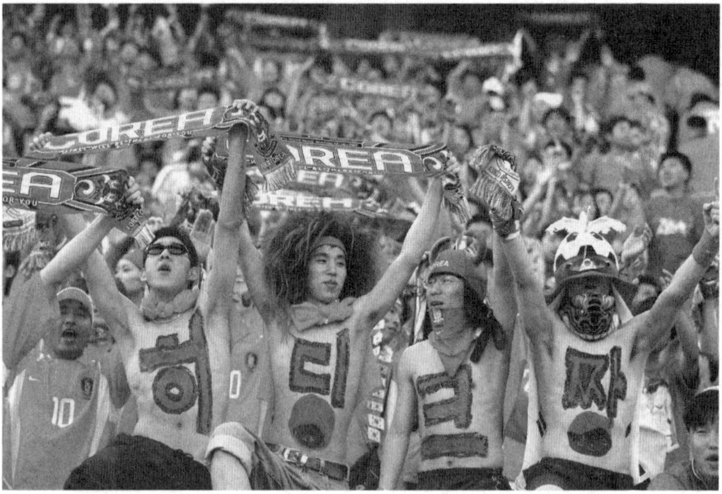

Feierten mit großer Begeisterung und bejubelten den Weg ihres Teams ins Halbfinale: Südkoreanische Fans bei der WM 2002, der ersten Weltmeisterschaft in Asien.

Dass Asien erstmals eine WM austragen sollte, das stand schon vor der Vergabe durch die FIFA im Mai 1996 fest, Mitbewerber Mexiko hatte nur geringe Außenseiterchancen. Groß war dann aber das globale Erstaunen, als Japan und Südkorea zu gemeinsamen Gastgebern gekürt wurden. Die beiden Länder, die sich im Vorfeld erbittert beharkt, mit aggressiven Parolen ordentlich Geschütze gegeneinander aufgefahren und je rund 80 Millionen Dollar in die Bewerbung gesteckt hatten. Noch kurz vor der Entscheidung befürchteten japanische Diplomaten in Seoul, ihre Botschaft könnte im Volkszorn niedergebrannt werden, würde ihr Heimatland den Zuschlag erhalten.

Schnell mühte sich die FIFA, das Co-Hosting vor dem Hintergrund der seit Jahrhunderten so belasteten Beziehungen der beiden lange verfeindeten Nationen untereinander als salomonische und märchenhaft rührselige Versöhnungsstory zu verkaufen, als Chance für den Aufbruch in eine harmonische Zukunft. Der wahre Hintergrund war freilich ein ganz anderer. Da gab es einerseits die Fraktion um den damals 80-jährigen greisen FIFA-Potentaten João Havelange (siehe Kapitel FIFA), der den Weltverband schon mehr als zwei Jahrzehnte als allmächtiger Autokrat beherrscht und ein Netzwerk an Seilschaften aufgebaut hatte und mit Mauscheleien, Absprachen, Schmiergeldzahlungen noch vor Sepp Blatter und Gianni Infantino mit aller Wucht dafür sorgte, dass sich die FIFA ähnlich wie das IOC unter Juan Antonio Samaranch und später Thomas Bach mit dem Image einer ruchlos korrupten Funktionärsriege im kollektiven Bewusstsein festsetzte.

Während Havelange und seine Entourage damals also Japan favorisierten, saß im Exekutivkomitee der FIFA mit dem ehemaligen Hyundai-Spitzenmanager Dr. Chung Mong-joon eine schillernde und sehr einflussreiche Figur aus dem Land von Nippons Erzrivalen Südkorea. Zur Vermeidung eines noch größeren Bruchs innerhalb des Verbands rang man sich unter allseitigem Zähneknirschen zu einer ungeliebten Kompromisslösung durch, die bei keinem der beiden nun gekürten Ausrichter Begeisterungsstürme auslöste.

Nur eine Woche nach der Vergabe schloss sich in Japan ein gutes Drittel der Abgeordneten der konservativen Regierungspartei LDP zur Liga *Leuchtendes Japan* zusammen, in der führende Politiker nationale Ressentiments gegenüber Südkorea schürten, das von 1910 bis 1945 von Japan annektiert als Kolonie im Kaiserreich eingegliedert war. Großes Thema war wieder einmal die fürchterliche Geschichte der sogenannten Trostfrauen: An die 200 000 meist koreanische Frauen, die während des Zweiten Weltkriegs von der japanischen Armee zur Zwangsprostitution in Soldatenbordellen gezwungen worden waren. Nun also sagten Vertreter des *Leuchtenden Japan* im Jahr 1996, es habe sich niemals um Zwang gehandelt, die Frauen seien nur ihrer »gewerblichen Tätigkeit« nachgegangen.

Vergiftet war die Stimmung auch unter den Fußballverbänden beider Länder, als ein erbitterter Streit über die Vergabe der Final-Stadt entfachte. Den lustigen Vorschlag von Mr Chung, die Entscheidung über den Endspielort mit einem Länderspiel zwischen den Nationalmannschaften zu ermitteln und dem Sieger den Vortritt zu lassen, lehnten die Japaner entrüstet ab, dafür wähnten sie Südkoreas Fußballer zu stark.

Resigniert erklärte Japans Verbandschef Ken Naganuma schon bald: »Eine im Wortsinn gemeinsame WM – das ist unmöglich.« Und selbst der damalige FIFA-Generalsekretär Sepp Blatter erkannte nur fünf Monate nach dem faulen Kompromiss: »Das ist nicht die Hochzeit, die wir uns vorgestellt haben.« Am liebsten hätten die beiden Partner gleich wieder die Scheidung eingereicht. Große Euphorie stellte sich also nicht ein.

Auch in Deutschland nicht.

Nach der vermurksten WM 1998 durchlebte die Nationalmannschaft vier entsetzlich finstere Jahre mit einer Reihe von sagenhaften Peinlichkeiten, die bereits bei der Suche nach einem Nachfolger von Berti Vogts begannen.

Akribisch fahndete DFB-Präsident Egidius Braun nach Vogts' Rücktritt im September 1998 nach einem geeigneten Kandidaten, fand aber keinen. Franz Beckenbauer winkte sofort ab, und auch Jupp Heynckes, der nach seinem Champions-League-Triumph ein halbes Jahr zuvor bei Real Madrid beurlaubt worden war, wollte sich nicht weichklopfen lassen. Selbst Otto Rehhagel, der 2004 als Rehakles in die Heldensagen der griechischen Mythologie Einzug finden sollte, sagte ab.

Also klingelte eines Abends in einem Haus im südlichen Landkreis München das Festnetztelefon. »Du Papa, da ist ein Herr Braun am Telefon«, sagte der damals 17-jährige Max Breitner und reichte den Hörer weiter an seinen Vater. Als Trainer hatte sich Paul Breitner insofern Verdienste erworben, als er in der Vorsaison die A2-Junioren der SpVgg Unterhaching mit Ach und Krach vor dem Abstieg aus der Bayernliga bewahrt hatte – bevor er in seinem Wohnort die E-Jugend des TSV Brunnthal übernahm. Nun also bot ihm Pater Braun das Amt des Bundestrainers an. Breitner fackelte nicht lang, er sagte zu, alles schien unter Dach und Fach, alles geebnet für den – nach Beckenbauer und Vogts – dritten 74er Weltmeister im Amt des

Teamchefs nacheinander. Der *Spiegel* zitierte Sohn Max später mit den Worten: »Mir ham scho an Spaß gehabt dahoam. Kommt ja net so oft vor, dass der Vater Bundestrainer wird.« Er wurde es dann aber auch gar nicht.

Denn zur Stunde des Telefonats war bereits die neueste Ausgabe der Münchner *Abendzeitung* in der Druckrotation, in der Paul Breitner in einem Interview die DFB-Führung um Braun wegen Inkompetenz heftigst attackierte und eine Rundumerneuerung an der Verbandsspitze forderte. Tags darauf, als die Aussagen längst auch in der DFB-Zentrale in Frankfurt angekommen waren, rief Braun gegen 13.30 Uhr erneut im Hause Breitner in Brunnthal an und erklärte indigniert: »Vergessen Sie es.« So war Breitner ein Bundestrainer für 17 Stunden.

Derweil brachten sich andere in Stellung, Rainer Bonhof ebenso wie Uli Stielike, für den aber nur die Rolle des Co-Trainers blieb hinter dem neuen Mann, den der DFB nun aus seinem Domizil in Teneriffa akquirierte: Erich Ribbeck, der drei Jahrzehnte in der Bundesliga unterwegs gewesen war und sich nach seiner letzten Station in Leverkusen zum Golfen auf die Kanaren zurückgezogen hatte. Nun also sollte er den deutschen Fußball in der Post-Berti-Epoche wieder zurückführen an die Weltspitze. Dabei wurde alles aber nur noch viel schlimmer.

Farblos uninspiriert rumpelte man sich durch die EM-Qualifikation, zwischendrin gab es groteske Niederlagen gegen die USA (0:3) oder Brasilien (0:4). Im Oktober 1999 meldete sich Franz Beckenbauer aus dem Off und polterte gegen Ribbeck: »Ich bin sicher, wenn ich meine Mannschaft von 1990 nachts wecken würde, und die spielen barfuß gegen die heutige, dann hat die heutige keine Chance. Ein Unterschied wie Tag und Nacht.«

Die EM selbst, vor der einige Spieler intern bereits auf eine Ablösung Ribbecks gedrängt hatten, endete als Fiasko, 1:1 gegen Rumänien, 0:1 gegen England, 0:3 gegen eine portugiesische B-Elf. Das blamable Aus in der Vorrunde mündete in veritablen Schlammschlachten und Schuldzuweisungen, Ribbeck selbst zog die einzig richtige Konsequenz und trat zurück, die beste Tat seiner zweijährigen Amtszeit, in der Sir Erich weniger als visionärer Gestalter einer spielfreudigen, jungen und talentierten Nationalelf auffiel (dafür nominierte er lieber den 39-jährigen Lothar Matthäus für die EM), sondern mehr mit seinen vielen bemerkenswerten Hohlphrasen für den Zitatenschatz aus der Welt des Fußballs. Schmankerl wie: »Wir spielen mit Libero, zwei Mann davor, dazwischen oder dahinter.« Oder: »Bei uns wird auf dem Platz wenig gesprochen. Das könnte an der Kommunikation liegen.« Schön aber auch: »Dies kann ein Nachteil oder ein Vorteil sein, sowohl für uns als auch für die gegnerische Mannschaft.«

Eine neue Lösung schien schnell in Sicht, als designierten Nachfolger bestimmte der DFB nach der EM Christoph Daum, der noch ein weiteres Jahr als Trainer von Bayer Leverkusen unter Vertrag stand und dann im Sommer 2001 übernehmen sollte. Interims-Teamchef bis dahin: Rudi Völler.

Drei Monate später spielte wieder ein Interview in der *Abendzeitung* eine entscheidende Rolle, in dem Uli Hoeneß als Manager des FC Bayern mit den brisanten Worten zitiert wurde: »Wenn das alles Fakt ist, worüber geschrieben wurde, auch unwidersprochen über den verschnupften Daum, dann kann er nicht Bundestrainer werden.«

Schon in den Tagen davor hatten Spekulationen über Daums Privatleben die Runde gemacht, zu lesen war von Partys mit Prostituierten und auch von Koksorgien. Daher der verschnupfte Daum. Auch wenn Hoeneß eine Woche später erklärte: »Keineswegs habe ich behauptet, dass Herr Daum Drogen konsumiert.« Und ergänzte, dass »jeder, der weiterhin behauptet, ich hätte in Verbindung mit dem Namen Daum gesagt, er stünde mit Drogen und Prostituierten in Verbindung«, von ihm verklagt werde. Der Satz war nicht mehr einzufangen.

»Hoeneß hat damals eine Lawine losgetreten«, sagte Daum 20 Jahre später, übrigens in einem Interview mit der *Abendzeitung*.

Im Oktober 2000 proklamierte Daum noch sein reines Gewissen, bis er sich der berühmten Haarprobe unterzog, die dann auch prompt positiv ausfiel. Und so blieb Rudi Völler länger im Amt als gedacht.

Unter Völler machte sich Hoffnung breit, gerade nach dem 1:0 auswärts gegen England und dem historischen letzten Tor von Didi Hamann im alten Wembley vor dessen Abriss. Dem stand ein unfassbares 1:5 im Rückspiel im Münchner Olympiastadion entgegen, danach ein tristes 0:0 in der neuen Schalke-Arena gegen Finnland, und erst in den Play-offs der Gruppenzweiten buchte man sich die Tickets für die WM 2002, mit einem 1:1 und einem 4:1 gegen die Ukraine. Von einer »Initialzündung« sprach Oliver Kahn damals und erklärte, man habe »wahnsinnigen Druck« aushalten müssen. Druck, Druck, davon sprach er ja schon immer gern.

Das Auf und Ab aber ging weiter, in der Vorbereitung folgten kurz vor der WM Niederlagen gegen Argentinien und sogar gegen Wales,

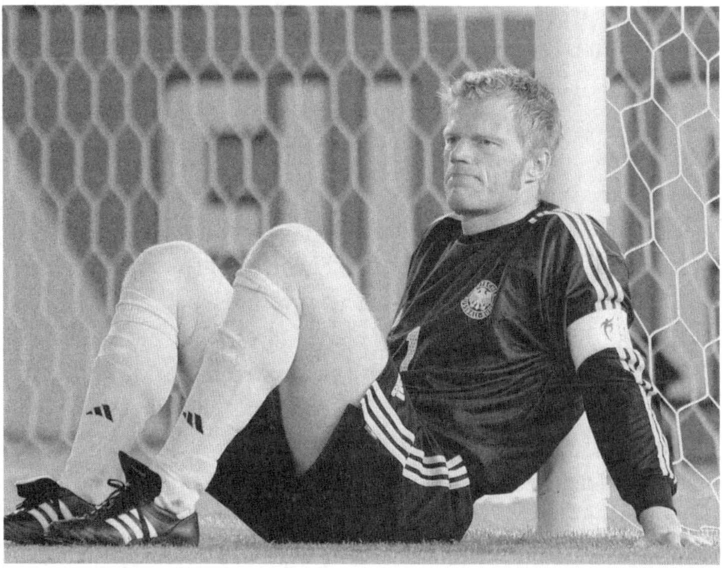

Seinen Paraden verdankte die DFB-Elf den Einzug ins Endspiel. Im Finale leistete sich Oliver Kahn einen folgenschweren Patzer – nach Abpfiff saß er minutenlang am Pfosten.

jeweils 0:1. Als pessimistischer Schwarzseher war man voll im Trend, und dann auch noch die Ausfälle. Sebastian Deisler, der wegen einer Knieverletzung passen musste. Mehmet Scholl, der sich nicht fit genug fühlte. Jens Nowotny, Kreuzbandriss. Wie sollte das was werden? Würde das Turnier schon wieder nach der Vorrunde vorbei sein?

Die Ambivalenz setzte sich fort, einem 8:0 gegen ein überfordertes Saudi-Arabien folgte in der WM-Vorrunde ein mageres 1:1 gegen Irland, als Robbie Keane in der Nachspielzeit traf. Oliver Kahns einziges Gegentor. Bis zum Finale.

Als ein Schlüssel auf dem Weg ins Finale darf in der Rückschau sicher der Platzverweis von Carsten Ramelow im letzten Gruppenspiel gegen Kamerun gelten, das die DFB-Elf trotz fast 40 Minuten in Unterzahl 2:0 gewann. Von der »Geburt einer neuen Mannschaft« sprach Teamchef Völler zur Moral, und Didi Hamann prophezeite, so werde man garantiert ins Endspiel einziehen. Weil man ja auch hinten Kahn hatte. Und vorne Klose. Miro Klose.

Einen 24-jährigen Stürmer, geboren in Polen, Oppeln, Oberschlesien. Dessen Eltern danach aussiedelten, der ab der Schulzeit in Kusel im Nordpfälzer Bergland lebte und 1999 zum 1. FC Kaiserslautern kam. Neun Tore in der ersten Saison, 16 in der zweiten. An seiner Seite im Angriff Vratislav Lokvenc, ein sehr solides Duo. Wer konnte damit rechnen, dass dieser schüchtern introvertierte Schweiger plötzlich nun bei der WM seinen großen Durchbruch erleben würde. Mit fünf Toren in der Vorrunde, drei gegen die Saudis, der Führung gegen Irland, dem wichtigen zweiten Tor gegen Kamerun, die Führung in der Torschützenliste vor dem Achtelfinale.

Die Entwicklung verblüffte auch Experten wie Karl-Heinz Rummenigge, der 2002 als Teammanager des DFB mit nach Fernost reiste und in der *Süddeutschen Zeitung* schwärmte von dem Miro als »sympathischem Typen. 99 Prozent aller Menschen würden den Boden unter den Füßen verlieren bei dem, was ihm hier widerfahren ist. Der bleibt völlig ruhig.« Nur dass er mehr Euphorie zeigen dürfte, meinte der neue Vorstandsvorsitzende des FC Bayern noch.

»Ich guck' mir den Miroslav Klose an, der ja wirklich allen Grund zur Freude hätte, und der zieht ein Gesicht, als wäre er Ersatzspieler.« Aber so war der Miro eben.

Kloses Form weckte natürlich gleich Begehrlichkeiten. So vermeldete die Tageszeitung *Tuttosport* das Interesse von Juventus Turin, das für eine Verpflichtung des Stürmers 15 Millionen Ablösesumme in die Pfalz überweisen wolle. Klose blieb bis 2004 in Lautern – und ging dann zu Werder Bremen. Und nach drei weiteren Jahren zu Rummenigges Bayern.

Die Völler-Truppe stand also im Achtelfinale. Anders als der Weltmeister.

Dabei war in Frankreich die Erwartung auf das Turnier in der Ferne weitaus höher als 1998 bei der Heim-WM. Der Gewinn der Europameisterschaft im Sommer 2000 mit dem neuen Trainer Roger Lemerre ließ die Fans von einem historischen Hattrick träumen. Zwei WM-Titel und ein EM-Sieg innerhalb von vier Jahren, das wäre einzigartig gewesen. Und nominell war die Truppe sehr klangvoll. Vorne mit Henry und Trezeguet, im Mittelfeld Zidane, Vieira, Petit, hinten Lizarazu, Desailly, Thuram.

Aber die Mannschaft kam übermüdet von einer langen Saison angereist, Zidane glänzte noch im Finale der Champions League gegen Leverkusen mit einem Tor fürs Poesiealbum, dem so begnadeten Volleyschuss in den linken Winkel, als er endlich zum ersten und auch einzigen Mal den wichtigsten Klubtitel Europas gewann. Doch kurz vor der WM erlitt er eine Zerrung, kam angeschlagen erst im letzten Gruppenspiel zum Einsatz, als die *Équipe* nach dem 0:1 gegen Senegal und einem 0:0 gegen Uruguay schon vor dem Aus stand. Mit ihrem Zizou gab es dann gegen Dänemark ein 0:2. Ein Punkt und null Tore, das erste Mal überhaupt, dass ein amtierender Weltmeister bereits in der Vorrunde rausflog. Es zeigte sich, dass die Mannschaft den Rücktritt ihres Kapitäns Laurent Blanc und den von Didier Deschamps nach der EM 2000 nicht verkraftet hatte. Eine große, wenn auch kurze Ära, die im *Stade de France* begonnen hatte, endete im *Munhak Stadium* von Incheon. Während Trainer

Lemerre gefeuert wurde, verkündete Zinédine Zidane seinen endgültigen Rücktritt nach der folgenden Europameisterschaft 2004. Er sollte es sich dann doch noch einmal anders überlegen und feierte sein Comeback, was in Frankreich frenetisch gefeiert wurde und Marco Materazzi im Endspiel 2006 schließlich die prima Gelegenheit gab, Zidane etwas über seine Schwester zu erzählen.

Am 18. Juni 2002 saß Materazzi nur auf der Ersatzbank, im Stadion von Daejeon, in jenem denkwürdigen Achtelfinale gegen Südkorea. 36 Jahre nach Italiens Debakel gegen den Nordteil des Landes drängte das Trauma schon vor Anpfiff auf ein Comeback. Die Autorin Emanuela Audisio schrieb noch vor der Partie in *La Repubblica* in Bezug auf die Schmach von 1966: »Sportlich gesehen war es Italiens Vietnam. Und allein das Wort ›Korea‹ sorgt bereits für Albträume.« Albträume, die dann grausame Wirklichkeit wurden.

Dabei hatte wie Frankreich auch Italien eine Mannschaft, die auf dem Zenit schien. Der damals noch sehr junge Gianluigi Buffon im Tor, in der Abwehr der edle Kapitän Paolo Maldini, im Mittelfeld der Denker Francesco Totti, vorne Alessandro Del Piero und Christian Vieri, *splendido, fantastico.*

Unter Giovanni Trapattoni hielt zwar wieder die Rückbesinnung auf die schaurige Hochphase des Catenaccio Einzug, in den 17 Spielen bis zur WM schossen die Azzurri nur zweimal mehr als zwei Tore. Nach dem Viertelfinal-Aus 1998 und der unglücklichen Niederlage im EM-Finale 2000, beide Male gegen Frankreich, wähnte man sich aber bereit für den vierten Titel.

Allerdings hatte Schiedsrichter Byron Moreno aus Ecuador etwas dagegen.

Mit völlig grotesken Fehlentscheidungen warf er Italien aus dem Turnier, annullierte zwei reguläre Treffer der Italiener und stellte auch noch Totti wegen einer vermeintlichen Schwalbe vom Platz. Südkorea siegte 2:1 in der Verlängerung. Italien wähnte sich als Opfer einer gigantischen Verschwörung, schon in der Vorrunde waren der Mannschaft ja vier Treffer aberkannt worden. Diebe, Schande, Schmutz, die Zeitungen überschlugen sich in ihrer grenzenlosen Empörung über die FIFA im Allgemeinen und Señor Moreno im ganz Speziellen.

Im Sommer 2002 gab es in Italien einen verbreiteten Witz, der ging so: Kommt ein Junge in ein Sportgeschäft und fragt nach einem Trikot Südkoreas. Sagt der Verkäufer: »Aber gerne, möchtest du ein Spielertrikot oder das des Schiedsrichters?«

Nach seiner Karriere kandidierte Bryan Moreno in Quito für den Stadtrat, sein Wahlslogan: »Rote Karte für die Korruption.« Später wurde er auf Einladung der RAI Ehrengast in der Comedy-Show *Stupido Hotel*, und wenn man ihn rund um die Dreharbeiten auf der Straße erkannte, bewarf man ihn mit Eiern und kippte Rotwein über ihm aus. 2010 verhaftete ihn die Polizei nach einer Personenkontrolle am New Yorker Flughafen, an seinem Körper hatte er bei der Einreise einige Kilo Heroin befestigt. Dafür saß er 30 Monate ein.

Hart gerichtet wurde auch über Italien-Legionär Ahn Jung-hwan vom AC Perugia, der das Golden Goal erzielt hatte und dem sein Vereinsboss Luciano Gaucci ausrichten ließ, er brauche sich bei seinem Klub gar nicht erst wieder blicken zu lassen. Mochte Gaucci später auch nach selbst in Italien großer Entrüstung zurückrudern, Ahn hatte keine Lust mehr auf die Serie A, er tingelte fortan durch Japan und Korea mit einem Intermezzo beim FC Metz und 2006 sogar mal kurz beim MSV Duisburg.

Nach dem Sieg gegen Italien strömten drei Millionen Menschen auf den Straßen von Seoul zur größten Party des Landes zusammen. Drei Millionen! Genauso viele waren es dann nach dem Viertelfinale, als die Mannschaft des niederländischen Trainers Guus Hiddink auch Spanien rauswarf, im Elfmeterschießen, nachdem der ägyptische Schiedsrichter Ghandour ebenfalls dubiose Entscheidungen gefällt und zwei spanische Treffer nicht anerkannt hatte.

Italien war also raus, Spanien auch, Argentinien hatte sich schon in der Vorrunde verabschiedet. Die so starken Engländer, die nicht nur nach dem *legendary Five-One* von München als Mitfavorit galten und nach 1966 endlich den zweiten Titel holen wollten, scheiterten im Viertelfinale an Brasilien. Viel Konkurrenz war also nicht mehr da, als sich Völlers Mannen nach einem späten Tor von Oliver Neuville über Paraguay und einem Ballack-Treffer gegen die USA minimalistisch ins Halbfinale gegen Korea geschunden hatten.

So mühsam beide Auftritte anzusehen waren, so sehr war im Lauf der K.-o.-Runde eine Mannschaft zusammengewachsen, war ein Teamgeist entstanden, den zuvor kaum einer für denkbar gehalten hatte in diesem Pulk von Einzelkämpfern, die sich anfangs für dieses Turnier nicht wirklich begeistern konnten. So etwa Leverkusens Bernd Schneider, der nach dem Einchecken im WM-Quartier in Miyazaki bekannte: »Es bereitet mir am meisten Kopfzerbrechen, dass es für meine Playstation keinen Anschluss gibt.«

Vor dem Halbfinale gegen Südkorea erklärte Christian Ziege, der Spirit habe inzwischen ein so hohes Niveau erreicht, dass es ihm »fast beängstigend« erscheine. Als verschworener Haufen knüpfte man Bande gegen die Experten vor Ort und in der Heimat. Etwa gegen Szenekenner wie Franz Beckenbauer, der nach dem USA-Spiel über die deutsche Mannschaft mit seiner Obergiesinger Sensibilität gewohnt einfühlsam urteilte: »Wenn man alle außer Kahn in einen Sack steckt und draufhaut, erwischt man immer die Richtigen.«

Dazu kam, dass sich das Team die Spiele gar nicht erst schönzureden versuchte, sondern es leid war, sich dauernd in Rechtfertigungen zu flüchten, sich stattdessen selbstbewusst zum schmucklosen Zweckfußball bekannte. Noch mal Christian Ziege freudig: »Vielleicht errumpeln wir uns jetzt ja den WM-Titel.«

Den Gemeinschaftssinn jener Tage verkörperte am besten Michael Ballack mit seinem Auftritt im Halbfinale. Als er mit seinem Foul nach 71 Minuten eine koreanische Torchance vereitelte, dafür die zweite Gelbe Karte des Turniers sah und damit für ein Finale gesperrt war. Anders als Paul Gascoigne zwölf Jahre zuvor in Turin heulte Ballack aber nicht rum, sondern schoss Deutschland vier Minuten später in das siebte WM-Endspiel seiner Geschichte. Die Tränen hob er sich, wie er danach sagte, für einen ruhigen Moment nach Abpfiff in der Kabine auf. Und dass er danach »wenig bis gar nicht geschlafen« habe, meinte er noch. »Ich muss mich damit abfinden.«

So wie andere vor ihm, die ein Finale wegen einer zweiten Verwarnung verpassten. Cannigia 1990. Costacurta 1994. Laurent Blanc 1998. Illustre Namen. Kein Ausfall aber wog wohl so schwer wie der von Ballack, der schon gegen die USA das einzige Tor des Spiels erzielt hatte und im Turnier immer mehr der absolute Chef im Mittelfeld wurde. »Michael ist nicht zu ersetzen«, meinte Völler vor dem Endspiel. Genauso wenig wie Kahn. Ballack und Kahn, das waren die beiden großen Protagonisten dieser erstaunlich guten Mannschaft. Und im Finale wurden beide zu tragischen Figuren. Ballack, weil er nicht spielen durfte. Kahn, weil er patzte.

Schneider, Neuville, Ramelow, selbst Jeremies, der Ballack-Ersatz, sie alle zeigten ein gutes Spiel. Klose wirkte gezeichnet vom Turnier, seit der Vorrunde hatte er nicht mehr getroffen. Dann ließ Kahn den Ball prallen, Ronaldo schob vorbei zur Führung, zwölf Minuten später traf er zur Entscheidung.

Völler brachte noch den alten Bierhoff, der sich bei seinem letzten Turnier brav in die Reservistenrolle gefügt hatte. Den jungen Asamoah. Auch Ziege noch. Half alles nichts. Brasilien siegte 2:0 und feierte die *Penta*. Den fünften WM-Titel.

Aus der Heimat war das Team während des Turniers von Altstars wie Stürmer Careca, dem WM-Teilnehmer von 1986 und 1990, viel kritisiert worden, weil es eben nicht mehr so schön spielte wie 1962, 1970, 1982, das übliche Herumgenörgele eben, wenn die *Seleção* dem hehren Anspruch des *Jogo Bonito* aus den Zeiten von Garrincha, Pelé, Sócrates nicht gerecht wird. Überhaupt waren die Erwartungen eher gering. Ein Jahr zuvor hatte sich Luiz Felipe Scolari unmittelbar nach Amtsantritt gleich einmal mit dem desaströsen Viertelfinal-Aus bei der Copa America gegen Honduras blamiert, in der Qualifikation für die WM zitterte man bis zum letzten Spieltag. Als trockener Pragmatiker verordnete der schmallippige Scolari ein Prinzip der maximalen Fehlerminimierung, nüchtern und effizient, fern von Zauber und Magie. Mehr Handwerk als Hokuspokus. Außerdem müssten seine Spieler mehr foulen, sagte er schon zu Turnierbeginn. Das *Jogo Rústico*.

Dabei hatte Scolari natürlich eine große Mannschaft. Der stampfende Roberto Carlos auf der linken Außenbahn, der schnelle Cafu rechts. Und vorne natürlich Rivaldo, Ronaldinho und Ronaldo, der in den Jahren nach dem Drama vom Finale 1998 schon kurz vor dem Karriereende stand. 1999 riss seine Patellasehne, und als er ein halbes Jahr später sein Comeback feierte, stand er fünf Minuten auf dem Platz, dann riss die Sehne erneut. Eineinhalb Jahre kämpfte er sich durch die Reha, Anfang 2002 pausierte er drei Monate mit einem kaputten Oberschenkel. Doch nun schoss Ronaldo Brasilien zum Titel und krönte sich auch noch zum Torschützenkönig. Dieser »stramme Bursche mit der physischen Konstitution eines Boxchampions und den Füßen eines Fred Astaire«, wie der spanische Schriftsteller Manuel Vázquez Montalbán ihn einmal beschrieb.

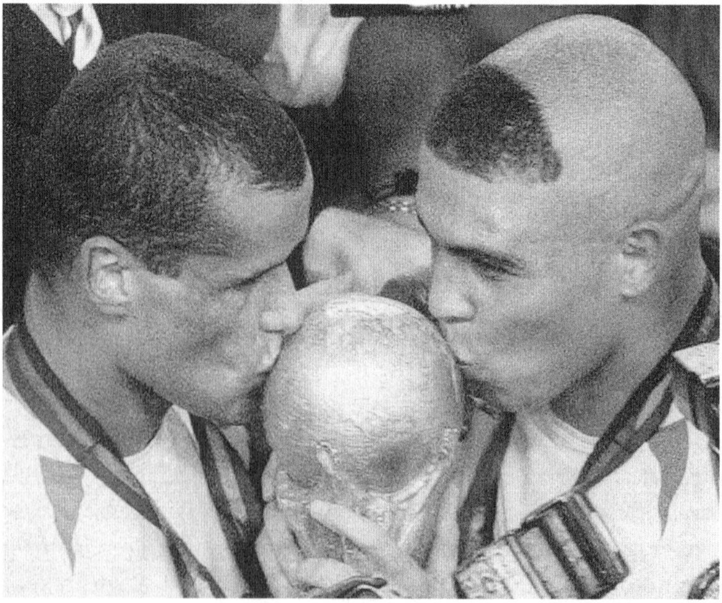

Zwei Stürmerstars und eine interessante Frisur: Brasiliens Rivaldo (links) und Ronaldo küssen nach dem Finalsieg über Deutschland und dem fünften Titel einer Seleção den WM-Pokal.

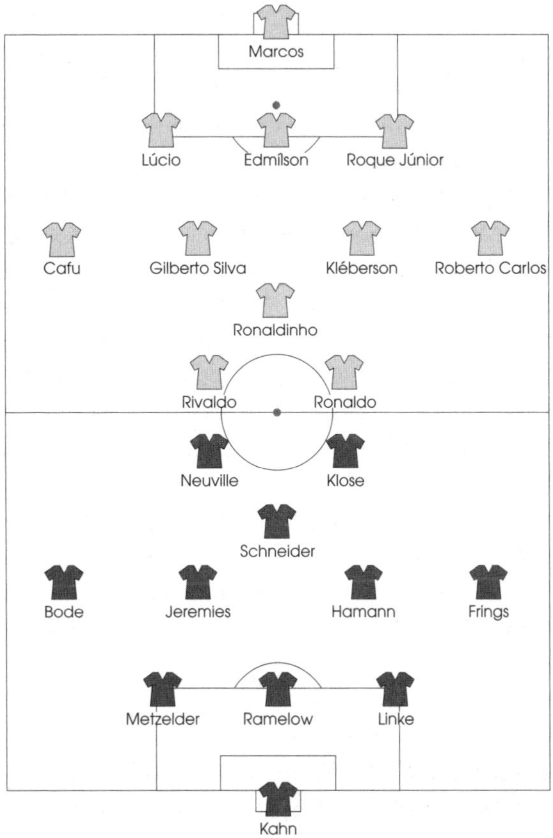

Startaufstellung Brasilien (oben) gegen Deutschland (unten), WM-Finale 2002

In den Katakomben tanzten die neuen Weltmeister Polonaise, grüßten per Videoschalte live auf Großleinwänden in die Straßen der Heimat. In der Kabine trank Ronaldo, wie FIFA-Offizielle schilderten, sechs Flaschen Bier. Ein Sixpack auf die Penta.

Sehr viel nüchterner verliefen die weiteren Beziehungen der beiden Gastgeberländer nach dem Turnier. Die Hoffnung auf mehr Annäherung durch die WM blieb reine Illusion. Unter Ministerpräsident Shinzō Abe erfuhr Japan ab 2012 wieder einen revanchistischen Rechtsruck, zu Verbrechen und Schuld in der Kolonial- und Kriegszeit wollte man sich nicht mehr bekennen. Forderungen nach Entschädigungen von südkoreanischen Zwangsarbeitern durch japanische Firmen sah die Regierung in Tokio als inakzeptablen Affront. 2021 stufte das Verteidigungsministerium in Seoul Japan vom Status eines »Partners« zum »Nachbarn« herab. Eine Umfrage in beiden Ländern ergab: Nur 28 Prozent der Südkoreaner hatten einen positiven Eindruck von Japan. Umgekehrt waren es nur 23 Prozent. So blieb die WM 2002 auch in ihrer Nachwirkung kein gemeinsames Co-Host-Event, vielmehr ein Turnier zweier einzelner, unabhängig voneinander operierender Gastgebernationen.

Für Rudi Völler und seine Truppe endete die WM mit einer langen Nacht im Festsaal *Nichirin* des *Sheraton Bay Tower* in Yokohama. Man feierte die Vizeweltmeisterschaft zum Live-Sound der Popband Pur, Kanzler Schröder war auch dabei. »Ab jetzt«, sagte der junge Verteidiger Christoph Metzelder, bevor man um sieben Uhr früh zusammenpackte und Richtung Flughafen aufbrach, »gibt es nur noch ein Ziel. Die Weltmeisterschaft 2006.«

Als die Welt dann wieder nur in einem Land zu Gast war. Bei Freunden.

AUCH DAS NOCH WAS SIE SONST ÜBER DIE WM 2002 UNBEDINGT WISSEN MÜSSEN

2 Mal in Folge erreichte Guus Hiddink als bisher einziger Trainer bei einer Weltmeisterschaft ein Spiel um Platz 3. 1998 mit den Niederlanden, 2002 mit Südkorea. Beide Male wurde er Vierter.

4 brasilianische Spieler waren nach dem Endspiel Thema bei Kanzlerkandidat Stoiber. Sein Kommentar zum Spiel: »Wer ein Trio vorne hat, wie Ronaldo, Ronaldinho und, äh, die anderen Brasilianer, Carlo, Roberto Carlos. Das ist, äh, Rivaldo dazu noch, Rivaldo, äh, und Ronaldinho und Ronaldo also – und das dann verloren zu haben. Das ist zwar bitter, aber nicht so bitter.«

5 Tore erzielte Miro Klose bei der WM, alle per Kopf. Bis heute der Spieler mit den meisten Kopfballtreffern während einer WM.

7 Städte (drei in Südkorea, vier in Japan) waren Austragungsort der Spiele Brasiliens. So viele verschiedene Stadien bereiste während eines Turniers bis heute kein anderer Weltmeister.

11 Sekunden waren gespielt, als Hakan Şükür im Spiel um Platz 3 gegen Südkorea (3:2) das 1:0 erzielte. Bis heute das schnellste Tor der WM-Geschichte.

13 Tore erzielte Australiens Archie Thompson im April 2001 gegen Amerikanisch Samoa, mehr als jeder andere Spieler je in einem WM-Qualifikationsspiel. Auch das Endergebnis ist bis heute Rekord für ein offizielles Länderspiel – 31:0.

16 Sekunden nach seiner Einwechslung traf Stürmer Richard Morales für Uruguay zum 1:3 gegen Senegal (Endstand 3:3). Das bis heute schnellste Joker-Tor bei einer WM.

43° 4′ N, 141° 21′ O, die Koordinaten von Sapporo, in dessen *Sapporo Dome* drei Vorrundenspiele stattfanden. Bis heute der am weitesten östlich gelegene Spielort der WM-Geschichte.

2217 Minuten stand Italiens Paolo Maldini bei 23 Einsätzen in vier WM-Turnieren auf dem Platz. Damit überbot er 2002 den Rekord von Lothar Matthäus (2047). Maldinis Bestmarke steht bis heute.

8011 Kilometer liegen zwischen den Flughäfen von Calgary und Tokio. Die Strecke überbrückten Gerhard Schröder und Premierminister Jun'ichirō Koizumi nach dem Weltwirtschaftsgipfel in Kanada auf dem Weg zum WM-Finale gemeinsam in der japanischen Regierungsmaschine. Der Bundeskanzler war der erste ausländische Regierungschef, dem diese Ehre zuteilwurde.

2006 IN DEUTSCHLAND

Und dann scheint auch noch die Sonne: Mit ausgelassener Stimmung und wochenlanger Party wird das Sommermärchen zu einer weltweit erfolgreichen Imagekampagne für das Gastgeberland. Wie Jürgen Klinsmann alte Strukturen aufbricht und ein finaler Kopfstoß zum Kunstwerk wird. Von einem Zettel fürs Museum, einem Killer aus Kalifornien und einem Bestechungsversuch mit Schwarzwälder Schinken und Kuckucksuhr.

Nach gut einer Stunde wurde der Unmut des Publikums größer, das Pfeifkonzert lauter. Naohiro Takahara hatte erst Michael Ballack genarrt, dann schob er flach ins Tor. Ballack wirkte insgesamt recht überfordert an diesem trostlosen Abend in der Leverkusener BayArena, der *Kicker* gab dem DFB-Kapitän die Note 5. So wie auch seinen Mitspielern Jansen, Borowski, Podolski. Einen Einser als bester Akteur auf dem Platz verdiente sich nur Jens Lehmann, weil er mit seinen Paraden ein Debakel verhinderte, im Testspiel gegen Japan. Sorgten die späten Tore von Klose und Schweinsteiger zumindest noch für ein schmeichelhaftes 2:2, so hielt sich nach diesem zähen Auftritt einer müden Nationalmannschaft der Optimismus ziemlich in Grenzen.

Ganze zehn Tage vor Beginn der Heim-WM.

Aus dem Ausland kam kübelweise Spott. Spaniens Fachblatt *Marca* schrieb von einem »erbärmlichen Leistungsstand der Deutschen«, mit denen man »nur noch Mitleid« haben könne. Die *Gazzetta dello Sport*: »Deutschland humpelt gegen Japan.« Dass die Humpel-Rumpler dann leichtfüßig durch unvergessene vier Wochen tänzeln würden, war nicht zu ahnen. Zu frisch war auch noch die Erinnerung an den März. An ein 1:4 gegen Italien in Florenz. Noch sprach niemand von einer großen Party. Niemand vom Sommermärchen.

Und selbstverständlich auch noch niemand von den dubiosen Geschäften hinter den Kulissen, von Stimmenkäufen, sonderbaren Geldflüssen und schummrigen Transaktionen rund um die Vergabe des Turniers.

Sicher, etwas eigenartig muteten die Umstände bereits an jenem 6. Juli 2000 an, als Sepp Blatter in Zürich einen Zettel aus einem Kuvert zog und nach einer dramaturgischen Pause den Gastgeber für 2006 verkündete: »And the winner is ... Deutschland.« Zu verdanken war der mit 12:11 Stimmen knapp errungene Erfolg dem Neuseeländer Charles Dempsey, der unmittelbar vor der finalen Abstimmung des 24-köpfigen FIFA-Exekutivkomitees völlig überraschend den Raum verlassen hatte, sich damit der Stimme enthielt und entgegen allen Erwartungen und auch Absprachen nicht für Mitbewerber Südafrika votierte. Bei Gleichstand von 12:12 hätte die Stimme von FIFA-Boss Blatter doppelt gezählt – und der favorisierte ja bekanntermaßen den deutschen Konkurrenten vom Kap.

Etwas kryptisch fabulierte der damals 79-Jährige Dempsey, es sei »eine Entscheidung für den Fußball gewesen, keine politische«, um später in einem Interview einen »Druck durch einflussreiche europäische Interessensgruppen« einzuräumen. Doch was er damit meinte? Es blieb viel Raum für Interpretation und Spekulation. Am lustigsten liest sich natürlich immer noch die Version von Martin Sonneborn, der als Chefredakteur des Satire-Magazins *Titanic* am Vorabend der Abstimmung Faxe ins Züricher *Grand Hotel Dolder* geschickt hatte mit der Bitte, die »hochwertige Nachricht« an sieben dort residierende Exekutivmitglieder der FIFA weiterzuleiten, darunter eben auch Mr Dempsey.

In den auf Englisch verfassten Schreiben, die die Rezeptionisten in Umschläge steckten und unter der Tür in die jeweiligen Zimmer schoben, konnten die Funktionäre dann lesen, was sie im Gegenzug für ihre Unterstützung der deutschen Bewerbung alles an Geschenken bekämen: »Einen Korb mit Spezialitäten aus dem Schwarzwald, mit guten Würsten, Schinken und einer Kuckucksuhr. Und sogar einen Bierkrug.« Ob das Sonneborn-Fax tatsächlich den Ausschlag gab, dass Dempsey aus Angst vor einer Verwicklung in Bestechungsversuche einknickte und sich lieber komplett zurückzog?

Dem Nachrichtensender CNN sagte Charles Dempsey immerhin einmal: »The final fax broke my neck.« Worauf Satiriker Sonneborn 2005 das wunderschöne Buch veröffentlichte: *»Ich tat es für mein Land« – Wie TITANIC einmal die Fußball-WM 2006 nach Deutschland holte.*

Wem es auch immer zu verdanken war, die Euphorie in der deutschen Bewerbungsdelegation rund um Franz Beckenbauer war enorm, ganz begeistert zeigte sich im Gespräch mit der *Süddeutschen Zeitung* auch einer der sogenannten WM-Botschafter, die jahrelang auf PR-Tour für den Kandidaten Deutschland im Einsatz waren. Begeistert prophezeite dieser ehemalige Nationalspieler zwei Tage nach der Vergabe im Juli 2000 mit seherischen Fähigkeiten, dass die WM der Welt »2006 ein ganz anderes Bild von Deutschland zeigen« werde, und zwar »das eines multikulturellen, internationalen Landes mit offenem Charakter«. Was er selbst denn 2006 zu tun gedenke, wurde er noch gefragt, in welcher Funktion er sich 2006 sehe. »Keine Ahnung, vielleicht etwas im internationalen Bereich«, sagte ebendieser Jürgen Klinsmann – und behielt damit ja irgendwie recht.

Nach einer miserablen EM 2004, in der die DFB-Auswahl wie schon vier Jahre zuvor sieglos und blamabel in der Vorrunde rausflog, war die Zeit von Rudi Völler vorbei. Fieberhaft suchte ein vom DFB installiertes, mit dem lustig sperrigen Namen *Trainerfindungskommission* bedachtes Gremium unter der Leitung von Franz Beckenbauer nach einem Nachfolger, doch die Akquise verkam zur grotesken Posse. Einer nach dem anderen sagte ab, Wunschkandidat Ottmar Hitzfeld ebenso wie Otto Rehhagel, der mit den Griechen eben Europameister geworden war. Kandidaten aus dem Ausland kamen ins Spiel. Guus Hiddink, Südkoreas Erfolgstrainer von 2002. Morten Olsen, der Däne. Keiner wollte.

Lothar Matthäus brachte sich selbst ins Spiel und wollte schon, nur wollte keiner ihn. Irgendwann meldete sich Bochums Trainer Peter Neururer, egal, bei wem der DFB jetzt noch anrufe, »als sechste, siebte Wahl würde sich jeder, der jetzt kommt, nur noch als Notnagel fühlen«. Auf die Idee, bei ihm anzurufen, kam die TFK übrigens nicht. Schade eigentlich, mit Bundestrainer Neururer zur Heim-WM, hätte was gehabt.

Stattdessen flog Berti Vogts nach Kalifornien und besuchte Jürgen Klinsmann in seinem Domizil in Huntington Beach. Die beiden konnten gut miteinander, als Juniorentrainer hatte Vogts ihn schon in der U16-Nationalmannschaft betreut, 1996 bei der EM gab er Klinsmann die Kapitänsbinde. Nun fragte er ihn, ob er sich nicht das Amt des Teamchefs vorstellen könnte. Und Klinsmann nickte. Das Staunen bei der DFB-Garde um Boss Gerhard Meyer-Vorfelder und Generalsekretär Horst Schmidt, einem Duo vom alten Schlag, war gewaltig, als ihnen Klinsmann dann bei den finalen Vertragsgesprächen in New York seine Visionen unterbreitete. Was er alles ändern wolle. Wo man umkrempeln müsse. Wo seine Reformen ansetzten.

Klinsmann, der schwäbische Bäckersbub, der in seinen sechs Jahren im *Golden State* den *californian way of life* längst verinnerlicht hatte, machte auf Visionär. Er holte den amerikanischen Fitnesstrainer Mark Verstegen aus Arizona, der als Devise ausgab, dank innovativer Workout-Performance samt Gummibändern »den besten Spieler zu bauen«, ähnlich wie bei einem Rennauto, wo es ja auch ums »Tuning« gehe, wie er sagte. Und Klinsmann holte mit Hans-Dieter Hermann auch einen Diplompsychologen. »Weil ich es wichtig finde, dass wir uns nicht nur über sportliche Dinge Gedanken machen«, wie Klinsmann erklärte, »sondern auch dem mentalen Bereich hohe Aufmerksamkeit schenken.« Ganz neue Töne in einer Zeit, in der im Leistungssport und gerade im Fußball noch immer die Meinung vorherrschte, wer zum Psychologen gehe, der sei eh schon reif für die Klapse.

Nein, Klinsmann war ganz anders als die Bundestrainer vor ihm, von Herberger über Schön und Derwall bis Franz und Vogts und Völler. Im Charisma und in der öffentlichen Wirkung, in seiner Aura konnte man ihn am ehesten noch mit Beckenbauer vergleichen. Nur war Beckenbauer kein wirklicher Visionär, dem war eher alles wurscht.

Klinsmann kam dafür daher wie ein junger CEO, wie der dynamische Gründer eines lässigen Start-ups. Anything goes, it's time for Zeitgeist. Als Reporter dachte man damals instinktiv an Parallelen zu Steve Jobs, wie er in seiner Garage in Los Altos mit seinem Kumpel Steve Wozniak den ersten Apple zusammenschraubte. So wie Klinsmann nun über neue Strukturen tüftelte und eine neue Mannschaft entwickelte, zusammen mit dem Partner an seiner Seite, seinem neuen Assistenten. Klinsmanns Wozniak hieß Jogi Löw.

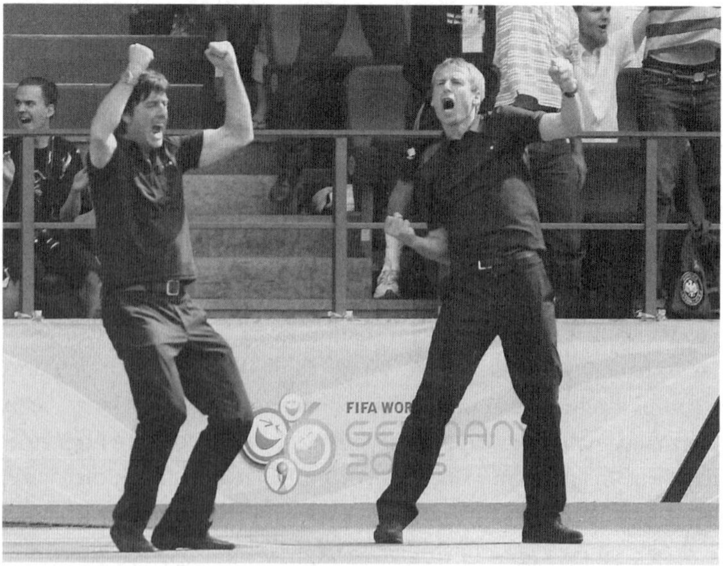

Zwei smarte Jungdynamiker fürs Sommermärchen: Jürgen Klinsmann (re.) und Jogi Löw, die mit ganz neuen Visionen antraten – und dabei auch alte Kräfte unsentimental ausmusterten.

Klinsmann verfügte auch über diese lässige amerikanische Attitüde mit dem smarten Auftreten des smiling Sonnyboy, der im Business recht schnell auf eiskalt kompromisslosen Geschäftsmann umschalten konnte. Was nach kurzer Zeit Sepp Maier zu spüren bekam, der 74er-Torwart, der 16 Jahre lang als Bundestorwarttrainer, kurz BTT, mit dem DFB unterwegs war. Keine drei Monate nach Klinsmanns Inauguration war Maier Geschichte, als ihn der neue Teamchef während einer Länderspielreise nach Teheran im Oktober 2004 einfach mal so rauswarf. Der Grund: Maier hatte sich im erbitterten und sehr öffentlich ausgetragenen Hauen und Stechen um die Position der Nummer 1 im deutschen Tor für die WM mehrmals klar gegen Jens Lehmann und für Oliver Kahn ausgesprochen, den er damals auch beim FC Bayern betreute. Kurz vor dem Abflug nach Iran hatte Maier via *Bild* noch einmal nachgelegt: »Lehmann kann sich aufhängen, Kahn ist der Bessere.« Maiers *famous last words* als BTT.

Was auf Maiers Demission folgte, waren heftige Reaktionen. Lothar Matthäus meldete sich in der Münchner *tz* und nannte seinen alten Erzrivalen Klinsmann einen »Killer«, aber es sei ja kein Wunder, schließlich gehe es beim DFB »schon seit Jahren nicht mehr um Menschlichkeit. Gerade seit Jürgen da ist.«

Im April 2006 sagte Matthäus dann: »Jürgen Klinsmann hat eine Zeit lang abgewartet, dann hat er zugeschlagen. So wie er es immer gemacht hat.« Der Rekordnationalspieler kommentierte damit die Degradierung von Oliver Kahn zum Ersatztorwart hinter Jens Lehmann für die WM.

Kahn und Lehmann hatten sich schon vor der EM 2004 immer wieder öffentlich gezofft, als Klinsmann noch im fernen Kalifornien weilte. Mal stichelte Lehmann gegen Kahn und auch noch gegen dessen Freundin, mal konterte Kahn, das Niveau seines Konkurrenten sei ihm zu unterirdisch, Lehmann könne es wohl nicht verkraften, sich in die Rolle des ewigen Reservisten zu fügen. Noch Ende März 2006 drückten beide ihre uneingeschränkte Überzeugung aus, bei der WM im Tor zu stehen. Anfang April verkündete Klinsmann dann seine Entscheidung. Pro Lehmann, contra Titan.

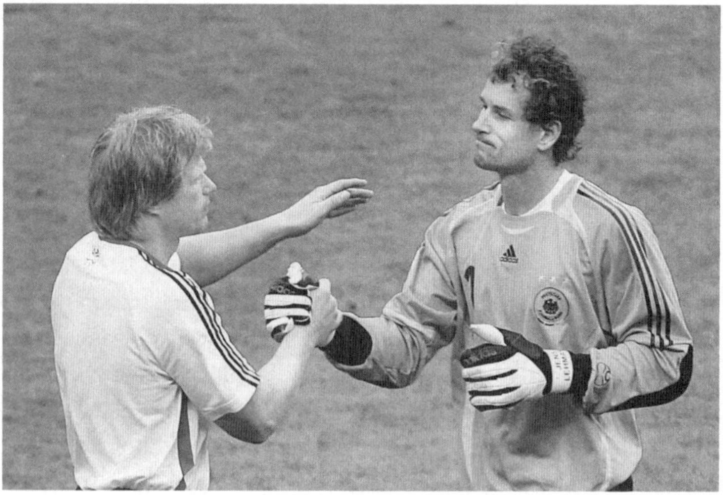

Mühsam rauften sie sich dann doch noch kollegial zusammen: Ersatztorwart Oliver Kahn beglückwünscht seinen Rivalen Jens Lehmann nach dem Elfmeterschießen gegen Argentinien.

Für Kahn begann eine schwere Zeit, zwei Tage nach seiner schmerzhaften Herabstufung spielte er mit den Bayern in der Liga in Bremen und hörte das ganze Weser-Stadion singen: »Ohne Olli fahr'n wir zur WM.« Bayern verlor bei Werder 0:3. Kahn dachte kurz an Rücktritt, wie er später bekannte, dann fügte er sich in sein Schicksal und in Selbstironie, als er etwa nur einen Monat später einen Werbespot für Paulaner drehte, in dem er im Biergarten dem sehr routinierten Weißbiertrinker Waldemar Hartmann zuprostete mit den Worten: »Gell, Waldi, auf der Bank ist es doch am schönsten.«

Gar nicht erst auf die Bank fanden bei der WM ganz andere Spieler, die sich viel Hoffnung auf eine Berufung gemacht hatten, bevor sie schließlich von Klinsmann ausgemustert wurden. Kurányi, Hamann, Wörns, Ernst.

Klinsmann ließ sich in seinem »Projekt«, wie er den Weg zum erhofften Titelgewinn nannte, nicht beirren. Viel hatte er versucht in den zwei Jahren, einem Dutzend Spieler zum Debüt in der Nationalmannschaft verholfen. Sechs von ihnen nahm er mit zur WM: Huth, Jansen, Hitzlsperger, Hanke, Mertesacker, Odonkor. Der Sturm und Drang der Jugend, das schien anfangs noch mitreißend und verheißungsvoll. Der Auftritt beim Confed Cup, der WM-Generalprobe ein Jahr zuvor, wurde noch gefeiert, als man mit unbekümmertem Offensivfußball zu Platz 3 stürmte, 4:3 gewann gegen Australien und Mexiko. Und nur knapp 2:3 gegen Brasilien verlor. Die Nationalmannschaft machte wieder richtig Spaß.

Doch je näher die WM rückte, desto größer wurde die Skepsis, ob das wirklich reicht. Nach dem 2:2 gegen Japan urteilte die *FAZ*: »Klinsmanns Hoffnung, seine jungen Spieler könnten sich in den zwei Jahren Vorbereitung signifikant weiterentwickeln, hat sich nicht erfüllt.« Die WM werde eine Wundertüte, in der alles drin sei, »zwischen Vorrundenaus und Finale«.

Was man aber auch nicht wusste: Wie wird die Stimmung im Land? Und für das Entfachen einer sommerlichen Freiluft-Begeisterung auch ganz wichtig: Wie wird das Wetter?

Ein nasskalter Mai zog ungemütlich bis in den Juni übers Land, aus Furcht vor einem komplett verregneten Turnier regte ein Ökonomieprofessor an, zur Ermöglichung von Straßenfesten und Grillpartys die dunklen Wolken nachts zwischen drei und sechs Uhr gezielt mithilfe von aus Flugzeugen versprühten silberjodidhaltigen Acetonlösungen abregnen zu lassen. Angesichts der Investitionen von drei Milliarden Euro für die ganze WM seien solche Kosten von bis zu 40 Millionen Euro durchaus vertretbar.

Aber das brauchte es nicht. Es wurde auch so Sommer, pünktlich zum Eröffnungsspiel gegen Costa Rica in München. Manche glaubten, die Ursache für den unverhofften Schönwettereinbruch sei ein stabiles Hochdruckgebiet gewesen. Beharrlicher hielt sich die These, dass es natürlich nur an Franz Beckenbauer lag, unklar war dabei nur, ob es die Rotorblätter seines Hubschraubers waren, die während seiner wochenlangen Reisen im Himmel über Deutschland die Wolken verwehten und für Sonnenschein sorgten. Oder ob es –

noch viel wahrscheinlicher – an ihm selbst lag. Weil ihm ja, so hatte man damals noch das Gefühl, eh immer alles glückte. Ob bei einem Schuss vom Weißbierglas auf die Torwand oder als meteorologischer Meistermagier. Und sehet, es werde Lichtgestalt. Fiat Franz. Habemus Kaiser.

Die entfachte Euphorie im Land zeigte sich vor allem an einer ganz neuen Einrichtung, die 2006 mit ihrer offiziellen Bezeichung FIFA-Fanfest an allen zwölf Spielorten ihre Premiere feierte. Die Fanmeile. In Berlin etwa strömten gleich zum Eröffnungsspiel an die 300 000 Menschen auf das gesperrte Areal auf der Straße des 17. Juni zwischen Großem Stern und Brandenburger Tor. Und von Spiel zu Spiel wurden es mehr.

Die Gesellschaft für deutsche Sprache in Wiesbaden kürte den Begriff Fanmeile später zum Wort des Jahres 2006. Was viel heiterer klang als die Gewinner der folgenden fünf Jahre: Klimakatastrophe. Finanzkrise. Abwrackprämie. Wutbürger. Stresstest.

Die Fanmeile war Ausdruck jenes Lebensgefühls, das das Land damals erfasste und auch gut passte zu den erfrischenden Auftritten der deutschen Mannschaft. Das wilde 4:2 gegen Costa Rica durch den Schlenzer von Lahm, der Doppelpack durch Klose, der Schlusspunkt durch Frings, all das war bezeichnend für die unbekümmerte Bolzplatzmentalität der Truppe. Abwehrfehler? Defensivschwäche? Egal! Hauptsache, mehr Tore schießen als kassieren. Vom »aufregendsten Eröffnungsspiel seit 40 Jahren« schrieb die französische Zeitung *Libération* und freute sich über ein »Deutschland mit Pauken und Trompeten«. Nichts mehr war zu lesen vom gefürchteten teutonischen Kraftfußball, von Analogien mit deutschen Panzern und Stahlhelmtruppen, die mit ihrem brachialen Brutalismus jahrzehntelang zum Albtraum fußballerischer Feingeistästheten wurden. Und jetzt? Oha, Deutschland konnte ja richtig schön spielen.

Und noch viel beängstigender: Da war eine deutsche Nationalmannschaft ja mal wieder richtig sympathisch. Huch!

Ganz bezeichnend, dass es nicht wie früher die fokussierten Gesichter von entschlossenen Führungsspielern waren, die das Bild prägten. Nicht wie 2002 der ernste Michael Ballack oder auch Oliver Kahn, der Titan, über den der *Stern* in der Woche nach dem Finale getitelt hatte: »Mensch Kahn.« Um nach seinem Fehler im Endspiel das Land daran zu erinnern: Seht her, es handelt sich auch bei ihm nur um einen Mensch. Nun aber hatte man statt Alphatieren Kindsköpfe im Schaufenster, zwei unbekümmerte junge Burschen, den Poldi und den Schweini. Lukas Podolski und Bastian Schweinsteiger, die 2004 erstmals gemeinsam in der U21 des DFB spielten. »Ich kann mich noch erinnern, als ich dich zum ersten Mal getroffen habe«, schrieb Podolski einmal seinem Kumpel, als der 2019 seine Karriere beendete. »Du hattest so blond gefärbte Haare, du warst der Typ aus Bayern und ich der Junge aus Kölle. Wir waren quasi noch Teenager und wollten einfach nur kicken.« Sehr schnell kickten sie dann in der A-Nationalmannschaft, nach der überraschenden Berufung durch Rudi Völler fuhren sie nach einem U21-Spiel in Mainz zusammen mit dem Auto nach Kaiserslautern, debütierten im Juni 2004 beim 0:2 gegen Ungarn.

2005 saßen sie dann schon gemeinsam auf Gottschalks Couch bei *Wetten, dass …?*. Von links nach rechts: Poldi, Thommy, Schweini. Lustig.

Lukas Podolski wehrte sich einmal gegen den Begriff der »Klassenclowns« und betonte, dass man immer genau gewusst habe, wann man den Schalter von albern auf ernst umlegen musste. Aber genau das war ja der Grund ihrer Beliebtheit. Ohne Leistung auf dem Platz nur als Hampelmänner vor den Kameras herumblödeln, da wäre der zweisame Zauber schnell verflogen. So aber wurden sie gerade bei dieser WM zu den Symbolfiguren für den Aufbruch in eine neue Fußballzeit.

Als Quartier wählte Klinsmann das Schlosshotel Grunewald, einen mondänen Prachtbau im Stil der französischen Renaissance, 42 Zimmer, zwölf Suiten. Peter Ustinov hatte hier schon residiert, auch Gina Lollobrigida, Helmut Kohl feierte dort mal Geburtstag. Eine Wohlfühloase, ähnlich dem Castello 1990 in Erba, der Wannsee wurde zum neuen Lago di Como. Zwar wurde die Anlage an der

Brahmsstraße 10 von humorlosem Wachpersonal streng abgeschirmt, raus ließ Klinsmann – ähnlich wie einst Beckenbauer – die Spieler aber dennoch. Ballack und Schweinsteiger gingen mal zum Shoppen auf den Ku'damm, Podolski und Kahn suchten den Golfplatz auf, Lehmann und Metzelder flanierten am Prenzlauer Berg und gönnten sich, wie Investigativreporter des *Tagesspiegel* recherchierten, mit ihren Freundinnen ein Eis vorm Café *Kauf dich glücklich*.

Sehr glücklich waren aber auch viele andere Menschen im Land, bei denen die Nationalmannschaften aus aller Welt ihr Domizil bezogen. In Wangen im Allgäu bereiteten die Bewohner dem Team aus Togo mit ihrem Kölner Nationaltrainer Otto Pfister einen überwältigenden Empfang, der an weltmeisterliche Willkommenspartys am Frankfurter Römer erinnerte. Über das konsequent schöne Wetter war Wangens OB Michael Lang übrigens sehr froh, er hatte Togos Verbandsboss Rock Gnassingbé zuvor schwören müssen, dass es im Sommer im Allgäu nicht schneit.

Quer übers Land waren die Nationen in den Herbergen unterschiedlicher Kategorien verteilt, die Aussies zogen sich in ein altes Jagdhotel in Friedrichsruhe zurück, von Down Under nach Meck Pomm. Italien ließ im Duisburger Landhaus von Gewichtheber Rolf Milser die Muskeln spielen, Costa Rica begnügte sich mit dem *Holiday Inn* in Heidelberg-Walldorf, vier Sterne, direkt an der A5. Paraguay: die Sportschule Oberhaching.

Und Brasilien logierte im Taunus, im *Kempinski* in Königstein. Nur dass der Bürgermeister, ein Herr Helm, dort nicht so fröhlich war und klagte, man würde von den amtierenden Weltmeistern gar nichts sehen, sie würden sich auch beim Training nur hinter Schutzplanen verschanzen und abends zum Essen mit dem Taxi nach Bad Homburg fahren. Wo es doch auch in Königstein so viele gute Lokale gebe.

Zurück zum Sport: Nach dem Sieg über Costa Rica folgte das dramatische Spiel in Dortmund gegen Polen, ein hochklassiges Spiel, in dem die Klinsmänner allein in der letzten halben Stunde 11:0-Torschüsse verbuchten, in dem es aber bis zur 91. Minute noch immer

0:0 stand. Bis David Odonkor über rechts kam und Oliver Neuville die Hereingabe ins Tor schob. Eine Co-Produktion der beiden Joker, die erst in der zweiten Hälfte aufs Feld kamen. Weil das Stadion so bebte, zeigten die Kameras nur verwackelte Bilder, wie Capitano Ballack fäusteballend auf die Schulter von Neuville und Klose sprang, wie Klinsmann Andy Köpke, den neuen Maiersepp als BTT, fest an sich drückte. Der tüchtig treue Bernd Schneider lief auch noch ins Bild, Bernd Schneider, sie nannten ihn *Schnix*.

Diese Szene, dieses Tor, das war der ultimative Türöffner, der Urknall, der Big Bang für die Big Party im Land. Auch die Reporter englischer Zeitungen ließen sich noch im Stadion von der Stimmung anstecken, der *Daily Telegraph* schrieb am nächsten Tag von einer »elektrisierenden Atmosphäre«. Und der *Independent* meinte: »Das Feiern war so ungezügelt, als hätte Deutschland die WM schon gewonnen. Vielleicht werden sie das auch tun.«

Das 3:0 gegen Ecuador zum Abschluss der Gruppe, zweimal Klose, dazu Podolski – ein lockeres Schaulaufen.

Und auf den anderen Plätzen? Quälte sich ein alterndes England um den am Mittelfuß angeschlagenen Jungstar Wayne Rooney ins Achtelfinale. Sah man solide Italiener, die wie immer in einer WM-Vorrunde den Pragmatismus zur Kunstform erklärten. Staunte man über die Wampe von Weltmeister Ronaldo, der vor dem Turnier mit 95 Kilo im brasilianischen Trainingslager aufgeschlagen war. Knirschte es bei den Franzosen, die sich nach der Rückkehr ihres Zizou Zidane gerade noch ins Achtelfinale quälten. Stolperten lustlose Niederländer irgendwie weiter, mit wenig Fun, aber viel van. Bommel, Persie, Bronckhorst, der Vaart, der Sar, Nistelrooy.

Begeistert ins Viertelfinale und weiter in den Favoritenkreis spielte sich lediglich Argentinien, angefeuert von einem ungezähmten Diego Maradona auf der Tribüne und mit mitreißenden Auftritten wie beim 6:0 über Serbien. Mit einem Starensemble um Riquelme, Mascherano, Tévez und Crespo, dazu mit einem Nachwuchstalent namens Lionel Messi.

Argentinien kam dann noch. Erst einmal war Schweden. Das

Achtelfinale in München, das nach zwölf Minuten und zwei Podolski-Toren nach zwei Klose-Vorlagen bereits entschieden war, das in seiner Wucht manche Beobachter aber an das gewaltige 4:1 gegen Jugoslawien 1990 erinnerte. »Die Rädchen greifen ineinander«, freute sich Coach Klinsmann, das Gesamtpaket stimmte, dazu zählte auch Sönke Wortmann, der als Regisseur des späteren Sommermärchens der Mannschaft vor dem Spiel noch die Highlights der Vorrunde in einem Kurzclip präsentierte hatte. Zwo-dreißig für 90 Minuten.

Das schwedische *Aftonbladet* konstatierte ernüchtert: »Nie zuvor ist eine schwedische Nationalmannschaft dermaßen überfahren, verprügelt und in Grund und Boden gespielt worden.« In Spanien verkündete *El País* exklusiv: »Deutschland hat die Revolution ausgerufen.« *El País* war das Blatt, das nach dem EM-Aus 1984 noch darum gebeten hatte, die »Bestie« DFB-Elf möge »in ihrem eigenen Urin ertrinken«. Und *L'Équipe* wurde schon langsam panisch: »Jetzt machen sie Angst.«

Wirklich unheimlich wurde vor dem Argentinien-Spiel vor allem die immer größere Harmonie im Team. Selbst Oliver Kahn, der zu Beginn der WM noch geknurrt hatte, er werde sich mit der Reservistenrolle nicht abfinden, erklärte nun, er finde sich mit der Reservistenrolle ab, und würdige die Leistung von Konkurrent Lehmann als »absolut tadellos«. Derweil umschmeichelte DFB-Boss Theo Zwanziger den Oberrevoluzzer Klinsmann in der Hoffnung auf eine Vertragsverlängerung über 2006 hinaus, während Klinsmann seinen Verteidiger Philipp Lahm lobte, den er gerne Paolo nannte. In Anlehnung an den großen Maldini. Uli Hoeneß funkte vom Tegernsee sicherheitshalber mal dazwischen, also den Lahm, den würde sein FC Bayern nicht einmal für 100 Millionen Euro verkaufen.

Auch im Ausland schwärmten sie von Klinsmann, Jorge Valdano, Argentiniens Weltmeister von 1986, huldigte ihm in der *Süddeutschen Zeitung*: »Er weiß den Spielern einen Sinn von Freude und Abenteuer zu vermitteln. Beides strahlt diese deutsche Mannschaft auch aus. Das Deutschland der neuen Ideen – die Idee ist Klinsmann.«

Neue Ideen brauchte Klinsmann im Viertelfinale tatsächlich, als

Roberto Ayala Argentinien kurz nach der Pause in Führung geköpft hatte. Minutenlang beratschlagte sich der Teamchef mit Jogi Löw, als stiller Arbeiter im Schatten des strahlenden Motivationscoachs Klinsmann der heimliche Taktiker und Chefstratege. Dann brachten sie Odonkor für Schneider, Borowski für den schwachen Schweinsteiger, mehr Offensive, mehr Esprit. Darauf reagierte auch Argentiniens José Pekerman – und beging mit der Auswechslung von Spielmacher Riquelme und Stürmer Crespo den wohl größten Fehler seiner langen Trainerkarriere. Absichern, das Ergebnis halten, das funktionierte nicht. Nach Flanke Ballack leitete Borowski weiter auf Kloses Kopf, 1:1. Verlängerung. Elferschießen.

Der berühmte Zettel, den Jens Lehmann vor den Schüssen der Argentinier studierte und ihn sich dann wieder in den Stutzen steckte, ist seit 2007 als Exponat im Haus der Geschichte in Bonn zu bewundern. Ein Stück Papier, oben in der Mitte das Logo des Schlosshotels Grunewald, unten die Adresse. Dazwischen Namen und Nummern. Heinze 6 links flach. Rodriguez 18 links. Ayala 2 lange warten, langer Anlauf rechts.

In einer spontanen Eingebung hatte Torwarttrainer Köpke auf einem Notizblock vor der Abfahrt aus dem Quartier ins Stadion noch die bevorzugten Ecken argentinischer Elfmeterschützen aus Sicht des Torwarts vermerkt. Während des Spiels lag der Zettel in der Kabine, bevor ihn Köpke rechtzeitig zur Entscheidung holte und drei Namen durchstrich. Die ausgewechselten Riquelme und Crespo. Den nicht eingewechselten Messi.

Beim Stand von 2:2 schoss Ayala. Lehmann las rechts, sprang dann nach links und hielt den Ball. Später hielt er auch den Schuss von Cambiasso, der stand aber gar nicht auf dem Zettel. Dass es ihm gar nicht viel gebracht hätte, sagte Lehmann einmal. Immerhin brachte er die Argentinier ziemlich aus dem Konzept und dann auch um die Fassung. Womöglich auch wegen einer herablassenden Geste von Tim Borowski wurden die geschlagenen Kombattanten nach dem letzten Elfer unhöflich, dann flogen die Fäuste. Argentiniens Cufre verwechselte den blonden Mertesacker wohl mit dem blonden

Borowski und sprang ihm in Oberschenkel und Unterleib. Gesperrt wurde allerdings dummerweise Torsten Frings, nachdem die FIFA nach Auswertung der TV-Bilder einen Faustschlag des Bremers gegen Julio Cruz gesehen hatte.

Weil durchsickerte, der italienische Verband hätte bei der FIFA gepetzt und auf die Sichtung des Bildmaterials beharrt, war der Empfang für die *Squadra Azzurra* beim Halbfinale in Dortmund entsprechend unterkühlt. Wieder ging es in die Verlängerung, nach einem torlosen, aber sehr rasanten Abnutzungskampf, den der alte Pelé gar als »bestes Spiel der ganzen WM« wertete. Immer müder wirkte die Klinsmann-Truppe, Klose zermürbte sich an der Abwehr um Materazzi und Cannavaro, Podolski scheiterte manchmal an Buffon, meist an sich selbst. Auch die Einwechslungen wie Odonkor und Neuville brachten diesmal wenig, anders als noch gegen Polen. Und Ballack beschäftigte sich mehr mit Defensivarbeit als mit Spielwitz. Etwa so wie Matthäus im WM-Finale 1986.

Als man sich längst fragte, welche italienischen Schützen Andi Köpke diesmal auf den Zettel verschriftet hatte, kam nach 118 Minuten nach einer Ecke Andrea Pirlo an den Ball, er bediente den frei stehenden Fabio Grosso, der die Kugel vorbei am tatenlosen Ballack und dem vergeblich hinterherhechtenden Lehmann ins Eck schlenzte. »Un grande gol, un grandissimo gol!«, schrie der Reporter von *Sky Italia* ins Mikro, und wenig später, als Del Piero nach einem Konter noch zum 2:0 nachlegte, rief er: »Andiamo a Berlino!« Berlin, Berlin, Italien fuhr nach Berlin.

Und Deutschland nach Stuttgart. Zum Spiel um Platz 3.

Aus den Lautsprechern des Dortmunder Stadions dröhnte das unvermeidliche »You'll never walk alone«, Michael Ballack saß alleine, er weinte, auf den Rängen weinten viele mit ihm. Sprechen wollte kaum mehr einer an diesem Abend, am nächsten Tag aber sprach Jürgen Klinsmann. Er sagte gefasst und kalifornisch optimistisch, dass »in dieser Mannschaft ein wunderbarer Geist« herrsche. »Wir haben großen Fußball gezeigt, die Mannschaft hat ein ganzes Land stolz gemacht.« Seine eigene Zukunft ließ er da noch offen.

Im undankbaren Trostpreis-Kick gegen Portugal durfte dann auch Oliver Kahn noch mal ran, in seinem allerletzten Länderspiel, wie er nach Abpfiff erklärte. »Ich kann mit mir im Reinen sein«, sagte Kahn, »bei der nächsten WM wäre ich 40, das ist mir zu viel Arbeit.« Für Deutschland traf zweimal Schweinsteiger, auch zwei Portugiesen trafen. Petit ins eigene und Nuno Gomes ins richtige Tor, darum gewann Klinsmann sein letztes Spiel als Teamchef 3:1.

Am Tag danach fuhr man dann noch nach Berlin, auf der Fanmeile vor dem Brandenburger Tor kam es zur großen Abschiedsfete mit den Fans. Die Spieler trugen T-Shirts mit »Danke Deutschland« und »Teamgeist 82 Millionen«, die Sportfreunde Stiller spielten auf, Bastian Schweinsteiger griff zu den Drumsticks, auf Transparenten forderten manche: »Klinsmann muss bleiben.« Klinsmann zog sein sonnigstes Huntington-Beach-Lächeln auf – und blieb nicht. Zwei Tage später erklärte er auf einer Pressekonferenz seinen Abschied. Weil er keine Energie mehr habe, so die Begründung. »Ich habe das Gefühl, ausgebrannt zu sein, und werde mir erst einmal ein halbes Jahr Urlaub gönnen und in keinster Weise etwas anderes annehmen.« Daher wolle er nur »zurück in die Normalität«.

Zurück an den Pazifik.

Als Nachfolger stand sofort Joachim Löw fest, den Klinsmann noch mehr einen Partner denn einen Assistenten nannte. »Ich selbst

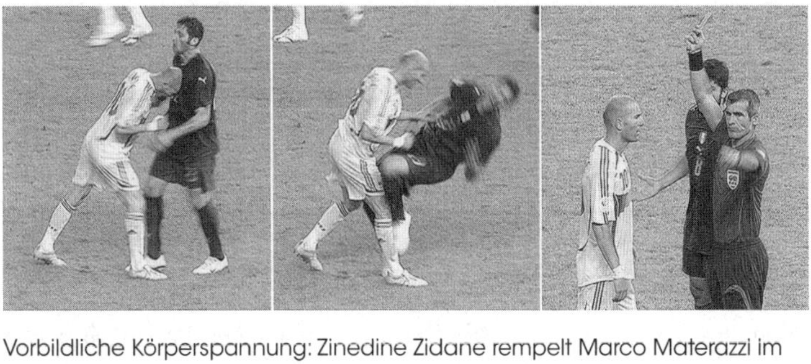

Vorbildliche Körperspannung: Zinedine Zidane rempelt Marco Materazzi im Finale per Kopf um. Schiedsrichter Elizondo schickt den Franzosen daraufhin vom Platz.

hatte eher die Funktion eines Supervisors, der schaute, dass eins ins andere greift. Die eigentliche Arbeit hat er verrichtet.«

Joachim Löw unterschrieb einen Zweijahresvertrag bis zur EM 2008. Er blieb dann noch ein wenig länger.

Im Finale traf Italien auf Frankreich und Marco Materazzi auf Zinédine Zidane, Treffer der beiden führten das Spiel mit 1:1 in die Verlängerung. Nach einem Zupfer an seinem Textil sagte Zidane seinem Gegenspieler, dass er nach Abpfiff das Trikot gerne haben könne. Darauf erwiderte Materazzi: »Preferisco la puttana di tua sorella.« Er bevorzuge seine Schwester, die Nutte.

Der in Algerien geborene französische Künstler Adel Abdessemed enthüllte 2012 vor dem Centre Pompidou in Paris eine fünf Meter hohe Skulptur, die Zidanes damals so formschön vollendeten Kopfstoß unter vorbildlicher Körperspannung gegen Materazzis Brust als Bronzeguss zeigte. 2013 wanderte das Kunstwerk ins Arabische Museum für Moderne Kunst in Katar.

Zidane, der im Spiel mit einem sehr hochmütigen Elfmeter Frankreich in Führung gelupft hatte, sah Rot, es war das Ende einer großen Karriere. Im Elfmeterschießen setzte David Trezeguet seinen Versuch an die Latte, das reichte für Italien zum vierten WM-Triumph. Anders als seine Vorgänger, die alten Catenaccio-Schüler Maldini, Zoff und Trapattoni, hatte Trainer Marcello Lippi die richtige Mischung und das richtige Gespür zwischen Kompromisslosigkeit und Kreativität gefunden, mit seinen Gattusos und Cannavaros, den Pirlos und Del Pieros.

Was die Heim-WM, dieses Sommermärchen, aber wirklich brachte? Aus rein ökonomischer Sicht herzlich wenig. Entgegen den Prognosen von Wirtschaftsforschern gab es weder einen enormen Zuwachs an Arbeitsplätzen noch ein Umsatzplus im Einzelhandel. Im Kaufrausch zeigten sich weder die deutschen Fans noch die 1,3 Millionen WM-Touristen aus aller Welt. Gewinner waren vor allem Brauereien und Textilfabrikanten dank der Produktion von schwarz-rot-goldenen Fahnen, Hemden, Utensilien. Und mächtig Kasse machten natürlich die Big Player. Der DFB mit einem Plus von 135 Millionen Euro. Bei Adidas stieg der Gewinn im Jahr 2006 dank des Verkaufs von Trikots, Bällen, Schuhen um 26 Prozent auf 480 Millionen Euro.

Professor Markus Voeth, Leiter des Lehrstuhls für Marketing der Universität Hohenheim in Stuttgart, ging in der *Süddeutschen Zeitung* 2010 sogar noch weiter, als er sagte, eine WM sei »produktivitätsvernichtend«, da sich zu viele Arbeitnehmer während der Arbeitszeit mit Fußball beschäftigen würden. Die Einbußen des Bruttosozialprodukts für die WM 2006 bezifferte er auf 0,27 Prozent.

Positiver zu beziffern waren die Auswirkungen im weltweiten Ansehen. Die Deutschen zeigten sich als herzliche und weltoffene Freunde für die Gäste der Welt. Angesichts konstant steigender Übernachtungszahlen ausländischer Touristen sagte auch eine Sprecherin des deutschen Tourismusverbandes 2015: »Die Fußball-WM 2006 in Deutschland hat für einen Sprung gesorgt, seither hat sich das Image Deutschlands stark verbessert.«

Bliebe da nur noch die Schattenseite des Märchensommers. 2015 berichtete der *Spiegel* erstmals von ominösen Zahlungen und Geldflüssen, von schwarzen Kassen und Stimmenkäufen im Vorfeld der Vergabe der WM, von krummen Geschäften und einem dubiosen Hin-und-her-Geschiebe von 6,7 Millionen Euro zwischen dem damaligen Adidas-Chef Robert Louis-Dreyfus, OK-Chef Beckenbauer und dem schillernden katarischen FIFA-Strippenzieher Mohamed Bin Hammam.

Eine entscheidende Rolle im Buhlen um wichtige Stimmen im Exekutivkomitee soll dabei Medienmogul Leo Kirch gespielt haben. Wie das Hamburger Nachrichtenmagazin weiter berichtete, sorgten auch Spiele der Nationalmannschaft und des FC Bayern in Thailand, Saudi-Arabien oder Malta für gute Stimmung, nicht nur bei den Fans aus sportlicher Sicht wegen des prominenten Besuchs aus Deutschland, sondern auch bei wichtigen Funktionären, die sich als direkte Empfänger ausgesprochen üppiger Zahlungen an Fernsehgeldern freuen durften.

Laut *Spiegel*-Kenntnis aus dem Prüfbericht seien »mehr als zehn

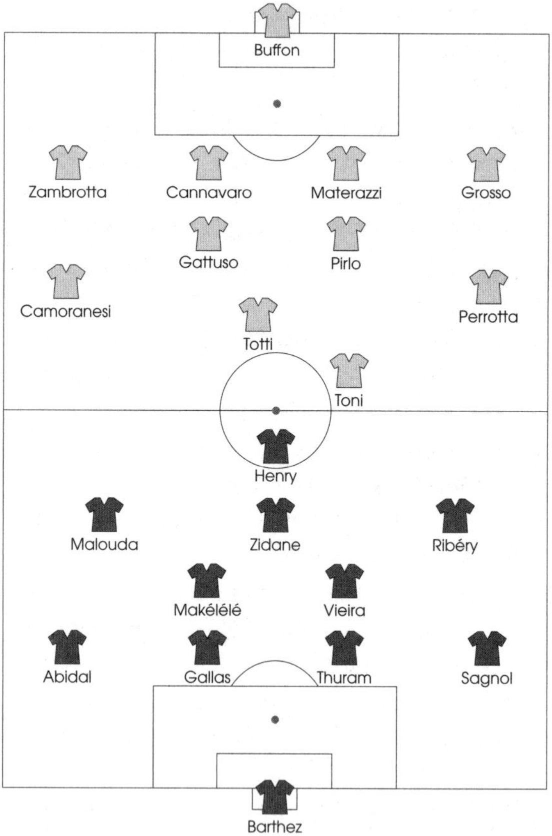

Startaufstellung Italien (oben) gegen Frankreich (unten), WM-Finale 2006

Millionen Euro über Beraterverträge oder Freundschaftsspiele an Dritte zwecks Stimmensicherung gezahlt worden«. Und: »Die bisherigen Erkenntnisse ergeben, dass FIFA-Exekutivmitglieder beziehungsweise ihre Nationalverbände über die Kirch-Gruppe beträchtliche Geldbeträge erhalten haben und so ihr Stimmverhalten massiv beeinflusst wurde.«

Eine Rolle spielten auch der berüchtigte Jack Warner aus Trinidad und ein nur vier Tage vor der Vergabe im Juli 2000 geschlossener Vertrag. Darin garantierte der DFB der CONCACAF, dem Verband von Nord- und Mittelamerika, zehn Millionen Euro, vier Millionen davon als Ausrüstung mit Sportartikeln von Adidas. Eine, wie es hieß, »dringende Last-Minute-Aktion«.

In dem sehr hörenswerten Podcast *11 Leben* erklärte Uli Hoeneß im November 2021, das Sommermärchen sei nicht durch Schmiergeld gekauft worden und auch nicht durch Auftritte des FC Bayern: »Wir haben ein reines Gewissen.« Der FC Bayern hätte damals ein Angebot bekommen, diese Spiele zu machen, »wir haben irre viel Geld dafür gekriegt, irre viel Geld. Und dann sind wir hingefahren und haben gespielt. Wenn ich ein Angebot in der Größenordnung bekomme für ein Freundschaftsspiel, da frag ich nicht lang.« Und überhaupt, dass man nach so langer Zeit noch immer in der damaligen Zeit herumstochern würde: »So blöd können nur die Deutschen sein.« Vielleicht sind sie auch einfach nur gründlicher.

Juristisch aufgeklärt wurde gerade der Geldfluss der 6,7 Millionen Euro bisher nie. Ein Prozess vor dem Schweizer Bundesstrafgericht in Bellinzona endete im April 2020 wegen Verjährung der Vorwürfe ergebnislos. Im Februar 2021 folgte die rechtsprechende Kammer der FIFA-Ethikkommission und beendete die Ermittlungen gegen Ex-DFB-Präsident Zwanziger, seinen Nachfolger Niersbach und Ex-Generalsekretär Schmidt und OK-Chef Beckenbauer aus den gleichen Gründen. Verjährt. Zu lange her.

Die ganze Wahrheit, wer wann wie viel erhielt und wie es dazu kam, dass Deutschland Gastgeber dieses an sich so schönen Fußballsommers wurde, wird wohl nie restlos geklärt sein.

Vielleicht lag es am Ende aber wirklich nur an Herrn Sonneborn und seiner Kuckucksuhr.

AUCH DAS NOCH WAS SIE SONST ÜBER DIE WM 2006 UNBEDINGT WISSEN MÜSSEN

0 Tore kassierte die Schweiz in der regulären Spielzeit, das Aus im Achtelfinale kam nach einem 0:0 gegen die Ukraine im Elfmeterschießen. Die Eidgenossen sind damit bis heute die einzige Nation, die bei einer WM ohne ein einziges Gegentor blieb.

3 Zentimeter zu klein fühlte sich Ecuadors Christian Lara in der FIFA-Statistik. Der Weltverband hatte ihn mit 1,62 Metern als kleinsten Spieler des Turniers angekündigt. Tatsächlich sei er doch 1,65 Meter groß, protestierte der Mittelfeldspieler. Der Titel des Spielers mit dem geringsten Körperwuchs ging dann mit 1,63 Meter an Bakary Koné von der Elfenbeinküste. Der beschwerte sich nicht. Das war wahre Größe.

4 Gelb-Rote Karten gab es im Achtelfinale zwischen Portugal und den Niederlanden (1:0). Costinha, Deco, Boulahrouz, van Bronckhorst. Bis heute das WM-Spiel mit den meisten Platzverweisen.

7 Tage nur nach der Einweihung des Jürgen-Klinsmann-Wegs am Stadion des SC Geislingen im Sommer 2006 wurde das nagelneue Straßenschild als Souvenir entwendet. Der Teamchef hatte in der Jugend beim SC gespielt, bevor er 1978 zu den Stuttgarter Kickers wechselte. Das Verbrechen wurde nie aufgeklärt. Aktenzeichen JK ungelöst.

12 WM-Spiele in Folge gewann Luiz Felipe Scolari als Trainer. Sieben mit Brasilien 2002, fünf mit Portugal in Deutschland. Bis heute ein Rekord.

23 Großbildschirme ließ Jordaniens König Abdullah II. fürs Public Viewing in den Armenvierteln von Amman aufstellen. Fernseher waren in den meisten Haushalten Mangelware.

46 Jahre und 175 Tage alt war McDonald Taylor sen. im Februar 2004 beim Spiel seiner Amerikanischen Jungferninseln gegen St. Kitts & Nevis (0:4) – bis heute der älteste Spieler bei einem WM-Qualifikationsspiel.

2000 Treffer in der WM-Geschichte waren gefallen, als Schwedens Markus Allbäck beim 2:2 gegen England in der 51. Minute den Ausgleich zum 1:1 erzielte.

6500 Kilometer radelten Akram Marufshonow und Musadshon Chornidow aus ihrer Heimat Taschkent für ein Autogramm von Oliver Kahn nach Berlin. Als der DFB-Ersatztorwart den Wunsch bereitwillig erfüllte, übermannten Marufshonow die Emotionen: »Herr Kahn! Sie glauben gar nicht, welche Ehre sie mir zuteilwerden lassen«, so der junge Usbeke. Dann drehten sie um und radelten wieder heim.

11 678 Tage war Gerd Müller mit seinen 14 Toren seit dem Finale 1974 WM-Rekordtorschütze. Bis zum 27. Juni 2006, als ihn Ronaldo bei seinem Tor zum 1:0 gegen Ghana mit 15 Treffern überholte.

MIT SOMBREROS UND OHNE HOSEN – DIE WM-MASKOTTCHEN

Willie, Goleo, Tip & Tap: Von rachitischen Jungkickern aus der Steinzeit der Grafik, zerknautschten Orangen und grenzdebilen Zotteltieren, von Marketing auf Senfgläsern und Unterhosen. Mit dem englischen Löwen eines Kinderbuchzeichners fing alles an.

Es waren noch 573 Tage bis zum Auftakt der WM, als Deutschland in Schockstarre verfiel. Anlass war eine entsetzliche Offenbarung, eine schreckliche Enthüllung in der bis dahin immer so unschrecklich netten Samstagabendshow *Wetten, dass..?*, die immer so gemütlich dahinplätscherte, bei der man in dösender Apathie auf der Wohnzimmercouch immer nur bei den Auftritten des ewigen Chris de Burgh zum Kurzmalwegzappen animiert wurde. Und weil Chris de Burgh eben gefühlt immer auftrat, zappte man eben bei jeder Sendung einmal weg.

Diesmal aber musste man dranbleiben, diesmal war das Grauen zu groß. Manchmal ist das ja so, der Horror ist so unvorstellbar schlimm, man kann gar nicht anders als hinschauen, sicher auch, um sich zu vergewissern, dass das alles eben sehr real ist und kein furchtbarer Albtraum. Thomas Gottschalk stand an jenem Novembertag in einem Saal der Messe Leipzig, neben ihm gesellten sich Franz Beckenbauer und Pelé dazu, und gemeinsam zelebrierten sie die feierliche Inauguration des Maskottchens der Heim-WM 2006 und präsentierten ein sagenhaft vertrotteltes Zottelvieh, das einen sprechenden Fußball dabeihatte, der sich Pille nannte und so überdreht wirkte, als habe er sich solch eine eben eingeworfen. Das zwei Meter dreißig große tumbe Ungetüm wurde als »Goleo VI« begrüßt, was wiederum zwei Fragen aufwarf. Die erste: Wie grenzdebil waren wohl die fünf Vorgänger unterwegs? Zum anderen den viel entscheidenderen Punkt, den tags darauf die *Bild am Sonntag* thematisierte: »Warum hat unser WM-Löwe keine Hose?« Immerhin hatte das findige Investigativressort aus dem Hause Springer schon herausrecherchiert, dass es sich bei dem monströsen Fellknäuel nicht um eine durchaus auch denkbare Kreuzung zwischen einem kanadischen Grizzly und einem grunzochsend tibetischen Weideyak handelte. Sondern eben um einen Löwen. Einen hosenlosen.

Gottschalk fragte, ob die Großmutter vielleicht ein Lama gewesen sei.

Übrigens wirkte Thomas Gottschalk in seinem kessen Safari-Anzug mit Wildtieroptik auch, als wäre er gerade auf PR-Tour in eigener Sache unterwegs, als Kandidat für das Maskottchen 2010 in Südafrika. Gottschalk scheiterte bei der Endauswahl knapp, es gewann ein Leopard mit Namen *Zakumi*, der ein T-Shirt trug und glücklicherweise auch wieder eine Hose.

Die Tradition, jede Weltmeisterschaft mit irgendeinem Fabelwesen zu garnieren, begann 1966. Den Anfang machte *Willie*, ein sehr geradlinig kantiger Löwe, den der englische Kinderbuchillustrator Reg Hoye entworfen hatte. Für die Skizze benötigte er ganze fünf Minuten, Modell stand sein zwölfjähriger Sohn Leo. Willie wurde zum *Face of the World Cup*, leibhaftig begrüßte er Uwe Seeler nach der Landung in England an der Flugzeug-Gangway oder besuchte Franz Beckenbauer im Mannschaftsquartier in den Midlands zum Mittagessen. Etliche Darsteller schlüpften in das Löwenkostüm mit dem Union-Jack-Shirt, man sah Willie auf Bettwäsche und Bierdeckeln, auf Handtaschen und Kartenspielen. Und man hörte von ihm im offiziellen WM-Song des schottischen Songwriters Lonnie Donegan, der dem World-Cup-Willie in freilich etwas holprigem Versmaß huldigte. »He's tough as a lion and never will give up / That's why Willie is favourite for the Cup.« Mit den Tieren war es dann aber gleich mal vorbei, denn nun kamen die Jungs.

Nach dem netten *Juanito* in Mexiko 1970 präsentierte DFB-Boss Neuberger Ende 1971 die Maskottchen für die bevorstehende Heim-WM. *Tip und Tap*, entworfen von einem gewissen Horst Schäfer, dem Hausgrafiker bei der ebenfalls von Neuberger betreuten Saartoto GmbH. Die Begeisterung über die Optik hielt sich in Grenzen, die

Süddeutsche Zeitung erkannte »zwei rachitische Jungkicker« und attestierte einen »Rückfall in die Steinzeit der Grafik und des Designs«. Der damalige DFB-Pressechef Wilfried Gerhardt konterte die Kritik mit dem überzeugenden Argument: »Wir hatten 1500 Einsendungen. Aber es gab keinen besseren Vorschlag.« Tip und Tap zierten später Senfgläser, Krawatten und Unterhosen. Bei Karstadt gab es einen Kopfkissenbezug mit den beiden Rotzlöffeln, für 7,50 D-Mark, wahlweise in Gelb, Rot oder Grün, in der Zeitungsannonce stand das gleich neben dem Angebot zur Federkernmatratze *Windsor* für 129.– Mark, voll biegsam und mit wärmender Winterseite aus bauschelastischem Fiberfill.

Dass der Grafiker Schäfer auf die Schuhe von Tip und Tap übrigens drei Streifen zeichnete, sei Zufall gewesen, beteuerte Hermann Neuberger, von Adidas habe es dafür keine Mark gegeben.

1978 steckte man das Maskottchen *Gauchito* in ein argentinisches Nationaltrikot, in Anlehnung an einen Freiheitskämpfer Antonio »El Gauchito« Gil, eine Art südamerikanischer Robin Hood, was in Zeiten der systematischen Unterdrückung durch die Militärdiktatur recht zynisch klang. In den Filialen der Bayerischen Vereinsbank verteilte man *Gauchito*-Aufkleber und WM-Heftchen mit lustigen Geschichten des drolligen Kerls, dazu warb man für den Kauf eines Farbfernsehers mit einem Privatkredit von phänomenalen 7,4 Prozent (»So günstig wie nie zuvor!«) effektivem Jahreszins. Recht teuer wurde es für die deutschen Hersteller, die bei der FIFA 1982 die offizielle Lizenz fürs Merchandisingmaskottchen erworben und für 100 Millionen Mark rund 800 unterschiedliche Artikel mit dem spanischen *Naranjito* entworfen hatten. Die knautschige Orange wurde zum Ladenhüter, später stampfte man Artikel im Wert von 50 Millionen Mark wieder ein. Ziemlich saftig für eine Apfelsine.

Bei der Rückkehr nach Mexiko 1986 gab es einen *Pique*, der einen solch beeindruckenden Sombrero aufhatte wie Lothar Matthäus beim Videoclip des WM-Songs mit Peter Alexander, 1990 in Italien folgte mit dem grün-weiß-roten *Ciao* die erste am Computer entworfene Figur, die man sogar als Animation über den Bildschirm laufen lassen konnte. Danach gesichtet: Hund *Striker* (1994), Hahn *Footix* (1998). 2002 in Fernost dann die drei *Spheriks*, ein Schwachmaten-Trio namens *Kaz, Ato, Nik*, Teletubbies für Arme.

Als die Firma von Muppets-Erfinder Jim Henson *Goleo* mit Schuhgröße 58, aber eben ohne Hose auf den Markt brachte, gab es viel Hohn und Spott, warum bei Entwicklungskosten von 250 000 Euro da kein Geld mehr für ein Textilstück untenrum dringewesen sei. Der renommierte und vielfach ausgezeichnete Bremer Designer und Kunstprofessor Erik Spiekermann lästerte blumig: »Es reicht nicht, keine Ideen zu haben, man muss auch unfähig sein, diese umzusetzen.« Die Premiere bei Gottschalk erlebte Martin Paas übrigens als »ein einziges Desaster«, wie er später dem *Spiegel* schilderte. Der Schauspieler Paas steckte damals im Goleo-Kostüm, nach draußen sah er nur über zwei Monitore, die Kamera steckte in einem Auge. Plötzlich aber fielen die Bildschirme aus. »Es war wie in einem U-Boot«, sagte Paas. »Und dann macht einer das Licht aus.« Möglich, dass er auch deswegen so tapsig wirkte.

Das Glück bei all dem Unglück, das Goleo von Anfang an begleitete, war nur, dass er ein Trikot anhatte, sonst hätten sie ihn im Frühjahr 2006 am Ende gar noch mit Problembär Bruno verwechselt, bevor sie diesen dann in Bayerns schönen Bergen abschossen.

Nach *Zakumi* kam 2014 in Brasilien das Kugelgürteltier *Fuleco* und in Russland 2018 Wolf *Zabivaka*. Dazu gesellten sich auch bei vielen anderen Großereignissen noch zahlreiche andere Scheußlichkeiten. Gerade bei Olympischen Spielen, grausam fantasielose Fantasiewesen, die alle sehr schnell wieder zu vergessen waren. *Soohorang*, der weiße Tiger von Pyeongchang 2018. *Miraitowa*, das karierte Irgendwas aus Tokio 2020. Oder auch 2010 in Vancouver das Murmeltier *Mukmuk* mit dem Sasquatch *Quatchi*. Völliger Quatsch.

Ohne Aura, ohne Charisma. Ohne Charme. Dann noch lieber ohne Hose.

2010 IN SÜDAFRIKA

Und wieder ein neuer Kontinent – eine Premiere mit vielen Versprechungen und vielen Enttäuschungen. Wie Jogi Löw mit einer verjüngten Auswahl den radikalen Umbruch volllzieht, warum der Torschützenkönig seine Oma grüßt und wie sich der neue Weltmeister hypnotisch ins Paradies spielt. Von einer Party mit Pudelmützen, vom Groll des abgesägten Capitano und von Stadien als Giraffen, Zebras und weißen Elefanten.

Im Dezember 2021 empfing der Baroka FC, der Erstligist aus der nördlichsten Landesprovinz Limpopo, die Mannschaft von Cape Town City. Dass das Heimspiel gegen den Tabellenzehnten der südafrikanischen Premiership ohne Publikum stattfand, lag an den Corona-Beschränkungen, es fiel aber auch nicht weiter auf. Als vor Pandemiebeginn Zuschauer noch zugelassen waren, kamen ja auch kaum Besucher ins Peter-Mokaba-Stadion von Polokwane mit seiner Kapazität von 41 733 Plätzen.

Im Dezember 2019 gegen den Stellenbosch FC verloren sich 600 Menschen auf den Rängen. Kurz zuvor gegen das Team von AmaZulu FC waren es 300. Ein Auszug aus dem Spielplan im selben Stadion im Jahr 2010 samt Besucherzahl: Paraguay – Neuseeland 0:0, Zuschauer: 34 850. Frankreich – Mexiko 0:2, 35 370. Griechenland – Argentinien 0:2, 38 891.

Es ging ziemlich schnell ziemlich abwärts in Südafrika, zumindest mit den Zuschauerzahlen in den schönen neuen Stadien. Und sonst? Blieb etwas von der anfänglichen Euphorie, von der Hoffnung auf positive Effekte für das Land, auf bessere Trainingsbedingungen für den Nachwuchs bis hin zum wirtschaftlichen Aufschwung fürs ganze Volk? Von der Hoffnung auf ein besseres Leben? Was blieb außer großem Ärger und Frust, außer leeren Versprechungen und viel Enttäuschung? Außer leeren Rängen in viel zu großen Stadien?

Was hatte die FIFA ja bereits vor der Vergabe laut getönt, noch viel lauter getrötet als die vielen Tausend Vuvuzela-Trompeten, die später in den Stadien den Soundtrack der WM liefern sollten. Als bereits vorab feststand, dass diesmal aufgrund eines neu eingeführten Rotationsprinzips in jedem Fall eine afrikanische Nation das Turnier ausrichten darf. Was hatte man permanent rauf und runter proklamiert, welch große Chancen dieses Turnier der gastgebenden Nation bieten werde, ja gar dem gesamten Kontinent von Kairo bis nach Kapstadt. Die erste Fußball-WM auf afrikanischem Boden, ein historisches Ereignis, eine Zäsur.

Und welch wunderschöne Bilder man dann noch liefern konnte, als Südafrika nach der knappen Niederlage gegen Deutschland für die WM 2006 diesmal an jenem 15. Mai 2004 mit 14 Stimmen vor Mitkandidat Marokko (10) den Zuschlag erhielt. Wie der lachende Nelson Mandela in der FIFA-Zentrale am Zürichsee dastand, der alte Mandela mit seinen vielen heiteren Falten, dem schneeweißen Haar und diesem herrlich goldenen, fröhlich gemusterten Hemd. Wie er nun mit beiden Händen den WM-Pokal in die Kameras hielt. Der Freiheitskämpfer, der Friedensnobelpreisträger, das Idol der Anti-Apartheid-Bewegung. 27 Jahre von der rassistischen Regierung interniert, weil er für die Gleichberechtigung von Schwarz und Weiß kämpfte. Der dann fünf Jahre Präsident seines Landes war. Und der nun die WM ins Land holte. Rechts von ihm stand an diesem Tag der berührend lächelnde Desmond Tutu, noch so eine Ikone des jahrzehntelangen Kampfs um Gerechtigkeit, um Menschenrechte. Geht's noch ergreifender? Welch wunderbare Bilder für die FIFA, um sich als selbstlose Gutmenschen, als idealistische Brückenbauer für eine bessere Zukunft, eine harmonisch nationale Einheit zu inszenieren.

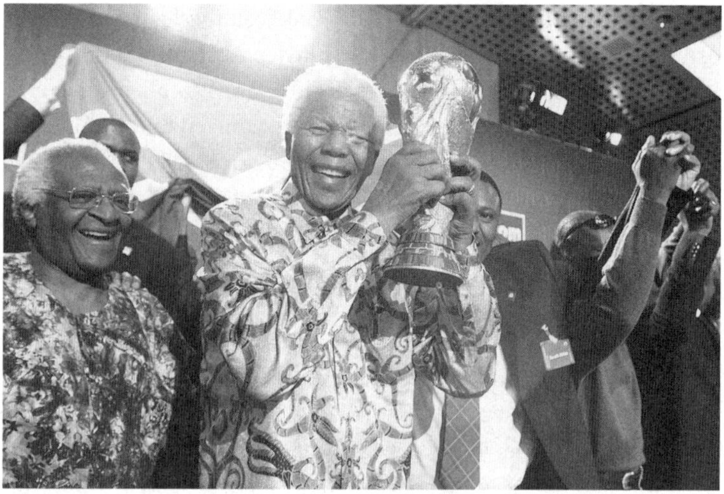

Große Euphorie bei zwei Legenden der Anti-Apartheid-Bewegung: Nelson Mandela und Desmond Tutu (li.) nach der Vergabe der FIFA für die WM 2010 an Südafrika.

Von »einem Triumph für ganz Afrika« sprach Sepp Blatter, dann drückte er Mandela ganz fest an sich und Desmond Tutu auch.

Und natürlich lagen sie sich auch in ganz Südafrika in den Armen, stürzten sich gemeinsam in einen kollektiven Freudentaumel, Schwarze, Weiße, alle. Zehntausende feierten auf den Straßen in Johannesburg und Kapstadt, in Durban und Bloemfontein, in Soweto und den vielen Townships, in denen man noch vorab für den Fall der Vergabe von der Aussicht auf mindestens 150 000 neue Arbeitsplätze beglückt wurde.

Sie tanzten, sangen, schossen Feuerwerke in die Luft und sahen beim Public Viewing auf die riesigen Großleinwände und hörten Nelson Mandela mit seinen 85 Jahren sagen: »Ich fühle mich wie ein 15-jähriger Junge.« Und dass man aber in der Stunde der Freude dieses Ergebnis »ohne Arroganz, sondern mit Demut und Bescheidenheit« annehmen müsse.

Bei allem Enthusiasmus in Südafrika und anderen Ländern des

Kontinents, wo die kenianische *Daily Nation* aus Nairobi die Wahl als das »beste Entwicklungshilfeprogramm für Afrika« bezeichnete, überwog in den Jahren bis zur WM international dennoch die Skepsis. Bei so viel Gewalt und Kriminalität, bei so viel Arbeitslosigkeit, bei so viel Korruption. Bei Unruhen in den Stadien wie 2001, als im Johannesburger Derby bei Ausschreitungen zwischen den verfeindeten Fans der Kaizer Chiefs und der Orlando Pirates 43 Menschen ums Leben kamen. Bei tödlichen Attacken auf Touristen wie im November 2007, als der frühere österreichische Profitorwart Peter Burgstaller zur Auslosung der WM-Qualifikationsgruppen nach Südafrika reiste – und er bei einem Raubüberfall auf einem Golfplatz in Durban erschossen wurde.

Da fragte man sich schon: Können die so ein Turnier? Wuppen die eine WM?

All die Kritiker fühlten sich bestätigt, als es durch Streiks der Bauarbeiter und logistische Pannen zu immer mehr Verzögerungen kam und, je näher die WM rückte, die Zweifel wuchsen, ob man überhaupt mit einem der zehn Stadien in den neun Spielorten rechtzeitig fertig würde. »Wir haben alles unter Kontrolle« – der bemühte, oft wiederholte Lieblingssatz von Issa Hayatou, dem Chef des afrikanischen Kontinentalverbands CAF, war als offenkundig beschwichtigende Durchhalteparole auch nur Wasser auf die Mühlen der Unkenrufer. Für großen Wirbel sorgte plötzlich auch Sepp Blatter selbst, als er zwei Jahre vor Anpfiff im Mai 2008 verdeutlichte, dass man sich bereits mit Überlegungen beschäftige, Südafrika das Turnier wieder zu entziehen und an ein anderes Land zu vergeben: »Ich wäre ein fahrlässiger FIFA-Chef, wenn nicht ein Plan B in der Schublade wäre.«

Wenig später ruderte er bei einem Inspektionsbesuch vor Ort zurück und erklärte: »Südafrika ist Plan B und auch Plan C.« Doch auf wirklich viel Interesse stieß das vor Ort auch wieder nicht, denn die Stimmung im Land war da schon längst gekippt, die Welle des Enthusiasmus abgeebbt. Man hatte ja ganz andere Sorgen. Die Wirtschaft stagnierte, dazu rieb sich das Volk am Korruptionsprozess gegen den überaus beliebten ANC-Chef Jacob Zuma und an seinem Machtkampf gegen Präsident Thabo Mbeki.

Und dann gab es natürlich noch all die exorbitanten und vor allem explodierenden Kosten, die das Zehnfache des ursprünglich veranschlagten Budgets erreichten. Viele Südafrikaner verdienten im Schnitt gerade mal einen Dollar am Tag. Und nun sollte rund eine Milliarde Dollar in die neuen Stadien gesteckt werden, von denen fünf komplett neu und die anderen fünf WM-tauglich umgebaut werden mussten? Arenen etwa wie das Mbombela-Stadium in Nelspruit, ganz im Nordosten des Landes, das man für 137 Millionen Dollar für ganze vier Vorrundenspiele und sechs Stunden Fußball hinstellte. Mit 18 riesigen Pylonen in Giraffenform. Mit Sitzen in Zebraoptik. Beeindruckende Architektur, als Referenz an die benachbarte Wildnis, das Stadion gewann internationale Designpreise.

Kurz vor der WM schrieb die *New York Times*, dass vor dem ersten Spatenstich für die schillernde Arena Bulldozer erst einmal zwei alteingesessene Schulen plattgewalzt hatten, die Schüler wurden umgesiedelt in stickige Provisorien, überhitzt und ohne Frischluft. Proteste der Eltern endeten in Tumulten, Straßenblockaden mit brennenden Reifen, die Polizei rückte mit Gummigeschossen an. Ein Anwohner sagte der Zeitung, wie sinnlos so eine Weltmeisterschaft sei, wenn es der eigenen Bevölkerung am Nötigsten fehlte. »Sie versprachen uns ein besseres Leben, aber schauen Sie sich hier nur mal um. Wenn ich unser Trinkwasser in ein Glas gieße, kann man immer genau beobachten, was alles darin herumschwimmt.« Es war alles etwas toxisch trüb. Das Wasserglas in Nelspruit. Die Stimmung im Land.

Auch der Confed Cup, die Generalprobe in vier noch immer unfertigen WM-Arenen, verlief in ihrer Rezeption überschaubar. Sepp Blatter klagte über halb volle Stadien und forderte, man solle zum Auffüllen der Ränge doch mit günstigen Tickets auch Schüler und arme Menschen reinlassen. Zuschauer wiederum beschwerten sich über fehlende Parkplätze, schlechte Beschilderung und ruppiges Ordnungspersonal. Und die Spieler jammerten über das zermür-

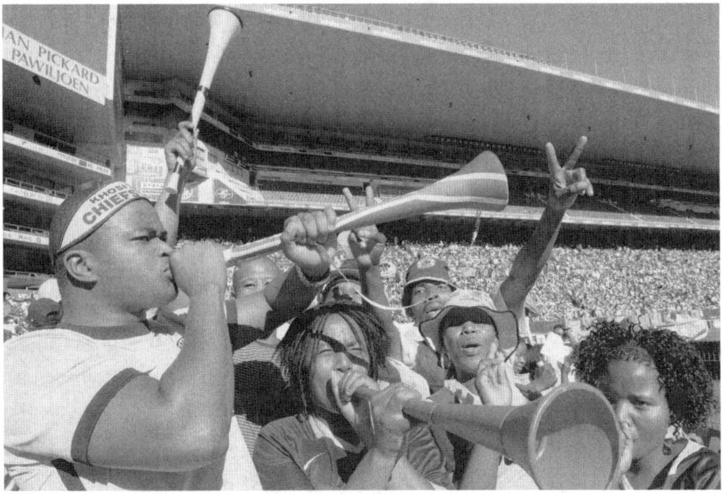

Da gab's mächtig auf die Ohren. Südafrikanische Fans sorgten mit ihren Vuvuzela-Tröten für den Sound der WM. Gerade europäische Spieler fanden den Lärm nicht ganz so lustig.

bende Gelärme dieser nervtötenden Vuvuzelas. »Es wäre gut, sie zu verbannen«, schimpfte Spaniens Mittelfeldstar Xabi Alonso, der grausige Lärm mache Kommunikation unter den Spielern auf dem Platz unmöglich: »Sie sind ein Ärgernis und tragen auch nicht zur Stimmung bei.« Vuvuzelas hatten sich in den zehn Jahren davor bei Fußballspielen immer mehr zum festen Utensil der südafrikanischen Fankultur entwickelt. Rund ein Meter lange Blasinstrumente aus Kunststoff, die nach dem Confed Cup 2009 trotz aller Proteste von Spielern, übertragenden TV-Sendern und von Millionen Zuschauern weltweit am Fernseher daheim auch für die WM 2010 zugelassen wurden.

Da half es auch nichts, dass sich Wissenschaftler wie der Aalener Hörakustik-Professor Eckhard Hoffmann in der *Ärztezeitung* angesichts des Outputs von über 130 Dezibel mahnend zu Wort meldeten. »Ein einziger Fanfarenstoß aus der afrikanischen Tröte könne ausreichen, um das Gehör dauerhaft zu schädigen«, so die Warnung des Experten. »Aus medizinischer Sicht gehört die Tröte verboten.« Aus Sicht von Sepp Blatter gehörte sie das nicht, er sagte: »Afrika ist laut, es ist voll Energie, Rhythmus, Musik, Tanz, Trommeln. Das ist Afrika, wir müssen dies so annehmen.« Deswegen lieferte die Vuvuzela auch den Grundton der WM 2010. In den Stadien und davor.

Findige PR-Touristiker hatten sich vor der WM noch einen netten Slogan einfallen lassen. »South Africa – it's possible.« Aber war es wirklich möglich, nach all der Vorgeschichte unter diesen Gegebenheiten ein schönes, unbeschwertes Fußballfest zu feiern? Beim Eröffnungsspiel im Soccer-City-Stadion von Johannesburg zwischen dem Gastgeber und Mexiko gaben zumindest nicht die Ehrengäste in den VIP-Logen die Antwort, nicht die organisierte Folklore während der Opening Ceremony, nicht der ewig lächelnde und winkende neue Staatspräsident Zuma und nicht die singende Shakira, mit *Waka Waka* im Bastrock. Die Antwort gab es gut zehn Kilometer entfernt im Thokoza Park von Soweto, wo Zehntausende Fans auf einer Wiese zusammenkamen, viele von ihnen auch deswegen, weil sie am monströsen Großbildschirm bei der offiziellen FIFA-Fanmeile nebenan im Cricket Ground technische Probleme hatten. Dass der Monitor hier deutlich winziger war, störte nicht, sie lachten und tanzten und feierten, und als Siphiwe Tshabalala nach 55 Minuten zum ersten WM-Tor in den rechten Winkel traf, überschütteten sie sich mit Bier und zündeten wieder Feuerwerke, wie hier schon sechs Jahre zuvor, als im fernen Zürich Mandela, Tutu und Blatter in glückseliger Dreifaltigkeit miteinander verschmolzen.

Es schien, als könnte es doch der herrliche Einstieg in einen wunderbaren Partymonat werden. Viele Menschen im Thokoza Park trugen an diesem kalten Tag Pudelmützen. Nach der grandiosen Stimmung in Deutschland 2006 hoffte Südafrika nun auf sein eigenes Wintermärchen.

Jogi Löw hoffte vor allem auf den WM-Titel. Wenngleich die Erwartungen eher gedämpft waren. Unter dem Klinsmann-Nachfolger hatte das Team mit vielen Altstars der WM 2006 zwei Jahre später bei der EM in Österreich und der Schweiz noch das Endspiel gegen

Spanien erreicht, dort aber knapp mit 0:1 verloren. Danach machte Löw den Schnitt – und eine radikale Verjüngung.

Für Südafrika nominierte er gleich sechs Spieler der U21-Europameister von 2009, die im Finale England mit 4:0 demontierten: Manuel Neuer, Jérôme Boateng, Mesut Özil, Sami Khedira, Marko Marin, Dennis Aogo. Dazu natürlich die nie alternden Schweinsteiger und Podolski. Außerdem noch ein weiteres junges Trio vom FC Bayern: Holger Badstuber (21). Toni Kroos (20). Und einen gewissen Thomas Müller (21). Eine unbekümmerte Truppe, wild, frech, aber doch recht unerfahren. Ein Kader, dem man es aber zuvor nicht zutraute, zu bestehen, zu schwerwiegend schienen die verletzungsbedingten Ausfälle. René Adler vom Hamburger SV, der von Löw zur klaren Nummer 1 im Tor erklärt worden war, der dann aber fünf Wochen vor Turnierbeginn in der Bundesliga bei einem Zusammenprall mit Dortmunds Aubameyang einen komplizierten Rippenbruch erlitt. Der Schalker Heiko Westermann, der sich im vorletzten Testspiel beim 3:0 gegen Ungarn einen Kahnbeinbruch zuzog, weil er den Stollen eines Gegenspielers ins Gesicht bekam. Stuttgarts Christian Träsch, der im Trainingslager in Südtirol unter eine Bande rutschte: schwere Kapselverletzung im Sprunggelenk.

Und dann natürlich Michael Ballack. Der Anführer. Der Spielmacher. Der Capitano, dessen Karriere in der Nationalmannschaft am 15. Mai 2010 in Wembley geendet hatte, im FA-Cup-Endspiel mit seinem FC Chelsea gegen den FC Portsmouth. Bei einem Tritt seines Gegenspielers Kevin-Prince Boateng erlitt Ballack einen Innenbandriss und einen Teilriss des Syndesmosebandes im rechten Sprunggelenk. Acht Wochen Pause bedeuteten das Aus für die WM. Wäre solch ein Verlust für die Löw-Truppe zu verschmerzen? Was ist die Mannschaft ohne Ballack wert? Und wie sehr schlägt das dem Kader selbst aufs Gemüt?

Der gebürtige Berliner Boateng, der sich, anders als sein jüngerer Bruder Jérôme, dazu entschieden hatte, für das Land seines ghanaischen Vaters zu spielen, schrieb 2016 in seiner Autobiografie, er habe nach dem Foul zwar viele Hassbotschaften deutscher Fans erhalten, aber auch überraschende Mitteilungen aus dem DFB-Kader: »Ich habe Nachrichten von deutschen Nationalspielern bekommen mit dem Tenor ›Gut, dass er nicht dabei ist‹. Es soll im deutschen Lager einige gegeben haben, die sich klammheimlich darüber freuten, dass Ballack nicht dabei war. Sein Standing in der Mannschaft war weiß Gott nicht gut. Viele fanden ›ohne Ballack‹ sogar die bessere Option.«

Wie es um die Beliebtheitswerte des in seiner aktiven Zeit sehr selbstbewusst auftretenden Ballack stand und welch Fremdkörper er in dieser jungen, unverbrauchten Mannschaft geworden war, zeigte sich später im Rahmen eines Kurzbesuchs rund um das Viertelfinale gegen Argentinien. Fünf Tage, in denen er nie wirklich Zugang zur Mannschaft bekam, vor allem, weil keiner Zugang zu ihm wollte. Bastian Schweinsteiger meinte etwa auf einer Pressekonferenz, es sei ganz »schön«, dass Ballack da sei, um das Team »auf eine gewisse Art und Weise« zu unterstützen. Und ergänzte kühl: »Auch wenn er nicht so nah dran ist an der Mannschaft.«

Sollte Ballack in der Annahme nach Kapstadt geflogen sein, sie würden ihn hofieren, seinen Rat suchen, seine Hilfe als Chefmotivator und Glücksbringer auf dem Weg zum Titel, so wurde diese Erwartung recht deutlich recht schnell enttäuscht.

Zum finalen Bruch führte ein Interview von Philipp Lahm, der als Ballacks einstiger Stellvertreter und nun als neuer Spielführer in einem Gespräch mit Reportern vor dem Halbfinale gegen Spanien für den Fall einer Rückkehr Ballacks nach der WM verdeutlichte: »Ich werde meine Kapitänsbinde nicht freiwillig abgeben.« Wenige Stunden später reiste Ballack in die Heimat ab. Offiziell wegen der anstehenden Reha.

Sie brauchten ihn ja auch gar nicht. Sie hatten nämlich auch ohne ihn eine ganz starke WM gespielt und schon zum Auftakt beim 4:0 gegen Australien begeistert – mit ihrer jungen, mitreißenden Multikulti-Truppe. Nie zuvor gab es in einer deutschen Nationalmannschaft so viele Spieler mit Migrationshintergrund. Polnische Aussiedlerkinder wie Klose, Podolski und Piotr Trochowski. Dann Aogo,

Boateng, Khedira, Mario Gómez, alle mit nur einem deutschen Elternteil. Söhne von Einwanderern: Mesut Özil, Serdar Taşçi. Der Kriegsflüchtling aus Jugoslawien Marko Marin. Und Cacau, der gebürtige Brasilianer, der 1999 mit 18 nach München kam und erst mal bei den Freizeitkickern des FC Ungererbad spielte, bevor er in der fünften Liga bei Türk Gücu anheuerte – über den 1. FC Nürnberg kam er 2003 zum VfB Stuttgart. Als er 2009 dann eingebürgert wurde, nannte ihn Ludovic Magnin, sein Schweizer Mitspieler beim VfB, nur noch »Helmut«. Denn das sei ein »ordentlicher deutscher Name«, untrennbar mit drei bedeutenden Persönlichkeiten der bundesdeutschen Geschichte verbunden: Schmidt, Kohl, Rahn.

»Manche heißen eben Aogo, andere Müller«, sagte Sami Khedira während der WM. »Es spielt keine Rolle für uns. Für unsere Generation ist es unerheblich, ob jemand türkische, ghanaische, nigerianische oder tunesische Wurzeln hat. Es ist einfach ganz selbstverständlich.« Das neue Normal im deutschen Fußball, das auch im Ausland gewürdigt wurde. Über die »ethnisch diverseste Mannschaft« des ganzen Turniers freute sich der *Guardian*, der Löws »frischen multikulturellen Ansatz« würdigte und die neue »Liberation Generation«. Wobei man Liberation als Befreiung von alten Fesseln verstehen konnte. Oder auch als Freisetzung neuer Energien und neuer Kreativität, einer idealen Kombination aus neuer Leichtigkeit und alten Tugenden. Oder wie es Khedira sagte: »Offensiv sind wir südländisch verspielt und hinten deutsch diszipliniert.«

Auch für sich selbst wähnte Mesut Özil das Beste aus zwei Welten zu verbinden: »Türkisch ist bei mir vielleicht das Technische, das Ballgefühl. Und deutsch ist mit Sicherheit die Disziplin, die Einstellung.« Und Dennis Aogo sprach von der positiven Mischung »aus starker afrikanischer Physis gepaart mit europäischem Bewusstsein für Taktik«.

Wenngleich bei aller Fröhlichkeit im zweiten Spiel erst mal Schluss mit lustig war. Als Spielverderber machte man schnell den Spanier Alberto Undiano aus, seines Zeichens Schiedsrichter in der Partie gegen Serbien. »So macht es keinen Spaß mehr, Fußball zu spielen«, klagte Bastian Schweinsteiger, Franz Beckenbauer meldete sich wie immer auch zu Wort, er grummelte: »So können wir mit dem Fußball aufhören.« Kartenspieler Undiano zog den Zorn auf sich, weil er neunmal Gelb gezeigt hatte, zweimal davon Miroslav Klose, weshalb der Stürmer schon nach 37 Minuten vom Platz musste. Eine Minute danach erzielte Milan Jovanović das Siegtor zum 1:0. Später verschoss Podolski einen Elfmeter. Lief mal so gar nicht.

Ein Özil-Tor im letzten Gruppenspiel gegen Ghana um den Ballack-Fäller Boateng reichte aber fürs Weiterkommen. Für den Klassiker gegen England.

Die Reaktionen der Londoner Tageszeitungen am Tag nach diesem Achtelfinale waren bemerkenswert. Der *Daily Mirror* schrieb: »Es gibt keine Ausreden und Entschuldigungen. Diesen reichen Schnöseln an Spielern fehlen Herz und Leidenschaft.« Die *Sun* forderte den Rücktritt von Nationaltrainer Fabio Capello. Und der *Daily Telegraph* schrieb: »Die Deutschen waren in allen Belangen überlegen – selbst wenn Lampards Treffer gezählt hätte.«

Frank Lampard hatte nach einer furiosen Anfangsphase mit Toren von Klose, Podolski und Matthew Upson eigentlich den 2:2-Ausgleich erzielt, sein Lattenpendler schlug deutlich hinter der Linie auf, von dort flog der Ball wieder zurück ins Feld. Ganz einwandfrei und unzweifelhaft ein Tor, das der Schiedsrichter aus Uruguay, ein gewisser Jorge Larrionda, aber genauso wenig sah wie sein Linienrichter an der Seite. Nur der *Independent* klagte, im 21. Jahrhundert sollte ein technologisches Hilfsmittel wie ein Chip im Ball oder ein Videobeweis so »selbstverständlich sein wie fließendes Wasser und Antibiotika«. Natürlich war viel auch von der Rache für Wembley zu hören, 44 Jahre nach dem legendären Tor zum 3:2 im WM-Finale 1966. Als ursächlich für Englands letztlich klare Niederlage sah die Fehlentscheidung kaum einer an, die Gründe wähnte man mehr im arroganten Gehabe, im generell lustlosen Auftreten der Mannschaft.

Während sich die *Three Lions* um Captain Gerrard also sämtliche Sympathien kollektiv verspielt hatten, stieg der Beliebtheitswert

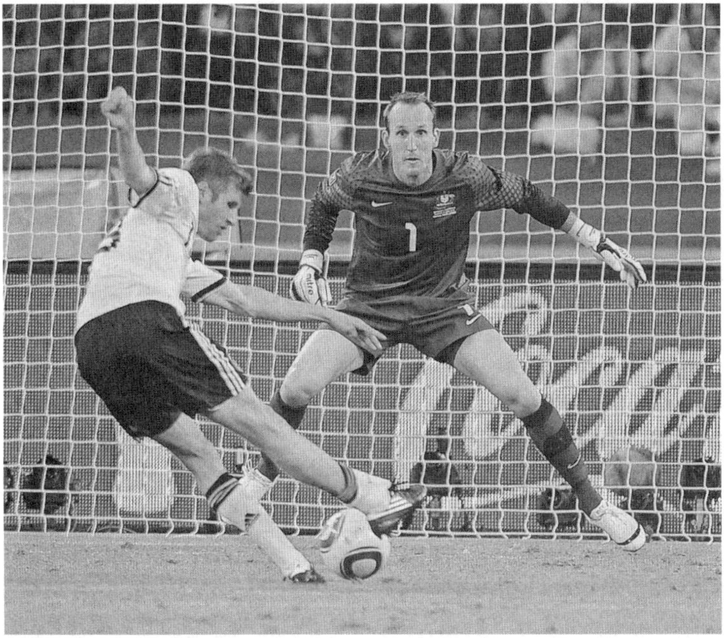

Der Aufstieg vom Provinzplatzkicker zum Weltstar: Mit fünf Treffern wurde Thomas Müller in Südafrika Torschützenkönig. Hier sein Tor zum 3:0 gegen Australiens Torwart Mark Schwarzer.

eines deutschen Nationalspielers nach Abpfiff exorbitant an. Nicht nur wegen seiner beiden entscheidenden Treffer zum 3:1 und 4:1-Endstand, sondern weil Thomas Müller nach dem Spiel beim ARD-Flashinterview nach seiner Spielanalyse noch etwas loswerden durfte, und zwar: »Ich wollte nur meine beiden Omas und meinen Opa grüßen, des is scho lang mal überfällig.« In einer ersten Spontanreaktion bemerkte ein perplexer Günter Netzer als Experte: »Das ist wahre Größe. Da muss man stolz sein auf so einen Jungen.« Das war Erna Burghart dann auch, als die *Süddeutsche Zeitung* sie am Telefon erreichte. »So ein lieber Bua«, schwärmte die 81-jährige Müller-Oma, die sich vor allem darüber freute, dass von den »zwölf Enkeln und sechs Urenkeln keiner danebengeraten ist«. Sie erzählte dann noch von ihrer Landwirtschaft und den 40 Milchkühen, dass der Thomas als Kind Ministrant war und dass sie schon noch hoffe, dass er nach seiner standesamtlichen Hochzeit im Dezember 2009 bittschön auch noch kirchlich heiratet, der Bua. Den Namen von Müllers geehelichter Jugendliebe Lisa nannte sie nicht, sie sprach nur von »einem Mädchen aus Unterhaching«.

Angeschaut hatte sich Erna Burghart das England-Spiel im Austragsstüberl, einer laut ergänzter SZ-Definition »Wohnung für die Altbauern nach der Hof-Übergabe, d. Red.«, und nicht im Gemeindezentrum von Müllers Heimatort Pähl am Ammersee, wo Bürgermeister Pfeiffer beim Public Viewing mit 400 anderen Pählern feierte und ankündigte, dass man den Thomas »mit einer Trachtenkapelle am Flughafen« abholen werde. Er hoffte dabei, dass das noch nicht nach dem Viertelfinale sei.

War es auch nicht, denn da traf Müller gleich wieder, nach drei Minuten zur Führung gegen Argentinien, bevor später zweimal Klose und einmal Friedrich nachlegten. 4:0, eine Demütigung für die *Albiceleste* und vor allem für ihren Trainer. Für Diego Maradona, der den Traum hatte, nach Franz Beckenbauer und Mario Zagallo der dritte Mensch auf Erden zu sein, der sowohl als Spieler wie auch als Trainer Weltmeister wird – und der im Stadion von Kapstadt erkennen musste, dass er zwar ein wundervoller Kicker voller Intuition und individueller Genialität war, dass aber bei aller Aura, bei aller Leidenschaft und Motivationskunst seine taktischen Kenntnisse für die strategische Entwicklung einer Mannschaft nicht ausreichten. Vor allem nicht gegen den sachlichen Jogi Löw.

An die Grenzen kam dann aber auch der mit seiner jungen Mannschaft. Im Halbfinale gegen Spanien. Es mag vielleicht auch an der Sperre von Thomas Müller gelegen haben, der nach einem Handspiel gegen Argentinien die zweite Gelbe Karte gesehen hatte, vielleicht ein wenig auch an der Unruhe um den Lahm-Ballack-Zoff. Im Stadion von Durban war es aber ganz einfach so, dass Spanien besser war, mehr vom Spiel hatte und mehr Chancen.

War Löws Mannschaft von allen Seiten für den schönsten Fußball der gesamten WM gelobt worden, war vom unwiderstehlichen Offensivdrang wie gegen das fahrige England und das chaotische Argentinien nichts mehr zu sehen. Man zerrieb sich an der großen Abwehr um Puyol, Ramos, Piqué, man wurde erdrückt vom überwältigenden Mittelfeld um Busquets, Alonso, Xavi, Iniesta.

Carles Puyol köpfte nach einer Ecke *La Furia Roja* ins erste WM-Finale seiner Geschichte. Von einem »Ticket in die Ewigkeit« schrieb *El Mundo* pathetisch: »Was sie für ihr Land geleistet haben, ist die große Metapher einer Utopie. Deutschland, den Giganten der Vergangenheit, haben sie auf ein Nichts reduziert.« Die *As* erkannte »einen entzückenden und hypnotischen Fußball« und meinte: »So wird wohl im Paradies gespielt.« Ein Halbfinale aus dem Garten Eden.

Mit einer großen Mannschaft, die dann auch den Titel holte und 2012 noch den EM-Titel von 2008 verteidigte. Ein historisches Triple

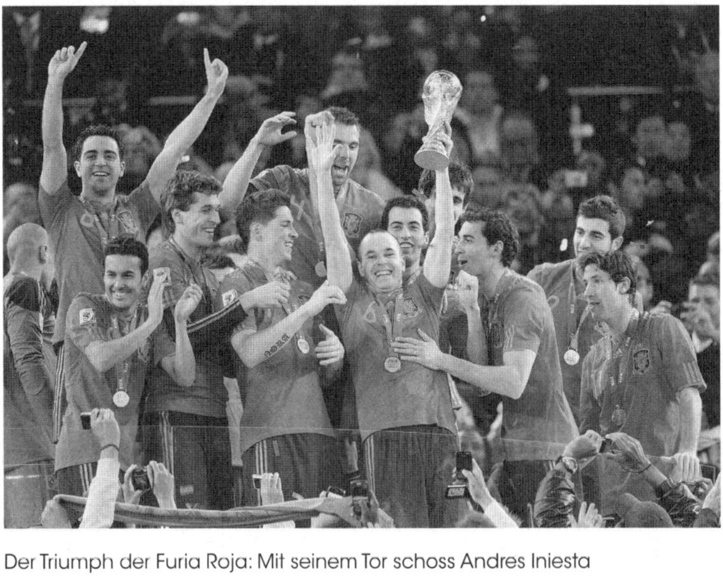

Der Triumph der Furia Roja: Mit seinem Tor schoss Andres Iniesta (hier mit Pokal) Spanien zum ersten WM-Titel seiner Geschichte. 2008 und 2012 wurden sie auch Europameister.

in vier Jahren, wenngleich das Finale gegen die Niederlande zu einer recht zähen Angelegenheit ausartete, vor allem zu einer recht harten. 13 Gelbe Karten, dazu eine Gelb-Rote gegen den Niederländer John Heitinga, dass Nigel de Jong nach seinem bösen Tritt gegen Alonsos Brust nicht vom Platz flog, räumte Schiri Howard Webb später selbst reumütig als Fehlentscheidung ein. Aus dem *Totaalvoetbal* wurde *Brutaalvoetbal*.

Möglich, dass Arjen Robben heute noch davon träumt, wie er nach diesem Sololauf nach gut einer Stunde den rechten Schuh des längst im falschen Eck liegenden Iker Casillas anschoss. Kurz vor dem Elfmeterschießen schoss Iniesta dann mit seinem Flachschuss ins linke Eck Spanien zum Titel.

Die deutsche Mannschaft bekam von alledem nichts mit. Eine halbe Stunde vor Anpfiff des Endspiels bestieg die Delegation am Flughafen Johannesburg Sonderflug LH 2010, tags zuvor hatte man in einem amüsanten Spiel um Platz 3 Uruguay mit 3:2 besiegt, mit seinem fünften Turniertreffer schoss sich Thomas Müller zum Torschützenkönig, zudem wurde er noch zum besten Nachwuchsspieler des Turniers gekürt. Er, der ein gutes Jahr zuvor noch in der Dritten Liga mit der zweiten Mannschaft des FC Bayern in Emden, Aalen und Sandhausen gekickt hatte. Der rasante Aufstieg vom Provinzplatzkicker zum Global Player.

Einen Empfang mit Blaskapelle gab es am Münchner Flughafen aber doch nicht, der Herr Bürgermeister Pfeiffer meinte, man wolle den Burschen erst einmal in Ruhe lassen, war doch eh schon so viel Trubel. Während Müller mit einem Mädchen aus Unterhaching erst einmal in Urlaub fuhr, meldete sich dann noch mal Michael Ballack zu Wort und keilte gegen Philipp Lahm. »Das ist kein Wunschkonzert, dass jeder Spieler sich wünschen kann, wo er spielt – und genauso ist es in der Kapitänsfrage. Es gibt Hierarchien«, raunte er und sagte: »Ich bin immer noch Kapitän der Nationalmannschaft.« War er aber eben nicht mehr.

Nach seinem Wechsel von Chelsea zurück zu Bayer Leverkusen erlitt Ballack im September 2010 eine Fraktur am Schienbeinkopf

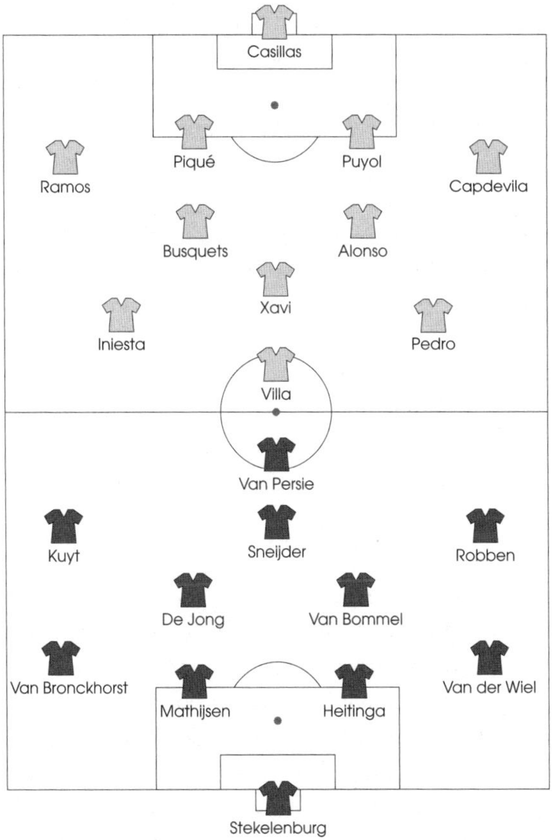

Startaufstellung Niederlande gegen Spanien, WM-Finale 2010

und fiel erneut Monate aus. Im Juni 2011 kam es zum endgültigen Bruch mit Jogi Löw, als der erklärte, künftig auf Ballack verzichten zu wollen. Das Angebot eines Abschiedsspiels schlug der ausgebootete Sachse schmollend aus. Recht versöhnlich wurde es immerhin 2013, als Ballack sein eigenes Abschiedsheimspiel in Leipzig organisierte. Mit Freunden und Weggefährten von Bernd Schneider und Oliver Neuville bis Lothar Matthäus und Didier Drogba. Auch Michael Schumacher kickte mit, ein halbes Jahr vor seinem verhängnisvollen Skiunfall. Ballack lud aber auch zwei ganz besondere

Gäste ein: Philipp Lahm und Joachim Löw. Wen er nicht dabeihaben wollte: Kevin-Prince Boateng.

Und Südafrika? Was war nun mit den Folgen?

Zum zehnten Jubiläum begab sich die *FAZ* auf Spurensuche und zog ein gemischtes Fazit. Zwar habe Südafrika gerade im Tourismus enorm von den positiven Bildern einer fröhlichen WM profitiert – kamen 2009 noch 9,5 Millionen Urlauber jährlich ins Land, waren es zehn Jahre später schon 15 Millionen. Auch die Entwicklung im Fußball sei vorangegangen, wie der damalige Cheforganisator Danny Jordaan erklärte, der von dem enormen Zuwachs an Mädchen und Frauen in den Klubs sprach, 450 000 Spielerinnen gebe es bereits, *and counting*. Und da war natürlich auch ein gewisser Nationalstolz, dass man es geschafft hatte, den global verbreiteten Afropessimismus zu widerlegen, und imstande war, ein schönes und gut organisiertes Fest zu veranstalten.

Die wirtschaftlichen Probleme freilich waren nicht verschwunden, vom versprochenen Schub auf dem Arbeitsmarkt blieb nichts hängen, die Effekte auf mehr Jobs waren nur kurzfristig in der Zeit vor und während der WM zu spüren. Und auch die schicken Stadien machen fast alle Verluste, selbst die spektakuläre Arena in Durban, die mit ihrem markanten Bogen eine Besucherattraktion wurde und dort Bungeejumping für 45 Euro pro Sprung anbot. Nur das Soccer-City-Stadion von Johannesburg warf noch etwas ab, die Kaizer Chiefs spielen hier, der populärste Klub des Landes, dazu gibt es Open-Air-Konzerte und andere Events. Eine alles in allem sehr durchwachsene Bilanz.

In Europa hallte in jeder Hinsicht wenig nach. Keine zwei Monate nach dem Endspiel in Johannesburg verkündete die UEFA eine weitreichende Entscheidung, die auf dem Kontinent bei allen Fans für kollektives Aufatmen sorgte. Der Verband verbot nämlich bei internationalen Spielen das Mitbringen von Vuvuzelas. Und auch in der Bundesliga wurden die Trompeten bei vielen Klubs sicherheitshalber mit lebenslangem Stadionverbot sanktioniert. In Stuttgart begründete das städtische Ordnungsamt den Erlass übrigens mit den Worten:

»Da mit Vuvuzelas in einem Abstand von einem Meter Schalldruckpegel bis zu 131 Dezibel erreicht werden können, sind beim Gebrauch Verletzungen von Personen nicht auszuschließen.« Schalldruckpegel, ein schönes Wort. Anders formuliert: Es hatte sich ausgetrötet.

AUCH DAS NOCH WAS SIE SONST ÜBER DIE WM 2010 UNBEDINGT WISSEN MÜSSEN

0 Duelle zweier Brüder in unterschiedlichen Mannschaften gab es in der WM-Geschichte bis zum Vorrundenspiel zwischen Deutschland und Ghana: Jérôme Boateng gegen Kevin-Prince.

2 Tage nach dem 4:0 zum Auftakt gegen Australien prophezeite Bundesentwicklungsminister Dirk Niebel von der FDP einen deutschen WM-Triumph. Schließlich sei die DFB-Auswahl immer dann Weltmeister geworden, wenn seine Partei auch Teil der Regierung gewesen sei. Niebel irrte und wurde später widerlegt. 2013 flog die FDP aus dem Bundestag, ein Jahr später holte Deutschland den Titel. Ging auch ohne Liberale im Kabinett.

3 Brüder gemeinsam im Aufgebot eines WM-Teilnehmers, das gab es nur 2010 bei Honduras mit Wilson, Johnny und Jerry Palacios.

4 verschiedene Nationen betreute Carlos Alberto Parreira bis 2010 bei einer WM. Kuwait (1982), die Vereinigten Arabischen Emirate (1990), Brasilien (1994, 2006), Saudi-Arabien (1998), Südafrika war nun die fünfte Mannschaft. Mit sechs Turnieren ist er der Trainer mit den meisten WM-Endrunden-Teilnahmen.

5 Meter lang waren die Alphörner, die Musiker Hans-Jürgen Buchner mit seiner Band Haindling im Juni 2010 bei einem Konzert auf der Fanmeile in Kapstadt vor 15 000 begeisterten Zuhörern auspackte. Niederbayerns Antwort auf die Vuvuzela.

20 Prozent der deutschen Frauen träumten vor der WM laut einer Umfrage des Portals HRS davon, sich mit Michael Ballack ein Zimmer zu teilen. Trotz seiner Verletzung war er da noch immer der begehrteste Nationalspieler.

59 Jahre und 200 Tage war Vicente del Bosque beim Finale Spaniens gegen die Niederlande (1:0). Bis heute der älteste Trainer eines Weltmeisterteams.

71 Jahre und 317 Tage war Otto Rehhagel beim 0:2 Griechenlands gegen Argentinien. Bis heute der älteste Trainer der WM-Geschichte.

199 Euro kostete der blaue Kaschmirpullover, den Jogi Löw als Glücksbringer bei den WM-Spielen trug. Kurz vor dem Halbfinale war das Modestück in den Filialen des DFB-Ausstatters Strenesse ausverkauft. Dann verlor Deutschland gegen Spanien 0:1.

3964 war die magische Zahl, anhand derer Numerologen einen WM-Triumph der DFB-Auswahl vorhersagten. Schließlich sei Brasilien unter anderem 1970 + 1994 (= 3964) Weltmeister geworden, ebenso 1962 und 2002. Ebenso Argentinien mit der Summe aus 1978 und 1986 und Deutschland mit 1974 plus 1990. Die Gleichung 1954 + 2010 = 3964 ging diesmal nicht auf.

2014 IN BRASILIEN

Mit der Fähre zum vierten Stern: Wie Joachim Löw eine nun gereifte Truppe zum Titel führt, der Gastgeber an Erwartungen und Emotionen scheitert und das Resultat eines Fußballspiels zum Synonym für Pleiten, Pech und Pannen im Alltag wird. Vom Holperstart in Jogis Chaos-Camp, einem Kabinenbesuch mit Angela und Adiletten, Schwiegermüttern im Teamquartier und einem Gespräch für die Eistonne.

Gerade zu den Jahrestagen dieses so eigenartigen Spiels gab es immer wieder schöne Berichte zu lesen. Reporter fuhren quer durch Brasilien und begaben sich auf Spurensuche, fragten nach, was die Menschen im Land heute im Rückblick darüber denken, über diesen 8. Juli 2014. Ein Autor der immer sehr vergnüglichen *11 Freunde* etwa entdeckte 2019 in einer Lagerhalle von Belo Horizonte eine kleine Brauerei, in der ein gewisser Renato in silbernen Silos ein ganz besonderes Bier kreiert hatte, das *Gol da Alemanha.* Mit einem Alkoholgehalt von 7,1 Prozent, einem IBU-Bitterkeitswert von 71 und insgesamt acht Zutaten. Sieben davon aus Deutschland, eine, nämlich das Wasser, aus Brasilien.

In der *Süddeutschen Zeitung* schrieb der Südamerika-Korrespondent einmal von einer schönen Episode in São Paulo, als er von einem Taxifahrer nach seiner Herkunft gefragt wurde. Man kennt das ja aus eigener Erfahrung, wenn man in der Welt seine Nationalität preisgibt, die handelsüblichen Reaktionen. Ah, ein Deutscher. Hitler, Beckenbauer, FC Bayern, die klassischen Standardassoziationen, meist in dieser Reihenfolge. Dem SZ-Reporter aber entgegnete der Chauffeur nur laut lachend: »Sete a um.« Sieben zu eins.

Sete a um, ein Begriff, der zu einem geflügelten Wort wurde in Brasilien, als Inbegriff dafür, wenn etwas schiefläuft. Der Autor Sergio Xavier schrieb ein Jahr nach dem historischen Debakel im WM-Halbfinale: »Es wurde Synonym für Inkompetenz, Arroganz und Ignoranz.« Als sich Brasiliens Staatschef Jair Bolsonaro trotz der rasanten Ausbreitung des Corona-Virus im April 2020 strikten Maßnahmen verweigerte und die Pandemie verharmlosend kleinredete, schimpfte Ex-Präsident Lula da Silva: »Bolsonaro geht in dieses Spiel genauso wie Felipão ins 1:7 gegen Deutschland. Er wettet hoch, um dann zu sehen, dass es so nicht funktioniert.« Mit Felipão meinte Lula den damaligen Trainer der *Seleção* Luiz Felipe Scolari.

Auch in der Alltagssprache haben sich die Anspielungen auf das traumatische Ereignis längst manifestiert. Fällt das Geschirr auf den Boden, springt das Auto nicht an, geht das Internet nicht, sagen sie gerne: »Tor für Deutschland.« Und wenn man gleich einen ganz schlechten Lauf hat und sich ein Malheur an die nächste Panne reiht, heißt es: »Jeden Tag ein 7:1.« Sete a um. Gesprochen, damit man mitreden kann: Sätschi-a-um. Auf Deutsch übersetzt so etwas wie *Murphy's Law*.

Mit der Zeit lernten sie in Brasilien damit umzugehen, in leicht selbstironischem Sarkasmus. Damals, am 8. Juli 2014, war das nicht möglich, damals weinte das ganze Land, das Stadion, die Mannschaft. Die *Seleção* zerbrach an Deutschland, an den Erwartungen einer Nation, an den eigenen Emotionen. Es passte, dass es nach dieser traumatischen Demütigung im Spiel um Platz 3 noch ein hilfloses 0:3 gegen die Niederlande gab und Kapitän Thiago Silva danach als reuiger Sünde bekannte: »Wir entschuldigen uns beim brasilianischen Volk. Es ist hart, jetzt nach Hause zu gehen und den Familien zu sagen, dass es nicht geklappt hat.«

Deutschland hatte übrigens bei diesem Turnier auch noch ein Spiel. Deutschland gewann in Rio de Janeiro gegen Argentinien 1:0. Torschütze: Götze.

Dass Joachim Löw die Mannschaft zum WM-Titel führen könnte, zum vierten Triumph nach 1954, 1974 und 1990, dass er nun in einem Zug genannt würde mit Herberger, Schön und Beckenbauer, daran hatte es vor dem Turnier noch große Zweifel gegeben. Weil weder die Mannschaft reif genug wirkte noch er selbst. Die große Leichtigkeit von 2010 war verflogen, vor dem vierten Stern holte sich Löw einige Kratzer. Vor allem wegen des Halbfinales bei der EM 2012.

Bis dahin war Löw der Unfehlbarkeit schon recht nahegekommen, mit seinen strategischen Überlegungen war er bereits 2006 der Ruhepol hinter dem chronisch hibbeligen, *always smiling* Klinsmann, zuständig für nüchterne Analysen und sachliche Vorbereitungen auf die nächsten Spiele. Nach der furiosen WM in Südafrika schien das Aus im Halbfinale gegen Spanien als Teil des Lernprozesses einer jungen Mannschaft noch verschmerzbar. Anders als zwei Jahre später die Halbfinalniederlage in Warschau gegen Italien, bei der sich Löw komplett verschätzt hatte, als er mit Müller und Reus zwei Kreativspieler auf der Bank ließ. Als er für Klose überraschend Gómez brachte, als er den überforderten Kroos auf den genialen Pirlo setzte.

Vercoacht hatte er sich, verzockt, das erste Mal so richtig in seiner Trainerlaufbahn, zumindest das erste Mal, dass es wirklich auffiel. Das erste Mal, dass es richtig wehtat. Die *Bild* zweifelte zwei Tage nach dem Aus bereits vielsagend an der Zukunft des Trainers: »Geplant ist, dass Löw den DFB-Kader auch zur WM 2014 in Brasilien führt ...« Sicher schien es noch nicht.

Fragen nach einem Rücktritt während des Rückflugs aus Polen wies er indigniert als »unpassend« zurück. Wochenlang tauchte Löw ab, in seiner Heimat Freiburg und dann auf Sylt, zwischen Schmollwinkel und Sprachlosigkeit, verletzt von den Vorwürfen gegen ihn, vielleicht auch gezeichnet von seinem taktischen Fehlgriff.

Fehleranfällig blieb seine Mannschaft auch während der Qualifikation für Brasilien, etwa beim Spiel gegen Schweden in Berlin, als es nach einer Stunde 4:0 stand und die DFB-Auswahl erstmals in ihrer Geschichte eine Vier-Tore-Führung verspielte. Am Ende hieß es 4:4. Die Kritik wuchs und mit ihr auch die Frage, ob Löw noch der Richtige sei, weshalb DFB-Präsident Wolfgang Niersbach immer wieder einspringen und, wie im *Kicker*, erklären musste, er habe »nicht den Hauch eines Zweifels« am Bundestrainer: »Der gesamte DFB steht kerzengerade vor und zu Löw.« Manchmal klang es schon nach bemühten Durchhaltebeteuerungen.

Die Kerze glomm weiter auf Sparflamme, bevor es dann im Mai 2014 lichterloh brannte und Jogi Löw in einem Interview mit dem *Stern* Alarm schlug. »Nur sieben, acht Spieler sind in Topform«, klagte er, doch gerade den Spielern, »die zu den tragenden Säulen bei uns gehören, fehlt ein guter Spielrhythmus.« Er meinte unter anderem Khedira von Real Madrid, der gerade erst einen Kreuzbandriss auskuriert hatte, Klose, den bei Lazio Rom muskuläre Probleme plagten, Schweinsteiger und seine Patellasehne. Die Personalsorgen verstärkten sich weiter, im DFB-Pokalfinale des FC Bayern gegen Borussia Dortmund (2:0) verletzten sich Neuer an der Schulter und Lahm am Sprunggelenk. Derweil verabschiedete sich Lars Bender mit einer Muskel-Sehnen-Verletzung aus dem Kader, und im Testspiel gegen Armenien zehn Tage vor WM-Auftakt ging Reus zu Boden. Diagnose: Teilriss des vorderen Syndesmosebandes oberhalb des linken Sprunggelenks. Sein Dortmunder Mannschaftskollege Ilkay Gündoğan konnte sich übrigens schon länger auf einen Fußballsommer vor dem Fernseher einstellen, eine langwierige Nervenentzündung im Rücken hatte sein WM-Aus bereits im April besiegelt.

Nie zuvor hatte eine deutsche Mannschaft so viele verletzte und angeschlagene Spieler zu verkraften wie vor dieser WM.

Und dann auch noch die Schlagzeilen. Die *Bild* nannte das Trainingslager im Passeiertal nördlich von Meran »Jogis Chaos-Camp«. Nicht nur wegen des sanatoriumsreifen Krankenstands. Es ging auch um die Pinkelaffäre um den Dortmunder Kevin Großkreutz, der nach dem Pokalfinale in Berlin mitten in der Hotellobby uriniert hatte. An eine Säule, einfach mal so. Es ging um Joachim Löw selbst, der wegen überhöhter Geschwindigkeit samt Handy am Steuer seinen Führerschein verlor. Zu lesen war von einer Gesamtbilanz von

18 Punkten, eine Ausbeute, die in der Bundesliga zwar garantiert nicht zum Klassenerhalt reicht, aber problemlos in Flensburg, um ein halbes Jahr den Lappen los zu sein.

Und dann war ja noch der tragische Zwischenfall bei einem PR-Termin, als die Rennfahrer Nico Rosberg und Pascal Wehrlein mit den Nationalkickern Julian Draxler und Benedikt Höwedes für Werbeaufnahmen in schnittigen Sportwagen des DFB-Sponsors Mercedes-Benz auf einer abgesperrten Südtiroler Bergstraße unterwegs waren. Wehrlein erfasste mit seinem Auto am Straßenrand einen Urlauber aus Thüringen und einen Streckenposten, beide Männer kamen verletzt ins Krankenhaus. Oliver Bierhoff erklärte einen Tag später, man müsse den Sinn solcher Aktionen künftig überdenken.

Alles zusammen schien keine Grundlage für wirklich gelöste Stimmung und eine unbeschwerte WM. Aber dann ging es nach Brasilien. Und ins Campo Bahia, eine luxuriöse Hotelanlage des Textil- und Immobilienunternehmers Christian Hirmer.

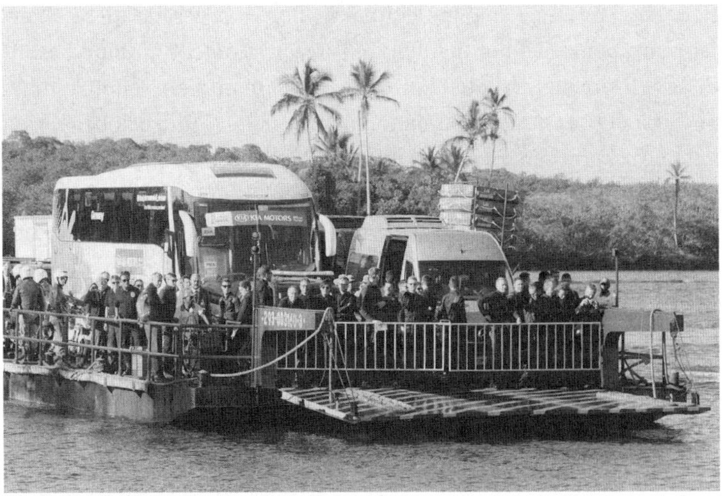

Mit dem dicken Bus auf der kleinen Fähre: Die deutsche Mannschaft auf der Überfahrt über den Rio João de Tiba ins abgeschiedene WM-Quartier Campo Bahia.

Die Kritik war nach der Bekanntgabe des Quartierstandorts im Dezember 2013 noch sehr laut gewesen. Warum man statt eines Münchner Geschäftsmanns nicht lieber die brasilianische Infrastruktur unterstütze, schließlich habe das Organisationskomitee an alle qualifizierten Nationen eine Empfehlungsliste mit den 83 besten und schönsten Hotels des Landes geschickt. Und dann auch noch die mühsame Überfahrt über den Rio João de Tiba: mit der extra vom DFB angemieteten Fähre von Porto Seguro hinüber in die Abgeschiedenheit des Campo. Wobei die viel beachtete Jungfernfahrt nach der Ankunft der Mannschaft in Brasilien auch noch blamabel endete. Nach dem Anlegen kam der gewaltige Mannschaftsbus nämlich nicht mehr vom Schiff und blieb mit dem Heck hängen. Der Fluss Tiba hatte gerade Ebbe, weshalb die Spieler bis zum Eintreffen der rettenden Flut in Kleinbussen Richtung Quartier fuhren.

Ob sich der DFB mit der Wahl solch eines Quartiers also wirklich einen Gefallen getan hatte?

Vermutlich war das Campo Bahia schlussendlich genau das richtige. Per Mertesacker sagte einmal in der *Welt*, gerade diese Überfahrten über den Fluss hätten vom ersten Moment an eine besondere Wirkung entfaltet. Und auch, dass man sich schon einmal bewusst dafür entschieden hatte, für den ersten Eindruck bei Tageslicht anzukommen und nicht mitten in der Nacht. »Die Spieler sollten mitbekommen, wohin die Reise geht«, meinte der Innenverteidiger in der Rückschau. »Die Fahrt mit der Fähre war danach immer besonders. Wenn es zurück ins ›Campo‹ ging, war klar, dass die Arbeit beendet ist. Umgekehrt wusste man, dass jetzt wieder eine wichtige Aufgabe ansteht.« Die erste wichtige Aufgabe stand dann in der Arena Fonte Nova von Salvador an, der Auftakt gegen Portugal.

Zum Einstand ins Turnier erzielte Thomas Müller beim 4:0 gleich einmal drei Tore, einen Elfmeter, dann flach mit links aus zwölf Metern, zum Schluss ein Abstauber, bei dem er vor lauter Schreck auf den Hintern fiel. Müller machte da weiter, wo er als Torschützenkönig bei der WM 2010 aufgehört hatte, nicht einzuordnen, nicht zu kategorisieren, nicht zu fassen. Der mit seinem wackligen Gestell und den dürren Steckerlhaxen jeglicher physiognomischen Befähigung für einen Profifußballer des 21. Jahrhunderts beraubt schien und der doch entgegen jeglicher Logik zu einem der weltbesten Fußballer jener Zeit aufstieg. Der Tore schießen und seine Gegenspieler kolossal entnerven konnte, so wie sein großes Idol und Namensvetter, der Bomber, von dem er sich doch so sehr unterschied, allein in der Gewichtsklasse. Schien doch allein der Oberschenkel vom Müllergerd dicker als der komplette Brustumfang von Müller II.

»Ein ganz ein netter Kerl, ein guter Charakter«, hatte der Gerd 2010 bei einem Interview gesagt, als er mit dem Thomas zusammen einen Werbespot drehte, als der Gerd noch nicht in den dementen Nebel des Vergessens eingetaucht war, der in den letzten Jahren seines Lebens in einem Pflegeheim im Süden Münchens immer dichter wurde. Anfangs konnte der Gerd dort in seinen wenigen lichten Momenten noch mit alten Mitspielern und regelmäßigen Besuchern wie Paul Breitner oder Karl-Heinz Rummenigge Erinnerungen an große Spiele teilen, bevor er immer teilnahmsloser in Apathie versank und als Palliativpatient auf der Intensivstation im Sommer 2021 endlich vom Leid erlöst wurde. Als er allmählich in den Tod hinüberschlafen durfte, wie seine Frau Uschi einmal sagte.

Die WM 2014 hatte Gerd Müller schon gar nicht mehr richtig mitbekommen, auch nicht besagten Auftakt gegen Portugal, nach dem der Thomas nur ein Handtuch um die Hüfte und Adiletten an den Füßen trug, als Angela Merkel in die Kabine hereinschneite. Die Kanzlerin, die bei der dritten WM in ihrer dritten Amtszeit nach Brasilien gereist war und oben auf der Tribüne mitfeierte. Wenn Angela Merkel im Laufe ihrer Regierungskarriere bei deutschen Länderspielen zum Jubel aufsprang und die Fäuste ballte, dann wirkte sie immer so ungelenk wie Thomas Müller bei seinen Torschüssen, aber man konnte ihr abnehmen, dass sie sich wirklich freute und nicht wie ihre Vorgänger den Fußball zur inszenierten Selbstvermarktung nutzte, so wie Gerhard Schröder, der als Edelfan sein Image als alter Grasfresser, Kampfname Acker, vom TuS Talle polierte. Oder wie Helmut Kohl, der sich gerade im bedeutenden Jahr 1990 in Ita-

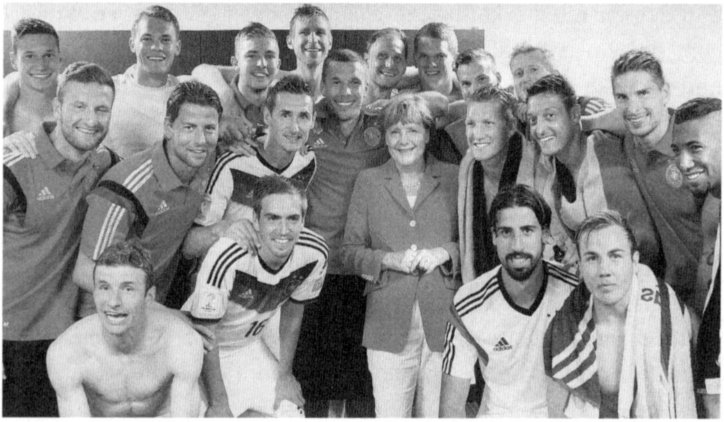

Und dann kam gleich auch noch die Kanzlerin: Angela Merkel nach dem 4:0-Auftaktsieg in der deutschen Kabine. Ihr Platzbedarf war dabei geringer als einst bei Helmut Kohl.

lien feiern lassen wollte, als sei ihm nicht nur die Einheit, sondern auch der WM-Titel zu verdanken – und der gerne auch die Nähe zur Mannschaft suchte, die auf seine Nähe gar nicht so versessen war. Als Mehmet Scholl bei der EM 1996 gefragt wurde, wie es denn so beim Besuch von Kohl in der Kabine gewesen sei, sagte er: »Eng.«

Ganz so viel Raum nahm Frau Merkel nach dem Portugal-Spiel nicht ein. Es gab noch ein Gruppenfoto mit Kanzlerin, das an ein Wimmelbild erinnerte, bei dem man irgendjemanden herausfiltern musste, der gar nicht dazugehört. Deutlich erschwert wurde die Suche dabei durch den roten, den Trainingsjacken der Spieler im Farbton sehr ähnlichen Blazer der Kanzlerin. Merkel war jedenfalls die Zwölfte von links. Gleich neben dem Poldi. Wenngleich sich manche fragten, ob er eigentlich nicht genauso dazugehörte wie die Kanzlerin, nämlich gar nicht. In Brasilien kam Podolski bei nur zwei Einsätzen in der Vorrunde gegen Portugal und die USA auf ganze 53 Minuten Spielzeit.

Dafür spielte im zweiten Spiel beim 2:2 gegen Ghana wieder Miro Klose, der zum Auftakt noch 90 Minuten Platzhalter auf der Bank gewesen war. Nach 69 Minuten kam er für Götze, eine gute Personalentscheidung, denn nur zwei Minuten später ergrätschte der frühere Stammspieler der SG Blaubach-Diedelkopf den Ausgleich. Ein historischer Treffer in einem atemberaubenden Spiel, das 15. WM-Tor, die Einstellung des Rekords von Ronaldo, der nach Abpfiff verlauten ließ: »Willkommen im Klub, Klose.« Aber Klose wollte noch mehr.

Zum Gruppenabschluss ging es gegen die USA, und da kam es zum Wiedersehen mit Jürgen Klinsmann. Der Wahl-Kalifornier hatte die Mannschaft 2011 übernommen und vor der WM noch ziemlich rigoros ausgemistet. Seinen langjährigen Co-Trainer Martin Vasquez, mit dem er seit seiner kurzen wie glücklosen Zeit beim FC Bayern 2008 zusammengearbeitet hatte, ereilte das gleiche Schicksal wie einst BTT Maier: Klinsmann feuerte ihn, keine drei Monate vor der WM. Als er seinem Assistenten die Entscheidung in einem Vieraugengespräch bekanntgeben wollte, bat er einen Betreuer, wie es die *New York Times* schrieb, doch bitte nach fünf Minuten an die Tür zu klopfen, länger würde das Gespräch eh nicht dauern. Klinsmann rasierte völlig überraschend auch Landon Donovan, den 32-jährigen Rekordtorschützen der US-Boys. Dafür nahm er junge Spieler mit, viele aus der Bundesliga. Timothy Chandler (Nürnberg), Johan Anthony Brooks (Hertha), Fabian Johnson (Hoffenheim), Julian Green (Bayern).

Und er holte einen alten Vertrauten als Berater. Berti Vogts.

Freuen durften sie sich alle drei nach dem Spiel, Klinsi, Berti, Jogi, das deutsche 1:0 reichte beiden fürs Achtelfinale und stand, anders als Gijón 1982, immerhin nicht im Verdacht, durch einen stillschweigenden Nichtangriffspakt zusammengemauschelt zu sein. Thomas Müller erzielte diesmal einen sehr unmüllerischen Treffer, also ein technisch sehr feines, ein Schlenzer von der Sechzehnerlinie ins lange Eck. »Jetzt habe ich tatsächlich mal ein schönes Tor geschossen, ab und zu fällt mir auch einer vor den Fuß«, scherzte Müller und ergänzte: »Jetzt haben wir Großes vor.« Was bei Mesut Özil so klang: »Wir wollen unbedingt Weltmeister werden. Deshalb sind wir hier. Wir sind nicht hier, um ins Achtelfinale zu kommen und dann auszuscheiden.« Langsam schlug die Zuversicht also ihre Wurzeln, umso mehr, nachdem einige Titelanwärter ja schon rausgeflogen waren. England etwa, das nominell gar nicht so falsch besetzt schien, mit Haudegen wie Lampard, Gerrard, Rooney, mit jungen Talenten wie Sterling, Wilshere, Oxlade-Chamberlain. Funktionierte aber gar nicht. Sieglos schieden sie wieder aus, und auf den Rängen sangen Englands diesmal recht friedfertige Fans fatalistisch den Monty-Python-Klassiker *Always Look on the Bright Side of Life*, abwechselnd mit der umgedichteten Fußball-Heimkehr-Hymne *England's going home*.

In derselben Gruppe scheiterte auch Deutschlands Angstgegner Italien kläglich, jenes Team, das sich Jogi Löw vor Turnierbeginn unbedingt fürs Endspiel als Gegner gewünscht hatte. Die Mannschaft von Trainer Cesare Prandelli war heillos zerstritten, gerade der exzentrische Mario Balotelli polarisierte extrem und machte sich wenig Freunde, als er vor der WM ein Panini-Sammelalbum postete, in dem er jeden Spieler der *Squadra Azzurra* mit seinem eigenen Bild überklebte. Öffentliche Kritik an seiner Person wie durch Torwart Gianluigi Buffon und Mittelfeldstar Daniele De Rossi interpretierte er gleich als Rassismus. Genervt schienen die Spieler aber auch von der allzu familiären Atmosphäre im Quartier in Mangaratiba nördlich von Rio, wo sich neben der Mannschaft auch noch die Frauen, Kinder und mitunter sogar die Schwiegermütter einquartieren durften. Manch einer schien froh, die Tage in Brasilien bald wieder hinter sich zu haben.

Und dann war ja auch noch Spanien raus. Die Triumphatoren der vergangenen sechs Jahre, Europameister 2008 und 2012, Weltmeister 2010, die die Welt berauscht hatten und selbst berauscht waren von ihrem anmutigen Tiki-Taka, die so hoch gehandelt waren auf den Grand Slam, den vierten Titel am Stück, waren implodiert. Mit zu vielen Weltmeistern, mit Altstars jenseits der 30, die weit über ihrem Zenit abgestürzt waren. Die *Furia Roja* war zahnlos geworden, unbrauchbar für Großes, ausgemustert aufs Gnadengestüt. Ein 1:5

gegen die Niederlande mit jenem irren Kopfballtor von Robin van Persie aus 15 Metern, dann ein 0:2 gegen Chile. Als das Aus da bereits feststand, stammelte Torwart Iker Casillas unter Tränen in die Kameras: »Hombre. Ich entschuldige mich bei den Fans.« Ein trauriges Ende einer großen Generation, *mas triste*.

Ein Trauerspiel war lange aber auch das deutsche Achtelfinale gegen Algerien. Schürrle und Özil trafen nach torlosen 90 Minuten in der Verlängerung, zum wirklichen Hauptdarsteller aber wurde Manuel Neuer, der bei langen Bällen unentwegt aus seinem Tor gerannt kam, den Ball ins Seitenaus köpfte, schoss und grätschte. Der Torwart wurde in einer durchwachsenen Mannschaft der beste Feldspieler, ein verlässlicher Verteidiger. Auf eine Reporterfrage antworte Torwarttrainer Köpke: »Einen besseren Libero als Neuer? Vielleicht Beckenbauer.«

Wegen der Frage eines anderen Journalisten gab es dann noch eine weitere prägende Figur, die für immer mit diesem Spiel verbunden ist. Oliver Welke hatte im ZDF-Studio hoch über der nächtlichen Copacabana an der Seite des schmallippigen Oliver Kahn gerade in den Raum geworfen, ob Per Mertesacker bei der Schalte zum folgenden Live-Interview einen ebenso »entspannten Eindruck« machen werde wie vor ihm gerade eben Manuel Neuer. Rückblickend darf man das verneinen.

Boris Büchler stand in den Katakomben des Estádio Beira-Rio von Porto Alegre am Mikro, er fragte, was das Spiel so anfällig und schwerfällig gemacht habe, als die Replik des Abwehrmanns vom FC Arsenal bereits erste Tendenzen der Tonalität für den weiteren Verlauf des Gesprächs erahnen ließ. »Is mir völlig wurscht«, murrte der *big fucking german*, so nannten ihn die Fans in London voll Hochachtung, »wir sind unter den letzten Acht und das zählt.« Reporter Büchler entgegnete mit Anmerkungen zum schwachen Niveau und zum Steigerungspotenzial, als Mertesacker zurückraunte, als würde er sich im Anschluss gerne zu einer Prügelei auf dem Stadionparkplatz verabreden: »Was wollnse von mir, was wollnse? So kurz nachm Spiel. Kann ich nicht verstehen.« Und er legte nach: »Glauben Sie, unter den letzten 16 ist ne Karnevalstruppe oder was?« Es folgte Lob für seine Mannschaft, dann der berühmte Satz: »Ich lege mich erst mal drei Tage in die Eistonne.« Und später noch mal: »Was wollnse, wollen Sie ne erfolgreiche WM, oder sollen wir wieder ausscheiden?« Über der Copacabana freute sich Herr Welke über ein »Interview, das mal gelebt hat«, bevor Herr Kahn doch einen Spaltbreit die Lippen öffnete und sagte, man müsse sich auch mal in den Spieler hineinversetzen.

In der *Zeit* erzählte Mertesacker ein knappes halbes Jahr später, er sei in diesem Moment tatsächlich völlig in Rage gewesen über die Fragen. »Ich war total angefressen von ihm«, sagte er. »Als wir aus dem Bild waren, habe ich die DFB-Pressesprecher angebrüllt: ›Unfassbar, was der Kerl sich erlaubt. Unfassbar!‹« Als das Interview bereits auf der Heimfahrt Richtung Campo Bahia viral durch die Netzwelt ging, bekam Mertesacker flapsige Kommentare seiner Mitspieler, im Sinne von: »Was wollnse, Karnevalstruppe, Eistonne.« Gleichzeitig aber auch Glückwünsche: »Super Interview, Per, du gehst in die Geschichte ein.« Einer habe gesagt: »Hast dich nicht einschüchtern lassen! Wir sind ein Team, wir wollen weiterkommen – nur das zählt.« Tags darauf setzte sich Mertesacker in eine Eistonne, ließ sich fotografieren und lud das Bild auf Twitter hoch.

Wie schnell beide die Sache wieder aus der Welt schafften, zeigte sich im August 2014, als der große fucking Deutsche in einem ZDF-Interview seinen Rücktritt aus der Nationalmannschaft erklärte und dafür ganz bewusst Boris Büchler als Gesprächspartner nach London bat. Dann traten sie den Disput ein für allemal in die Eistonne.

In der Nachbetrachtung sagte Mertesacker, das Wutinterview sei ein Schlüssel gewesen, ein Baustein für den Titelgewinn, die Mannschaft sei noch enger zusammengewachsen. Mit entscheidend war vielleicht aber auch, dass Mertesacker im Viertelfinale nur auf der Bank saß und Jogi Löw als Innenverteidiger neben Jérôme Boateng mit Mats Hummels genau jenen Mann brachte, der bereits nach zwölf Minuten das Siegtor köpfte. Überhaupt stellte Löw viel um, brachte mit Schweinsteiger und Khedira eine neue Doppelsechs,

Kapitän Lahm rückte dafür wieder in die Defensive als rechter Außenverteidiger. Man wurde noch nicht so richtig schlau aus dieser Mannschaft und auch nicht aus Löw. Trotz des Einzugs ins Halbfinale, hatte er wirklich ein Konzept? Mussten die andauernden Positionswechsel wirklich sein? Sollte sich die Mannschaft nicht in einer Stammbesetzung einfach mal einspielen? Löw gab Rätsel auf, er wirkte undurchsichtig, manchmal schon leicht verschroben, etwas entrückt, eine Sphinx aus dem Schwarzwald.

Klar machte er am Tag vor dem Spiel gegen Brasilien immerhin: »Wir wollen uns nicht nach dem Gegner richten.« Eine deutliche Anspielung auf das EM-Halbfinale zwei Jahre zuvor, als man versuchte, die eigene Spielphilosophie der Taktik der Italiener anzupassen.

Halbfinalgegner Brasilien wollte das freilich auch, den Deutschen das eigene Spiel aufzwingen, wenngleich es personell Probleme gab. Thiago Silva fehlte nach dem Viertelfinale gegen Kolumbien wegen einer Gelbsperre. Vor allem aber fehlte Neymar, der große Hoffnungsträger, der ein Jahr zuvor bei der Generalprobe im Confed-Cup die *Seleção* zum Titel geführt hatte. Der Jungstar, von dem nicht nur erwartet wurde, als Star der Mannschaft für den sechsten Titel zu sorgen, sondern nach den eher pragmatisch erkickten Erfolgen 1994 und 2002 endlich auch wieder mit dem guten alten *Jogo Bonito* das Land zu entzücken.

Es ließ sich auch gut an, zwei Tore beim Eröffnungsspiel, einem schmeichelhaften 3:1 gegen Kroatien, dem der japanische Schiri Yuichi Nishimura mit einem lächerlichen Elfmeterpfiff die entscheidende Richtung gab. Zwei weitere Treffer nach einem 0:0 gegen Mexiko beim 4:1-Sieg über Kamerun. Doch wie groß die Anspannung bei ihm und allen anderen Spielern war, sah man dann im Achtelfinale, als das 1:1 gegen Chile in die Verlängerung ging, als Chiles Mauricio Pinilla nach 119 Minuten nur die Latte traf. Brasilien war am Rande eines Fiaskos, im Elfmeterschießen vergaben Willian und Hulk, weiter kam man nur, weil die Chilenen vom Punkt noch schlechter schossen.

Neymar verwandelte zum entscheidenden 3:2. Das letzte Mal, dass er bei dieser WM traf. Im nächsten Spiel trugen sie ihn mit der Trage dann vom Platz, nachdem Kolumbiens Verteidiger Juan Zúñiga ihm drei Minuten vor Spielende mit angewinkeltem Knie ins Kreuz gesprungen war. Neymar blieb nach kleinen Remplern schon damals gern recht lange am Boden liegen, diesmal wurde aber bald klar, dass es wohl schlimmer war. Die Diagnose im MRT ergab einen Wirbelbruch. Neymar erklärte einige Tage später: »Wenn er mich zwei Zentimeter tiefer getroffen hätte, könnte ich heute im Rollstuhl sitzen.«

Dass sich Zúñiga am Tag nach der Attacke in einer schriftlichen Stellungnahme entschuldigte, nützte nicht viel. Der Kolumbianer bekam Morddrohungen gegen sich und seine Tochter Sofia, nach der Rückkehr in die Heimat stand er unter Polizeischutz. Das Außenministerium in Bogotà bat die Behörden in Italien, zu Beginn der

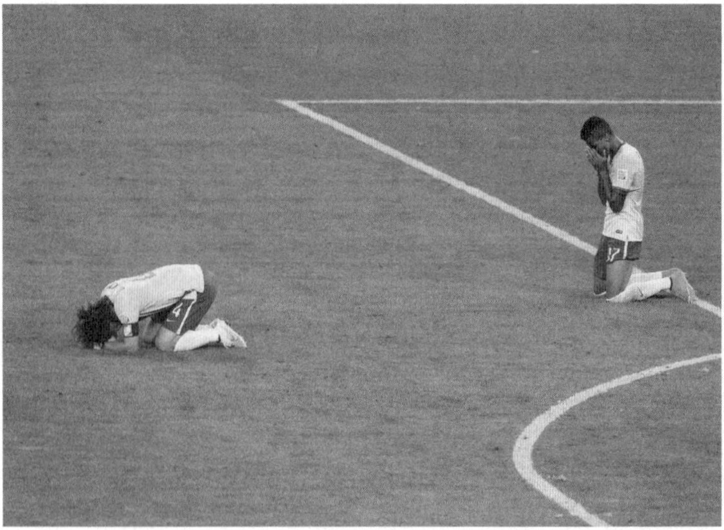

In Verzweiflung und im Gebet: David Luiz (li.) und Luiz Gustavo nach dem desaströsen 1:7 im Halbfinale gegen Deutschland. Der Begriff »Sete a um« ging in die brasilianische Alltagssprache ein.

neuen Saison für Zúñigas Sicherheit zu sorgen, der Verteidiger spielte damals beim SSC Neapel.

Für die *Seleção* war der Ausfall Neymars im Halbfinale nicht zu verkraften, vor allem der Emotionen wegen. Schon im Laufe des Turniers hatte sich gezeigt, welch unbändigem Druck die Spieler ausgesetzt waren, alles war überlagert von zu großer Erwartung. Immer wieder mahnte Scolari an, seine Spieler mögen doch bitte nicht immer bei jeder besten Gelegenheit das Weinen anfangen. Sie hofften, die Welle des Pathos könne sie leidenschaftlich durch das Turnier tragen. Am Ende war es die Welle, an der sie zerbrachen.

Vor dem Spiel gegen die Deutschen trugen Zehntausende Menschen im Estádio Mineirão eine Neymar-Maske, auf dem Rasen hielten David Luiz und Keeper Júlio César sein Trikot in den Händen. Inbrünstig sangen sie alle die Hymne, schon jetzt übermannt, überwältigt vom Rausch des Gefühls. Und so waren sie schon vor Spielbeginn geschlagen.

Für einige Minuten reichte die Kraft noch. Bernard, Oscar, Hulk, Fred, eine sehr offensive Aufstellung, und tatsächlich kamen die Löw-Männer arg in Bedrängnis. In der zweiten Minute klärte Boateng nach einer Flanke von Oscar, in der dritten Minute ging ein Weitschuss von Marcelo rechts vorbei, in der vierten rettete Neuer vor Oscar. In der sechsten Minute meldete der *Kicker*-Liveticker alarmiert: »Die Südamerikaner bestimmen das Geschehen auf dem Grün. Deutschland kommt nicht in die Zweikämpfe und verliert das Rund viel zu schnell.« Vier Minuten später stand zu lesen: »Erster Eckball für die deutsche Elf von der rechten Seite.« Nach der Kroos-Ecke traf Müller zum 1:0.

Den kompletten Zusammenbruch erlebte Brasilien nach dem 16. WM-Tor des nunmehr alleinigen Rekordhalters Klose zum 2:0 in Minute 23. Selten in der Fußballgeschichte konnte man in den folgenden Minuten sehen, wie eine große Mannschaft so sehr kollabierte, sich selbst pulverisierte wie Sternenstaub. Die weiteren Treffer bis zur Halbzeit: Kroos (24.), Kroos (26.), Khedira (29.). Null zu fünf zur Pause.

Als Jogi Löw im November 2021 beim WM-Qualifikationsspiel gegen Liechtenstein in Wolfsburg offiziell verabschiedet wurde, erinnerte sich Miro Klose in einem SZ-Interview an die Stimmung zur Halbzeit in der Kabine. Wie wenig zu spüren war von ausgelassenem Glücksgefühl. Wie sehr Löw auf die Euphoriebremse getreten sei. »Er hat uns ermahnt«, erzählte Klose. »Er hat klar und deutlich die Spieler angesprochen, die dazu neigen, mal einen Beinschuss zu machen oder die Gegner vorzuführen.« Er habe gesagt: »Ich möchte nicht, dass wir die Brasilianer jetzt lächerlich machen.« Taten sie dann auch nicht. Als Schürrle zum 6:0 traf und zum 7:0, feierten sie dezent, fern jeglicher Häme. Immer wieder blendete die Regie auf die Tribüne, zeigte weinende Fans, Menschen, die ihre Gesichter in den Händen versteckten. Den traurigen Clóvis Acosta Fernandes, den grauhaarigen Mann mit dem heiteren Schnurrbart, der sich fest an seinen WM-Pokal aus Pappmaschee klammerte und der später sagte: »Die Niederlage hat sich eingebrannt wie eine Tätowierung. Sie geht nie mehr weg.« 14 Monate später erlag Fernandes mit nur 60 Jahren einem Krebsleiden.

Kurz vor Ende traf Oscar zum 1:7, es war weit weg von einem Ehrentreffer, es taugte nicht zur Plattitüde Ergebniskosmetik. Demütigung, Massaker, Schande, Erniedrigung, das waren einige der Schlagworte tags darauf in Brasiliens Zeitungen.

Die größte Leistung der DFB-Kicker an jenem Abend war ihre gedämpfte Freude nach Abpfiff, als sie sich als demütige Sieger dankend und winkend völlig ohne Häme vom Publikum in Belo Horizonte verabschiedeten und damit neben dem Spiel auch noch weitere Sympathien gewannen. Einige Spieler wirkten gar selbst erschüttert von den Umständen, von der Stimmung, im Wissen um die Bedeutung des Debakels für Brasilien. »Es war beklemmend«, sagte Philipp Lahm einige Tage später dem *Stern*, »ich war gar nicht euphorisch.«

Freilich wussten die deutschen Spieler auch: Ohne einen Finalsieg ist das Sieben-Eins gar nichts wert.

Gegen das defensive Argentinien wurde es sehr schwierig, auch personell. Kurz vor Spielbeginn fiel Khedira wegen einer Wadenverletzung beim Aufwärmen aus, für ihn kam Christoph Kramer, der spielte aber auch nur eine halbe Stunde bis zum Zusammenprall mit Gegenspieler Ezequiel Garay. Der italienische Schiri Nicola Rizzoli berichtete später in der *Gazzetta dello Sport*, wie der völlig benommene Kramer ihn danach gefragt habe, ob das jetzt wirklich das WM-Endspiel sei. Rizzoli wähnte sich im falschen Film und bat Kramer, die Frage zu wiederholen, was Kramer dann auch tat. Der Unparteiische alarmierte Bastian Schweinsteiger, der die Auswechslung anordnete, für Kramer kam Schürrle. Nach 88 Minuten kam Götze für Klose.

Löw gab ihm an der Seitenlinie noch die berühmten Worte mit: »Zeige der ganzen Welt, dass du besser bist als Messi.« In der 113. Minute flankte Schürrle auf Götze, der stoppte mit der Brust, schob ins lange Eck und reihte sich in die Ahnenliste deutscher Siegtorschützen in einem WM-Finale ein. Rahn. Müller. Brehme. Götze.

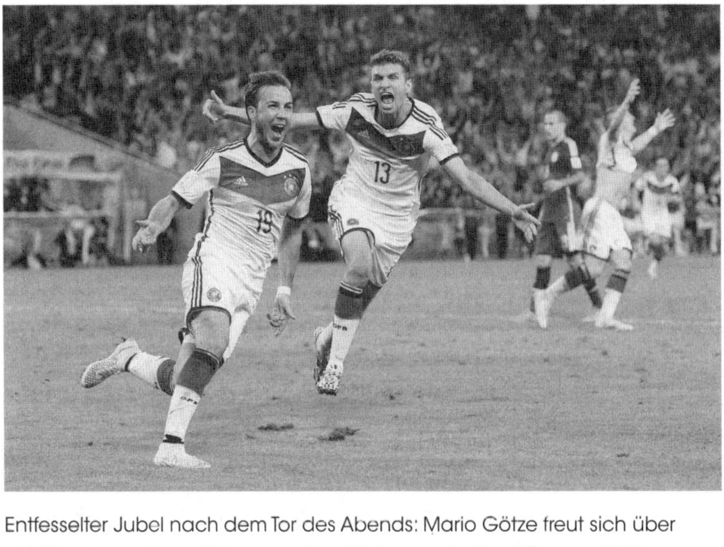

Entfesselter Jubel nach dem Tor des Abends: Mario Götze freut sich über sein Tor gegen Argentinien, aus dem Hintergrund stürmt Thomas Müller zur Umarmung heran.

»Wenn irgendjemand diese Krönung verdient hat, dann diese Mannschaft«, freute sich Jogi Löw danach. »Heute gab es nur einen verdienten Sieger, und das war diese Mannschaft. Dieses tiefe Glücksgefühl wird für alle Ewigkeit bleiben.« Bastian Schweinsteiger, der die letzten Minuten angeschlagen über den Platz humpelte und von einer Platzwunde gezeichnet zum Inbegriff des Stehaufmännchens wurde, meinte, das gehöre eben dazu, sich so reinzuhauen.

Später nahm er Thomas Müller in den Arm und empfahl einer kolumbianischen Reporterin: »You have to speak in Bavarian now.« Die Journalistin spoke dann doch in English und fragte Müller, wie es denn nun sei, diesmal nicht Torschützenkönig geworden zu sein, um dann zu erfahren, was Schweinsteiger mit seinem Sprachtipp gemeint hatte. »Des interessiert mich ois ned, der Scheißdreck«, polterte Müller in rustikalem Kreisklassenjargon, als habe er gerade mit dem TSV Pähl den Ammersee-Bezirkspokal gewonnen. »Weltmeister samma. Den Pott hamma! Den scheiß goldnen Schuah kannst dir hinter d'Ohren schmiern.« Dann verschwand er und ließ die Reporterin etwas rätselnd zurück.

Als sich die neuen Weltmeister tags darauf an der Berliner Fanmeile von einer halben Million Menschen feiern ließen, war noch nicht abzusehen, dass sich viele von Brasiliens so gedemütigten Spielern bald danach wieder erholen sollten. Marcelo etwa gewann mit Real Madrid vier weitere Male die Champions League, David Luiz wurde zu einer festen Größe erst bei Paris St. Germain, dann, wie auch Mitspieler Willian bei Chelsea und Arsenal in der Premier League. Fernandinho etablierte sich als Stammspieler bei Manchester City, nicht ganz so glücklich wurde Innenverteidiger Dante nach seiner Rückkehr zum FC Bayern. Man habe ihn immer wieder damit aufgezogen und sich lustig gemacht, klagte der Innenverteidiger einmal, obwohl er seinen Mitspielern Lahm, Schweinsteiger, Müller erklärt habe, sie sollten aufhören, darüber Witze zu machen. »Es war für uns viel ernster, als ihr euch vorstellen könnt.« 2015 wechselte Dante nach Wolfsburg.

Viel größer noch aber waren nach der WM die Probleme für Bra-

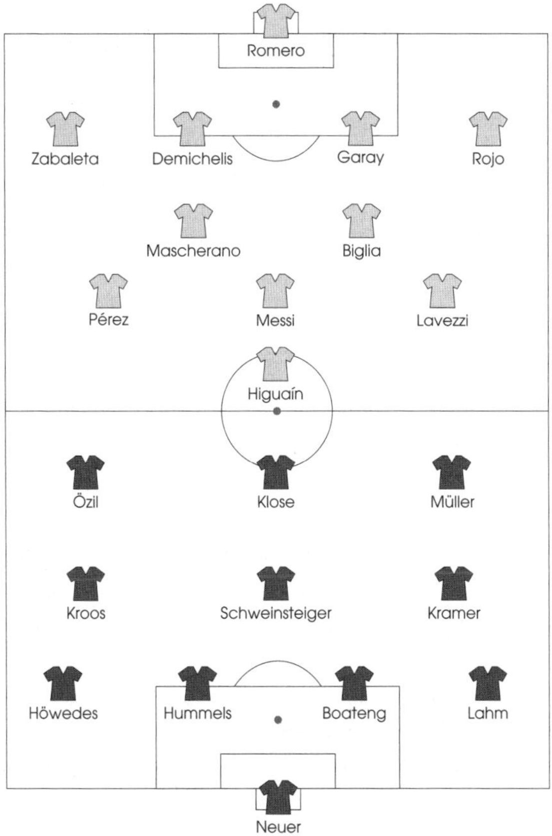

Startaufstellung Deutschland (unten) gegen Argentinien (oben), WM-Finale 2014

silien selbst. Wie in Südafrika 2010 erwiesen sich viele Versprechungen auf eine glücklichere Zukunft als hohle Phrasen, bald setzte die nächste Wirtschaftskrise ein. 2016 wurde Staatspräsidentin Dilma Rousseff des Amtes enthoben, später kam Bolsonaro.

Und was wurde aus dem Campo Bahia? In den Jahren danach gab es viele Negativschlagzeilen. Es ging um zu wenige Gäste, zu hohe Investitionen, man konnte fast den Eindruck gewinnen, als sei das damalige Quartier der Deutschen als Ruine ebenso ein weißer Elefant wie die Stadien von Manaus, Brasilia, Cuiabá, die auch keiner mehr braucht. Der *Spiegel* schrieb über einen Ortsbesuch 2017: »So schön, so leer.« Hinzu kam noch die Klage eines Geschäftsmannes, der von Immobilienunternehmer Hirmer Geld verlangte, schließlich habe er den Deal mit dem DFB ja erst eingefädelt. Später einigte man sich auf einen Vergleich.

Auch das Online-Portal *Travelbook* berichtete einmal vom ausbleibenden Boom, dass im ersten halben Jahr nach der WM insgesamt gerade einmal 400 Gäste gekommen seien. Dann kam die Wirtschaftskrise, später Angst vor dem Zika-Virus. 2020 kam Corona.

Lief nicht alles rund im Campo. Klang mehr nach *Sete a um*.

AUCH DAS NOCH WAS SIE SONST ÜBER DIE WM 2014 UNBEDINGT WISSEN MÜSSEN

2 Minuten und 10 Sekunden nach Anpfiff des Gruppenspiels gegen Argentinien traf Bosniens Sead Kolašinac ins eigene Netz. Das schnellste Eigentor der WM-Geschichte.

6 Tore fielen in der Neuauflage des WM-Endspiels von 2010 beim 5:1 der Niederlande gegen Titelverteidiger Spanien. Bis heute die höchste Niederlage eines amtierenden Weltmeisters bei einer WM-Endrunde.

7 deutsche Nationalspieler durften sich nach dem Triumph von Rio Doppel-Weltmeister nennen: Manuel Neuer, Philipp Lahm, Jérôme Boateng, Toni Kroos, Bastian Schweinsteiger, Mario Götze und Thomas Müller. Das Septett hatte im Dezember 2013 mit dem FC Bayern auch die FIFA-Klub-WM gewonnen.

14 WM-Teilnehmer stellten jeweils der FC Bayern und Manchester United, mehr als jeder andere Klub weltweit. Die Spieler von ManU verteilten sich auf neun Nationen, die von Bayern auf acht: Zu den sieben deutschen Nationalspielern kamen Dante (Brasilien), van

Buyten (Belgien), Martínez (Spanien), Robben (Niederlande), Shaqiri (Schweiz), Green (USA), Mandžukić (Kroatien).

17 Siege feierte Miro Klose bei seinen 24 WM-Einsätzen mit der Nationalmannschaft zwischen 2002 und 2018. Der WM-Rekordtorschütze (16 Treffer) ist damit auch der Spieler, der am häufigsten ein Spiel bei einer WM gewann.

34,65 Millionen Zuschauer sahen am 13. Juli das Finale zwischen Deutschland und Argentinien. Marktanteil 86,3 Prozent. Die meistgesehene TV-Sendung in der deutschen Fernsehgeschichte. Auf Platz 2: Das Halbfinale gegen Brasilien (32,57 Millionen).

35,6 Millionen während des 1:7 Brasiliens gegen Deutschland abgesetzter Tweets bedeuteten eine neue Rekordmarke als meistkommentiertes Sportereignis seit Bestehen von Twitter.

39 Kilogramm des beliebten Karamellaufstrichs *Dulce de Leche* hatte Uruguays Mannschaft bei der Einreise im Gepäck. Der brasilianische Zoll konfiszierte die Spezialität mit der Begründung, bei Lebensmitteln mit Milch seien spezielle Einfuhrbestimmungen zu erfüllen. Das Auftaktspiel gegen Costa Rica verlor der zweimalige Weltmeister dann auch recht kraftlos 1:3.

69 Sekunden benötigte Toni Kroos für seine beiden Tore zum 3:0 und 4:0 im Halbfinale gegen Brasilien. Bis heute der schnellste Doppelpack der WM-Geschichte.

300 000 Euro Siegprämie bekam jeder Nationalspieler für den WM-Titel. 1990 waren es noch 125 000 D-Mark, 1974 ganze 70 000. 1954 gab es 2500 Mark sowie Sachpreise wie einen Motorroller.

2018
IN RUSSLAND

Ein Bild mit Erdoğan, ein Quartier in der Plattenbausiedlung und eine völlig missglückte Marketingkampagne des Teammanagers: Wie sich der Titelverteidiger auf und neben dem Platz blamiert und Frankreich einen Teenager aus der Banlieue feiert. Von einem Bundestrainer als Model am Schwarzmeer-Strand, miserablem Krisenmanagement der DFB-Funktionäre und einem heftigen #ZSMMNBRCH.

Anfang November 2021 besuchte Mesut Özil mal wieder Recep Tayyip Erdoğan. Özil postete ein Bild auf Instagram, der türkische Staatschef stand etwas bedröppelt vor einem Wandteppich, der zackige Strahlenkranz einer Sonne umsäumte sein Haupt, es sah aus wie ein Heiligenschein. »Football Talks with our President R. T. E«, schrieb Özil unter das Bild, aber dass sich der Profi von Fenerbahçe Istanbul an diesem Tag in Ankara zum Fachsimpeln mit dem Staatschef zeigte, fand in Deutschland nicht allzu viel Beachtung. Genauso wenig wie viele weitere Treffen der beiden zuvor. Im Dezember 2011 etwa, als Özil dem R. T. E. ein signiertes Trikot seines neuen Klubs Real Madrid überreichte, oder ein Jahr später, als Erdoğan M. Ö. in Spanien traf, oder 2016, dann wieder in der Türkei. Eine Sportzeitung des Landes zeigte die beiden auf der ersten Seite. Interessierte aber keinen.

Und auch als die *Bild am Sonntag* vor einem weiteren Treffen 2017 mal fragte, ob Özil denn kein Problem habe, sich mit einem Politiker zu zeigen, der das Land immer autokratischer regiere, der der

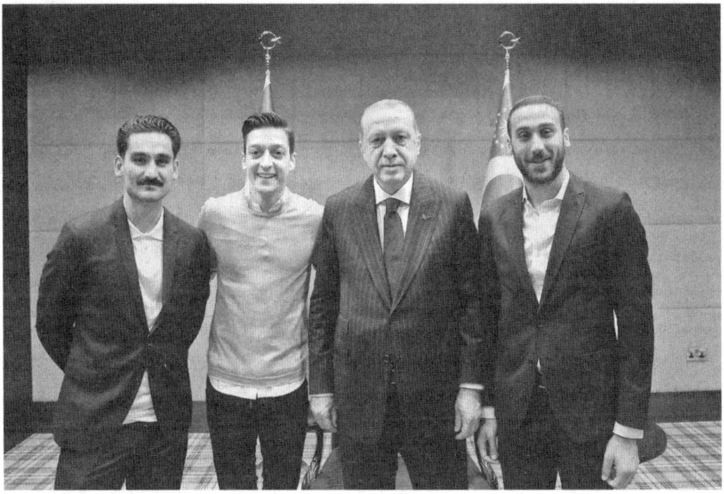

Ein Foto mit Folgen: Die deutschen Nationalspieler Ilkay Gündoğan und Mesut Özil mit dem türkischen Staatspräsidenten Recep Tayyip Erdoğan. Rechts: Cenk Tosun vom FC Everton.

Demokratie immer mehr die Luft im Würgegriff abschnüre, zu einer Zeit, als der von Erdoğan als »Terrorist« beschimpfte *Welt*-Journalist Deniz Yücel gerade in Einzelhaft saß, da sagte Özil diplomatisch: »Ich habe sowohl Merkel als auch Erdoğan schon treffen dürfen. Ich bin kein Politiker, sondern Sportler. Daher will ich mich nicht einmischen.« Kümmerte immer noch keinen.

Im Mai 2018 war das plötzlich anders, als Erdoğan zum Staatsbesuch nach Großbritannien reiste. Er traf die Queen und Premierministerin Theresa May, er traf aber auch Mesut Özil und Ilkay Gündoğan, im Londoner *Four Seasons Hotel* überreichten sie ihm Trikots ihrer aktuellen Klubs, Özil sein rotes von Arsenal mit der 11, Gündoğan das himmelblaue von Manchester City, Nummer 8. Die Bilder, die dabei entstanden, interessierten dann sehr wohl. Özil und Gündoğan als deutsche Nationalspieler, die sich mit einem Despoten eines anderen Landes zeigen? Bilder, die für Empörung sorgten und für eine lange Debatte, in der sich der DFB so unsäglich blamierte, mindestens so sehr wie die Nationalmannschaft während der Kurzvisite in Russland auf dem Platz – ein Kollektivdebakel, das ja schon bei der Wahl des WM-Quartiers begann, mit Watutinki, ein Ort, der zum Inbegriff wurde für das schlimme Fiasko bei der WM 2018. Das trostlose Hotel, das desaströse Aus in der Vorrunde, die Eigentore der Funktionäre, und das alles unter dem köstlichen Hashtag #ZSMMN. Recht viel mehr an Peinlichkeiten als bei dieser WM waren kaum möglich.

Es lief ja schon nach dem WM-Triumph von Rio einiges recht holprig. Gleich das erste Länderspiel im September 2014, die Final-Neuauflage gegen Argentinien in Düsseldorf, ging 2:4 verloren. Es folgten in der EM-Qualifikation mühsame Pflichtsiege gegen Gibraltar und Georgien, aber auch Niederlagen gegen Polen und Irland. Testspiele gegen die Slowakei und England gingen verloren, beim 0:2 in Frankreich am 13. November 2015 sollte man von einer sportlichen Wertung absehen, es war der Abend, als die Spieler auf dem Platz des *Stade de France* Detonationen vor dem Stadion hörten, es war der Abend der Terroranschläge von Paris mit 130 Toten.

Bei der EM 2016 selbst steigerten sie sich, die Deutschen, eine Turniermannschaft eben. Zogen ohne Gegentor in vier Spielen ins Viertelfinale ein, bezwangen im Elfmeterschießen Italien, der erste Sieg gegen die *Azzurri* in der K.-o.-Runde eines großen Turniers. Im Halbfinale dominierten sie gegen Gastgeber Frankreich, anders als 2010 und 2012 ließ sich Löw die Taktik diesmal nicht aufzwingen, und man rätselte danach, wie und warum sie dieses so überlegen geführte Spiel verloren. Ein Handspiel von Schweinsteiger im eigenen Strafraum, ein Fehlpass von Kimmich, das reichte für eine schwer erklärbare 0:2-Niederlage. Thomas Müller meinte danach, die Franzosen hätten selbst nicht verstanden, wie sie dieses Spiel gewinnen konnten. Jogi Löw sagte nach Abpfiff, man hätte den Franzosen in allen Belangen etwas voraus gehabt: »Außer den Toren und dem Ergebnis.« Ein Jahr später aber passte wieder alles zusammen. Die Spielweise. Die Trefferquote. Die Resultate. Der Erfolg.

Für den nunmehr schon traditionellen Confed-Cup, der Generalprobe im Land des Ausrichters ein Jahr vor der dortigen WM, schonte Jogi Löw nach einer anstrengenden Saison mit ihren Klubs zahlreiche seiner Stammspieler. Stattdessen nominierte er eine sehr junge und sehr furiose Mannschaft. Beim 3:2 zum Auftakt gegen Australien unter anderem auf dem Platz, in Klammern Alter und Anzahl Länderspiele: Kimmich (22/16), Rüdiger (24/14), Brandt (21/8), Goretzka (22/6), Süle und Werner (je 21/3). Eine bessere B-Mannschaft, so schien es damals. Ohne Neuer, Hummels, Boateng, Müller, Kroos, Reus. Der erfahrenste Spieler im Endspiel: Julian Draxler, 35 Länderspiele.

Nach dem 1:0-Sieg im Finale gegen Chile und dem ersten deutschen Confed-Titel überhaupt sagte Jogi Löw, er sei »megastolz« auf diese Mannschaft: »Dass es gerade diese Jungen geschafft haben, diesen Titel zu gewinnen, ist etwas Historisches und Einmaliges.« Und »herausragend« sei es gewesen, »ein magisches Spiel«.

Im Nachhinein wäre es wohl klüger gewesen, hätte Löw ja genau diese unterhaltsame wie hungrige Truppe auch zur WM mitgenommen. Wäre garantiert ansehnlicher geworden, attraktiver und wohl erfolgreicher. Schlimmer hätte es in keinem Fall kommen können, ging ja auch nicht.

In der Rückschau wäre es vielleicht auch besser gewesen, Leroy Sané dabei zu haben, den 22-jährigen Flügelstürmer, der mit 14 Toren und 19 Vorlagen eine überragende Saison bei Manchester City gespielt hatte, der mehr Torbeteiligungen als jeder andere deutsche Nationalspieler in seinem Klub vorzuweisen hatte und der in der Premier League zum besten Nachwuchsspieler gekürt worden war. Und dem teilte Löw nun im Südtiroler Trainingslager in Eppan mit, er werde ihn vor der finalen Nominierung der WM-Fahrer aus dem erweiterten Kader streichen? »Leroy ist in der Nationalmannschaft noch nicht ganz angekommen«, meinte Löw und spielte auf die latent lustlose Launenhaftigkeit Sanés an, der kurz zuvor beim 1:2 im Testspiel gegen Österreich enttäuschte und dem der Bundestrainer nach dem 0:1 im März gegen Brasilien schon mehr Bodenhaftung empfohlen hatte: »Das ist ein junger Spieler, der vielleicht nicht ganz so schnell in die Höhe schießt, wie das manche denken.« Mit »manche«, so durfte man das interpretieren, meinte er auch Sané selbst.

Kritik kam natürlich prompt, denn bei allen durchwachsenen Leistungen im DFB-Trikot, dazu mit dem Image des abgehobenen Schnösels mit Drang zur Divenhaftigkeit: Die kreativste und im Schlechten wie im Guten unberechenbarste Fachkraft zu Hause zu lassen, einen anarchischen Dribbelkünstler mit Potenzial zum Unterschiedspieler, das gab Rätsel auf. Michael Ballack twitterte nach der Bekanntgabe des Kaders aus dem Hintergrund wortwitzelnd: »Jogi, nicht Dein Sané-Tag heute.«

Einen unbestritten ganz schlechten Tag in einer ganzen Reihe betrüblicher Ereignisse hatte Teammanager Oliver Bierhoff, als er sich für das besagte Mannschaftsquartier entschied, das *Ozdorowitelnij Komplex Watutinki* im Südwesten Moskaus, Verwaltungsbezirk Nowomoskowski, auf Deutsch »gesundheitsfördernde Einrichtung Watutinki«. Eine Anlage mit Ostblockcharme aus Zeiten des Warschauer Pakts. Wäre auch als Kulisse in einem James-Bond-Streifen durchgegangen. Etwa als Hauptkommandozentrale des wahnsinnigen General Orlov samt unterirdischer Abschussrampe für seine Atomraketen.

Ringsherum Plattenbauten mit marodem Sowjetflair. Einzige Sehenswürdigkeit: der Siegespark, eine Gedenkstätte der Armee zu Ehren der gefallenen Helden. Von Stalingrad bis Afghanistan.

Mats Hummels erzählte einmal von kaltem Wasser aus der Dusche, bei Matthias Ginter fiel der Fernseher von der Wand. Julian Draxler nahm seine eigene Spielkonsole mit, das war eine gute Idee angesichts der angestaubten Rennsimulatoren, die in einem Raum des Hotels Spielhallenambiente aus den frühen Achtzigern versprühten. Weil die Jungs aber zu viel zockten, stellte der DFB nachts das WLAN ab. Außerdem wurde von der *Sport Bild* enthüllt: Antonio Rüdiger hatte eine Shisha dabei. Eine weise Entscheidung, sich das Leben schön zu rauchen, anders war Watutinki wohl auch nicht zu ertragen.

2014 feierten sie sich noch für den großen Wurf mit dem Campo Bahia, DFB-Präsident Niersbach frohlockte damals vom »besten Standort aller 32 Mannschaften«. In Russland hatten sie den schlechtesten. Das WM-Quartier von 1978, die Militärkaserne im argentinischen Ascochinga, der »Tote Hund«, war dagegen quicklebendig und putzmunter.

Oliver Bierhoff begründete die Entscheidung damals mit der Nähe zu Moskau, mit wenig Reisestrapazen für den Fall, man würde die Vorrundengruppe, wovon man ja ausging, als Erster abschließen. Und nicht, so wie es dann kam, als Letzter. Das nahe St. Petersburg im Achtelfinale, ein Abstecher nach Samara an der Wolga, danach die letzten zwei Spiele in Moskau auf dem Weg zur Titelverteidigung.

Aber so lang musste es die Mannschaft in Watutinki gar nicht aushalten. Sie durfte schon eher heim.

An der Frage des Mannschaftshotels hatte sich schon vor dem anstehenden Turnierdesaster ein Riss in der lange so harmonisch wirkenden Beziehung zwischen Bierhoff und Löw offenbart. Die beiden, die seit 2004 zusammenarbeiteten und nach dem Abschied von Klinsmann 2006 als Führungsfiguren die Nationalmannschaft prägten, die anfangs noch beide als moderne Gestalter für neue Visionen in einem recht altbacken verkrusteten Verband durchgingen, die sich dann aber mit den Jahren immer mehr auseinanderzuleben schienen, was 2018 in Russland deutlich wurde.

Für Löw wäre Watutinki niemals eine Option gewesen, er wollte zurück nach Sotschi, wo er sich schon 2017 mit der Confed-Mannschaft niedergelassen hatte. Die Erinnerung an erfolgreiche Tage, die sonnige Schwarzmeerküste, die kilometerlange Strandpromenade. Aber Bierhoff hatte das letzte Wort. Und wählte Plattenbau statt Palmenstrand.

Als die deutsche Mannschaft nach dem 0:1-Auftakt gegen Mexiko zum Spiel gegen Schweden tatsächlich für vier Tage nach Sotschi reiste, wirkte Joachim Löw sehr entspannt. Ohne Absprache mit Bierhoff oder anderen DFB-Funktionären flanierte er am Uferboulevard entlang, und es wirkte wie ein PR-Termin in eigener Sache, als er für die Kameras von Filmteams und Fotografen lässig an einer Laterne lehnte oder mit dem Finger ebenso viel- wie nichtssagend in die Ferne deutete. Grundentspannt mit Sonnenbrille, dunkelblaues T-Shirt, kurze Hose, er wirkte mehr wie ein Model für die Sommerkollektion im neuen Otto-Katalog als ein Bundestrainer vor einem richtungsweisenden Spiel. Vielleicht wollte er mit diesem sonderbaren Auftritt auch nur zeigen: Schaut her, so schön hätt's in Sotschi die ganze Zeit sein können. Vom Lebensgefühl her högschde Qualität.

Letztlich war der Spaziergang von Sotschi aber auch der Beleg für die in diesem Stadium schon weit fortgeschrittene innerliche Einsiedelei des kauzigen Herrn L., der immer mehr in einer Welt der kritikresistenten Selbstgefälligkeit zu wandeln schien und der in Sotschi den Eindruck vermittelte, als glaube er selbst daran, nicht nur am Wasser entlang gehen zu können, sondern auch darüber.

Weit entrückt war aber auch Oliver Bierhoff, unterwegs in einem anderen Kosmos. In seinen fast eineinhalb Jahrzehnten als Teammanager hatte der ewig smarte Jungdynamiker das Team mit befremdlichem Business-Sprech in einer völlig überzogenen Marketingstrategie zu einem hyperkommerzialisierten Kunstgebilde hochgebrandet. Bierhoff verdeutlichte dabei, dass er die Sprache eines Betriebswirtschaftlers inzwischen deutlich besser verstand als die des gemeinen Fußballfans. Einmal sagte Bierhoff, man müsse »den Mut haben, die Nationalmannschaft als Premium-Produkt zu positionieren«.

Schon 2015 entwarf Bierhoff den griffigen Slogan »Die Mannschaft«, vor der WM gab es dann den arg hingedrehten und undurchsichtigen Claim »Best NeVer Rest«. Wer es nicht wusste: Das große V sollte dabei die römische Zahl Fünf symbolisieren, als Sinnbild für den fünften WM-Titel, den man in Russland holen wollte.

Am allerabsurdesten freilich wurde dann noch die Idee mit dem Hashtag, den man im Mai 2018 präsentierte, und zwar das #ZSMMN, gleichbedeutend für Zusammen. Na prima. Dazu drehte man noch einen tollen Werbespot, echt so voll wow, mit vielen total optimistischen Menschen und Nationalspielern, die das #ZSMMN auf Deutschlandfahnen und Torpfosten kritzelten, im Hintergrund sangen sehr happy Clueso und die FantaVier.

In Russland folgte dann der #ZSMMNBRCH.

In einem Moment der reflektierten Besinnung sagte Bierhoff später einmal über all die missglückten PR-Kampagnen immerhin: »Wir haben das, ja, ein bisschen überdreht. Wir haben das vielleicht überbetont.« Das klang besonnen, reflektiert. Anders als das, was er zu Özil sagte.

Und damit zurück zum Bild mit Mesut, Ilkay, Recep.

Kaum war das Bild an jenem 14. Mai im Netz gestanden und von Erdoğans Regierungspartei AKP für den anstehenden Wahlkampf des Präsidenten instrumentalisiert worden, folgten schon die ersten wütenden Reaktionen. Der Grünen-Politiker Cem Özdemir, der sich als in Baden-Württemberg geborener Sohn türkischer Eltern als anatolischen Schwaben bezeichnet, meinte entrüstet: »Der Bundespräsident eines deutschen Nationalspielers heißt Frank-Walter Steinmeier, die Bundeskanzlerin Angela Merkel und das Parlament heißt Deutscher Bundestag.« Und: »Es sitzt in Berlin, nicht in Ankara.« Auf den Plan gerufen sah sich auch DFB-Boss Reinhard Grindel, er habe »nach wie vor überhaupt keine Zweifel an Mesuts und Ilkays klarem Bekenntnis, für die deutsche Nationalmannschaft spielen zu wollen und sich mit unseren Werten zu identifizieren«. Tags darauf nannte Joachim Löw das Foto »keine glückliche Aktion«, wollte aber von Sanktionen wie einem Rauswurf aus der Nationalmannschaft absehen. Im Namen von Kanzlerin Merkel sagte Regierungssprecher Steffen Seibert, es sei eine Situation gewesen, »die Fragen aufwarf und zu Missverständnissen einlud«.

Vier Tage später erklärte Bundespräsident Steinmeier die Missverständnisse für aus dem Weg geräumt, zuvor hatte er Özil und Gündoğan im Schloss Bellevue empfangen. Der gebürtige Gelsenkirchener Özil erklärte: »Ich bin hier aufgewachsen und stehe für mein Land.« Hätte damit ja auch wieder gut sein können. War es aber nicht. Das Thema nahm erst richtig Fahrt auf.

Beim Länderspiel gegen Österreich am 2. Juni wurden Gündoğan und Torschütze Özil von deutschen Fans lautstark ausgepfiffen. Während eines Medientags kurz darauf im Trainingslager in Südtirol erklärte Gündoğan, der sein Trikot für den »hochverehrten Präsidenten« signiert hatte, man habe niemals »ein politisches Statement« setzen wollen. Özil sprach als einziger Nationalspieler an diesem Tag nicht, er ließ sich durch physiotherapeutische Behandlungen entschuldigen. Kritik an verheerendem Krisenmanagement seitens des DFB wies Bierhoff zurück: »Was hätten wir noch mehr machen sollen? Ich bin der Meinung, wir haben sehr viel gemacht – und jetzt reicht es dann auch.« Er sagte noch, man müsse es abhaken. »Jetzt schauen wir nach vorne.«

Als sich die Aufregung nach dem WM-Aus allmählich wieder gelegt hatte, machte Bierhoff klar, dass es ihm doch noch nicht reichte. Anfang Juli erzählte er der *Welt*: »Wir haben Spieler bei der deutschen Nationalmannschaft bislang noch nie zu etwas gezwungen, sondern immer versucht, sie für eine Sache zu überzeugen. Das ist

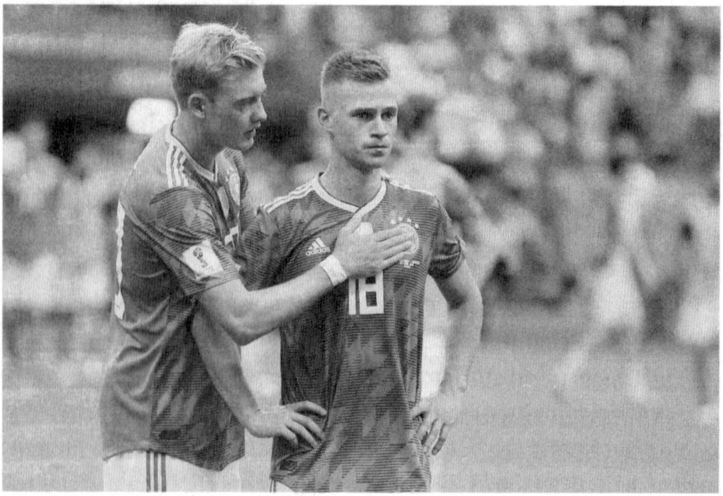

Tränen nach der Blamage: Julian Brandt tröstet den frustrierten Joshua Kimmich nach dem peinlichen 0:2 gegen Südkorea.

uns bei Mesut nicht gelungen. Und insofern hätte man überlegen müssen, ob man sportlich auf ihn verzichtet.« Das schlug dann noch mal ein. War Özil also der abgestempelte Sündenbock? Natürlich hatte er ein ganz schlechtes Turnier gespielt, stand bei beiden Niederlagen gegen Mexiko (0:1) und Südkorea (0:2) 90 Minuten auf dem Platz und saß beim einzigen Sieg, dem 2:1 gegen Schweden, die ganze Zeit auf der Bank. Komplett versagt hatten aber viele andere auch. Und jetzt war Özil der Buhmann und schuld am WM-Aus?

Tags darauf ruderte Bierhoff hektisch zurück und fühlte sich missverstanden, er habe sich »da offenbar falsch ausgedrückt«, blieb ansonsten aber eher kryptisch. Dafür legte DFB-Mann Grindel nach und forderte Özil auf, »sich öffentlich zu äußern«. Was dieser dann auch tat, als er zwei Wochen später auf Twitter seinen Rücktritt aus der Nationalmannschaft erklärte, Verbandsboss Grindel Inkompetenz vorwarf und von »Rassismus und fehlendem Respekt« ihm gegenüber sprach. Ohne explizit Personen aus dem Verband als Rassisten zu benennen, sondern eher allgemein auf die Attacken aus der Gesellschaft, aus Politik und Medien: Das Image vom weltoffenen Fußballverband mit den gemischten Multikulti-Kickern, einer deutschen Nationalmannschaft, die den Wandel von der gut intrigierten (Lothar Matthäus) zur gut integrierten Truppe bestens gemeistert hatte, bekam Kratzer. War das bunte Bild doch nur Schwarz-Weiß-Malerei?

Und da war ja auch noch die Sache mit den Kartoffeln und den Kanaken.

In Russland spielte eine deutsche Mannschaft, die schon lange keine Führungsfigur mehr hatte, keine Hierarchie. Der Weltmeisterkapitän Lahm hatte sich schon 2014 aus der DFB-Auswahl verabschiedet, Schweinsteiger folgte 2016. Nun waren 2018 Neuer, Hummels, Khedira, Kroos potenzielle Kandidaten für die Chefrolle, die aber ausfielen, weil sie zu sehr mit sich selbst und ihrer schwachen Leistung beschäftigt waren. Dazu kamen dann eben noch die mangelnden Führungsqualitäten von Joachim Löw, der nicht mehr imstande war, als akzeptierte Autorität eine Mannschaft erfolgreich zum Erfolg zu führen.

2014 war Löw noch von einer strahlenden Aura umgeben, aber vielleicht leuchtete sie schon damals etwas zu hell, womöglich hatte sich in den harmonischen brasilianischen Wochen in der Mannschaft eine gewisse Eigendynamik eingestellt, und vielleicht war für den finalen Feinschliff wie etwa das Einstudieren von Standardsituationen eher Hansi Flick die entscheidende Figur gewesen.

Im August 2018 rekonstruierte der *Spiegel* nach Gesprächen mit Trainern, Beratern, Klubchefs, Managern, Spielern und Insidern des DFB die Grunddefizite in der Mannschaft und schrieb nicht nur über die Versäumnisse von Löw, sondern auch über die Grüppchenbildungen in der Mannschaft. Dass es eben die eine Gruppe gebe, die sich »Kanaken« nenne. Und die andere, die »Kartoffeln«. Das hatte weniger mit Rassismus zu tun als vielmehr mit einer gewissen Lebenseinstellung, einem Lifestyle. Auf der einen Seite gab es im Team Spieler wie Boateng, Özil, Gündoğan, Rüdiger – Deutsche mit Migrationshintergrund, dazu auch Julian Draxler, der von George Boateng, dem älteren Halbbruder von Jérôme, scherzhaft schon als »dieser eine Deutsche, der immer mit Ausländern abhängt«, bezeichnet wurde.

Klubpartys, Hip-Hop, Glitzer und Klunker, das war die eine Welt, die andere war die von Kartoffeln wie Thomas Müller, der im Münchner Süden mit seiner Frau Lisa auf einem Pferdegestüt lebt. Klang alles wie Gangsta-Rap vs Bibi & Tina. Eigentlich irgendwie harmlos. Lukas Podolski meinte noch, das sei ja früher bei Turnieren auch so gewesen, das Flachsen untereinander. Na, du Kartoffel? Selber Kanake. Und auch Ilkay Gündoğan sagte, Postings in dieser Richtung waren immer scherzhaft intendiert. Dann meldete sich auch noch Reinhard Grindel, nannte die Berichte »übertrieben« und terminierte aber trotzdem in aufgeregter Hektik ein Gespräch mit dem Mannschaftsrat. Es passte eben alles in die sehr unglückliche Aufarbeitung einer in so vielen Belangen für den Titelverteidiger so missratenen Weltmeisterschaft.

Da war es beruhigend zu sehen, dass wenigstens ein Deutscher noch ganz lang im Turnier dabei war, und zwar Lothar Matthäus.

Man sah ihn sogar noch nach dem Viertelfinale als Mitglied einer FIFA-Delegation zu Besuch bei Wladimir Putin im Kreml. Mit dabei auf dem nächsten Bild mit einem Autokraten waren andere große Spieler von einst, Peter Schmeichel, Rio Ferdinand, Diego Forlán, als rahmende Staffage für FIFA-Chef Gianni Infantino, der dem russischen Präsidenten ein blaues Trikot mit Namensbeflockung Putin und der Nummer 11 überreichte. Infantino und Putin, ein so herzerwärmend sympathisches Gespann wie Thomas Bach und Xi Jinping 2022 bei Olympia in Peking.

Putin wusste solch eine Bühne für sich natürlich gut zu nutzen, so wie schon vier Jahre zuvor bei den Winterspielen von Sotschi. Termine wie mit der devoten Entourage des Weltverbands waren genau das Richtige für ihn. Salbungsvolle Lobeshymnen von Infantino (»Wir alle haben uns in Russland verliebt. Eine der besten Weltmeisterschaften, die ich gesehen habe«) und Matthäus (»Danke für die-

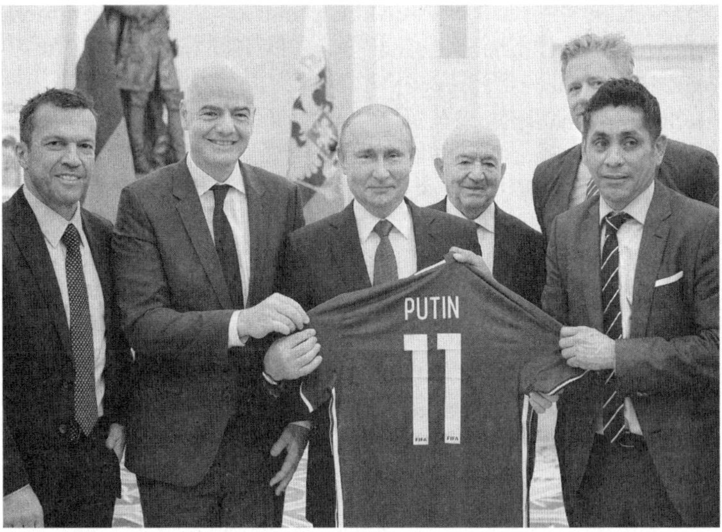

Bitte recht freundlich: Wladimir Putin freut sich über den netten Besuch und die huldvollen Kommentare von Gianni Infantino (2. v.l.) und Lothar Matthäus (links). Ein Trikot bekam der Kreml-Chef auch noch.

sen World Cup, Mister President«) nahm er gönnerhaft entgegen. Oder auch als er der kroatischen Ministerpräsidentin Kolinda Grabar-Kitarović Audienz gewährte und dabei gleich noch das Trikot des WM-Finalisten abstaubte, das mit dem rot-weißen Schachbrettmuster.

Wirklich Werbung brauchte er aber nicht, die eigentliche PR lieferte das Turnier ganz von allein. Wie groß war die Unruhe vorab gewesen, wie heftig hatte aus Großbritannien Außenminister Boris Johnson getönt, Putin werde das Turnier so sehr zur Propaganda nutzen wie einst Hitler Olympia in Berlin 1936. Und auch die Angst vor russischen Hooligans, die bei der EM 2016 in Frankreich gewütet hatten, ging um.

Doch dann wurde es ein ganz friedliches Fest, dieses letzte wirklich große globale Sportevent vor Ausbruch der Corona-Pandemie gut eineinhalb Jahre später. Auf den Straßen tanzten die zu Beginn noch so reservierten russischen Fans und feierten die Erfolge ihrer Mannschaft, die bis ins Viertelfinale einzog. Fröhlich berauscht zogen die liebenswerten Anhänger aus Schweden durchs Land, während die Isländer bei ihrer WM-Premiere ihr Wikinger-Huh durch die Stadien schallen ließen. WM-Touristen aus dem Senegal tanzten in bunten Gewändern auf dem Roten Platz, während die japanischen Anhänger nach den Spielen ihrer Mannschaft noch vorbildhaft über die Tribünen gingen und sämtlichen Müll einsammelten. Dazu noch eine perfekte Organisation, reibungslose Abläufe, eine funktionierende Infrastruktur und viele schöne neue Stadien: Putin brauchte sich gar nicht groß in Szene zu setzen. Das nahmen ihm die Russen und ihr Land ab, die sich als herzliche und weltoffene Gastgeber präsentierten. Menschenrechte, Pressefreiheit, demokratische Strukturen, danach fragte einfach kaum einer.

Nur die Fußballspiele selbst waren in ihrer Qualität überschaubar. Ausnahmen gab es mit dem wilden 4:3-Sieg Frankreichs über Argentinien im Achtelfinale. Oder mit den Belgiern, die nach dem 2:1 im Viertelfinale über Brasilien schon als Mitfavorit auf den Titel gehandelt wurden, dann aber an der *Équipe Tricolore* scheiterten. Und

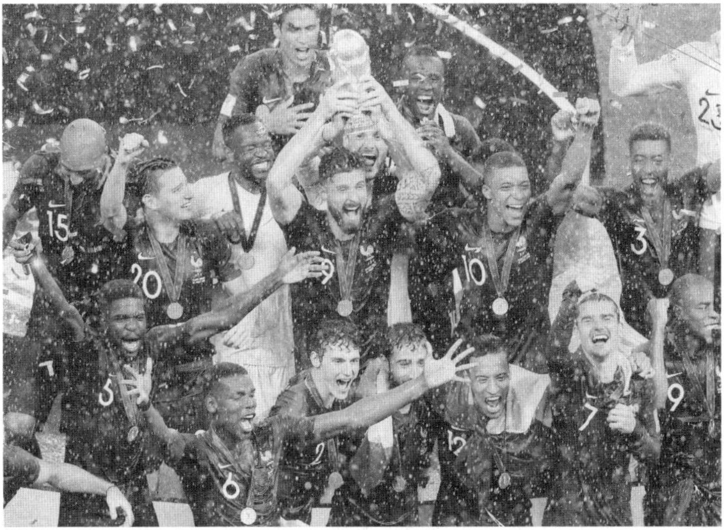

Liberté, Egalité, Mbappé: Frankreichs Équipe Tricolore bejubelt nach dem Finalsieg über Kroatien den zweiten WM-Triumph seiner Geschichte. Mit dem Pokal in der Hand: Stürmer Olivier Giroud.

natürlich war auch das Finale ein packendes Spektakel, das 4:2 Frankreichs gegen die Kroaten um ihren Spielmacher Luka Modrić, der zu Recht den Goldenen Ball des besten Spielers erhielt, der sich aber damit nicht über die Vizeweltmeisterschaft hinwegtrösten konnte – über die Finalniederlage gegen die Franzosen, die nun den zweiten Titel nach 1998 feierten und bei denen die Vielfalt des Black-Blanc-Beur nun umbetitelt wurde in *Liberté, Égalité, Mbappé*. Dank ihres 19-jährigen Jungstars Kylian Mbappé, der mit seinen Tricks, Sprints und den vier Toren zu einem der Schlüsselspieler auf dem Weg zum Triumph wurde. Und zum Liebling der französischen Fans, das Kind aus der Pariser Vorstadt Bondy, der wieder viel Stoff lieferte für das Märchen vom Aufstieg aus den ärmlichsten Verhältnissen inmitten verfallener Wohnblocks mit hoher Arbeitslosigkeit, viel Kriminalität und wenig Perspektiven.

Auf den Straßen Frankreichs feierten sie diesmal natürlich genauso im Überschwang wie 20 Jahre zuvor, und doch war etwas anders als 1998. Damals hatte sich das Beschwören einer geeinten Nation als Folge des Titelgewinns zu schnell als naive Utopie entpuppt. Diesmal wirkten die Prognosen ausgewogener, vorsichtiger, realistischer. Es fehlte der unbeirrte Glaube, allein der Ausgang eines Fußballspiels könne eine bessere Zukunft bewirken. Es hatte zuvor ganz andere Ereignisse gegeben, die die Menschen im Land noch viel enger miteinander verbunden und für einen größeren Kitt in der Gesellschaft gesorgt hatten. Der Anschlag von Nizza, als der Attentäter Mohamed Lahouaiej Bouhlel auf der Promenade des Anglais mit einem Lkw durch eine Menschenmenge raste und 86 Personen tötete. Die Terrornacht von Paris im November 2015, in der sich Maude Griezmann entschied, nicht das Länderspiel ihres Bruders Antoine gegen Deutschland im Stade de France zu besuchen, sondern lieber den Auftritt der Rockband *Eagles of Death Metal* im Konzertsaal Bataclan, den Maude Griezmann wieder lebend verließ, im Gegensatz zu 90 anderen von Terroristen ermordeten Konzertbesuchern. An einem Abend, an dem Frankreichs Mittelfeldspieler Lassana Diarra 80 Minuten eine sehr gute Partie spielte, bevor seine Cousine Asta Diakité in jener Nacht auf einer Straße in Paris durch die Kugel eines Dschihadisten starb.

Man musste am Abend dieses Erfolgs, an dem beim Public Viewing im Stadion des AS Bondy 3000 Menschen mit den verschiedensten Ethnien und Migrationshintergründen lauthals in die *Marseillaise* einstimmten, nicht bewusst vom Überwinden von Gräben und vom Bauen von Brücken sprechen. Es war klar, dass die sozialen Probleme langfristig bleiben würden, und doch tat es vielen gut, eine Mannschaft zu sehen, in der die Herkunft der Spieler anders als 1998 gar kein großes Thema mehr war, bei den Söhnen von Einwanderern aus Guinea und Kamerun, Algerien und Togo, Kongo, Mali, Martinique.

Vorbei waren die Zeiten, in denen Weltmeister Laurent Blanc in seiner Zeit als Nationaltrainer ab 2010 noch für eine tiefe Spaltung gesorgt hatte, indem er eine Quote, eine Obergrenze von schwarzen

Spielern anregte und erklärte, die spanische Nationalmannschaft sei ja auch deshalb so erfolgreich, weil da keine Schwarzen mitspielten.

Nun, so schien es, war die Mannschaft als Einheit zusammengewachsen. Als lebte sie das Motto, das die Hemdkragen ihrer Trikots zierte: »Nos différences nous unissent.« Unsere Unterschiede vereinen uns. Spätestens mit dem Einsetzen der heißen Wahlkampfphase für die Präsidentschaftswahlen 2022, mit den xenophoben Hetzparolen der Rechtsaußen-Populisten Marine Le Pen und Éric Zemmour wurde deutlich, dass die *Équipe Tricolore* nur einen momentan sehr gut funktionierenden Mikrokosmos repräsentiert, eine kleine Blase des Miteinanders, die mit der wahren Welt da draußen im Land nichts zu tun hat.

Als die Mannschaft bei der EM 2021 im Achtelfinale blamabel gegen die Schweiz ausschied, gab es wieder viel Kritik. Vor allem auch an Trainer Didier Deschamps, der dennoch im Amt blieb und bis 2022 verlängerte. Für Jogi Löw hingegen war das Ende seiner Zeit als Bundestrainer schon vorher festgestanden. Im März 2021 erklärte er, nach der EM nach 15 Jahren abzutreten. Wie das Turnier mit schwachen Auftritten gegen Frankreich (0:1), Ungarn (2:2) und dem Aus im Achtelfinale in Wembley gegen England (0:2) zeigte, war es auch allerhöchste Zeit.

Im Herbst 2021 übernahm Hansi Flick, der in nur 18 Monaten beim FC Bayern sieben Titel geholt hatte, bevor er sich zermürbt von den Reibereien mit seinem klubinternen Widersacher, Sportvorstand Hasan Salihimidžić, auf seinen neuen Job beim DFB freuen durfte. Mit den acht Siegen in seinen ersten acht Spielen stellte er einen neuen Startrekord auf, die Gegner in der WM-Qualifikation hießen aber auch nur Liechtenstein, Rumänien, Island, Armenien, Nordmazedonien. Insgesamt blieb er in seinen ersten 13 Spielen bis Sommer 2022 ungeschlagen, zuletzt überzeugte das DFB-Team da bei einem ansehnlichen 5:2 über Italien.

Flick äußerte sich zuversichtlich, beim so umstrittenen Turnier im Spätherbst 2022 wieder eine Euphorie in Deutschland zu entfachen. »Ich bin überzeugt, dass die Mannschaft dann wieder Begeis-

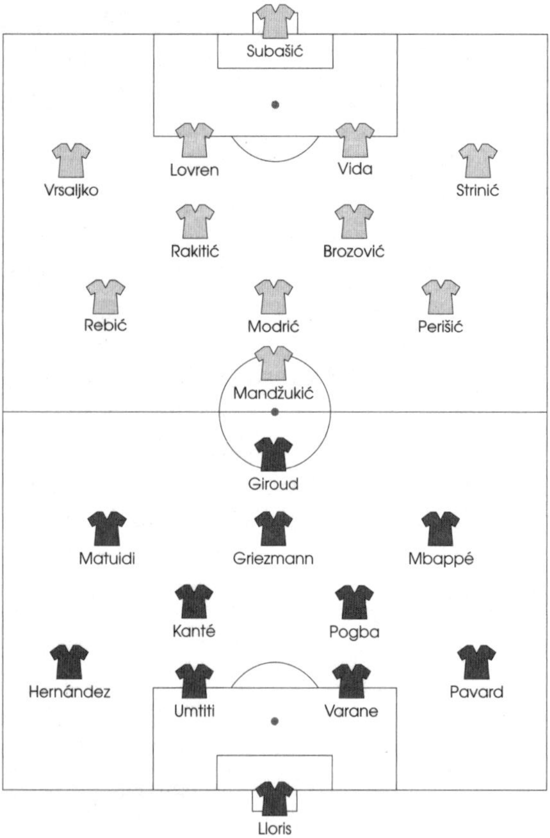

Startaufstellung Frankreich (unten) gegen Kroatien (oben), WM-Finale 2018

terung auf die Fans übertragen kann«, sagte Flick der *Sport Bild* kurz vor Weihnachten 2021. »Wenn wir leidenschaftlich spielen, offensiv spielen, dann können wir die Menschen auch im Winter emotional packen.« Mit dem Unterschied, dass sich die Fans beim Public Viewing dann eben nicht mit Bier überschütten, sondern mit Glühwein. »Auch wenn das wieder etwas schwerer aus den Klamotten rauszubekommen ist«, meinte Flick.

Die Qualifikation für Katar hatte Flick im Oktober 2021 erreicht, nach dem 4:0 gegen Nordmazedonien in Skopje erlebte man auch einen neuen Oliver Bierhoff. »Wir haben schon die Dinge sehr schnell umgesetzt, das, was Hansi Flick auch fordert«, sagte der Teammanager und ergänzte, dass es ihn freue, »wie die Mannschaft zusammenwächst.« Er sagte den ersten Teil des Verbs wirklich so. Zusammen. Mit Vokalen. Ohne Hashtag.

AUCH DAS NOCH WAS SIE SONST ÜBER DIE WM 2018 UNBEDINGT WISSEN MÜSSEN

2 Nationen nominierten keinen einzigen Spieler aus ihrer heimischen Liga in den WM-Kader: Schweden und Senegal.

5 Minuten der Nachspielzeit waren vorüber, als Marokkos Aziz Bouhaddouz den Treffer zum 1:0-Endstand für Iran erzielte. Bis heute das späteste Eigentor der WM-Geschichte.

17 Mal trug der Mexikaner Rafael Márquez zwischen 2002 und 2018 in einem WM-Spiel die Kapitänsbinde. Mehr als jeder andere Spieler in der WM-Geschichte.

45 Jahre und 161 Tage war Ägyptens Torwart Essam El-Hadary im Spiel gegen Saudi-Arabien (1:2). Bis heute der älteste Spieler der WM-Geschichte.

50 iranische Fans rückten in der Nacht vor dem letzten Vorrundenspiel gegen Portugal mit Vuvuzelas und Trommeln vor dem Mercure-Hotel in Saransk an, dem Quartier der Portugiesen. Als Cristiano Ronaldo höchstpersönlich am geöffneten Fenster erschien und um Ruhe bat, lachten die Ruhestörer und trommelten und tröteten munter weiter. Das Spiel endete 1:1, Portugal kam weiter, Iran nicht.

60 Jahre nach dem 17-jährigen Pelé 1958 war Kylian Mbappé (19) der erste Teenager, der in einem WM-Endspiel ein Tor erzielte.

76 Minuten waren im Spiel gegen den Iran vorüber, als Marokkos Sofyan Amrabat für Noureddine Amrabat aufs Feld kam: der erste Wechsel zweier Brüder in der WM-Geschichte.

99,6 Prozent TV-Einschaltquote vermeldete Islands Fußballverband nach dem Auftaktspiel gegen Argentinien (1:1). Stürmer Alfred Finnbogason erklärte, die restlichen 0,4 Prozent der isländischen Bevölkerung seien vermutlich im Spartak-Stadion von Moskau gewesen. Auf den Tribünen und auf dem Rasen.

137 war die Summe aus der Addition der beiden FIFA-Weltranglistenplätze Russlands (70) und Saudi-Arabiens (67) 2018. Damit bestritten die zwei nominell schlechtesten Mannschaften das Eröffnungsspiel.

2500 Treffer in der WM-Geschichte waren gefallen, als der Tunesier Fakhreddine Ben Youssef beim 2:1 gegen Panama in der 51. Minute den Ausgleich zum 1:1 erzielte.

DIE KOMPLETTE STATISTIK: ALLE SPIELE, ALLE TORE

WM 1930

VORRUNDE

Gruppe 1			
Frankreich - Mexiko			4:1
Argentinien - Frankreich			1:0
Chile - Mexiko			3:0
Chile - Frankreich			1:0
Argentinien - Mexiko			6:3
Argentinien - Chile			3:1
		Tore	**Punkte**
1.	Argentinien	10:4	6:0
2.	Chile	5:3	4:2
3.	Frankreich	4:3	2:4
4.	Mexiko	4:13	0:6

Gruppe 2			
Jugoslawien - Brasilien			2:1
Jugoslawien - Bolivien			4:0
Brasilien - Bolivien			4:0
		Tore	**Punkte**
1.	Jugoslawien	6:1	4:0
2.	Brasilien	5:2	2:2
3.	Bolivien	0:8	0:4

Gruppe 3			
Rumänien - Peru			3:1
Uruguay - Peru			1:0
Uruguay - Rumänien			4:0
		Tore	**Punkte**
1.	Uruguay	5:0	4:0
2.	Rumänien	3:5	2:2
3.	Peru	1:4	0:4

Gruppe 4			
USA - Belgien			3:0
USA - Paraguay			3:0
Paraguay - Belgien			1:0
		Tore	**Punkte**
1.	USA	6:0	4:0
2.	Paraguay	1:3	2:2
3.	Belgien	0:4	0:4

HALBFINALE

Argentinien - USA	6:1
Uruguay - Jugoslawien	6:1

FINALE

30. Juli 1930, Estadio Centenario, Montevideo

Uruguay - Argentinien **4:2**

Uruguay: Ballestero - Nasazzi (C), Mascheroni - Andrade, Fernández, Gestido - Dorado, Scarone, Castro, Cea, Iriarte.
Trainer: Alberto Suppici

Argentinien: Botasso - Torre, Paternóster - Evaristo, Monti, Suárez - Peucelle, Varallo, Stábile, Ferreira (C), Evaristo.
Trainer: Francisco Olazar

Tore:
1:0 Dorado (12.),
1:1 Peucelle (20.),
1:2 Stábile (37.),
2:2 Cea (57.),
3:2 Iriarte (68.),
4:2 Castro (89.)

Zuschauer: 68 346
Schiedsrichter:
John Langenus (Belgien)

Torschützenkönig:
Guillermo Stábile (Argentinien)
8 Tore

WM 1934

ACHTELFINALE

Italien - USA	7:1
Tschechoslowakei - Rumänien	2:1
Deutschland - Belgien	5:2
Österreich - Frankreich	3:2 n.V.
Spanien - Brasilien	3:1
Schweiz - Niederlande	3:2
Schweden - Argentinien	3:2
Ungarn - Ägypten	4:2

VIERTELFINALE

Deutschland - Schweden	2:1
Tschechoslowakei - Schweiz	3:2
Österreich - Ungarn	2:1
Italien - Spanien	1:1
Wiederholungsspiel	
Italien - Spanien	1:0

HALBFINALE

Italien - Österreich	1:0
Tschechoslowakei - Deutschland	3:1

SPIEL UM PLATZ 3

Deutschland - Österreich	3:2

FINALE

10. Juni 1934, Stadio Nazionale del PNF, Rom

Italien - Tschechoslowakei 2:1 n.V.

Italien: Combi (C) - Monzeglio, Allemandi - Ferraris, Monti, Bertolini - Guaita, Meazza, Schiavio, Ferrari, Orsi.
Trainer: Vittorio Pozzo

Tschechoslowakei: Plánička (C) - Ženíšek, Čtyřoký - Košťálek, Čambal, Krčil - Junek, Svoboda, Sobotka, Nejedlý, Puč.
Trainer: Karel Petrů

Tore:
0:1 Puc (76.),
1:1 Orsi (81.),
2:1 Schiavio (96.)

Zuschauer: 55 000
Schiedsrichter:
Ivan Eklind (Schweden)

Torschützenkönig: Oldřich Nejedlý (Tschechoslowakei) 5 Tore

WM 1938

ACHTELFINALE

Schweiz - Deutschland	1:1 n.V.
Ungarn - Niederländische Antillen	6:0
Kuba - Rumänien	3:3 n.V.
Frankreich - Belgien	3:1
Italien - Norwegen	2:1 n.V.
Brasilien - Polen	6:5 n.V.
Tschechoslowakei - Niederlande	3:0 n.V.
Schweden - Österreich	kampflos

Wiederholungsspiele	
Schweiz - Deutschland	4:2
Kuba - Rumänien	2:1

VIERTELFINALE

Schweden - Kuba	8:0
Ungarn - Schweiz	2:0
Italien - Frankreich	3:1
Brasilien - Tschechoslowakei	1:1 n.V.

Wiederholungsspiel	
Brasilien - Tschechoslowakei	2:1

HALBFINALE

Italien - Brasilien	2:1
Ungarn - Schweden	5:1

SPIEL UM PLATZ 3

Brasilien - Schweden	4:2

FINALE

19. Juni 1938, Stade de Colombes, Paris

Italien - Ungarn **4:2**

Italien: Olivieri - Foni, Rava - Serantoni, Andreolo, Locatelli - Biavati, Meazza (C), Piola, Ferrari, Colaussi.
Trainer: Vittorio Pozzo

Ungarn: Szabo - Polgar, Bíró - Szalay, Szucs, Lazar - Sas, Vincze, Sárosi (C), Zsengellér, Titkos.
Trainer: Alfréd Schaffer

Tore:
1:0 Colaussi (6.),
1:1 Titkos (8.),
2:1 Piola (16.),
3:1 Colaussi (35.),
3:2 Sárosi (70.),
4:2 Piola (82.)

Zuschauer: 45 000
Schiedsrichter:
Georges Capdeville (Frankreich)

Torschützenkönig:
Leonidas (Brasilien) 7 Tore

WM 1950

Gruppe 1		
Brasilien - Mexiko		4:0
Jugoslawien - Schweiz		3:0
Brasilien - Schweiz		2:2
Jugoslawien - Mexiko		4:1
Brasilien - Jugoslawien		2:0
Schweiz - Mexiko		2:1
	Tore	**Punkte**
1. Brasilien	8:2	5:1
2. Jugoslawien	7:3	4:2
3. Schweiz	4:6	3:3
4. Mexiko	2:10	0:6

Gruppe 2		
Chile - England		0:2
USA - Spanien		1:3
USA - England		1:0
Chile - Spanien		0:2
England - Spanien		0:1
Chile - USA		5:2
	Tore	**Punkte**
1. Spanien	6:1	6:0
2. England	2:2	2:4
3. Chile	5:6	2:4
4. USA	4:8	2:4

Gruppe 3*		
Schweden - Italien		3:2
Paraguay - Schweden		2:2
Paraguay - Italien		0:2
	Tore	**Punkte**
1. Schweden	5:4	3:1
2. Italien	4:3	2:2
3. Paraguay	2:4	1:3

*Indien verzichtete vor Turnierbeginn auf die Teilnahme.

Gruppe 4**		
Uruguay - Bolivien		8:0
	Tore	**Punkte**
1. Uruguay	8:0	2:0
2. Bolivien	0:8	0:2

**Schottland und die Türkei verzichteten vor Turnierbeginn auf die Teilnahme.

FINALRUNDE

Brasilien - Schweden			7:1
Uruguay - Spanien			2:2
Brasilien - Spanien			6:1
Uruguay - Schweden			3:2
Spanien - Schweden			1:3
Brasilien - Uruguay			1:2
		Tore	**Punkte**
1.	Uruguay	7:5	5:1
2.	Brasilien	14:4	4:2
3.	Schweden	6:11	2:4
4.	Spanien	4:11	1:5

16. Juli 1950, Maracanã,
Rio de Janeiro

Brasilien: Barbosa - Augusto (C), Juvenal, Bigode - Bauer, Danilo, Zizinho, Jair - Friaça, Ademir, Chico.
Trainer: Flávio Costa

Uruguay: Maspoli - González, Tejera - Gambetta, Varela (C), Andrade - Pérez, Schiaffino, Ghiaggia, Miguez, Morán.
Trainer: Juan López

Tore:
1:0 Friaça (47.),
1:1 Schiaffino (66.),
1:2 Ghiggia (79.)

Zuschauer: 173 850
Schiedsrichter:
George Reader (England)

Torschützenkönig:
Ademir (Brasilien) 9 Tore

WM 1954

Gruppe 1		
Frankreich - Jugoslawien		0:1
Brasilien - Mexiko		5:0
Frankreich - Mexiko		3:2
Brasilien - Jugoslawien		1:1 n.V.
	Tore	**Punkte**
1. Jugoslawien	2:1	3:1
2. Brasilien	6:1	3:1
3. Frankreich	3:3	2:2
4. Mexiko	2:8	0:4

Gruppe 2		
Türkei - Deutschland		1:4
Ungarn - Südkorea		9:0
Ungarn - Deutschland		8:3
Türkei - Südkorea		7:0
Entscheidungsspiel		
Türkei - Deutschland		2:7
	Tore	**Punkte**
1. Ungarn	17:3	4:0
2. Deutschland	7:9	2:2
3. Türkei	8:4	2:2
4. Südkorea	0:16	0:4

Gruppe 3		
Uruguay - Tschechoslowakei		2:0
Österreich - Schottland		1:0
Uruguay - Schottland		7:0
Österreich - Tschechoslowakei		5:0
	Tore	**Punkte**
1. Österreich*	6:0	4:0
2. Uruguay	9:0	4:0
3. Tschechoslowakei	0:7	0:4
4. Schottland	0:8	0:4

*per Losentscheid Gruppensieger

Gruppe 4		
Italien - Schweiz		1:2
England - Belgien		4:4 n.V.
Italien - Belgien		4:1
England - Schweiz		2:0
Entscheidungsspiel		
Italien - Schweiz		1:4
	Tore	**Punkte**
1. England	6:4	3:1
2. Schweiz	2:3	2:2
3. Italien	5:3	2:2
4. Belgien	5:8	1:3

VIERTELFINALE

Österreich - Schweiz	7:5
England - Uruguay	2:4
Jugoslawien - Deutschland	0:2
Ungarn - Brasilien	4:2

HALBFINALE

Deutschland - Österreich	6:1
Ungarn - Uruguay	4:2 n.V.

SPIEL UM PLATZ 3

Österreich - Uruguay	3:1

FINALE

4. Juli 1954, Stadion Wankdorf, Bern

Deutschland - Ungarn **3:2**

Deutschland: Turek - Posipal, Liebrich, Kohlmeyer - Mai, Eckel - Rahn, Morlock, O. Walter, F. Walter (C), Schäfer.
Trainer: Sepp Herberger

Ungarn: Grosics - Buzánszky, Lóránt, Lantos - Bozsik, Zakariás - Kocsis, Hidegkuti, Puskás (C), Czibor, Tóth.
Trainer: Gusztáv Sebes

Tore:
0:1 Puskás (6.),
0:2 Czibor (8.),
1:2 Morlock (10.),
2:2 Rahn (18.),
3:2 Rahn (84.)

Zuschauer: 62 500
Schiedsrichter:
William Ling (England)

Torschützenkönig:
Sándor Kocsis (Ungarn) 11 Tore

WM 1958

Gruppe 1		
Argentinien - Deutschland		1:3
Nordirland - Tschechoslowakei		1:0
Deutschland - Tschechoslowakei		2:2
Argentinien - Nordirland		3:1
Deutschland - Nordirland		2:2
Tschechoslowakei - Argentinien		6:1

Entscheidungsspiel			
Nordirland - Tschechoslowakei			2:1 n.V.
		Tore	**Punkte**
1.	Deutschland	7:5	4:2
2.	Nordirland	4:5	3:3
3.	Tschechoslowakei	8:4	3:3
4.	Argentinien	5:10	2:4

Gruppe 2			
Frankreich - Paraguay			7:3
Jugoslawien - Schottland			1:1
Jugoslawien - Frankreich			3:2
Paraguay - Schottland			3:2
Frankreich - Schottland			2:1
Paraguay - Jugoslawien			3:3
		Tore	**Punkte**
1.	Frankreich	11:7	4:2
2.	Jugoslawien	7:6	4:2
3.	Paraguay	9:12	3:3
4.	Schottland	4:6	1:5

Gruppe 3		
Schweden - Mexiko		3:0
Ungarn - Wales		1:1
Mexiko - Wales		1:1
Schweden - Ungarn		2:1
Schweden - Wales		0:0
Ungarn - Mexiko		4:0

Entscheidungsspiel			
Wales - Ungarn			2:1
		Tore	**Punkte**
1.	Schweden	5:1	5:1
2.	Wales	2:2	3:3
3.	Ungarn	6:3	3:3
4.	Mexiko	1:8	1:5

Gruppe 4		
Brasilien - Österreich		3:0
Sowjetunion - England		2:2
Brasilien - England		0:0
Sowjetunion - Österreich		2:0
Brasilien - Sowjetunion		2:0
England - Österreich		2:2

Entscheidungsspiel			
Sowjetunion - England			1:0
		Tore	**Punkte**
1.	Brasilien	5:0	5:1
2.	Sowjetunion	4:4	3:3
3.	England	4:4	3:3
4.	Österreich	2:7	1:5

VIERTELFINALE

Deutschland - Jugoslawien	1:0
Frankreich - Nordirland	4:0
Schweden - Sowjetunion	2:0
Brasilien - Wales	1:0

HALBFINALE

Schweden - Deutschland	3:1
Frankreich - Brasilien	2:5

SPIEL UM PLATZ 3

Deutschland - Frankreich	3:6

FINALE

29. Juni 1958, Rasunda-Stadion, Solna/Stockholm

Brasilien - Schweden **5:2**

Brasilien: Gilmar - D. Santos, Bellini (C), Peçanha, N. Santos - Zito, Didi - Garrincha, Vavá, Pelé, Zagallo.
Trainer: Vicente Feola

Schweden: Svensson - Bergmark, Axbom - Börjesson, Gustavsson, Parling - Hamrin, Gren, Simonsson, Liedholm (C), Skoglund.
Trainer: George Raynor

Tore:
0:1 Liedholm (4.),
1:1 Vavá (9.),
2:1 Vavá (32.),
3:1 Pelé (55.),
4:1 Zagallo (68.),
4:2 Simonsson (80.),
5:2 Pelé (90.)

Zuschauer: 49 737
Schiedsrichter:
Maurice Guigue (Frankreich)

Torschützenkönig:
Just Fontaine (Frankreich) 13 Tore

WM 1962

Gruppe A		
Uruguay – Kolumbien		2:1
Sowjetunion – Jugoslawien		2:0
Jugoslawien – Uruguay		3:1
Sowjetunion – Kolumbien		4:4
Uruguay – Sowjetunion		1:2
Kolumbien – Jugoslawien		0:5
	Tore	**Punkte**
1. Sowjetunion	8:5	5:1
2. Jugoslawien	8:3	4:2
3. Uruguay	4:6	2:4
4. Kolumbien	5:11	1:5

Gruppe B		
Chile – Schweiz		3:1
Deutschland – Italien		0:0
Chile – Italien		2:0
Deutschland – Schweiz		2:1
Deutschland – Chile		2:0
Italien – Schweiz		3:0
	Tore	**Punkte**
1. Deutschland	4:1	5:1
2. Chile	5:3	4:2
3. Italien	3:2	3:3
4. Schweiz	2:8	0:6

Gruppe C		
Brasilien – Mexiko		2:0
Spanien – Tschechoslowakei		0:1
Brasilien – Tschechoslowakei		0:0
Mexiko – Spanien		0:1
Brasilien – Spanien		2:1
Mexiko – Tschechoslowakei		3:1
	Tore	**Punkte**
1. Brasilien	4:1	5:1
2. Tschechoslowakei	2:3	3:3
3. Mexiko	3:4	2:4
4. Spanien	2:3	2:4

Gruppe D		
Argentinien – Bulgarien		1:0
Ungarn – England		2:1
England – Argentinien		3:1
Ungarn – Bulgarien		6:1
Ungarn – Argentinien		0:0
England – Bulgarien		0:0
	Tore	**Punkte**
1. Ungarn	8:2	5:1
2. England	4:3	3:3
3. Argentinien	2:3	3:3
4. Bulgarien	1:7	1:5

VIERTELFINALE

Chile – Sowjetunion	2:1
Jugoslawien – Deutschland	1:0
Brasilien – England	3:1
Tschechoslowakei – Ungarn	1:0

HALBFINALE

Brasilien – Chile	4:2
Tschechoslowakei – Jugoslawien	3:1

SPIEL UM PLATZ 3

Chile – Jugoslawien	1:0

FINALE

17. Juni 1962, Estadio Nacional, Santiago

Brasilien - Tschechoslowakei **3:1**

Brasilien: Gilmar - D. Santos, Mauro (C), Zózimo, N. Santos - Didi, Zito, Zagallo - Garrincha - Vavá, Amarildo.
Trainer: Aymoré Moreira

Tschechoslowakei: Schrojf - Novák (C), Popluhár, Tichy - Pluskal, Masopust - Scherer, Kadraba, Pospichal, Kvašnák, Jelinek.
Trainer: Rudolf Vytlačil

Tore:
0:1 Masopust (15.),
1:1 Amarildo (17.),
2:1 Zito (69.),
3:1 Vavá (78.)

Zuschauer: 68 679
Schiedsrichter:
Nikolai Latyschew (Sowjetunion)

Torschützenkönig:
Garrincha (Brasilien) 4 Tore

WM 1966

Gruppe A		
England - Uruguay		0:0
Frankreich - Mexiko		1:1
Uruguay - Frankreich		2:1
England - Mexiko		2:0
Mexiko - Uruguay		0:0
England - Frankreich		2:0
	Tore	**Punkte**
1. England	4:0	5:1
2. Uruguay	2:1	4:2
3. Mexiko	1:3	2:4
4. Frankreich	2:5	1:5

Gruppe B		
Deutschland - Schweiz		5:0
Spanien - Argentinien		1:2
Spanien - Schweiz		2:1
Deutschland - Argentinien		0:0
Argentinien - Schweiz		2:0
Deutschland - Spanien		2:1
	Tore	**Punkte**
1. Deutschland	7:1	5:1
2. Argentinien	4:1	5:1
3. Spanien	4:5	2:4
4. Schweiz	1:9	0:6

Gruppe C		
Brasilien - Bulgarien		2:0
Portugal - Ungarn		3:1
Brasilien - Ungarn		1:3
Portugal - Bulgarien		3:0
Portugal - Brasilien		3:1
Ungarn - Bulgarien		3:1
	Tore	**Punkte**
1. Portugal	9:2	6:0
2. Ungarn	7:5	4:2
3. Brasilien	4:6	2:4
4. Bulgarien	1:8	0:6

Gruppe D		
Sowjetunion - Nordkorea		3:0
Italien - Chile		2:0
Chile - Nordkorea		1:1
Sowjetunion - Italien		1:0
Italien - Nordkorea		0:1
Sowjetunion - Chile		2:1
	Tore	**Punkte**
1. Sowjetunion	6:1	6:0
2. Nordkorea	2:4	3:3
3. Italien	2:2	2:4
4. Chile	2:5	1:5

VIERTELFINALE

England - Argentinien	1:0
Deutschland - Uruguay	4:0
Portugal - Nordkorea	5:3
Sowjetunion - Ungarn	2:1

HALBFINALE

Deutschland - Sowjetunion	2:1
England - Portugal	2:1

SPIEL UM PLATZ 3

Portugal - Sowjetunion	2:1

FINALE

30. Juli 1966, Wembley-Stadion, London

England - Deutschland **4:2 n.V.**

England: Banks - Cohen, Jack Charlton, Moore (C), Wilson - Stiles, Bobby Charlton, Peters - Ball, Hurst, Hunt.
Trainer: Alf Ramsey

Deutschland: Tilkowski - Höttges, Schulz, Weber, Schnellinger - Beckenbauer, Haller, Overath - Seeler (C), Held, Emmerich.
Trainer: Helmut Schön

Tore:
0:1 Haller (12.),
1:1 Hurst (18.),
2:1 Peters (78.),
2:2 Weber (90.),
3:2 Hurst (101.),
4:2 Hurst (120.)

Zuschauer: 96 924
Schiedsrichter:
Gottfried Dienst (Schweiz)

Torschützenkönig:
Eusébio (Portugal) 9 Tore

WM 1970

Gruppe 1		
Mexiko - Sowjetunion		0:0
Belgien - El Salvador		3:0
Sowjetunion - Belgien		4:1
Mexiko - El Salvador		4:0
Sowjetunion - El Salvador		2:0
Mexiko - Belgien		1:0
	Tore	**Punkte**
1. Sowjetunion	6:1	5:1
2. Mexiko	5:0	5:1
3. Belgien	4:5	2:4
4. El Salvador	0:9	0:6

Gruppe 2		
Uruguay - Israel		2:0
Italien - Schweden		1:0
Uruguay - Italien		0:0
Schweden - Israel		1:1
Schweden - Uruguay		1:0
Italien - Israel		0:0
	Tore	**Punkte**
1. Italien	1:0	4:2
2. Uruguay	2:1	3:3
3. Schweden	2:2	3:3
4. Israel	1:3	2:4

Gruppe 3		
Rumänien - England		0:1
Tschechoslowakei - Brasilien		1:4
Rumänien - Tschechoslowakei		2:1
England - Brasilien		0:1
Rumänien - Brasilien		2:3
England - Tschechoslowakei		1:0
	Tore	**Punkte**
1. Brasilien	8:3	6:0
2. England	2:1	4:2
3. Rumänien	4:5	2:4
4. Tschechoslowakei	2:7	0:6

Gruppe 4		
Peru - Bulgarien		3:2
Marokko - Deutschland		1:2
Peru - Marokko		3:0
Bulgarien - Deutschland		2:5
Peru - Deutschland		1:3
Bulgarien - Marokko		1:1
	Tore	**Punkte**
1. Deutschland	10:4	6:0
2. Peru	7:5	4:2
3. Bulgarien	5:9	1:5
4. Marokko	2:6	1:5

VIERTELFINALE

Sowjetunion - Uruguay	0:1 n.V.
Italien - Mexiko	4:1
Brasilien - Peru	4:2
Deutschland - England	3:2 n.V

HALBFINALE

Uruguay - Brasilien	1:3
Italien - Deutschland	4:3 n.V.

SPIEL UM PLATZ 3

Uruguay - Deutschland	0:1

FINALE

21. Juni 1970, Aztekenstadion, Mexiko-Stadt

Brasilien - Italien **4:1**

Brasilien: Félix - Carlos Alberto (C), Brito, Piazza, Everaldo - Clodoaldo, Gérson, Rivelino - Jairzinho, Pelé, Tostão.
Trainer: Mario Zagallo

Italien: Albertosi - Burgnich (74. Juliano), Cera, Rosato, Facchetti (C) - Bertini, Mazzola, De Sisti - Domenghini, Boninsegna (84. Rivera), Riva.
Trainer: Ferruccio Valcareggi

Tore:
1:0 Pelé (18.),
1:1 Boninsegna (37.),
2:1 Gérson (66.),
3:1 Jairzinho (71.),
4:1 Carlos Alberto (87.)

Zuschauer: 107 412
Schiedsrichter:
Rudi Glöckner (DDR)

Torschützenkönig:
Gerd Müller (Deutschland) 10 Tore

WM 1974

Gruppe I		
BR Deutschland - Chile		1:0
DDR - Australien		2:0
Australien - BR Deutschland		0:3
Chile - DDR		1:1
Australien - Chile		0:0
DDR - BR Deutschland		1:0
	Tore	**Punkte**
1. DDR	4:1	5:1
2. BR Deutschland	4:1	4:2
3. Chile	1:2	2:4
4. Australien	0:5	1:5

Gruppe II		
Brasilien - Jugoslawien		0:0
Zaire - Schottland		0:2
Jugoslawien - Zaire		9:0
Schottland - Brasilien		0:0
Schottland - Jugoslawien		1:1
Zaire - Brasilien		0:3
	Tore	**Punkte**
1. Jugoslawien	10:1	4:2
2. Brasilien	3:0	4:2
3. Schottland	3:1	4:2
4. Zaire	0:14	0:6

Gruppe III		
Schweden - Bulgarien		0:0
Niederlande - Uruguay		2:0
Niederlande - Schweden		0:0
Bulgarien - Uruguay		1:1
Schweden - Uruguay		3:0
Niederlande - Bulgarien		4:1
	Tore	**Punkte**
1. Niederlande	6:1	5:1
2. Schweden	3:0	4:2
3. Bulgarien	2:5	2:4
4. Uruguay	1:6	1:5

Gruppe IV		
Italien - Haiti		3:1
Polen - Argentinien		3:2
Polen - Haiti		7:0
Argentinien - Italien		1:1
Argentinien - Haiti		4:1
Polen - Italien		2:1
	Tore	**Punkte**
1. Polen	12:3	6:0
2. Argentinien	7:5	3:3
3. Italien	5:4	3:3
4. Haiti	2:14	0:6

ZWEITE RUNDE

Gruppe A			
Niederlande - Argentinien			4:0
Brasilien - DDR			1:0
Niederlande - DDR			2:0
Brasilien - Argentinien			2:1
Argentinien - DDR			1:1
Niederlande - Brasilien			2:0
		Tore	**Punkte**
1.	Niederlande	8:0	6:0
2.	Brasilien	3:3	4:2
3.	DDR	1:4	1:5
4.	Argentinien	2:7	1:5

Gruppe B			
BR Deutschland - Jugoslawien			2:0
Polen - Schweden			1:0
Polen - Jugoslawien			2:1
BR Deutschland - Schweden			4:2
BR Deutschland - Polen			1:0
Schweden - Jugoslawien			2:1
		Tore	**Punkte**
1.	BR Deutschland	7:2	6:0
2.	Polen	3:2	4:2
3.	Schweden	4:6	2:4
4.	Jugoslawien	2:6	0:6

SPIEL UM PLATZ 3

Polen - Brasilien	1:0

FINALE

7. Juli, Olympiastadion, München

BR Deutschland - Niederlande **2:1**

BR Deutschland: Maier - Beckenbauer (C) - Schwarzenbeck, Vogts, Breitner - Bonhof, Hoeneß, Overath - Grabowski, Müller, Hölzenbein.
Trainer: Helmut Schön

Niederlande: Jongbloed - Haan - Suurbier, Rijsbergen (68. de Jong), Krol - Jansen, Neeskens, van Hanegem - Rep, Cruyff (C), Rensenbrink (46. R. van de Kerkhof).
Trainer: Rinus Michels

Tore:
0:1 Neeskens (2., Foulelfmeter),
1:1 Breitner (25., Foulelfmeter),
2:1 Müller (43.)

Zuschauer: 78 200
Schiedsrichter:
Jack Taylor (England)

Torschützenkönig:
Grzegorz Lato (Polen) 7 Tore

WM 1978

Gruppe 1		
Frankreich - Italien		1:2
Ungarn - Argentinien		1:2
Italien - Ungarn		3:1
Argentinien - Frankreich		2:1
Frankreich - Ungarn		3:1
Italien - Argentinien		1:0
	Tore	**Punkte**
1. Italien	6:2	6:0
2. Argentinien	4:3	4:2
3. Frankreich	5:5	2:4
4. Ungarn	3:8	0:6

Gruppe 2		
Deutschland - Polen		0:0
Tunesien - Mexiko		3:1
Mexiko - Deutschland		0:6
Polen - Tunesien		1:0
Tunesien - Deutschland		0:0
Mexiko - Polen		1:3
	Tore	**Punkte**
1. Polen	4:1	5:1
2. Deutschland	6:0	4:2
3. Tunesien	3:2	3:3
4. Mexiko	2:12	0:6

Gruppe 3		
Spanien - Österreich		1:2
Schweden - Brasilien		1:1
Österreich - Schweden		1:0
Brasilien - Spanien		0:0
Schweden - Spanien		0:1
Brasilien - Österreich		1:0
	Tore	**Punkte**
1. Österreich	3:2	4:2
2. Brasilien	2:1	4:2
3. Spanien	2:2	3:3
4. Schweden	1:3	1:5

Gruppe 4		
Peru - Schottland		3:1
Iran - Niederlande		0:3
Schottland - Iran		1:1
Niederlande - Peru		0:0
Peru - Iran		4:1
Schottland - Niederlande		3:2
	Tore	**Punkte**
1. Peru	7:2	5:1
2. Niederlande	5:3	3:3
3. Schottland	5:6	3:3
4. Iran	2:8	1:5

ZWEITE RUNDE

Gruppe A		
Österreich - Niederlande		1:5
Deutschland - Italien		0:0
Niederlande - Deutschland		2:2
Italien - Österreich		1:0
Österreich - Deutschland		3:2
Niederlande - Italien		2:1
	Tore	**Punkte**
1. Niederlande	9:4	5:1
2. Italien	2:2	3:3
3. Deutschland	4:5	2:4
4. Österreich	4:8	2:4

Gruppe B		
Brasilien - Peru		3:0
Polen - Argentinien		0:2
Peru - Polen		0:1
Argentinien - Brasilien		0:0
Brasilien - Polen		3:1
Peru - Argentinien		0:6
	Tore	**Punkte**
1. Argentinien	8:0	5:1
2. Brasilien	6:1	5:1
3. Polen	2:5	2:4
4. Peru	0:10	0:6

SPIEL UM PLATZ 3

Brasilien - Italien	2:1

FINALE

25. Juni 1978, Estadio Monumental, Buenos Aires

Argentinien - Niederlande **3:1 n.V.**

Argentinien: Fillol - Pasarella (C) - Olguín, Galván, Tarantini - Ardiles (65. Larossa), Kempes, Gallego - Bertoni, Luque, Ortiz (74. Houseman).
Trainer: César Luis Menotti

Niederlande: Jongbloed - Krol (C) - Jansen (72. Suurbier), Brandts, Poortvliet - W. van de Kerkhof, Haan, Neeskens - R. van de Kerkhof, Rep (59. Nanninga), Rensenbrink.
Trainer: Ernst Happel

Tore:
1:0 Kempes (38.),
1:1 Nanninga (82.),
2:1 Kempes (105.),
3:1 Bertoni (115.)

Zuschauer: 71 483
Schiedsrichter:
Sergio Gonella (Italien)

Torschützenkönig:
Mario Kempes (Argentinien) 6 Tore

WM 1982

Gruppe 1		
Italien - Polen		0:0
Peru - Kamerun		0:0
Italien - Peru		1:1
Polen - Kamerun		0:0
Polen - Peru		5:1
Italien - Kamerun		1:1
	Tore	**Punkte**
1. Polen	5:1	4:2
2. Italien	2:2	3:3
3. Kamerun	1:1	3:3
4. Peru	2:6	2:4

Gruppe 2		
Deutschland - Algerien		1:2
Chile - Österreich		0:1
Deutschland - Chile		4:1
Algerien - Österreich		0:2
Algerien - Chile		3:2
Deutschland - Österreich		1:0
	Tore	**Punkte**
1. Deutschland	6:3	4:2
2. Österreich	3:1	4:2
3. Algerien	5:5	4:2
4. Chile	3:8	0:6

Gruppe 3		
Argentinien - Belgien		0:1
Ungarn - El Salvador		10:1
Argentinien - Ungarn		4:1
Belgien - El Salvador		1:0
Belgien - Ungarn		1:1
Argentinien - El Salvador		2:0
	Tore	**Punkte**
1. Belgien	3:1	5:1
2. Argentinien	6:2	4:2
3. Ungarn	12:6	3:3
4. El Salvador	1:13	0:6

Gruppe 4		
England - Frankreich		3:1
Tschechoslowakei - Kuwait		1:1
England - Tschechoslowakei		2:0
Frankreich - Kuwait		4:1
Frankreich - Tschechoslowakei		1:1
England - Kuwait		1:0
	Tore	**Punkte**
1. England	6:1	6:0
2. Frankreich	6:5	3:3
3. Tschechoslowakei	2:4	2:4
4. Kuwait	2:6	1:5

Gruppe 5		
Spanien - Honduras		1:1
Jugoslawien - Nordirland		0:0
Spanien - Jugoslawien		2:1
Honduras - Nordirland		1:1
Honduras - Jugoslawien		0:1
Spanien - Nordirland		0:1
	Tore	**Punkte**
1. Nordirland	2:1	4:2
2. Spanien	3:3	3:3
3. Jugoslawien	2:2	3:3
4. Honduras	2:3	2:4

Gruppe 6		
Brasilien - Sowjetunion		2:1
Schottland - Neuseeland		5:2
Brasilien - Schottland		4:1
Sowjetunion - Neuseeland		3:0
Sowjetunion - Schottland		2:2
Brasilien - Neuseeland		4:0
	Tore	**Punkte**
1. Brasilien	10:2	6:0
2. Sowjetunion	6:4	3:3
3. Schottland	8:8	3:3
4. Neuseeland	2:12	0:6

ZWEITE RUNDE

Gruppe A			
Polen - Belgien			3:0
Belgien - Sowjetunion			0:1
Polen - Sowjetunion			0:0
		Tore	**Punkte**
1.	Polen	3:0	3:1
2.	Sowjetunion	1:0	3:1
3.	Belgien	0:4	0:4

Gruppe C			
Italien - Argentinien			2:1
Brasilien - Argentinien			3:1
Brasilien - Italien			2:3
		Tore	**Punkte**
1.	Italien	5:3	4:0
2.	Brasilien	5:4	2:2
3.	Argentinien	2:5	0:4

Gruppe B			
Deutschland - England			0:0
Deutschland - Spanien			2:1
Spanien - England			0:0
		Tore	**Punkte**
1.	Deutschland	2:1	3:1
2.	England	0:0	2:2
3.	Spanien	1:2	1:3

Gruppe D			
Österreich - Frankreich			0:1
Österreich - Nordirland			2:2
Nordirland - Frankreich			1:4
		Tore	**Punkte**
1.	Frankreich	5:1	4:0
2.	Österreich	2:3	1:3
3.	Nordirland	3:6	1:3

HALBFINALE

Polen - Italien	0:2
Deutschland - Frankreich	3:3 n.V., 5:4 i.E.

SPIEL UM PLATZ 3

Polen - Frankreich	3:2

FINALE

11. Juli 1982, Estadio Santiago Bernabeu, Madrid

Italien - Deutschland **3:1**

Italien: Zoff (C) - Scirea - Gentile, Collovati, Cabrini - Oriali, Bergomi, Tardelli - Conti, Rossi, Graziani (7. Altobelli / 89. Causio).
Trainer: Enzo Bearzot

Deutschland: Schumacher - Stielike - Kaltz, B. Förster, K. Förster, Briegel - Breitner, Dremmler (62. Hrubesch) - Rummenigge (C) (70. Müller), Fischer, Littbarski.
Trainer: Jupp Derwall

Tore:
1:0 Rossi (57.),
2:0 Tardelli (69.),
3:0 Altobelli (81.),
3:1 Breitner (83.)

Zuschauer: 90 000
Schiedsrichter:
Arnaldo Cézar Coelho (Brasilien)

Torschützenkönig:
Paolo Rossi (Italien) 6 Tore

WM 1986

Gruppe A		
Bulgarien - Italien		1:1
Argentinien - Südkorea		3:1
Italien - Argentinien		1:1
Südkorea - Bulgarien		1:1
Südkorea - Italien		2:3
Argentinien - Bulgarien		2:0
	Tore	**Punkte**
1. Argentinien	6:2	5:1
2. Italien	5:4	4:2
3. Bulgarien	2:4	2:4
4. Südkorea	4:7	1:5

Gruppe B		
Belgien - Mexiko		1:2
Paraguay - Irak		1:0
Mexiko - Paraguay		1:1
Irak - Belgien		1:2
Irak - Mexiko		0:1
Paraguay - Belgien		2:2
	Tore	**Punkte**
1. Mexiko	4:2	5:1
2. Paraguay	4:3	4:2
3. Belgien	5:5	3:3
4. Irak	1:4	0:6

Gruppe C		
Kanada - Frankreich		0:1
Sowjetunion - Ungarn		6:0
Frankreich - Sowjetunion		1:1
Ungarn - Kanada		2:0
Frankreich - Ungarn		3:0
Sowjetunion - Kanada		2:0
	Tore	**Punkte**
1. Sowjetunion	9:1	5:1
2. Frankreich	5:1	5:1
3. Ungarn	2:9	2:4
4. Kanada	0:5	0:6

Gruppe D		
Spanien - Brasilien		0:1
Algerien - Nordirland		1:1
Brasilien - Algerien		1:0
Nordirland - Spanien		1:2
Nordirland - Brasilien		0:3
Algerien - Spanien		0:3
	Tore	**Punkte**
1. Brasilien	5:0	6:0
2. Spanien	5:2	4:2
3. Nordirland	2:6	1:5
4. Algerien	1:5	1:5

Gruppe E		
Uruguay - Deutschland		1:1
Schottland - Dänemark		0:1
Deutschland - Schottland		2:1
Dänemark - Uruguay		6:1
Dänemark - Deutschland		2:0
Schottland - Uruguay		0:0
	Tore	**Punkte**
1. Dänemark	9:1	6:0
2. Deutschland	3:4	3:3
3. Uruguay	2:7	2:4
4. Schottland	1:3	1:5

Gruppe F		
Marokko - Polen		0:0
Portugal - England		1:0
England - Marokko		0:0
Polen - Portugal		1:0
Portugal - Marokko		1:3
England - Polen		3:0
	Tore	**Punkte**
1. Marokko	3:1	4:2
2. England	3:1	3:3
3. Polen	1:3	3:3
4. Portugal	2:4	2:4

ACHTELFINALE

Mexiko - Bulgarien	2:0
Sowjetunion - Belgien	3:4 n.V.
Brasilien - Polen	4:0
Argentinien - Uruguay	1:0
Italien - Frankreich	0:2
Marokko - Deutschland	0:1
England - Paraguay	3:0
Dänemark - Spanien	1:5

VIERTELFINALE

Brasilien - Frankreich	1:1 n.V., 3:4 i.E.
Deutschland - Mexiko	0:0 n.V., 4:1 i.E.
Argentinien - England	2:1
Spanien - Belgien	1:1 n.V., 4:5 i.E.

HALBFINALE

Frankreich - Deutschland	0:2
Argentinien - Belgien	2:0

SPIEL UM PLATZ 3

Frankreich - Belgien	4:2 n.V.

FINALE

29. Juni 1986, Aztekenstadion, Mexiko-Stadt

Argentinien - Deutschland **3:2**

Argentinien: Pumpido - Brown - Cuciuffo, Ruggeri, Olarticoechea - Giusti, Batista, Maradona (C), Enrique - Burruchaga (90. Trobbiani), Valadano.
Cheftrainer: Carlos Bilardo

Deutschland: Schumacher - Jakobs - Berthold, Förster, Briegel - Brehme, Matthäus, Eder, Magath (62. Hoeneß) - Rummenigge (C), Allofs (46. Völler).
Teamchef: Franz Beckenbauer

Tore:
1:0 Brown (23.),
2:0 Valdano (56.),
2:1 Rummenigge (74.),
2:2 Völler (81.),
3:2 Burruchaga (84.)

Zuschauer: 114 600
Schiedsrichter:
Romualdo Arppi Filho (Brasilien)

Torschützenkönig:
Gary Lineker (England) 6 Tore

WM 1990

Gruppe A			
Italien - Österreich			1:0
USA - ČSFR			1:5
Italien - USA			1:0
Österreich - ČSFR			0:1
Italien - ČSFR			2:0
Österreich - USA			2:1
		Tore	**Punkte**
1.	Italien	4:0	6:0
2.	ČSFR	6:3	4:2
3.	Österreich	2:3	2:4
4.	USA	2:8	0:6

Gruppe B			
Argentinien - Kamerun			0:1
Sowjetunion - Rumänien			0:2
Argentinien - Sowjetunion			2:0
Kamerun - Rumänien			2:1
Argentinien - Rumänien			1:1
Kamerun - Sowjetunion			0:4
		Tore	**Punkte**
1.	Kamerun	3:5	4:2
2.	Rumänien	4:3	3:3
3.	Argentinien	3:2	3:3
4.	Sowjetunion	4:4	2:4

Gruppe C			
Brasilien - Schweden			2:1
Costa Rica - Schottland			1:0
Brasilien - Costa Rica			1:0
Schweden - Schottland			1:2
Brasilien - Schottland			1:0
Schweden - Costa Rica			1:2
		Tore	**Punkte**
1.	Brasilien	4:1	6:0
2.	Costa Rica	3:2	4:2
3.	Schottland	2:3	2:4
4.	Schweden	3:6	0:6

Gruppe D			
V.A. Emirate - Kolumbien			0:2
Deutschland - Jugoslawien			4:1
Jugoslawien - Kolumbien			1:0
Deutschland - V.A. Emirate			5:1
Deutschland - Kolumbien			1:1
Jugoslawien - V.A. Emirate			4:1
		Tore	**Punkte**
1.	Deutschland	10:3	5:1
2.	Jugoslawien	6:5	4:2
3.	Kolumbien	3:2	3:3
4.	V.A.Emirate	2:11	0:6

Gruppe E			
Belgien - Südkorea			2:0
Uruguay - Spanien			0:0
Belgien - Uruguay			3:1
Südkorea - Spanien			1:3
Belgien - Spanien			1:2
Südkorea - Uruguay			0:1
		Tore	**Punkte**
1.	Spanien	5:2	5:1
2.	Belgien	6:3	4:2
3.	Uruguay	2:3	3:3
4.	Südkorea	1:6	0:6

Gruppe F			
England - Irland			1:1
Niederlande - Ägypten			1:1
England - Niederlande			0:0
Irland - Ägypten			0:0
England - Ägypten			1:0
Irland - Niederlande			1:1
		Tore	**Punkte**
1.	England	2:1	4:2
2.	Irland*	2:2	3:3
3.	Niederlande	2:2	3:3
4.	Ägypten	1:2	2:4

*per Losentscheid Zweiter

ACHTELFINALE

Kamerun - Kolumbien	2:1 n.V.
ČSFR - Costa Rica	4:1
Brasilien - Argentinien	0:1
Deutschland - Niederlande	2:1
Irland - Rumänien	0:0 n.V., 5:4 i.E.
Italien - Uruguay	2:0
Spanien - Jugoslawien	1:2 n.V.
England - Belgien	1:0 n.V.

VIERTELFINALE

Argentinien - Jugoslawien	0:0 n.V., 3:2 i.E.
Irland - Italien	0:1
ČSFR - Deutschland	0:1
Kamerun - England	2:3 n.V.

HALBFINALE

Argentinien - Italien	1:1 n.V., 4:3 i.E.
Deutschland - England	1:1 n.V., 4:3 i.E.

SPIEL UM PLATZ 3

Italien - England	2:1

FINALE

8. Juli 1990, Stadio Olimpico, Rom

Deutschland - Argentinien	**1:0**

Deutschland: Illgner - Augenthaler - Berthold (73. Reuter), Buchwald, Kohler, Brehme - Häßler, Matthäus (C), Littbarski - Klinsmann, Völler.
Teamchef: Franz Beckenbauer

Argentinien: Goycochea - Simón - Sensini, Serrizuela, Ruggeri (46. Monzón) - Troglio, Burruchaga (53. Calderón), Basualdo, Lorenzo - Dezotti, Maradona (C).
Trainer: Carlos Billardo

Tor:
1:0 Brehme (85., Foulelfmeter)

Rote Karten:
Monzón (65.), Dezotti (87.)

Zuschauer: 73 603
Schiedsrichter:
Edgardo Codesal Méndez (Mexiko)

Torschützenkönig:
Salvatore Schillaci (Italien) 6 Tore

WM 1994

Gruppe A			
USA - Schweiz		1:1	
Kolumbien - Rumänien		1:3	
Rumänien - Schweiz		1:4	
USA - Kolumbien		2:1	
USA - Rumänien		0:1	
Schweiz - Kolumbien		0:2	
		Tore	**Punkte**
1.	Rumänien	5:5	6
2.	Schweiz	5:4	4
3.	USA	3:3	4
4.	Kolumbien	4:5	3

Gruppe B			
Kamerun - Schweden		2:2	
Brasilien - Russland		2:0	
Brasilien - Kamerun		3:0	
Schweden - Russland		3:1	
Russland - Kamerun		6:1	
Brasilien - Schweden		1:1	
		Tore	**Punkte**
1.	Brasilien	6:1	7
2.	Schweden	6:4	5
3.	Russland	7:6	3
4.	Kamerun	3:11	1

Gruppe C			
Deutschland - Bolivien		1:0	
Spanien - Südkorea		2:2	
Deutschland - Spanien		1:1	
Südkorea - Bolivien		0:0	
Bolivien - Spanien		1:3	
Deutschland - Südkorea		3:2	
		Tore	**Punkte**
1.	Deutschland	5:3	7
2.	Spanien	6:4	5
3.	Südkorea	4:5	2
4.	Bolivien	1:4	1

Gruppe D			
Argentinien - Griechenland		4:0	
Nigeria - Bulgarien		3:0	
Argentinien - Nigeria		2:1	
Bulgarien - Griechenland		4:0	
Griechenland - Nigeria		0:2	
Argentinien - Bulgarien		0:2	
		Tore	**Punkte**
1.	Nigeria	6:2	6
2.	Bulgarien*	6:3	6
3.	Argentinien	6:3	6
4.	Griechenland	0:10	0

*Durch direkten Vergleich Zweiter

Gruppe E		
Italien - Irland	0:1	
Norwegen - Mexiko	1:0	
Italien - Norwegen	1:0	
Mexiko - Irland	2:1	
Irland - Norwegen	0:0	
Italien - Mexiko	1:1	
	Tore	**Punkte**
1. Mexiko	3:3	4
2. Irland*	2:2	4
3. Italien	2:2	4
4. Norwegen	1:1	4

*Durch direkten Vergleich Zweiter

Gruppe F		
Belgien - Marokko	1:0	
Niederlande - Saudi-Arabien	2:1	
Belgien - Niederlande	1:0	
Saudi-Arabien - Marokko	2:1	
Marokko - Niederlande	1:2	
Belgien - Saudi-Arabien	0:1	
	Tore	**Punkte**
1. Niederlande*	4:3	6
2. Saudi-Arabien	4:3	6
3. Belgien	2:1	6
4. Marokko	2:5	0

*Durch direkten Vergleich Erster

ACHTELFINALE

Deutschland - Belgien	3:2
Schweiz - Spanien	0:3
Saudi-Arabien - Schweden	1:3
Rumänien - Argentinien	3:2
Niederlande - Irland	2:0
Brasilien - USA	1:0
Nigeria - Italien	1:2 n.V.
Mexiko - Bulgarien	1:1 n.V., 1:3 i.E.

VIERTELFINALE

Italien - Spanien	2:1
Brasilien - Niederlande	3:2
Bulgarien - Deutschland	2:1
Rumänien - Schweden	2:2 n.V., 4:5 i.E.

HALBFINALE

Bulgarien - Italien	1:2
Schweden - Brasilien	0:1

SPIEL UM PLATZ 3

Schweden - Bulgarien	4:0

FINALE

17. Juli 1994, Rose Bowl Stadium, Pasadena

Brasilien - Italien **0:0 n.V., 3:2 i.E.**

Brasilien: Taffarel - Aldair, Santos, Silva - Jorginho (21. Cafu), Dunga (C), Branco - Mazinho, Zinho (106. Viola) - Bebeto, Romário.
Trainer: Carlos Alberto Parreira

Italien: Pagliuca - Baresi (C) - Benarrivo, Mussi (35. Apolloni), Maldini - Berti, Albertini, D. Baggio (95. Evani), Donadoni - R. Baggio, Massaro.
Trainer: Arrigo Sacchi

Elfmeterschießen: Baresi schießt über das Tor, Santos scheitert an Pagliuca, 0:1 Albertini, 1:1 Romário, 1:2 Evani, 2:2 Branco, Massaro scheitert an Taffarel, 3:2 Dunga, Baresi schießt über das Tor

Zuschauer: 94 194
Schiedsrichter: Sándor Puhl (Ungarn)

Torschützenkönig: Oleg Salenko (Russland) und Christo Stoitschkow (Bulgarien) je 6 Tore

WM 1998

Gruppe A		
Brasilien - Schottland		2:1
Marokko - Norwegen		2:2
Schottland - Norwegen		1:1
Brasilien - Marokko		3:0
Brasilien - Norwegen		1:2
Schottland - Marokko		0:3
	Tore	**Punkte**
1. Brasilien	6:3	6
2. Norwegen	5:4	5
3. Marokko	5:5	4
4. Schottland	2:6	1

Gruppe B		
Italien - Chile		2:2
Kamerun - Österreich		1:1
Chile - Österreich		1:1
Italien - Kamerun		3:0
Italien - Österreich		2:1
Chile - Kamerun		1:1
	Tore	**Punkte**
1. Italien	7:3	7
2. Chile	4:4	3
3. Österreich	3:4	2
4. Kamerun	2:5	2

Gruppe C		
Saudi-Arabien - Dänemark		0:1
Frankreich - Südafrika		3:0
Südafrika - Dänemark		1:1
Frankreich - Saudi-Arabien		4:0
Frankreich - Dänemark		2:1
Südafrika - Saudi-Arabien		2:2
	Tore	**Punkte**
1. Frankreich	9:1	9
2. Dänemark	3:3	4
3. Südafrika	3:6	2
4. Saudi-Arabien	2:7	1

Gruppe D		
Paraguay - Bulgarien		0:0
Spanien - Nigeria		2:3
Nigeria - Bulgarien		1:0
Spanien - Paraguay		0:0
Spanien - Bulgarien		6:1
Nigeria - Paraguay		1:3
	Tore	**Punkte**
1. Nigeria	5:5	6
2. Paraguay	3:1	5
3. Spanien	8:4	4
4. Bulgarien	1:7	1

Gruppe E		
Südkorea - Mexiko		1:3
Niederlande - Belgien		0:0
Belgien - Mexiko		2:2
Niederlande - Südkorea		5:0
Belgien - Südkorea		1:1
Niederlande - Mexiko		2:2
	Tore	**Punkte**
1. Niederlande	7:2	5
2. Mexiko	7:5	5
3. Belgien	3:3	3
4. Südkorea	2:9	1

Gruppe F		
Jugoslawien - Iran		1:0
Deutschland - USA		2:0
Deutschland - Jugoslawien		2:2
USA - Iran		1:2
Deutschland - Iran		2:0
USA - Jugoslawien		0:1
	Tore	**Punkte**
1. Deutschland	6:2	7
2. Jugoslawien	4:2	7
3. Iran	2:4	3
4. USA	1:5	0

Gruppe G			
England - Tunesien		2:0	
Rumänien - Kolumbien		1:0	
Kolumbien - Tunesien		1:0	
Rumänien - England		2:1	
Rumänien - Tunesien		1:1	
Kolumbien - England		0:2	
		Tore	**Punkte**
1.	Rumänien	4:2	7
2.	England	5:2	6
3.	Kolumbien	1:3	3
4.	Tunesien	1:4	1

Gruppe H			
Argentinien - Japan		1:0	
Jamaika - Kroatien		1:3	
Japan - Kroatien		0:1	
Argentinien - Jamaika		5:0	
Argentinien - Kroatien		1:0	
Japan - Jamaika		1:2	
		Tore	**Punkte**
1.	Argentinien	7:0	9
2.	Kroatien	4:2	6
3.	Jamaika	3:9	3
4.	Japan	1:4	0

ACHTELFINALE

Italien - Norwegen	1:0
Brasilien - Chile	4:1
Frankreich - Paraguay	1:0 n. GG.
Nigeria - Dänemark	1:4
Deutschland - Mexiko	2:1
Niederlande - Jugoslawien	2:1
Rumänien - Kroatien	0:1
Argentinien - England	2:2 n.V., 4:3 i.E.

VIERTELFINALE

Italien - Frankreich	0:0 n.V., 3:4 i.E.
Brasilien - Dänemark	3:2
Niederlande - Argentinien	2:1
Deutschland - Kroatien	0:3

HALBFINALE

Brasilien - Niederlande	1:1 n.V., 4:2 i.E.
Frankreich - Kroatien	2:1

SPIEL UM PLATZ 3

Kroatien - Niederlande	2:1

FINALE

12.Juli 1998, Stade de France, Paris/St.Denis

Frankreich - Brasilien **3:0**

Frankreich: Barthez - Thuram, Desailly, Lebœuf, Lizarazu - Karembeu (57. Boghossian), Deschamps (C), Petit - Djorkaeff (76. Vieira), Zidane - Guivarc'h (66. Dugarry).
Trainer: Aimé Jacquet

Brasilien: Taffarel - Cafu, Júnior Baiano, Aldair, Roberto Carlos - Leonardo (46. Denílson), Dunga (C), César Sampaio (74. Edmundo), Rivaldo - Ronaldo, Bebeto.
Trainer: Mario Zagallo

Tore:
1:0 Zidane (27.),
2:0 Zidane (45.+1),
3:0 Petit (90.+3)

Gelb-Rote Karte: Desailly (68.)

Zuschauer: 80 000
Schiedsrichter:
Said Belqola (Marokko)

Torschützenkönig:
Davor Šuker (Kroatien) 6 Tore

WM 2002

Gruppe A		
Frankreich - Senegal	0:1	
Uruguay - Dänemark	1:2	
Dänemark - Senegal	1:1	
Frankreich - Uruguay	0:0	
Dänemark - Frankreich	2:0	
Senegal - Uruguay	3:3	
	Tore	**Punkte**
1. Dänemark	5:2	7
2. Senegal	5:4	5
3. Uruguay	4:5	2
4. Frankreich	0:3	1

Gruppe B		
Paraguay - Südafrika	2:2	
Spanien - Slowenien	3:1	
Spanien - Paraguay	3:1	
Südafrika - Slowenien	1:0	
Südafrika - Spanien	2:3	
Slowenien - Paraguay	1:3	
	Tore	**Punkte**
1. Spanien	9:4	9
2. Paraguay	6:6	4
3. Südafrika	5:5	4
4. Slowenien	2:7	0

Gruppe C		
Brasilien - Türkei	2:1	
China - Costa Rica	0:2	
Brasilien - China	4:0	
Costa Rica - Türkei	1:1	
Costa Rica - Brasilien	2:5	
Türkei - China	3:0	
	Tore	**Punkte**
1. Brasilien	11:3	9
2. Türkei	5:3	4
3. Costa Rica	5:6	4
4. China	0:9	0

Gruppe D		
Südkorea - Polen	2:0	
USA - Portugal	3:2	
Südkorea - USA	1:1	
Portugal - Polen	4:0	
Portugal - Südkorea	0:1	
Polen - USA	3:1	
	Tore	**Punkte**
1. Südkorea	4:1	7
2. USA	5:6	4
3. Portugal	6:4	3
4. Polen	3:7	3

Gruppe E		
Irland - Kamerun	1:1	
Deutschland - Saudi-Arabien	8:0	
Deutschland - Irland	1:1	
Kamerun - Saudi-Arabien	1:0	
Kamerun - Deutschland	0:2	
Saudi-Arabien - Irland	0:3	
	Tore	**Punkte**
1. Deutschland	11:1	7
2. Irland	5:2	5
3. Kamerun	2:3	4
4. Saudi-Arabien	0:12	0

Gruppe F		
England - Schweden	1:1	
Argentinien - Nigeria	1:0	
Schweden - Nigeria	2:1	
Argentinien - England	0:1	
Schweden - Argentinien	1:1	
Nigeria - England	0:0	
	Tore	**Punkte**
1. Schweden	4:3	5
2. England	2:1	5
3. Argentinien	2:2	4
4. Nigeria	1:3	1

Gruppe G		
Kroatien - Mexiko		0:1
Italien - Ecuador		2:0
Italien - Kroatien		1:2
Mexiko - Ecuador		2:1
Mexiko - Italien		1:1
Ecuador - Kroatien		1:0
	Tore	**Punkte**
1. Mexiko	4:2	7
2. Italien	4:3	4
3. Kroatien	2:3	3
4. Ecuador	2:4	3

Gruppe H		
Japan - Belgien		2:2
Russland - Tunesien		2:0
Japan - Russland		1:0
Tunesien - Belgien		1:1
Tunesien - Japan		0:2
Belgien - Russland		3:2
	Tore	**Punkte**
1. Japan	5:2	7
2. Belgien	6:5	5
3. Russland	4:4	3
4. Tunesien	1:5	1

ACHTELFINALE

Deutschland - Paraguay	1:0
Dänemark - England	0:3
Schweden - Senegal	1:2 n.GG.
Spanien - Irland	1:1 n.V., 3:2 i.E.
Mexiko - USA	0:2
Brasilien - Belgien	2:0
Japan - Türkei	0:1
Südkorea - Italien	2:1 n.GG.

VIERTELFINALE

England - Brasilien	1:2
Deutschland - USA	1:0
Spanien - Südkorea	0:0 n.V., 3:5 i.E.
Senegal - Türkei	0:1 n.GG.

HALBFINALE

Deutschland - Südkorea	1:0
Brasilien - Türkei	1:0

SPIEL UM PLATZ 3

Türkei - Südkorea	3:2

FINALE

30. Juni 2002, International Stadium, Yokohama

Brasilien - Deutschland	**2:0**

Brasilien: Marcos - Lúcio, Edmílson, Roque Júnior - Cafu (C), Gilberto Silva, Kléberson, Roberto Carlos - Ronaldinho (85. Juninho Paulista), Rivaldo - Ronaldo (90. Denilson). Trainer: Luiz Felipe Scolari

Deutschland: Kahn (C) - Linke, Ramelow, Metzelder - Frings, Jeremies (77. Asamoah), Hamann, Bode (84. Ziege) - Schneider - Neuville, Klose (74. Bierhoff). Trainer: Rudi Völler

Tore:
1:0 Ronaldo (67.),
2:0 Ronaldo (79.)

Zuschauer: 69 029
Schiedsrichter:
Pierluigi Collina (Italien)

Torschützenkönig:
Ronaldo (Brasilien) 8 Tore

WM 2006

Gruppe A			
Deutschland - Costa Rica		4:2	
Polen - Ecuador		0:2	
Deutschland - Polen		1:0	
Ecuador - Costa Rica		3:0	
Ecuador - Deutschland		0:3	
Costa Rica - Polen		1:2	
		Tore	**Punkte**
1.	Deutschland	8:2	9
2.	Ecuador	5:3	6
3.	Polen	2:4	3
4.	Costa Rica	3:9	0

Gruppe B			
England - Paraguay		1:0	
Trinidad und Tobago - Schweden		0:0	
England - Trinidad und Tobago		2:0	
Schweden - Paraguay		1:0	
Schweden - England		2:2	
Paraguay - Trinidad und Tobago		2:0	
		Tore	**Punkte**
1.	England	5:2	7
2.	Schweden	3:2	5
3.	Paraguay	2:2	3
4.	Trinidad und Tobago	0:4	1

Gruppe C			
Argentinien - Elfenbeinküste		2:1	
Serbien u. Montenegro - Niederlande		0:1	
Argentinien - Serbien u. Montenegro		6:0	
Niederlande - Elfenbeinküste		2:1	
Niederlande - Argentinien		0:0	
Elfenbeinküste - Serbien u. Montenegro		3:2	
		Tore	**Punkte**
1.	Argentinien	8:1	7
2.	Niederlande	3:1	7
3.	Elfenbeinküste	5:6	3
4.	Serbien u. Montenegro	2:10	0

Gruppe D			
Mexiko - Iran		3:1	
Angola - Portugal		0:1	
Mexiko - Angola		0:0	
Portugal - Iran		2:0	
Portugal - Mexiko		2:1	
Iran - Angola		1:1	
		Tore	**Punkte**
1.	Portugal	5:1	9
2.	Mexiko	4:3	4
3.	Angola	1:2	2
4.	Iran	2:6	1

Gruppe E			
USA - Tschechien		0:3	
Italien - Ghana		2:0	
Tschechien - Ghana		0:2	
Italien - USA		1:1	
Tschechien - Italien		0:2	
Ghana - USA		2:1	
		Tore	**Punkte**
1.	Italien	5:1	7
2.	Ghana	4:3	6
3.	Tschechien	3:4	3
4.	USA	2:6	1

Gruppe F			
Australien - Japan		3:1	
Brasilien - Kroatien		1:0	
Japan - Kroatien		0:0	
Brasilien - Australien		2:0	
Japan - Brasilien		1:4	
Kroatien - Australien		2:2	
		Tore	**Punkte**
1.	Brasilien	7:1	9
2.	Australien	5:5	4
3.	Kroatien	2:3	2
4.	Japan	2:7	1

DIE KOMPLETTE STATISTIK: ALLE SPIELE, ALLE TORE

Gruppe G		
Südkorea - Togo		2:1
Frankreich - Schweiz		0:0
Frankreich - Südkorea		1:1
Togo - Schweiz		0:2
Togo - Frankreich		0:2
Schweiz - Südkorea		2:0
	Tore	**Punkte**
1. Schweiz	4:0	7
2. Frankreich	3:1	5
3. Südkorea	3:4	4
4. Togo	1:6	0

Gruppe H		
Spanien - Ukraine		4:0
Tunesien - Saudi-Arabien		2:2
Saudi-Arabien - Ukraine		0:4
Spanien - Tunesien		3:1
Saudi-Arabien - Spanien		0:1
Ukraine - Tunesien		1:0
	Tore	**Punkte**
1. Spanien	8:1	9
2. Ukraine	5:4	6
3. Tunesien	3:6	1
4. Saudi-Arabien	2:7	1

ACHTELFINALE

Deutschland - Schweden	2:0
Argentinien - Mexiko	2:1 n.V.
England - Ecuador	1:0
Portugal - Niederlande	1:0
Italien - Australien	1:0
Schweiz - Ukraine	0:0 n.V., 0:3 i.E.
Brasilien - Ghana	3:0
Spanien - Frankreich	1:3

VIERTELFINALE

Deutschland - Argentinien	1:1 n.V., 4:2 i.E.
Italien - Ukraine	3:0
England - Portugal	0:0 n.V., 1:3 i.E.
Brasilien - Frankreich	0:1

HALBFINALE

Deutschland - Italien	0:2 n.V.
Portugal - Frankreich	0:1

SPIEL UM PLATZ 3

Deutschland - Portugal	3:1

FINALE

9. Juli 2006, Olympiastadion, Berlin

Italien - Frankreich **1:1 n.V., 5:3 i.E.**

Italien: Buffon - Zambrotta, Cannavaro (C), Materazzi, Grosso - Gattuso, Camoranesi (86. Del Piero), Perrotta (61. Iaquinta), Pirlo - Toni, Totti (61. De Rossi).
Trainer: Marcello Lippi

Frankreich: Barthez - Sagnol, Gallas, Thuram, Abidal - Vieira (56. Diarra), Makélélé - Ribéry (100. Trezeguet), Zidane (C), Malouda - Henry (107. Wiltord).
Trainer: Raymond Domenech

Tore:
0:1 Zidane (7., Foulelfmeter),
1:1 Materazzi (19.)

Elfmeterschießen:
1:0 Pirlo,
1:1 Wiltord,
2:1 Materazzi,
Trezeguet trifft die Latte,
3:1 De Rossi,
3:2 Abidal,
4:2 Del Piero,
4:3 Sagnol,
5:3 Grosso

Rote Karte: Zidane (110.)

Zuschauer: 69 000
Schiedsrichter:
Horacio Marcelo Elizondo (Argentinien)

Torschützenkönig:
Miroslav Klose (Deutschland) 5 Tore

WM 2010

Gruppe A			
Südafrika - Mexiko			1:1
Uruguay - Frankreich			0:0
Südafrika - Uruguay			0:3
Frankreich - Mexiko			0:2
Mexiko - Uruguay			0:1
Frankreich - Südafrika			1:2
		Tore	**Punkte**
1.	Uruguay	4:0	7
2.	Mexiko	3:2	4
3.	Südafrika	3:5	4
4.	Frankreich	1:4	1

Gruppe B			
Südkorea - Griechenland			2:0
Argentinien - Nigeria			1:0
Argentinien - Südkorea			4:1
Griechenland - Nigeria			2:1
Nigeria - Südkorea			2:2
Griechenland - Argentinien			0:2
		Tore	**Punkte**
1.	Argentinien	7:1	9
2.	Südkorea	5:6	4
3.	Griechenland	2:5	3
4.	Nigeria	3:5	1

Gruppe C			
England - USA			1:1
Algerien - Slowenien			0:1
Slowenien - USA			2:2
England - Algerien			0:0
USA - Algerien			1:0
Slowenien - England			0:1
		Tore	**Punkte**
1.	USA	4:3	5
2.	England	2:1	5
3.	Slowenien	3:3	4
4.	Algerien	0:2	1

Gruppe D			
Serbien - Ghana			0:1
Deutschland - Australien			4:0
Deutschland - Serbien			0:1
Ghana - Australien			1:1
Australien - Serbien			2:1
Ghana - Deutschland			0:1
		Tore	**Punkte**
1.	Deutschland	5:1	6
2.	Ghana	2:2	4
3.	Australien	3:6	4
4.	Serbien	2:3	3

Gruppe E			
Niederlande - Dänemark			2:0
Japan - Kamerun			1:0
Niederlande - Japan			1:0
Kamerun - Dänemark			1:2
Dänemark - Japan			1:3
Kamerun - Niederlande			1:2
		Tore	**Punkte**
1.	Niederlande	5:1	9
2.	Japan	4:2	6
3.	Dänemark	3:6	3
4.	Kamerun	2:5	0

Gruppe F			
Italien - Paraguay			1:1
Neuseeland - Slowakei			1:1
Slowakei - Paraguay			0:2
Italien - Neuseeland			1:1
Slowakei - Italien			3:2
Paraguay - Neuseeland			0:0
		Tore	**Punkte**
1.	Paraguay	3:1	5
2.	Slowakei	4:5	4
3.	Neuseeland	2:2	3
4.	Italien	4:5	2

Gruppe G		
Elfenbeinküste - Portugal		0:0
Brasilien - Nordkorea		2:1
Brasilien - Elfenbeinküste		3:1
Portugal - Nordkorea		7:0
Portugal - Brasilien		0:0
Nordkorea - Elfenbeinküste		0:3
	Tore	**Punkte**
1. Brasilien	5:2	7
2. Portugal	7:0	5
3. Elfenbeinküste	4:3	4
4. Nordkorea	1:12	0

Gruppe H		
Honduras - Chile		0:1
Spanien - Schweiz		0:1
Chile - Schweiz		1:0
Spanien - Honduras		2:0
Chile - Spanien		1:2
Schweiz - Honduras		0:0
	Tore	**Punkte**
1. Spanien	4:2	6
2. Chile	3:2	6
3. Schweiz	1:1	4
4. Honduras	0:3	1

ACHTELFINALE

Uruguay - Südkorea	2:1
USA - Ghana	1:2 n.V.
Deutschland - England	4:1
Argentinien - Mexiko	3:1
Niederlande - Slowakei	2:1
Brasilien - Chile	3:0
Paraguay - Japan	0:0 n.V., 5:3 i.E.
Spanien - Portugal	1:0

VIERTELFINALE

Niederlande - Brasilien	2:1
Uruguay - Ghana	1:1 n.V., 4:2 i.E.
Argentinien - Deutschland	0:4
Paraguay - Spanien	0:1

HALBFINALE

Uruguay - Niederlande	2:3
Deutschland - Spanien	0:1

SPIEL UM PLATZ 3

Deutschland - Uruguay	3:2

FINALE

11. Juli 2010, Soccer City, Johannesburg

Spanien - Niederlande	**1:0 n.V.**

Spanien: Casillas (C) - Ramos, Piqué, Puyol, Capdevilla - Busquets, Alonso (87. Fàbregas) - Iniesta, Xavi, Pedro (60. Navas) - Villa (106. Torres).
Trainer: Vicente del Bosque

Niederlande: Stekelenburg - van der Wiel, Heitinga, Mathijsen, van Bronckhorst (C) (105. Braafheid) - van Bommel, de Jong (99. van der Vaart) - Robben, Sneijder, Kuyt (71. Elia) - van Persie.
Trainer: Bert van Marwijk

Tor:
1:0 Iniesta (116.)

Gelb-Rote Karte: Heitinga (109.)

Zuschauer: 84 490
Schiedsrichter:
Howard Webb (England)

Torschützenkönig: Thomas Müller (Deutschland) 5 Tore

WM 2014

Gruppe A		
Brasilien - Kroatien		3:1
Mexiko - Kamerun		1:0
Brasilien - Mexiko		0:0
Kamerun - Kroatien		0:4
Kamerun - Brasilien		1:4
Kroatien - Mexiko		1:3
	Tore	**Punkte**
1. Brasilien	7:2	7
2. Mexiko	4:1	7
3. Kroatien	6:6	3
4. Kamerun	1:9	0

Gruppe B		
Spanien - Niederlande		1:5
Chile - Australien		3:1
Australien - Niederlande		2:3
Spanien - Chile		0:2
Australien - Spanien		0:3
Niederlande - Chile		2:0
	Tore	**Punkte**
1. Niederlande	10:3	9
2. Chile	5:3	6
3. Spanien	4:7	3
4. Australien	3:9	0

Gruppe C		
Kolumbien - Griechenland		3:0
Elfenbeinküste - Japan		2:1
Kolumbien - Elfenbeinküste		2:1
Japan - Griechenland		0:0
Japan - Kolumbien		1:4
Griechenland - Elfenbeinküste		2:1
	Tore	**Punkte**
1. Kolumbien	9:2	9
2. Griechenland	2:4	4
3. Elfenbeinküste	4:5	3
4. Japan	2:6	1

Gruppe D		
Uruguay - Costa Rica		1:3
England - Italien		1:2
Uruguay - England		2:1
Italien - Costa Rica		0:1
Italien - Uruguay		0:1
Costa Rica - England		0:0
	Tore	**Punkte**
1. Costa Rica	4:1	7
2. Uruguay	4:4	6
3. Italien	2:3	3
4. England	2:4	1

Gruppe E		
Schweiz - Ecuador		2:1
Frankreich - Honduras		3:0
Schweiz - Frankreich		2:5
Honduras - Ecuador		1:2
Honduras - Schweiz		0:3
Ecuador - Frankreich		0:0
	Tore	**Punkte**
1. Frankreich	8:2	7
2. Schweiz	7:6	6
3. Ecuador	3:3	4
4. Honduras	1:8	0

Gruppe F		
Argentinien - Bosnien u. Herzegowina		2:1
Iran - Nigeria		0:0
Argentinien - Iran		1:0
Nigeria - Bosnien u. Herzegowina		1:0
Nigeria - Argentinien		2:3
Bosnien u. Herzegowina - Iran		3:1
	Tore	**Punkte**
1. Argentinien	6:3	9
2. Nigeria	3:3	4
3. Bosnien u. Herzegowina	4:4	3
4. Iran	1:4	1

Gruppe G		
Deutschland - Portugal		4:0
Ghana - USA		1:2
Deutschland - Ghana		2:2
USA - Portugal		2:2
USA - Deutschland		0:1
Portugal - Ghana		2:1
	Tore	**Punkte**
1. Deutschland	7:2	7
2. USA	4:4	4
3. Portugal	4:7	4
4. Ghana	4:6	1

Gruppe H		
Belgien - Algerien		2:1
Russland - Südkorea		1:1
Belgien - Russland		1:0
Südkorea - Algerien		2:4
Südkorea - Belgien		0:1
Algerien - Russland		1:1
	Tore	**Punkte**
1. Belgien	4:1	9
2. Algerien	6:5	4
3. Russland	2:3	2
4. Südkorea	3:6	1

ACHTELFINALE

Brasilien - Chile	1:1 n.V., 3:2 i.E.
Kolumbien - Uruguay	2:0
Niederlande - Mexiko	2:1
Costa Rica - Griechenland	1:1 n.V., 5:3 i.E.
Frankreich - Nigeria	2:0
Deutschland - Algerien	2:1 n.V.
Argentinien - Schweiz	1:0 n.V.
Belgien - USA	2:1 n.V.

VIERTELFINALE

Frankreich - Deutschland	0:1
Brasilien - Kolumbien	2:1
Argentinien - Belgien	1:0
Niederlande - Costa Rica	0:0 n.V., 4:3 i.E.

HALBFINALE

Brasilien - Deutschland	1:7
Niederlande - Argentinien	0:0 n.V., 2:4 i.E.

SPIEL UM PLATZ 3

Niederlande - Brasilien	3:0

FINALE

13. Juli 2014, Maracanã, Rio de Janeiro

Deutschland - Argentinien **1:0 n.V.**

Deutschland: Neuer - Lahm (C), Boateng, Hummels, Höwedes - Kramer (31. Schürrle), Schweinsteiger - Müller, Kroos, Özil (120. Mertesacker) - Klose (88. Götze)
Trainer: Joachim Löw

Argentinien: Romero - Zabaleta, Demichelis, Garay, Rojo - Pérez (86. Gago), Mascherano, Biglia, Lavezzi (46. Agüero) - Messi (C), Higuaín (78. Palacio)
Trainer: Alejandro Sabella

Tor:
1:0 Götze (113.)

Zuschauer: 74 738
Schiedsrichter:
Nicola Rizzoli (Italien)

Torschützenkönig:
James Rodriguez (Kolumbien)
6 Tore

WM 2018

Gruppe A		
Russland – Saudi-Arabien		5:0
Ägypten – Uruguay		0:1
Russland – Ägypten		3:1
Uruguay – Saudi-Arabien		1:0
Uruguay – Russland		3:0
Saudi-Arabien – Ägypten		2:1
	Tore	**Punkte**
1. Uruguay	5:0	9
2. Russland	8:4	6
3. Saudi-Arabien	2:7	3
4. Ägypten	2:6	0

Gruppe B		
Marokko – Iran		0:1
Portugal – Spanien		3:3
Portugal – Marokko		1:0
Iran – Spanien		0:1
Iran – Portugal		1:1
Spanien – Marokko		2:2
	Tore	**Punkte**
1. Spanien	6:5	5
2. Portugal	5:4	5
3. Iran	2:2	4
4. Marokko	2:4	1

Gruppe C		
Frankreich – Australien		2:1
Peru – Dänemark		0:1
Dänemark – Australien		1:1
Frankreich – Peru		1:0
Dänemark – Frankreich		0:0
Australien – Peru		0:2
	Tore	**Punkte**
1. Frankreich	3:1	7
2. Dänemark	2:1	5
3. Peru	2:2	3
4. Australien	2:5	1

Gruppe D		
Argentinien – Island		1:1
Kroatien – Nigeria		2:0
Argentinien – Kroatien		0:3
Nigeria – Island		2:0
Nigeria – Argentinien		1:2
Island – Kroatien		1:2
	Tore	**Punkte**
1. Kroatien	7:1	9
2. Argentinien	3:5	4
3. Nigeria	3:4	3
4. Island	2:5	1

Gruppe E		
Costa Rica – Serbien		0:1
Brasilien – Schweiz		1:1
Brasilien – Costa Rica		2:0
Serbien – Schweiz		1:2
Serbien – Brasilien		0:2
Schweiz – Costa Rica		2:2
	Tore	**Punkte**
1. Brasilien	5:1	7
2. Schweiz	5:4	5
3. Serbien	2:4	3
4. Costa Rica	2:5	1

Gruppe F		
Deutschland – Mexiko		0:1
Schweden – Südkorea		1:0
Südkorea – Mexiko		1:2
Deutschland – Schweden		2:1
Südkorea – Deutschland		2:0
Mexiko – Schweden		0:3
	Tore	**Punkte**
1. Schweden	5:2	6
2. Mexiko	3:4	6
3. Südkorea	3:3	3
4. Deutschland	2:4	3

Gruppe G		
Belgien - Panama		3:0
Tunesien - England		1:2
Belgien - Tunesien		5:2
England - Panama		6:1
England - Belgien		0:1
Panama - Tunesien		1:2
	Tore	**Punkte**
1. Belgien	9:2	9
2. England	8:3	6
3. Tunesien	5:8	3
4. Panama	2:11	0

Gruppe H		
Kolumbien - Japan		1:2
Polen - Senegal		1:2
Japan - Senegal		2:2
Polen - Kolumbien		0:3
Japan - Polen		0:1
Senegal - Kolumbien		0:1
	Tore	**Punkte**
1. Kolumbien	5:2	6
2. Japan*	4:4	4
3. Senegal	4:4	4
4. Polen	2:5	3

*Japan nach Unentschieden im direkten Vergleich mit vier Gelben Karten in der Fair-Play-Wertung vor Senegal (sechs Gelbe Karten) Gruppenzweiter

ACHTELFINALE

Frankreich - Argentinien	4:3
Uruguay - Portugal	2:1
Spanien - Russland	1:1 n.V., 3:4 i.E.
Kroatien - Dänemark	1:1 n.V., 3:2 i.E.
Brasilien - Mexiko	2:0
Belgien - Japan	3:2
Schweden - Schweiz	1:0
Kolumbien - England	1:1 n.V., 3:4 i.E.

VIERTELFINALE

Uruguay - Frankreich	0:2
Brasilien - Belgien	1:2
Schweden - England	0:2
Russland - Kroatien	2:2 n.V., 3:4 i.E.

HALBFINALE

Frankreich - Belgien	1:0
Kroatien - England	2:1 n.V.

SPIEL UM PLATZ 3

Belgien - England	2:0

FINALE

15. Juli 2018, Olympiastadion Luschniki, Moskau

Frankreich - Kroatien	**4:2**

Frankreich: Lloris (C) - Pavard, Varane, Umtiti, Hernández - Pogba, Kanté (55. Nzonzi) - Mbappé, Griezmann, Matuidi (73. Tolisso) - Giroud (81. Fekir).
Trainer: Didier Deschamps

Kroatien: Subašić - Vrsaljko, Lovren, Vida, Strinić (82. Pjaca) - Rakitić, Brozović - Rebić (71. Kramarić), Modrić (C) - Perišić - Mandžukić.
Trainer: Zlatko Dalić

Zuschauer: 78 011
Schiedsrichter:
Néstor Pitana (Argentinien)

Tore: 1:0 Mandžukić (18., Eigentor), 1:1 Perišić (28.), 2:1 Griezmann (38., Handelfmeter), 3:1 Pogba (59.), 4:1 Mbappé (65.), 4:2 Mandžukić (69.)

Torschützenkönig: Harry Kane (England) 6 Tore

LITERATURVERZEICHNIS

Jürg Ackermann: Fußball und nationale Identität in Diktaturen, Lit Verlag, Wien, 2013

Richard Arnold (Hrsg.): Russia and the 2018 FIFA World Cup, Routledge Verlag, New York, 2021

Guillem Balagué: Maradona – Fußball ist mein Glück. Die Biografie, Edel Sports Verlag, Hamburg, 2021

Bernd M. Beyer, Dietrich Schulze-Marmeling (Hrsg.), Das goldene Buch der Fußball-Weltmeisterschaft, Verlag Die Werkstatt, Göttingen, 2014

Christoph Biermann, Philipp Köster: WM 2018 – Deutschlands Tränen, Frankreichs Triumph, Hoffmann und Campe Verlag, Hamburg, 2018

William D. Bowman: The World Cup as World History, Rowman & Littlefield, London, 2020

Franz-Josef Brüggemeier: Weltmeister im Schatten Hitlers – Deutschland und die Fußball-Weltmeisterschaft 1954, Klartext Verlag, 2014

Alessandro D'Ascanio: La vittoria del 1934: i campionati mondiali di calcio nella politica del regime, Solfanelli Verlag, Chieti, 2010

Sebastian Dehnhardt, Guido Knopp: Das Wunder von Bern – die wahre Geschichte (das Begleitbuch zur ZDF-Dokumentation), Heyne Verlag, München, 2004

Erik Eggers: Geschichtliche Aspekte in der präanabolen Phase, erschienen in: Giselher Spitzer (Hrsg.): Doping in Deutschland: Geschichte, Recht, Ethik 1950–1972, Sportverlag Strauß, Köln, 2013

Christian Eichler: 7:1 – Das Jahrhundertspiel, Droemer Verlag, München, 2015

Christiane Eisenberg: FIFA 1904–2004: 100 Jahre Weltfußball, Verlag Die Werkstatt, Göttingen, 2004

Gerhard Fischer, Ulrich Lindner: Stürmer für Hitler: Vom Zusammenspiel zwischen Fußball und Nationalsozialismus, Verlag Die Werkstatt, Göttingen, 1999

Lew Freedman: Pelé – A Biography, Greenwood Verlag, Santa Barbara, 2014

Hardy Grüne: Fußball-Weltmeisterschaft 1934 in Italien, Agon-Sportverlag, Kassel, 2002

Hardy Grüne: Fußball-WM-Enzyklopädie 1930–2014, Agon Sportverlag, Kassel, 2010

Hardy Grüne, Dietrich Schulze-Marmeling (Hrsg.): D10S: Diego Maradona – Ein Leben zwischen Himmel und Hölle, Verlag Die Werkstatt, Göttingen, 2021

Philipp Anton Hammerle: Die Entwicklung des Fußballs im deutschsprachigen Raum 1918–1945, Masterarbeit an der Karl-Franzens-Universität, Graz 2016

Folke Havekost, Volker Stahl: Fußball-Weltmeisterschaft 1930 in Uruguay, Agon-Sportverlag, Kassel, 2005

Folke Havekost, Volker Stahl: Fußball-Weltmeisterschaft 1970 in Mexiko, Agon-Sportverlag, Kassel, 2005

Nils Havemann: Fußball unterm Hakenkreuz, Der DFB zwischen Sport, Politik und Kommerz, Campus Verlag, Frankfurt 2005

Markwart Herzog: Fußball in der Zeit des Nationalsozialismus, Alltag – Medien – Künste – Stars, Kohlhammer Verlag, Stuttgart 2008

Markwart Herzog: »Blitzkrieg im Fußballstadion« Verlag Kohlhammer, Stuttgart, 2012

John Hughson: England and The 1966 World Cup – A Cultural History, Manchester University Press, Manchester, 2016

Gerhard Hess: Pelé, König auf dem Grünen Rasen, Copress Verlag, München 1963

Klaus Hoeltzenbein (Hrsg.): Brasil 2014. Die Weltmeisterschaft. Das Buch. Süddeutsche Zeitung Edition, München, 2014

Nick Holt: The Mammoth Book of the World Cup: The Definitive Guide 1930–2018, Robinson Verlag, London, 2018

Karl-Heinz Huba: Fußball-Weltmeisterschaften 1930–2020, Stiebner Verlag, München 2009

Christian Jeesen: Fußball-Weltmeisterschaft 1954 Schweiz – Das Wunder von Bern, Agon-Sportverlag, Kassel, 2003

R. Keifu: Fußball-WM-Almanach 1930 bis heute: Zahlen, Fakten, Bilder, Agon, Kassel 2002

Florian Kinast: Es begann mit einem Damenstrumpf: 40 Menschen, 40 Geschichten – Erzählungen aus dem Olympiapark, Stiebner Verlag, München, 2012

Thomas Kistner: Die FIFA-Mafia – Die schmutzigen Geschäfte mit dem Weltfußball, Droemer Verlag, München, 2012

Stephan Klemm: Die Nacht von Sevilla ’82 – ein deutsch-französisches Fußballdrama, Verlag Eriks Buchregal, Kellinghusen, 2021

Lorenz Knierim, Matthias Voigt: Fußball-Weltmeisterschaft 1950 in Brasilien, Agon-Sportverlag, Kassel, 2003

Erich Laaser: Die Fußballweltmeisterschaft 1978 in der Tagespresse der Bundesrepublik Deutschland, Spiess Verlag, Berlin, 1980

Jürgen Leinemann: Sepp Herberger – Ein Leben, eine Legende, Rowohlt Verlag, Berlin, 1997

Clemente A. Lisi: A History of the World Cup 1930–2018, Verlag Rowman & Littlefield, London, 2019

Diego Armando Maradona: El Diego – Mein Leben, Droemer Knaur Verlag, München, 2001

Daniel Michel: Unnützes Fußballwissen: Erstaunliche Fakten, die jeden zum Experten machen, YES Verlag, München, 2021

Paolo Mugnai: La coppa del duce – i mondiali del 1934 dalle colonne del Calcio illustrato, Libreria sportiva Eraclea, Rom, 2011

Lorenz Peiffer, Dietrich Schulze-Marmeling (Hrsg.): Hakenkreuz und rundes Leder: Fußball im Nationalsozialismus, Verlag Die Werkstatt, Göttingen, 2008

Pelé: The Autobiography, Verlag Simon & Schuster UK, London, 2007

Ulrich Pramann (Hrsg.): Fußball und Folter Argentinien '78, Rowohlt Taschenbuch Verlag, Reinbek, 1978

Emanuel Reinke: Moderner Fußball im Wandel der Zeit: Eine Analyse der veränderten Taktiken und Spielsysteme von 1950 bis heute, Hochschule Mittweida, University of Applied Science, Berlin, 2010

Burkhard Riering: Sommer 1954 – Fußball, Verbrechen und Agentenspiele, riva Verlag, München, 2021

Stefan Rinke (Hrsg.): The FIFA World Cup 1930–2010: Politics, Commerce, Spectacle and Identities, Wallstein Verlag, Göttingen, 2014

Kay Schiller: WM 74 – als der Fußball modern wurde, Rotbuch-Verlag, Berlin, 2014

Rainer Schlösser: Die Entwicklung der FIFA unter Präsident Havelange, GRIN Verlag, München, 2007

Katja Schmitz-Dräger: Vom »Wunder von Bern« bis »Schwarz-Rot-Geil«. Die Berichterstattung der BILD-Zeitung zu den Fußball-Weltmeisterschaften 1954, 1974 und 2006, Peter Lang GmbH, Internationaler Verlag der Wissenschaften, Frankfurt usw., 2011

Ludger Schulze, Josef Kelnberger (Hrsg.): Die Fußball-Weltmeisterschaften –

gesammelte WM-Bibliothek in 15 Bänden von 1930 bis 2006, Süddeutsche Zeitung Edition, München, 2006

Werner Skretny: Fußball-Weltmeisterschaft 1958 in Schweden, Agon-Sportverlag, Kassel, 2002

Joachim Steinlechner: I werd' narrisch!: Österreichs Fußballk(r)ampf gegen den »großen Bruder« Deutschland – zwischen Mythos und Skandal, Lit Verlag, Wien, 2008

Daniel Stolpe, Udo Muras: 1930–2014: dramatische Momente, große Sieger, ewige Helden, Pietsch Verlag, Stuttgart, 2014

John Sugden, Alan Tomlinson: Football, Corruption and Lies – Revisiting Badfellas, The Book The FIFA Tried To Ban, Routledge Verlag, New York, 2007

John Sugden, Alan Tomlinson: FIFA and The Contest for World Football – Who rules the People's Game, Blackwell Publishers, Malden, 1998

Gerhard Urbanek: Österreichs Deutschland-Komplex: Paradoxien in der österreichisch-deutschen Fußballmythologie, Lit Verlag, Wien, 2012

Matthias Voigt: Fußball-Weltmeisterschaft 1962 in Chile, Agon-Sportverlag, Kassel, 2002

Henry Wahlig: Ein Tor zur Welt? Der deutsche Fußball und die FIFA; 1945–1950, Verlag Die Werkstatt Göttingen, 2008

Fritz Walter: 3:2 – Das Spiel ist aus! Deutschland ist Weltmeister! Copress Verlag, München, 2004

Jonathan Wilson: Revolution auf dem Rasen – Eine Geschichte der Fußballtaktik, Verlag Die Werkstatt, Göttingen, 2011

Peter Woeckel: 100x Fußball-WM in Zahlen, Moritz Röder Books, München, 2018

AUSGEWÄHLTE TV-DOKUMENTATIONEN

»ZDF-History: Aktion Leder, Fußballkrieg der Stasi«, ein Film von Annette Heinrich und Christian Hestermann, ZDF, 2014

»Das Mädchen – Was geschah mit Elisabeth K.?« Ein Film von Eric Fiedler, WDR, 2016

»Das Wunder von Bern – Die wahre Geschichte«, ZDF, 2004

AUSGEWÄHLTE WEBLINKS

https://11freunde.de/artikel/die-besten-spr%C3%BCche-von-berti-vogts/309854

https://11freunde.de/artikel/die-gro%C3%9Fe-%C3%BCberfahrt/339798

https://11freunde.de/artikel/rasenkrieg/554300

http://www.abwehrkette.de/arrigo-sacchi/

https://www.bpb.de/gesellschaft/sport/fussball-wm-2006/73513/niederlande?p=all

https://www.deutschlandfunk.de/fussball-ein-komplott-aber-ohne-mussolini.1346.de.html?dram:article_id=289833

https://www.esquire.com/uk/culture/a21454856/argentina-1978-world-cup/

https://exilblog.wordpress.com/2014/02/10/johan-cruyff-ajax-amsterdam/

https://www.faz.net/aktuell/sport/fussball-em/deutsches-team/niederlande-gegen-deutschland-die-hassliebe-11781966-p2.html

https://www.kicker.de/beckenbauers_groesster_triumph_und_traurigste_feier-784150/artikel

https://www.planet-wissen.de/gesellschaft/sport/fussball_weltmeisterschaft_zweitausendsechs/pwiewirtschaftsbilanznachderfussballwm100.html

https://www1.sportschau.de/sportschau_specials/fussball/wm2014/wm_historie/index_40.html

https://www.spiegel.de/sport/fussball/sepp-maier-ueber-gerd-mueller-da-ein-haken-da-den-hintern-raus-rechts-links-rechts-links-bumm-und-drin-war-er-a-2eb75134-68f5-4999-9ae5-a82f0351917f

https://www.spiegel.de/geschichte/fussball-weltmeister-fritz-walter-rettung-im-kriegsgefangenenlager-a-1212918.html

https://www.spiegel.de/geschichte/wm-2014-brasilien-skandal-weltmeisterschaft-1978-in-argentinien-a-970928.html

https://www.spiegel.de/politik/der-ball-hat-kein-leben-a-5794f024-0002-0001-0000-000040616566?context=issue

https://www.spiegel.de/sport/gigantische-taeuschung-a-a6eb7c07-0002-0001-0000-000013691307

https://www.spiegel.de/sport/pfeifen-im-wald-a-22c9a7b5-0002-0001-0000-000013488541

https://www.spiegel.de/wirtschaft/millionenschwerer-schmiergeldskandal-fifa-funktionaere-kaufen-sich-frei-a-702709.html

https://www.stasi-mediathek.de/medien/angeblicher-drohbrief-der-raf-zu-einem-anschlag-auf-das-hamburger-volksparkstadion-waehrend-der-wm-1974/blatt/84/

https://www.stern.de/sport/fussball/italien-1934-azzurri-siegen-fuer-den--duce--3501242.html

https://www.sueddeutsche.de/sport/diego-maradona-doping-usa-1.4497849-2

https://www.sueddeutsche.de/sport/es-war-einmal-wm-1934-deutschland-ehrenvoll-ausgeschieden-1.1978534

https://www.sueddeutsche.de/sport/fussball-wm-1930-uruguay-andrade-1.4965168

https://www.sueddeutsche.de/sport/gerd-mueller-ruud-krol-wm-1974-finale-1.5383948

https://www.t-online.de/sport/fussball/id_83849776/streit-um-wm-praemien-in-malente-1974.html

https://www.theguardian.com/football/blog/2011/sep/20/arsenal-herbert-chapman-southampton-tactics

https://www.theguardian.com/football/blog/2014/apr/22/world-cup-stunning-moments-austria-wunderteam

https://www.watson.ch/sport/unvergessen/637874176-ganz-polen-gibt-der-deutschen-feuerwehr-die-schuld-fuer-die-niederlage-im-wm-halbfinal

https://www.zdf.de/nachrichten/sport/90-jahre-fussball-weltmeister-uruguay-100.html

Weitere Quellen aus: Süddeutsche Zeitung, DER SPIEGEL, Frankfurter Allgemeine Zeitung, The Guardian, BBC, New York Times, Abendzeitung München, 11 Freunde, ARD, ZDF, Arte, Bayerisches Fernsehen

BILDNACHWEIS

1930: S. 11 © picture-alliance/ dpa/dpaweb | Empics, S. 13 © picture alliance / AFP | AFP, S. 19 © picture-alliance/ dpa/dpaweb | Empics

1934: S. 29 © picture-alliance / dpa, S. 34 © picture alliance / ullstein bild | ullstein bild, S. 38 © picture-alliance/ dpa/dpaweb | Schirner Sportfoto

1938: S. 48 © picture alliance / ZB | Berliner Verlag/Archiv, S. 51 © picture-alliance / dpa | Keystone str, S. 52 © picture alliance / empics | EMPICS

1950: S. 60 © picture-alliance / dpa, S. 66 © picture-alliance/ dpa/dpaweb | Schirner Sportfoto Archiv, S. 67 © picture alliance / AP

1954: S. 76 © picture alliance / dpa | dpa, S. 85 © picture-alliance/ dpa | Keystone Str, S. 94 © picture-alliance / Sven Simon | SVEN SIMON

1958: S. 109 © picture-alliance / dpa | Gutberlet, S. 115 © picture-alliance / dpa | dpa, S. 120 © picture-alliance/ dpa | Pressensbild,

1962: S. 127 © picture-alliance/ dpa | Gutberlet, S. 130 © dpa / empics | Topham Picturepoint, S. 134 © picture alliance / ESTADAO CONTEUDO | FILE

Fifa: S. 141 © picture alliance / dpa | Werner Baum, S. 147 © picture-alliance / Pressefoto ULMER

1966: S. 155 © picture-alliance / Sven Simon | SVEN SIMON, S. 158 © picture-alliance/ dpa/dpaweb | Empics Pa Photos, S. 161 © picture alliance / ASSOCIATED PRESS

1970: S. 175 © picture alliance / dpa | Lothar Heidtmann, S. 176 © picture alliance / ASSOCIATED PRESS | HELMUT LOHMANN, S. 178 © picture alliance / AP Photo | Uncredited

1974: S. 194 © picture alliance / dpa | ANP, S. 201 © picture-alliance / dpa | dpa, S. 203 © picture-alliance/ dpa | Werek

Hast du Töne: S. 211 © picture-alliance / dpa | Roland Scheidemann, S. 212 © picture-alliance / dpa | Reeh

1978: S. 221 © picture alliance / Herbert Rudel | Herbert Rudel, S. 224 © picture-alliance / Norbert Rzepka | Norbert Rzepka, S. 230 © picture alliance / Rzepka – Pressefoto | Norbert Rzepka

1982: S. 241 © picture-alliance / Lacy Perenyi | Laci Perenyi, S. 242 © picture-alliance/ dpa | Roland Witschel, S. 244 © picture-alliance/ dpa

1986: S. 261 © picture alliance / dpa | dpa, S. 265 © dpa / empics | Joe Pepler, S. 268 picture-alliance / Lacy Perenyi | Laci Perenyi

BILDNACHWEIS

1990: S. 276 © picture alliance / Pressefoto Baumann | Dieter Baumann, S. 279 © picture alliance / dpa | Martina Hellmann, S. 287 © picture-alliance / dpa | Frank Kleefeldt

1994: S. 296 © picture alliance / AP Photo | ERIC DRAPER, S. 304 © picture-alliance / dpa, S. 309 © picture-alliance / dpa | Oliver Berg

1998: S. 317 © picture-alliance / dpa | Olivier_Morin, S. 321 © picture-alliance / dpa | Peter Kneffel, S. 326 © picture alliance / AP Photo | Michel Euler

2002: S. 334 © picture-alliance / ASA | D. P. P. I., S. 339 © picture-alliance / dpa | Panasia Arishima, S. 346 © picture-alliance / dpa | Panasia Arishima

2006: S. 354 © picture-alliance/ dpa | Oliver Berg, S. 356 © picture-alliance/ dpa | Peter Kneffel, S. 365 © picture-alliance/ dpa | DB WDR

2010: S. 378 © picture-alliance / dpa/dpaweb | epa Keystone, S. 381 © picture alliance / imageBROKER | Ulrich Doering, S. 387 © picture alliance / dpa | Daniel Dal Zennaro, S. 389 © picture-alliance / Lacy Perenyi | Laci Perenyi

2014: S. 399 © picture alliance / dpa | Marcus Brandt, S. 402 © picture alliance / dpa | Guido Bergmann, S. 408 © picture alliance / REUTERS | DAVID GRAY, S. 411 © picture alliance / Pressefoto ULMER | Pressefoto ULMER/ Markus Ulmer

2018: S. 417 © 103365242, S. 424 © picture alliance / sampics / Stefan Matzke | Stefan Matzke / sampics, S. 427 © picture alliance/AP Photo | Alexei Druzhinin, S. 429 © picture alliance / Kyodo/MAXPPP